KB234320

다윈의 플룻

빛나는 통찰력으로 밝힌 소설과 진화론의 관계

다윈의 플롯

DARWIN'S PLOTS

EVOLUTIONARY NARRATIVE IN DARWIN, GEORGE ELIOT AND NINETEENTH-CENTURY FICTION.

질리언 비어 지음 | 남경태 옮김

휴머니스트

정치, 경제, 군사 같은 사회적 하드웨어는 말할 것도 없지만 사상, 문화, 예술 같은 소프트웨어도 현실의 규정을 받으며, 거꾸로 현실의 변화를 유발한다. 이를테면 사회적 현실과 사회적 소프트웨어는 하부구조와 상부구조의 관계다. 하지만 하부구조 자체의 운동법칙이 있듯이 상부구조도 독자적인 운동법칙이 있다. 하부구조와 상부구조의 관계가 대응성(correspondence)을 가진다면 각 구조의 독자적인 운동은 일관성(coherence)을 가진다.

문학의 경우는 어떨까? 현실에서 소재를 얻고 현실과 교호하는 측면은 대응성에 해당하고, 상부구조의 다른 부문들과 맞물리는 현상은 일관성을 보여준다. 이 책은 그 두 가지 관계를 오가며 19세기 빅토리아 시대의 영국 문학을 다루고 있다.

19세기는 '다윈의 세기'라는 말이 있듯이 진화론을 빼놓고는 지적 지형을 구성할 수 없는 시대다. 지은이 질리언 비어는 다윈의 진화론이 당시 영국 문학의 대표적인 두 작가, 조지 엘리엇과 토머스 하디에게 미친 영향을 분석한다. 따라서 지은이가 초점을 맞추는 것은 일단 일관성의 측면이다.

진화론은 계몽주의 시대 이후 인간 이성이 전일적으로 지배하던 지성계에 커다란 파문을 던졌다. 이성은 견고하고 확실하며, 무엇보다도 필연성을 중시한다. 이성은 자연에서 수많은 인과의 법칙들을 발견했고, 그것을 바탕으로 자연세계가 거대한 인과의 사슬로 이루어졌다는 단선적 이미지를 만들어냈다. 다윈의 진화론도 인과관계 자체를 부정하는 것은 아니다. 그러나 진화론은 사슬형 인과관계를 그물형 인과관계로 대체한다.

사슬이 일차원의 이미지인 데 반해 그물은 이차원의 이미지다. 흔히 종의 진화 과정을 나무 구조에 비유하지만, 지은이가 인식하는 진화론의 본질은 선의 성격을 지닌 나무가 아니라 평면의 성격을 지닌 그물이나 직물의 구조다. 따라서 사슬형 인과관계는 그물형 인과관계 안에 포함된다. 이런 관점을 취하면 진화론을 '증명'하는 작업이 훨씬 쉬워진다.

진화의 과정을 실증적으로, 즉 인간 이성의 힘으로 확인하기란 불가능하다. 인간의 시간과 진화의 시간은 척도 자체가 다르기 때문이다. 실제로 19세기 후반 화석 증거들이 대량으로 발견되기 전까지 각 생물 종의 원초적 형태와 현재 형태 사이의 방대한 간극은 도저히 메울 수 없다는 견해가 지배적이었다. 그래서 다윈을 심정적으로 지지하는 사람들조차 진화론을 '검증'하기란 불가능하다고 생각했다(사실 현재까지의 화석 증거로도 수많은 중간 형태에 해당하는 화석들을 모두 확보할 수는 없으므로 진화론을 물리적 증거로 말끔히 증명하지는 못한다).

그러나 진화론은 다른 방식으로 자체의 근거를 취한다. 진화론에서 가장 기본적인 요소는 양(量)이다. 자연은 각 생물 종의 개체들을 무수히 발생시킴으로써 스스로 진화하도록 만든다. 그 결과 진화 자체는 필연적이지만 각 종이 진화하는 경로는 우연성을 띠게 된다. 이것이 그물형 인과관계다. 진화론에 대한 통속적 비판은 진화론을 목적론으로 몰아붙이지만, 이렇게 무한한 양을 바탕으로 진화를 바라보면 진화론이 목적론과 전혀 무관하다는 것을 쉽게 알 수 있다.

문학과 현실의 대응성을 다룰 때 지은이가 염두에 둔 현실은 사회적 현실이 아니다. 문학과 교호하는 현실은 바로 19세기의 상황에서 바라본 언어적 현실이다.

어떤 분야를 처음 개척하는 사람은 예외 없이 언어의 문제에 부딪히게 마련이다. 낡은 언어로 새 것을 서술할 수는 없기 때문이다. 다윈이 진화론을 구성할 때도 역시 기존의 언어로 진화의 개념을 설명할 수 없다는 문제에 봉착했다. 그래서 그는 모호한 용어와 표현을 사용할 수밖에 없었으며, 그 결과가 《종의 기원》에 자주 사용된 유비와 의인화다. 19세기에는 과학 언어도 요즘처럼 깔끔하고 건조한 수식이 주종을 이루지 않고 서술적 성격이 강했기에 그런 방식의 논증이 가능했지만, 당시의 지성계는 진화론의 파격적인 내용만큼이나 낯선 다윈의 언어를 쉽사리 받아들이려 하지 않았다.

진화론의 내용과 다윈의 언어를 둘 다 적극적으로 수용한 작가들이 바로 조지 엘리엇과 토머스 하디다. 엘리엇은 '변이'나 '자연선택' 같은 다윈의 용어들을 서슴없이 작품 속에 그대로 가져다 쓰며, 진화론의 핵심인 친화성의 관념을 작중 인물들의 관계에 폭넓게 적용한다. 또한 목적론으로 빠질 수밖에 없는 '기원'의 개념을 거부하는 진화론의 메시지를 각색하여 그물 방식의 플롯을 구성함으로써 20세기의 소설 양식을 예고한다.

하디는 엘리엇보다 더 '자연주의적으로' 진화론을 수용한다. 그의 소설에서 보이는 자연의 묘사는 문학이라기보다 생태 보고서에 가깝다. 하지만 그런 측면은 소설의 배경에 국한된다. 하디는 자연을 배경으로 삼아 자연 속에 처한 인간의 삶을 말하고자 하기 때문이다. 자연의 묘사에 진화론의 외양을 차용했다면, 플롯을 이끌어나갈 때는 진화의 은유를 인물에 적용하는 방식을 구사한다. 그 결과 하디는 인간중심주의에 경사되지 않으면서도 독특한 휴머니즘을 작품에 불어넣을 수 있었다.

한 가지 안타까운 사실은, 진화론과 문학 비평을 탁월하게 버무린 이 책에서 다루는 소설 작품들이 대부분 국내에 번역되지 않았다는 점이다. 토머스 하디의 작품은 그나마 《테스》와 《귀향》이 번역되었지만, 조지 엘리엇의 작품은 《플로스 강의 물방앗간》 하나만 나와 있을 뿐 여기서 다루는 두 주요 작품—《미들마치》와 《다니엘 데론다》—은 모두 국내에 소개되지 않았다.

| 차례 |

■ 옮긴이의 말　　　　　　　　　　　　　　　　　　　　　　　4

■ 저자 서문 초판　　　　　　　　　　　　　　　　　　　　　12

■ 저자 서문 2판　　　　　　　　　　　　　　　　　　　　　14

1장　다윈의 신화

01 신화의 잔재 ·· 41

소설과 진화론 | 프로이트와 다윈 | 이야기로서의 다윈

02 두 번째 타격 ·· 60

상상력의 혼란 | 용어로서의 진화 | 진화론―일상어 속의 침투

03 지식의 문제 ·· 73

반인간 중심적 플롯 | 뒤엉킨 강둑―친화성의 그물 | 다윈과 라마르크

2장　다윈의 언어

04 '비극적인 즐거움'―상상과 현실세계 ·················· 89

이야기 혹은 거짓말 | 셰익스피어와 밀턴 | 언어의 이동―상상력의 해
방 | 다층적 풍요―뒤죽박죽의 법칙 | 문학의 변동

05 적응과 부적응―의인화와 자연 질서 ········· 127

초월된 허구―전도된 플라톤주의 | 은유의 한계 극복 | 경계를 넘어선
질문 | 언어적 의도의 확장 | 의식적 불일치―제거된 조화

3장 다윈의 플롯

06 《종의 기원》에 나타난 유비, 은유, 이야기 ········· 183

예언적 은유 | 목적론적 질서의 증명―잠재적 유비 | 과학 이론 속 은
유와 유비 | 수단으로서의 은유 | 텍스트의 생식력―은유, 유비 그리고
이야기

07 진화론의 신화 ········· 230

성장과 그 신화 | 성장과 변형 | 진화의 복수성 | 신화적 열망 | 언어와
신화

08 다윈식 낭만―변형, 퇴보, 소멸 ········· 266

초생산성 | 새로운 형태의 신화 | 《물의 아이들》, 진화론의 흡수 | 발달,
퇴보, 타락, 소멸

4장 문학과 진화 사상

09 조지 엘리엇의 《미들마치》 ········· 309

필수적인 영향 | 구조와 가설 | 친화성의 그물

10 조지 엘리엇의 《다니엘 데론다》와 미래 삶의 관념 ·········· 365

종족의 전승과 발달 | 미래의 삶 | 전승의 문제─유형학의 문제 | 인종
과 문화─동질성과 이질성 | 유전의 수수께끼

11 혈통과 성적 선택─이야기 속의 여성 ·········· 415

여성의 혈통─계보학적 명령 | 불확정적 미래 | 여성─연속적 공간 | 공
포─분열과 불완전성

12 인간을 위한 척도 찾기─
　　하디의 소설에서 보는 플롯과 글쓰기 ·········· 459

공포에 대한 공포 | 인간의 척도 | 행복의 감각 | 창조적 불안 | 회복의
힘

■ 조 지 레 빈 의 말　　　　　　　　　　　500

■ 참 고 문 헌　　　　　　　　　　　509

■ 찾 아 보 기　　　　　　　　　　　518

자연에 관해 하는 이야기를 모두 믿는다면,

자연은 가장 특별한 존재다. 자연은 무시무시하고 변덕스러우며,

큰 실수를 저지른다. 때로 자연은 자신과도 싸운다.

기랄두스의 말에 따르면, "자연은 스스로 장애물을 세웠다."

우리는 최근에야 자연이 가진 선택의 힘을 알게 되었다.

—

막스 뮐러, 《언어학에 관한 강의》, 2차 시리즈, 1864, 566쪽

이 연구에는 내 삶의 몇 년이 담겨 있다. 이 시기에 나는 케임브리지 대학교 도서관, 영국 교수회 도서관, 거턴 칼리지 도서관의 자료들과 사서들에게서 큰 도움을 얻었다.

영국 교수회 사무원들은 수시로 내게 와서 초고를 타이핑해주었는데, 그들 모두에게 깊은 감사를 표하고 싶다. 제니 펠로스 박사와 내 가족은 교정쇄를 읽고 참고문헌을 점검해주었다. 문학 연구의 동료들인 과학사가들과 과학철학자들은 각종 토론, 세미나, 강연을 통해 내 생각을 밝힐 수 있도록 기회를 주었다. 감사를 전해야 할 수많은 사람들 중에서 일부만 거명하기가 어렵지만, 특히 수년간 나와 대화를 나눈 존 비어, 지나 폴리티, 샐리 셔틀워스, 앨런 화이트, 루드밀라 조르다노바 같은 분들은 거명할 필요가 있다. 최근에는 하워드 그루버, 데이비드 콘, 메리 자코부스, 조지 레빈이 귀중한 도움을 주었다. 고든 헤이트와 바버라 하디는 예전부터 내게 도움을 준 분들이며, 조지 엘리엇과 관련된 모든 분들에게도 진심으로 고마움을 전한다. 조지 엘리엇, 과학과 문학의 문화적 관계에 관한 매우 흥미로운 글들 가운데는 아직 발표되지 않은 것들도 있다. 특히 존 듀런트, 사이먼 듀링, 샐리 셔틀워스, 마곳 워들의 학위논문을 거론하고 싶다.

이 책의 각 부분들은 *This Particular Web*(이언 애덤 편집), *The Listener*, *Comparative Criticism* II(엘리너 샤퍼 편집), *Women Writing and Writing about Women*(메리 자코부스 편집), *Cabiers Victoriens et Edouardiens*, *The Journal for the History of the Behavioural Sciences* 등에 조금씩 달리 발표된 바 있다. 이후에 나는 이 책을 보완하는 글을 두 편 더 썼다. *The Darwinian Heritage*(데이비드 콘 편집, 프린스턴 대학교 출판부)에 실린 'Darwin's Reading and the Fictions of Development'는 다윈의 이론이 형성되고 발전하던 시기에 그가 읽은 문학작품들을 상세히 검토한다. *Virginia Woolf Centenary Essays*(에릭 워너 편집, 맥밀런)에 실린 'Virginia Woolf and Prehistory'는 다윈의 저작이 20세기 작가에게 미친 장기적인 영향을 다룬다.

아이를 낳고 기르는 일 때문에 나는 먼저 진화 과정을 이해해야 했고, 그 다음에 다윈의 글이 우리 문화에서 가지는 힘을 이해해야 했다. 그러므로 나는 내 어머니와 내 아들들에게 이 책을 바치고자 한다. 물론 내 남편이 아니었다면 많은 일이 불가능했을 것이다.

질리언 비어

거턴 칼리지, 케임브리지

1

최근에 다윈은 회춘했다. 그는 이제 더는 신의 모습을 연상케 하는, 수염을 기른 근엄한 노인이 아니다. 그의 작업과 생애는 다시 논쟁과 토론의 대상이 되었다. 사회학자, 미생물학자, 언어학자, 사회생물학자, 철학자, 페미니스트, 심리학자, 전기작가, 유전학자, 소설가, 시인, 탈식민주의자 등등이 모두 제각기 할 말이 있다. 게다가 1985년부터 방대한 분량의 다윈 《서한집(*Correspondence*)》[1]이 발간되었다. 다윈의 이론에 관한 한, 모든 것은 한 젊은이로부터 시작되었다. 지금의 대학 졸업생쯤 되는 스물세 살의 젊은이가 생일을 맞

---

1) Frederick Burkhardt, Sydney Smith, David Kohn, William Montgomery 엮음, *The Correspondence of Charles Darwin, 1821~1882*, I권(케임브리지, 1985). 현재 XI권까지 나왔는데, 편집자들이 새로 보강되면서 1860년대를 지나치는 중이다.

기 직전에 지식과 모험을 갈망하면서 세계 일주 여행을 떠나는 순간이 그 출발점이었다. 편지에는 젊은 다윈이 비글 호의 항해에 참여하는 장면, 자연세계에 대한 열정적인 반응, 그가 접한 여러 사회에 대한 즉각적인 관심이 생생하게 묘사되어 있다. 언어에 드러난 망설임은 그가 다른 종족에 관한 견해를 구성하는 데 얼마나 어려움을 겪었는지 잘 보여준다. 그가 범주를 놓고 하던 고민은 분류학의 발전으로 이어졌다. 그의 끈질긴 정신적 모험은 비글 호 항해를 마친 뒤 그가 안락하고 평범한 생활에 빠져들었다는 과거의 추측이 거짓임을 입증했다. 그는 안락의자에 앉아 있을 때도 세계 일주를 하고 있었다. 그의 마음은 물질세계의 구체성으로 가득했고, 그동안 관찰한 예외적 사례들을 생생하게 떠올렸다. 그의 온실에는 서구 세계의 여러 가지 가정을 뒤흔드는 의문들이 숨어 있었다. 그는 그 의문들과 대결하기로 결심했다.

20년 전 《다윈의 플롯》을 쓰게 되었을 때 나는 먼저 빅토리아 시대의 환상을 머릿속에 그리며 찰스 다윈(Charles Darwin)의 저작에 접근했다. 진화론은 왜 진실과 다르게 여러 가지 위장된 모습을 취했을까? 그것은 어떤 우려를 낳았을까? 어떤 만족을 약속했을까? 어떤 새로운 정신적 자유를 주겠다고 유혹했을까? 이런 의문들을 탐구하기 시작했을 때, 나는 《종의 기원》이 가져온 지적·정서적 흥분이, 부분적으로는 다윈이 생각하는 데 필요한 언어를 찾느라 애쓴 소산이라는 것을 깨닫게 되었다. 그는 자연신학이 자연사가들을 제약하던 환경에서 활동했다. 자연신학자들은 신이 물질세계에 관여한다는 것을 보여주고자 했으므로 **설계**와 **창조**를 핵심 개념으로 삼았다. 다윈은 그 반대로 **생산**과 **변이**를 토대로 한 이론을 정립하고자 했다. 자신이 사용할 수 있는 언어에 맞지 않는 관념을 어떻게 생각해야 할까? 한 가지 수단은, 은유의 가장자리에 위치하는 문구, 원래의 지칭 대상을 조금 훼손하더라도 그 의미를 암시할 수 있는 문구를 발명하는 것이다. 예를 들어 '자연선택(natural selection)'은 '자연신학(계시신학과 대비되어 신학이 아닌 과학으로 자연의 의문을 풀수 있다고 보는 입장: 옮긴이)'에 대한 간결한 대응이다. 다윈은 신격(神格)을 끌어들이는 대신, 분화와 선택이 현실세계의 역사를 낳는다고 보았다. 그가 제안한 세계에는 신을 설명하는 중요한 기능이 없었고, 그의 논증에는 인간에게 할당할 만한 특별한 공간도 없었다. 게다가 그 결핍은 결핍으로 보이지도 않았다. 자연세계는 언제나 꽉 차 있었던 것이다.

'자연선택'이 은유의 가장자리에 위치한다고 말한 이유는 그 시대 사람들이 그 의미를 알기도 전에 설명의 역할을 자임했기 때문이다. 사람들은 그 용어를 구성하는 요소들에 당혹감을 느꼈다. 자연이라면 부자연 또는 인위의 반대말이 아닌가? 또 선택이라면 누가 선택한다는 뜻일까? 다윈이 성공을 거둔 것은 결과적으로 그 괴상하고 풍부한 맥락을 지닌 문구가 전문용어로 급속히 자리 잡은 덕분이 크다. 그것은 소박하지만 제대로 통했다.

하지만 생각의 도구로서 '자연선택'이 가진 힘은 주로 그것이 포괄하는 대립적인 개념 요소들로부터 나온다. 앞의 두 가지 필수 요소와 제3의 요소는 서로 잘 들어맞지 않는다. 즉 아무리 풍부함과 가변성을 넉넉히 강조해도 결국은 선택 과정이 협소하다는 제약을 피하지 못한다. 따라서 초(超)생산성이 있어야 한다. 차이가 필요하고 죽음이 필요하다. 대다수 유기체는 일부의 자손밖에 살아남지 못한다. 하지만 유구한 세월이 흐르면 모든 유기체는 서로 어느 정도 관련을 맺게 된다. 낭비와 궁핍은 그의 논증의 토대이며, 문장의 특성이기도 하다.

다윈은 논증과 사례의 모든 단계에서 분화와 선택의 연관된 개념들을 확인했다. 《종의 기원》에 나오는 나무와 대가족의 은유는 완벽한 설명으로는 적합하지 못하지만 유사성, 변환, 친족성을 매우 명료하게 나타낸다. 그러나 그는 자신의 이론이 마주친 또 다른 결과, 즉 미래 계획의 부재를 해결하지 못한다. 그는 과거에 관한 지식을 예견하지만 미래는 내다보지 못한다.

지질학의 발달로 예전의 기후 변화나 지면의 높이 등이 속속 밝혀짐으로써 여러 가지 이동 수단에 관해 더 잘 알게 될 때, 우리는 전 세계의 거주자들이 과거에 어떻게 이동했는지 올바르게 추적할 수 있을 것이다.

"……로…… 될 때…… 과거에 어떻게 이동했는지 올바르게 추적할 수 있을 것이다." 다윈은 어디에서도 미래를 제시하지 않는다. 그의 논증에서는 미래를 예견할 수 없다는 것이 중요하기 때문에 미리 많은 변수들을 설정해놓아야 한다.

그는 방계적으로 전해지는 과거의 이야기에 우리의 관심을 고정시킴으로써 독자들의 종말론적 갈망을 거슬렀다. 그의 이야기는 모든 분야를 이해함으로써 현재 세계의 다양성에 이르게 된 과정을 보여주었다. 그것은 역사의 형식을 취하는데, 이는 충분한 실험적 증거가 남아 있지 않은 상황에서는 어쩔 수 없었다. 하지만 과거 형태들의 소멸과 멸종을 강조하는 자연선택이론이 옳다면 역사의 형식조차 불가능했다. 그래서 다윈 자신은 진보와 개선의 언어를 상당히 강조했음에도 불구하고 그의 이야기는 언제나 더 어두운 이야기, 약탈, 타락, 상실의 압력을 받았다.

보편적 생존경쟁의 진실을 말로 인정하기란 무엇보다 쉬운 일이다. 하지만 이 결론을 늘 명심하는 것은 매우 어려운 일이다(적어도 나는 그랬다). …… 우리는 유쾌하게 빛나는 자연의 얼굴을 바라본다. 먹을 것이 지나칠 만큼 풍부한 상황을 보기도 한다. 그러나 우리 주변에서 한가롭게 지저귀는 새들이 주로 벌레나 씨앗을 먹고 살며, 따라서 늘 다른 생명을 파괴하고 있다는 사실을 우리는 보지 못하거나 잊고 있다.[2]

유쾌함과 파괴, 생명을 만들고 파괴하는 생명, 궁지에 처했으면서도 변이의 매체가 되는 개체, 그의 논증 어디에서나 보이면서 아무데서도 보이지 않는 인간, 내가 《종의 기원》에서 강렬하게 흥미를 느낀 것은 그런 긴장들이었다. 이 상충하는 이야기들의 활력은 빅토리아 시대에 큰 반향을 불렀다. 그것은 소설가들에게 이미 각인된 미래를 작가의 안목으로 다루어야 하는 고유한 과제를 부여했다. 더구나 그 미래 혹은 허구의 '사건들'은 독자들이 그 이야기를 읽는 가운

---

2) Charles Darwin, *The Origin of Species*, Gillian Beer 엮음(옥스퍼드, 1996), 393, 52~53쪽. 이 판본은 이 서문에만 적용되며, 본문에서는 John Burrow의 판본(하먼즈워스, 1968)을 참고로 했다.

데 만들어지는, 다양하게 가설화된 미래를 배경으로 해서 일어난다. 《미들마치(*Middlemarch*)》는 바로 그런 다양성에 부합하는 작품이다. 다윈의 이야기는 또 다른 문제도 낳는다. 진화의 관점에서 보면 개체의 수명은 매우 짧다. 자손이 생산되면 개체는 생물학적으로 끝난다. 하지만 개체들은 또한 각 유기체 혹은 사람에 내장된 사소한 변이를 통해 진화적 변화를 담당한다. 이런 이중적 우연성에 반응한 작가로 하디를 꼽을 수 있다.

2

새뮤얼 버틀러(Samuel Butler)는 다른 곳에서라면 관심을 받을 자격이 있고 또 관심의 대상이 되고 있지만, 이 책에서는 그렇지 못하다.[3] 그는 함축된 문제를 알았다. 인간사의 경우 생물학적 진화는 문화적 기억이라는 또 다른 진화 형태를 거쳐 일어난다. 기록과 언어, 도구와 기계는 미래를 건설하고 변화를 촉발하지만, 동시에 그 과정은 사회를 안정시키고 지식의 기반을 놓는 것으로 간주된다. 한 인간의 수명으로는 우리가 당연시하는 삶에 필요한 도구와 조건(바퀴, 전화, 민주주의, 일당독재 등), 누구나 태어나면서부터 동참할 수밖에 없는 역사적 문화의 환경을 만들어낼 수 없다. 그런 생각은 현재 '밈(meme)'[4]이라는 관념을 통해 다시 성행하고 있다. 이 용어는 언어

---

3) George Dyson, *Darwin among the Machines*(런던, 1997); Elinor Shaffer, *Erewhons of the Eye: Samuel Butler as Painter, Photographer and Art Critic*(런던, 1988).

4) 특히 Daniel C. Dennett, *Darwin's Dangerous Idea: Evolution and the Meanings of Life*(뉴욕, 1995), 335~369쪽.

를 진화론으로 끌어들이며, 스티븐 핑커가 "인간 문법의 로코코식 복합성"이라고 부른 것은 선택 과정의 산물이라고 주장한다.[5]

진화하는 인간이 사는 세계는 언어가 정치, 경제, 테크놀로지, 가족, 성, 우정 등 개별적 재생산의 성공에 핵심적인 역할을 하는 요소들의 복합체로 직조되는 세계다. 인간은 이제 나-타잔-너-제인의 문법 수준에서 살아가지 않는다.

이런 논증은 또한 우리의 매우 정교한 산물에도 원초적인 연속성이 있음을 강조한다. 조지 다이슨(George Dyson)은 《기계 속의 다윈(*Darwin among the Machines*)》에서 그 논점을 효과적으로 설명한다.[6]

전통적으로 진화는 별개의 층들이 연속된 것으로 묘사된다. 지질학과 생물학의 층들이 책장(冊張)들처럼 장(章) 속에 모여 있는 것이다. 그러나 포유류의 조상은 늘 존재하고 있었다. 만약 포유류에게 언제부터 존재했느냐고 묻는다면, 포유류는 "공룡이 멸종한 뒤부터"라고 대답하지 않고 "생명이 시작된 때부터"라고 대답할 것이다. 기계의 조상, 예컨대 마이크로프로세서에게 같은 질문을 한다면, 컴퓨터 시대부터가 아니라 양면석기 시대부터라는 대답을 들을 것이다.

---

5) Stephen Pinker, *The Language Instinct*(런던, 1995), 368쪽.
6) Dyson, *Darwin among the Machines*, 202쪽.

지금 보아도 다윈의 이론에는 다윈 자신이 통제하려 애썼던—혹은 그가 한번도 온전하게 의식적으로 대면하지 않았던—다양한 의미가 가득하다. 다윈의 이론은 사회생물학과 유전학을 둘러싼 지속적인 토론에서도 볼 수 있다. 1970년대 중반에는 기계론적이면서도 인격적인 도킨스의 '이기적 유전자' 개념과, "환경과 상호작용이 가장 중요하다"는 르원틴(Lewontin)의 유전학적 입장 사이에 논쟁이 벌어지기도 했다.[7] 인간이 이룬 성과를 놓고 당시 사회생물학에서 벌어진 논쟁, 특히 에드워드 윌슨의 《사회생물학: 새로운 종합(*Socio-biology: the New Synthesis*)》[8]을 중심으로 전개된 논쟁은, 윌슨 자신의 후기 저작에서 보듯이 다시 가변성을 중시하는 관점으로 점차 기울었다.[9]

예를 들어, 데이비드 워스터(David Worster)와 리처드 그로브(Richard Grove)의 저작은 이데올로기적 실천과 생태적 관리 사이의 연결을 명확히 드러냈다.[10] 실제로 '자연선택'이라는 장을 다윈의 시대에는 "생존을 위한 대규모의 복잡한 전투 속에서" 벌어지는 경쟁

---

7) Richard Dawkins, *The Selfish Gene*(옥스퍼드, 1976), 여러 곳; Richard Lewontin, *The Genetic Basis of Evolutionary Change*(뉴욕, 1974), 318쪽.

8) E. O. Wilson, *Sociobiology: the New Synthesis*(케임브리지, 매사추세츠, 1975); *On Human Nature*(케임브리지, 매사추세츠, 1978); *The Diversity of Life*(케임브리지, 매사추세츠, 1992).

9) E. O. Wilson, *Naturalist*(워싱턴 DC, 1994); *Consilience: The Unity of Knowledge*(런던, 1998).

10) David Worster, *Nature's Economy: A History of Western Ecological Ideas*(케임브리지, 1985); Richard Grove, *Green Imperialism: Colonial Expansion, Tropical Island Edens and the Origins of Environmentalism, 1600~1800*(케임브리지, 1995).

이라고 해석했으나, 지금은 생태학적 텍스트로도 해석한다.

> 유기체들 간의 상호관계, 유기체와 물리적 생활조건의 관계
> 가 얼마나 복잡하고 긴밀한지 곰곰이 생각해보라.[11]

다윈은 식민주의를 가리키는 기본적인 어휘를 제공했다고 볼 수 있다. 혹은 내가 다른 곳에서 주장했듯이, 그는 '침입'에 저항하고 섬 같은 폐쇄적 환경을 이상화한다고 볼 수도 있다. 그런 환경에서는 토착 생물들이 변이 활동을 통해 스스로 생태적인 영역을 개척하는 자연선택의 가장 '지연스러운' 형태를 보여주기 때문이다.[12]

경쟁과 변이, 결정론과 우연성의 문제에 관해 최근 가장 활발하고 정교한 논의를 보여주는 것은 대니얼 데닛의 《다윈의 위험한 생각(Darwin's Dangerous Idea)》이다.[13] 데닛은 인격화나 개체성의 문제를 회피하기 위해 '위험한 생각'을 그런 관심과 무관한 알고리듬(algorithm)의 층위에 놓는다. 데닛이 규정하는 알고리듬이란 '기층적 중립성' '내재적 무의식성' '보장된 결과' 같은 것들이다. 그런 다음 그는 자신의 기본적인 견해를 밝힌다.

---

11) Charles Darwin, *The Origin of Species*, Gillian Beer 엮음(옥스퍼드, 1996), 67쪽. 논의는 서론 xxvi~xxviii쪽을 보라.

12) 'Writing Darwin's Islands: England and the Insular Condition', Timothy Lenoir 엮음, *Inscribing Science: Scientific Texts and the Materiality of Communication* (스탠퍼드, 1998), 118~139쪽.

13) 앞의 주 4 참조.

다윈의 위험한 생각이란 바로 알고리듬의 수준이 영양의 속도, 독수리의 날개, 난초의 모양, 종의 다양성 등 자연세계의 신비로운 사례들을 가장 잘 설명하는 데 맞춰져 있다는 점이다. 알고리듬처럼 무의식적이고 기계적인 것이 놀라운 결과를 산출할 수 있다고 믿기는 어렵다. 알고리듬의 산물이 아무리 대단해 보여도 거기에 내재하는 과정은 단지 개별적으로 무의식적인 단계들이 아무런 지적 통제 없이 서로 이어진 것에 불과하다. 그 과정은 정의상으로 '자동적'이며 자동화의 작용이다.[14)

다윈은 그 가혹한 정의를 완화하기 위해 진화적 변화가 일어나는 방대한 시간을 강조했으며, 그 무의식적 과정에는 인간의 '인위적 선택' 같은 의식적 기획에서는 볼 수 없는 유리한 측면이 있다고 가정했다. 인위적 선택은 이기적 과정이고 자연선택은 이기적이지 않은 과정이다. "인간은 자신의 이익을 위해 선택하고, 자연은 자신의 목적을 지향하기 위해 선택한다."[15) 다윈이 말하는 이기적이지 않은 과정이란 윤리적인 의미에서 그렇다. 이를테면 어머니나 유모의 헌신적인 행동과 같다. 그에 반해 데닛은 무감각적인 과정을 주장한다. '자기'가 없기 때문에 이기적이지 않고 자동적으로 진행될 따름이다. 그 과정을 설득력 있게 묶는 것은 무의식이다. 프로이트와 같은 무의식이 아니라 수적으로, 시간적으로 무한하게 진행되는 과정이라는 뜻에서의 무의식이다. 놀랍게도 데닛은 한 생물이 다른 생물

---

14) 같은 책, 50~51, 59쪽.
15) *Origin*, 69쪽.

을 형성하는 능력에 관해 언급하면서 설계와 창조의 개념을 끄집어 낸다. 한 생물의 포식 욕구가 포식을 피하려는 다른 생물의 반대 형태를 만들어낸다는 것이다. 그런 의미에서 고양이가 쥐를 만들었다고 말할 수 있다.[16] 도킨스와 마찬가지로 데닛도 종이나 개체의 생존을 중시하는 관점을 거부하고 유전자의 관점에서 스스로를 복제하려는 성향에 주목한다. 이렇게 유전자의 관점에서 단일한 목적의 생존 개념을 주장하면 확실히 감정의 측면을 배제할 수는 있지만, 생존을 위해 상호작용을 하거나 협력할 필요성은 설명되지 않는다.

3

19세기에도 그랬듯이 다윈주의는 지금도 크게 대립되는 견해와 이야기 들을 낳고 있다. 그중 하나는 사회생물학의 결정론적 연쇄다. 이에 따르면, 인간의 사례를 볼 때 DNA가 이미 자체의 운동 궤도를 그려놓았기 때문에 개체에게는 제한적 선택밖에 없다. 그런데 이것은 누구의 이야기일까? 도킨스가 말한 이기적 유전자의 은유는 달걀이 닭을 단지 달걀을 낳기 위한 매체로만 간주한다는 이야기처럼 심술궂고 악의적인 위안을 준다.[17] 크게 달라진 것은 없다. 사회 질서는 언제나 유전자 풀에 있는 유전자들의 상호작용에 의해 작동하고 있으며, 시간이 지나면서 지성이나 성, 때로는 종류의 양태로 드러난다. 그것은 다윈주의의 한 극단적 해석이다. 또 다른 이야기는 유전적으로 각인된 가능성들이 아무런 목적도 없이 우연하

---

16) 예컨대 Dennett, *Darwin's Dangerous Idea*, 511쪽을 보라.

17) *The Selfish Gene*(런던, 1978); *The Blind Watchmaker*(런던, 1986).

게 대량으로 존재한다는 것이다. 그중 하나가 두드러지는 경우는 거의 없다.

현재의 논증이나 일반적인 상상 속에서 다윈이 등장할 수밖에 없는 이유는 과거 수십 년 동안 DNA의 발견이 우리의 삶과 미래에 큰 의미를 지니게 되었기 때문이다. 다윈은 유전학을 모르는 상태에서 연구를 진행했지만, DNA는 《종의 기원》이 처음 발간되었을 때 발생한 여러 가지 중대한 논쟁을 더 직접적인 형태로 제기했다. 특히 인간과 동물이 공동의 조상을 가졌고, 현재 알려졌다시피 공동의 유전 자료를 가지고 있다는 사실은 커다란 논란을 불러왔다. 인간과 악어를 연관짓는 '불결한 문장(紋章)'에 대해 러스킨(Ruskin)이 몸서리칠 만큼 혐오를 보인 태도는 지금도 유전자를 이용한 신체기관의 이식과 관련된 논쟁에서 반복되고 있다.[18] 또한 다윈의 분류학에서 언뜻 드러난 생물학적 결정론은 인간 게놈의 지도에 관한 논쟁에서 핵심 주제가 되었다. 장차 중요한 영향을 미치게 될 생물 복제 기술은 현재 진화의 개념과 모순을 빚고 있다. 복제하되 일탈은 거부한다. 이것은 인류가 순수한 복제를 위해 유기체를 선택할 수 있게 된 이래로 인위적 선택의 가장 강력한 형태다. 그러나 이미 차이는 드러나고 있다. 복제된 생물이 태어나서 자라고 있다. 그런데 그 환경은 어미의 경우와 다르다. 또한 복제가 일어난 삶의 단계를 어미와 공유하므로 수명이 달라질 수도 있다. 보르헤스(Borges)가 예견했듯이, 지금 《돈키호테》를 설사 모든 자구(字句)를 원본과 똑같이 쓰더라도 그것은 다른 책이다. 복제양 돌리 같은 경우도 마찬가지다.

---

18) 이 책의 55~59쪽과 '7 진화론의 신화'의 논의를 참조하라.

이 책의 제목인 《다윈의 플롯》은 이중의 의미를 가진다. 다윈이 자라면서 가지게 된 플롯일 수도 있고, 그가 다른 사람들에게 가지게 한 플롯일 수도 있다. 이 책을 쓸 무렵 나는 다윈이 얼마나 자신에게 익숙한 수사 어구(정원을 떠난다든가, 조상이 자기가 생각한 조상과 다르다는 것을 깨닫는다든가)를 동원했는지 내내 의식했다. 나는 그가 자신의 이론에서 상상력을 가진 작가들이 원용(援用)하거나 각색할 수 있는 이야깃감을 어떻게 그토록 많이 만들 수 있었는지를 알고 싶었다. 인간의 하강 전승, 인간의 상승 전승, 변형, 멸종, 대가족, 생명의 계보, 인위적 선택이나 성적 선택으로서의 결혼 등이 그런 예다.

4

나는 이 제2판에서 1983년의 텍스트를 수정하지 않기로 결정했다. 그 이유는 초판의 분석 내용에 충분히 만족하기 때문이 아니라, 너무나 많은 것들이 관련되므로 처음부터 다시 시작하려면 《종의 기원》 이외에 다윈의 글들을 더 많이 추가하고, 인종과 성에 관한 최근의 분석 결과를 대폭 확충해야 하기 때문이다. 《빈 들판: 과학과 문화의 만남(Open Fields: Science in Cultural Encounter)》(옥스퍼드, 1996)에서 나는 그 주제들을 다루었으며, 특히 다윈이 비글 호를 타고 항해할 때와 그 이후에 쓴 글을 분석하고 다윈과 토착 주민들의 만남을 조사했다. 지금 나는 그 만남이 갈라파고스의 거북이나 핀치와의 만남 못지않게 그의 이론을 형성하는 데 중요했다고 본다. 안타깝게도 《다윈의 플롯》에서는 《인간의 유래(The Descent of Man)》에 관한 논의가 빈약한데, 지금은 그 책을 철저히 분석할 필요가 있다. 《인간의 유래》는 《종의 기원》보다 더 큰 영향력을 가졌다. 특히 조지 기싱(George Gissing), 그랜트 앨런(Grant Allen), 허버트 웰스(Herbert Wells) 등 후기 빅토리아 시대 작가들과, 새라 그랜드(Sarah Grand), 모나 케어드(Mona Caird), 조지 에저턴(George Egerton) 등 신여성(New Woman) 소설가들이 그 영향을 받았다. 또한 《인간의 유래》는 거칠고 흥미가 덜하며, 현대 독자들을 위한 책이다. 이 책은 다윈의 저작 가운데 가장 문화 중심적이며, 1860년대 민족지학자, 인종이론가, 영장류 동물학자 들의 연구를 전거(典據)로 삼고 있다(그들 역시 다윈에게서 영향을 받았다). 자료들이 한 분야에서 다른 분야로 왔다갔다하기 때문에 증거의 범위가 혼란스러울 때도 있다. 나는 〈다윈과 언어이론의 발달(Darwin and the Growth of Language Theory)〉에서 문헌학과 다윈 진화론의 경우가 그렇다고 말한 바 있다.[19] 스티븐 앨터(Stephen Alter)는 《다윈주의와 언어학적 이미지: 19세기의 언어, 인종, 자연신학(*Darwinism and the Linguistic Image: Language, Race, and Natural Theology in the Nineteenth Century*)》에서 이런 경우를 상세히 다루었다. 그는 이렇게 말한다.

아마 어느 시대든 이런 학제적 유사성을 좋아할 것이다. 이질적인 현상들이 서로 공명하면서 연결되기 때문이다. 이렇게 자연스러워 보이는 은유—별개의 지식 분야들이 자연스럽게

---

19) *Open Fields: Science in Cultural Encounter*(옥스퍼드, 1996, 페이퍼백, 1999), 제4장.

논리적 연결로 묶이는 것—는 특정한 시간과 장소의 심미적
감수성을 자극한다.[20]

내가 이 책을 쓸 무렵에는 문학과 관련된 과학 연구를 몇몇 선구
자들만이 담당했지만, 지금은 그 층이 한결 두터워졌고 눈에 띄는
저작도 많이 나오고 있다.[21] 현 시기의 심미적 감수성은 과학 글쓰
기를 특권적인(따라서 주변적인) 자율성으로부터 해방시켜, 과학자
들도 자신이 살고 연구하고 활동하고 생각하는 넓은 공동체의 은유
와 선호도를 공유하는(때로는 거스르는) 상태에서 활동해야 한다는
점을 강조한다. 이 책은 처음에 일부 독자들이 당혹스럽게 추측한
것처럼 다윈의 저작이 '허구'라고 주장하지 않는다. 이 책은 다윈이
사용한 언어가 사물을 생각하는 그의 노력을 잘 보여주며, 그것을
무심코 걷어낼 경우 큰 피해를 입을 수 있다고 주장한다. 또한 이 책
은 다윈의 비전문적 언어(실제로는 전문 독자를 가정했겠지만)가 어
떻게 폭넓은 대중을 독자로 끌어들였고, 그가 사용하는 용어들에 다
양한 의미를 부여할 수 있었는지를 보여준다(자연, 인종, 인간, 투쟁,

---

20) Stephen G. Alter, *Darwinism and the Linguistic Image*(볼티모어와 런던,
1999), 1쪽.

21) 이 물결의 첫 번째이자 최고의 문헌은 Sally Shuttleworth, *George Eliot and
Nineteenth Century Science: The Make Believe of a Beginning*(케임브리지,
1984)이다. 다음 문헌들도 참조하라. George Levine 엮음, *One Culture: Essays
in Science and Literature*(매디슨, 1987), *Realism and Representation: Essays
on the Problem of Realism in Relation to Science, Literature, and Culture*(매디
슨, 1993); Elinor Shaffer 엮음, *The Third Culture: Literature and Science*(베를
린, 1998).

적합성, 가족 등은 여러 가지 이야기를 낳을 수 있는 용어이다). 나의
논증은 이야기와 논증이 어느 정도까지 방법을 공유할 수 있는지,
나아가 이야기와 논증 사이에 어떤 차이가 있는지 검토한다.

5

　처음부터 전부 다시 쓴다면 지금은 과거에 내가 자주 사용했던 형
식을 고수하지 않을지도 모른다. 당시 나는 19세기 중반의 논쟁을
언급할 때 성을 구분하는 개념이 포함된 것을 알면서도 빅토리아 형
식의 '인간(man)'이라는 용어를 그냥 사용했다. 오해의 여지는 있겠
지만 인간을 지칭할 때마다 일일이 'man' 대신 'humankind'를 쓰
기는 성가신 일이었을뿐더러, 그럴 경우 헉슬리(Huxley)의 책 제목
에 담긴 19세기 중반의 많은 가정들을 바로잡을 수 없었다. 무엇보
다도 나는 (지금도 그렇지만) 빅토리아 시대의 용어에 역사적 경의를
표하는 척하고 싶지 않았다. 그런 태도는 현재의 책임을 면제해줄
위험이 있다. 즉 백 년 전에 그랬다는 걸 안다면 마치 지금 우리에게
는 그런 편견이 없다는 듯한 느낌을 줄 수 있다는 말이다. 그런 문제
에 관해서는 다른 곳에서 더 포괄적으로 다루었다. 〈타자를 대변하
다: 빅토리아 인류학 저술에 보이는 상대주의와 권위(Speaking for
the Others: Relativism and Authority in Victorian Anthropological
Writing)〉가 그런 글이다.[22]

　《다윈의 플롯》이 출간된 이후 이블린 폭스 켈러(Evelyn Fox
Keller)[23] 같은 페미니스트 작가들은 여성성과 관련된 속성들이 제

---

22) *Open Fields*에 수록되어 있다.

자리를 잡을 경우 과학적 행위와 글의 인식론적 상황이 변화될 수 있는 가능성을 모색했다. 그녀의 연구는 20세기 영장류 동물학의 역사를 다룬 도나 해러웨이(Donna Haraway)의 연구와 더불어 당시 내게 유용한 문제를 제기했다. 특히 해러웨이의 분석은 이 책에서 초보적인 형태로 제시된 인종 연구를 더욱 확장하는 데 도움을 주었다. 호미 바바(Homi Bhabha)의 '잡종성(hybridity)'은 다윈의 고뇌에 찬 '잡종교배(Hybridism)' 개념과 거리를 두면서 그것을 계승하는 대단히 유용한 개념이다.[24] 다윈은 잡종교배가 생식 불능을 초래한다는 문제로 고민했다. 그럴 경우 생물 종은 본래의 범주에 고착되고 그가 추구하는 변종의 가능성이 사라지게 된다. 그와 달리 바바가 제시한 잡종성과 모방을 채택하면, 권력 위계가 완전히 고정된 것처럼 보였던 집단들 사이에서도 권력 관계의 교체와 이동이 가능해진다.

다윈은 자신이 속한 사회의 틀 속에서 사고하면서도 인간의 감각 자원을 모두 유지하고 빅토리아식 가부장제의 전형에서 벗어나 다른 삶의 형태에 관해 열정과 감정이입을 보였다. 그의 삶은 논란의 대상일 수 있지만, 그의 정신은 자신의 사회와 상충하는 자료를 평

---

23) Evelyn Fox Keller, *Reflections on Gender and Science*(뉴헤이븐과 런던, 1985); Donna Haraway, *Primate Visions: Gender, Race and Nature in the World of Modern Science*(런던, 1989). 다음 문헌들도 참조하라. Londa Schiebinger, *Nature's Body: Gender in the Making of Modern Science*(보스턴, 1993); Marina Benjamin 엮음, *Science and Sensibility: Gender and Scientific Enquiry 1780~1945*(런던, 1991).

24) Homi Bhabha, *The Location of Culture*(런던, 1994); *Nation and Narration*(런던, 1990).

가할 줄 아는 안목을 가지고 있었다. 내가 이해하는 다윈은 제임스 무어와 애드리언 데스먼드의 전기[25]에서 보는 것처럼, 확고한 자세에 자신감이 넘치는 인물이 아니라 다소 편향된 관점을 가진 인물이다. 만약 다윈이 자신이 속한 계급과 국가의 문화적 조건에 만족했더라면, 그렇듯 급진적인 이론을 전개하지는 못했을 것이다. 나는 〈비글 호의 네 사람(Four Bodies on the *Beagle*)〉에서 그 문제에 관해 상세히 쓴 바 있다.[26] 나의 분석과 전기작가의 분석이 인식의 차이를 보이는 이유는 다윈의 글에서 망설임, 이해의 폭, 금지, 감정이입이 구문과 문장의 의미를 통해 드러나기 때문이다. 따라서 여러 가지 이야기가 서로 엇갈리며 삐걱거린다.

생존경쟁은 모든 유기체에 공통적인 높은 기하학적 증가율로 인해 불가피하다. 이 높은 증가율은 계산으로 증명된다. 특정한 계절이 연속되는 시기에 동식물의 수가 급증하거나, 새로운 지역에 이식되는 현상으로 알 수 있다. 생존할 수 있는 것보다 더 많은 개체들이 태어난다. 약간의 균형이 개체의 삶과 죽음을 결정하며, 변종이나 종이 수적으로 증가할지, 감소할지, 최종적으로 멸종할지를 결정한다.[27]

---

25) Adrian Desmond와 James Moore, *Darwin*(런던, 1991); Janet Browne, *Charles Darwin*, 1권, *Voyaging*(런던, 1995)에는 색다른 설명이 있지만 2권까지 다 읽어야 한다.

26) *Open Fields*, 13~30쪽.

27) *Origin*, 378쪽.

첫 문장의 '불가피하다'는 말은 문법 구조로 볼 때 논증을 강화하는 역할을 하며, 둘째 문장에서는 증거에서 일반적 사례로 이동한다. 그 다음에 나오는 "생존할 수 있는 것보다 더 많은 개체들이 태어난다"는 문장은 독자에게 생존을 자손에 의한 연속으로 이해하라고 요구한다. 개체들은 모두 죽는다. 그러다가 갑자기 '약간의 균형'으로 그 과정의 취약성이 드러나며, 개체에서 변종이나 종으로 비약이 일어난다. 그렇게 궤도에서 벗어난 뒤, "변종이나 종이 수적으로 증가"할 가능성을 보여주는 문구들이 뒤따르지만, 마지막 문장의 '최종적인 멸종'이 그 가능성을 차단해버린다. 이리하여 글은 창조적 사고를 가능케 하는 현상학직 불확실성으로 들어간다.

다윈의 글이 유발하는 이야기에서는 끊임없이 이해하고 수정하는 과정에서 모순이 생겨난다. 이 책의 후반부에서 나는 19세기 소설가들이 다윈을 읽고 그의 통찰력에 반응하고 저항하는 방식을 탐구했다. 조지 레빈(George Levine)은 이 문제에 다른 방식으로 접근한다. 그가 주목한 작가들은 다윈을 (적어도 체계적인 방식으로는) 읽지 않았음에도 그의 저작이 낳은 사상을 자유롭게 이용하여 다윈의 연구 대상이 되는 소설적 자료들을 제공했다. 《다윈과 소설가들: 빅토리아 소설에 보이는 과학의 유형(*Darwin and the Novelists: Patterns of Science in Victorian Fiction*)》(케임브리지, 매사추세츠, 런던, 1988)에 나오는 레빈의 분석은 내가 다른 작가들에 관해 주장하는 내용을 훌륭하게 보충하며, 두 접근 사이에는 전혀 불일치가 없다.

최근에 가장 놀라운 현상은 창조적 작가들이 확신을 가지고 과학적 재료를 상상력의 대상으로 삼는다는 사실이다. A. S. 바이엇(Byatt), 피터 케리(Peter Carey), 마이클 프레인(Michael Frayn), 톰스토퍼드(Tom Stoppard) 등이 그 선두 주자들이다. 과학은 늘 과학적 탐구의 범위 내에서 답할 수 없는 문제를 제기한다. 다윈이 뚜렷하게 보여주듯이, 과학은 우연, 미래, 극대와 극미, 가까운 것과 먼 것에 관한 질문을 던진다. 양자역학은 다윈의 진화론처럼 새로운 소설 형식을 낳았다. 재닛 윈터슨(Jeannette Winterson)의 《처녀 떼기(*Sexing the Cherry*)》(1989)와 《좋은 조화(*Gut Symmetries*)》(1997)는 삶과 죽음의 고정된 경계를 무너뜨린다. 또 조리 그레이엄(Jorie Graham)의 시집 《통일장의 꿈(*The Dream of the Unified Field*)》(1996)에는 저자가 예전에 썼던 〈식물과 유령의 잡종(Hybrids of Plants and of Ghosts)〉에서 뽑은 시들이 수록되었다. 현재 과학적 연구에서는 어떤 이야기, 어떤 새로운 형식이 나오고 있을까? 이야기를 위한 새로운 문법이 있을까? 아니면 프로프(Propp)가 형태론의 유비(類比)를 통해 정립한 불변의 민담 문법이 여전히 통용될까? 현재까지 밝혀지지 않은 장소와 유기체에서 나오는 이야기가 있을까? 진드기에서 일인칭이 나오고, 광우병에서 독백이 나올 수도 있을까? 마지막 질문에 대한 답은, 조 샤프콧(Jo Shapcott)과 레스 머리(Les Murray)의 시가 말해주듯이, 충분히 가능하다는 것이다.[28]

6

레스 머리는 〈자연세계의 번역(Translation of the Natural World)〉에 이어지는 〈세포 DNA(Cell DNA)〉라는 시에서 유전자 생명의 필연적인 붕괴도 진화 과정의 일부로 간주한다.

---

28) Jo Shapcott, *Phrase Book*(런던, 1992)의 광우병 부분.

나는 홀로
자유낙하한다.
나와 나의 복제판을
모두 짊어지고서

삶은 얄팍한
나선형으로 묶여 있다.
내가 바로 그렇고
내 주변이 바로 그렇다.

존재와 기아는
세계를 돌면서
한 점 활기를 불어넣는다.
나는 그것을 기계적으로 가르친다.

하지만 그것의 모든 지배는
한때의 실수
뭔가가 존재와 자유로
치솟은 결과

다시 말하고 다시 꿰어도
한 가닥 팽팽한 긴장은
나를 견딜 수 없도록
다르게 만든다.[29]

차이는 고통스러우면서도 창조적이다("한 가닥 팽팽한 긴장은/ 나를 견딜 수 없도록/ 다르게 만든다"). 기계적 행동과 실수는 진화의 영역에서 필연적이다. 머리의 시에서 알고리듬과 밈은 둘 다 세포 DNA로부터 나오는 목소리다.

그 잃어버린, 불가능한, 혹은 타락한 목소리는 로저 맥도널드(Roger McDonald)의 《다윈의 포수(*Darwin's Shooter*)》 같은, 비주류를 다룬 소설에도 등장한다. 이 작품은 다윈의 하인인 코빙턴(Covington)의 존재에 관심을 기울인다. 코빙턴은 비글 호 항해 때부터 육상 여행까지 늘 다윈을 따라다니며 생물 종을 수집하고 도표화했으며, 죽을 때까지 다윈에게 샘플을 지속적으로 보내주었으나, 《종의 기원》에는 그의 이름이 전혀 언급되지 않는다.

> 코빙턴의 반생(半生)이 그 책에 있었다. 그 시기에 그는 다윈에게 자신의 삶을 송두리째 바쳤다. 뼈 무더기와 새의 가죽을 해석하고, 유리 항아리를 정성껏 봉하고, 무수한 눈알을 도려내고, 수많은 공책을 필사한 것은 바로 그의 손이었다.[30]

맥도널드는 코빙턴에게 그의 도움으로 확립된 이론과는 극적으로 반대되는 종교적 믿음을 부여한다. 소설은 다윈이 결코 혼자가 아니었다는 사실을 파헤친다. 다윈은 많은 사람들의 노력, 정보, 통찰력을 이용했고 또 이용하여야 했다. 제니 디스키(Jenny Diski)는 《믿을

---

29) Les Murray, *Translations from the Natural World*(런던, 1993), 41쪽.
30) Roger McDonald, *Mr. Darwin's Shooter*(런던, 1998), 367쪽.

수 없는 일(*Monkey's Uncle*)》(런던, 1994)이라는 소설에서 피츠로이 (Fitzroy, 비글 호의 함장: 옮긴이)가 다윈에게 정서적·지적 영향을 주었으며, 그의 딸로 추측되는 소설의 여주인공 샬럿에게는 유전적 영향을 주었다는 것을 재치 있게 묘사한다. 또 미국의 시인 저트러 드 슈나켄버그(Gjertrud Schnackenberg)는 감동적인 장시 〈1881년 의 다윈(Darwin in 1881)〉에서 다윈의 견해를, 성(性)과 우주가 진동 하고 수많은 가능성들이 구현되지 않고 남아 있는 우연의 게임을 이 해하는 프로스페로(셰익스피어의 희극 〈템페스트〉의 주인공: 옮긴이) 로 포착한다.

> 그는 완전히 우연으로 우주를 바라보았다.
> 사랑에 눈먼 두 상속자가 벌이는
> 하찮은 체스 게임
> 그들이 작은 조각상들을
> 손으로 만지작거리는 동안
> 보이지 않는 무수한 추상이
> 침묵의 체스판 위에서 결합된다.
> 그들이 떠나면 게임은 영원히 끝나지 않고
> 그들 스스로가 킹과 퀸이 된다.[31]

끝부분에서 시인은 다윈이 세상을 떠나는 날 밤에 정원을 헤매다

---

31) Gjertrud Schnackenberg, *The Lamplit Answer*(런던, 1986), 44쪽.
32) Harriet Ritvo, *The Platypus and the Mermaid*(케임브리지, 매사추세츠, 1997).

가 침상으로 돌아오는 모습을 상상한다.

　　그는 침대에 눕는다.
　　사라진 강바닥의
　　커다란 화석처럼 눕는다.
　　대양의 파도에, 협곡의 바닥에, 세사(細沙)에,
　　석회암에, 깊은 파란 얼음 속에,
　　구름에 가려 공중에 떠 있는 듯한 절벽에
　　그는 장화를 신고 외투를 입은 채
　　눈을 감고 눕는다.

이 대목에서 잠, 공간, 종(種), 얼음, 눈[眼]은 죽음으로 스며든다.

다윈은 분류학이 늘 경계의 문제를 일으킨다는 것을 알고 있었다. 분류는 이전의 가정에 의존하고, 그 가치 기준은 범주화를 위해 필요한 것을 증명한다.[32] 다윈은 세계가 실재한다는 것을 결코 의심하지 않는다. 그러나 그는 세계를 이해하는 우리의 범주를 의심하고 의문을 던지면서도 누구나 그렇듯이 범주화를 향한 열정을 가지고 있었다. 플롯의 불안정함 덕분에 그는 늘 새로운 논쟁을 유발할 수 있었고, 여러 분야에 걸친 특별한 변종에 관해 통찰력을 얻을 수 있었다.

질리언 비어

1999년 8월

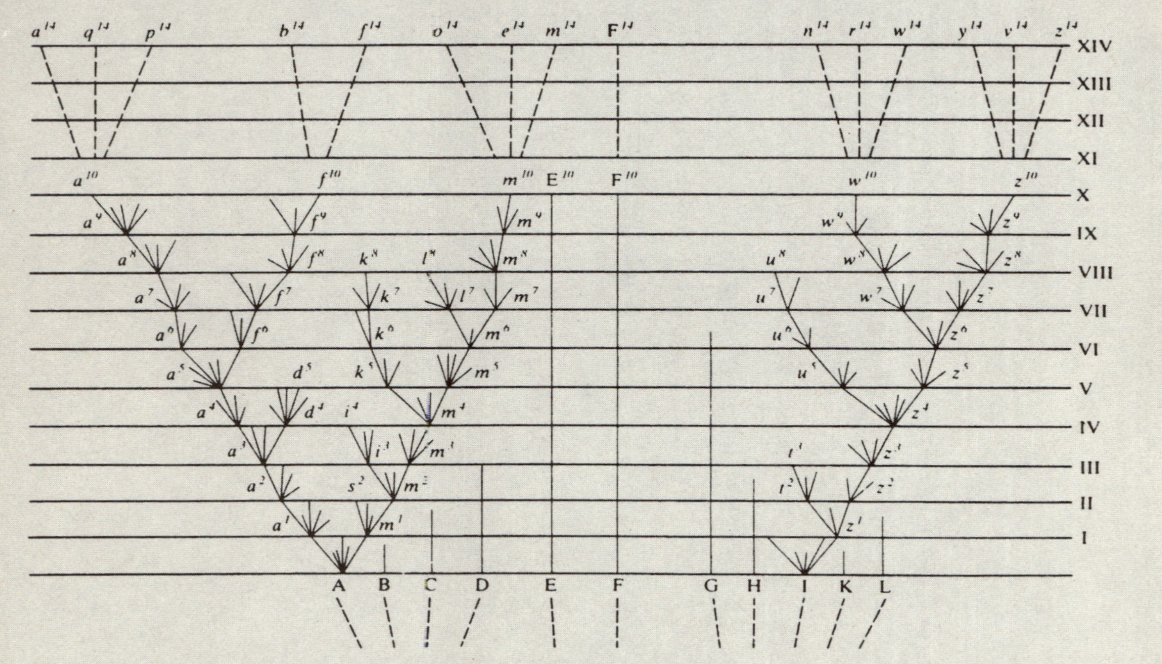

해초와 이야기와 나무(Sea-weed, narrative, tree)

다윈이 《종의 기원》에서 제시한 그림을 질리언 비어가 그대로 옮겨놓고 'Sea-weed, narrative, tree' 라는 제목을 덧붙였다. 다윈은 여러 생물들이 오랜 세월에 걸쳐 새끼를 낳고 또 낳다보면 언젠가는 새로운 종이 생겨나고 그 종들을 잘 갈무리하면 새로운 속이 생겨난다고 생각했다. 이것을 그림으로 그리면 나무 모양이 된다. 다윈은 이를 위대한 생명의 나무(the great tree of life)라 불렀다. 오늘날에도 생물 진화의 역사를 도식화한 것을 '생명의 계통수' 라고 한다. 하지만 비어는 이것을 꼭 나무라고 지칭할 필연성은 없고 해초라고 해석할 수도 있다는 이야기를 하는 것 같다. 그리고 이것은 진화(혹은 생명)에 대한 이야기가 퍼져(뻗어) 나가는 구조라고도 할 수 있지 않겠느냐는 암시를 하는 듯하다(본문 209~213쪽 참조).

1장

다윈의 신화

Darwin's Plots

주요한 과학 이론들은 흔히 상식을 거부한다. 그들은 감각기관의 범위를 넘어서는 증거를 요구하며, 가시적인 세계를 뒤엎는다. 가정된 관계를 혼란스럽게 하고, 지금까지 사실로 믿어졌던 것을 은유로 바꾼다. 주요 이론을 처음 접한 사람들은 당혹감을 느끼거나 흥분하지만, 50년쯤 지나면 그것을 당연시하고 상식의 일부로 여긴다. 우리 눈에 지구가 움직이지 않는 것처럼 보여도, 상식은 우리 눈이 어떻게 보든 상관없이 지구가 태양의 주위를 돈다고 가르친다.

이론이 처음 등장했을 때는 마치 허구처럼 보인다. 우리에게 지각되는 자연세계와, 가설을 통해 상상된 세계의 어색한 부조화로 인해 이론은 한동안 허구의 영역을 벗어나지 못한다. 예를 들어, 1850~1860년대에 진화론은 세간에서 '발생 가설(Development Hypothesis)'이라고 불렸다.

《과학혁명의 구조(*The Structure of Scientific Revolutions*)》에서 쿤

(Kuhn)은 새로운 과학 사상을 구상하고 수용하는 단계에 관해 이렇게 말한다.

> 발견은 변칙을 인식하면서 시작된다. 다시 말해, 자연이 정상과학을 지배하는 패러다임에 바탕을 둔 기대에 어긋난다는 것을 인지함으로써 발견이 이루어진다. 그 뒤 한동안 그 변칙 영역에 대한 탐구가 진행된다. 그 탐구가 끝날 때면 패러다임 이론이 조정되어 변칙적 현상이 예측된 현상으로 바뀐다. 새로운 사실을 흡수하려면 이론의 부수적인 조정 이상의 큰 변화가 필요하며, 그 조정이 완료될 때까지—과학사가 자연을 다른 방식으로 보는 법을 알게 될 때까지—그 새로운 사실은 아직 과학적 사실이 되지 못한다.[1]

백 년 전에 클로드 베르나르(Claude Bernard)는 《붉은 공책(*Cahier Rouge*)》에서 과학이 단순한 추가나 부가에 의해서가 아니라 혁명에 의해 발전한다고 쓴 바 있다.[2] 이 혁명은 과학자들의 마음에서만 일어나서는 안 된다. 이론이 권위를 얻으려면 같은 문화에 속한 다른 사람들의 믿음에서도 혁명이 일어나야 한다. 이론과 자연의 적합성이 인정되어야 이론의 권위가 설 수 있다. 어느 정도 의도적인 허구, 불완전한 가설의 성격에 관해서는 매케이(Mackay)가 《지성

---

1) Thomas S. Kuhn, *The Structure of Scientific Revolutions*(시카고, 1962), 52쪽.
2) *The Cahier Rouge of Claude Bernard*, H. H. Hoff 외 옮김(케임브리지, 매사추세츠, 1967), 87쪽.

의 진보(*The Progress of the Intellect*)》에서 다룬 바 있는데, 조지 엘리엇은 1851년에 《웨스트민스터 리뷰(*Westminster Review*)》 1월호에 게재한 평론에서 그 내용을 설명한다. 그녀는 매케이의 책 가운데 '철학의 명상'이라는 장이 저자의 주장을 가장 잘 보여주는 부분이라고 보았다. 매케이는 신화와 과학의 관계에 관해 다음과 같이 말한다.

> 신화의 잔재가 과학의 성소에 숨어 있다. 형식이나 이론은 늘 자연에 미치지 못하지만 늘 자연을 넘어서려 하며, 과학자가 당시에 알았던 것 이상을 포괄하는 경우가 종종 있다.[3]

과학, 문학, 사회, 정서의 상상력에 영향을 미쳤다는 점에서 《종의 기원》[4]은 지은이가 당시에 알았던 것 이상을 포괄하는 저작의 매우 특별한 사례다.

---

3) *Essays of George Eliot*, Thomas Pinney 엮음(런던, 1963), 44~45쪽. 이후 Pinney라고 표기함.

4) 《종의 기원》에서 인용한 구절은 명시된 부분을 제외하고는 모두 초판본에서 따왔다(*On The Origin of Species by Means of Natural Selection, or the Preservation of Favoured Races in the Struggle for Life*, Charles Darwin, M. A., 왕립협회, 지질학협회, 린네협회 등의 회원, 'Journal of Researches During H. M. S. *Beagle's* Voyage Round the World', 런던, 1859). 다윈은 1859년에서 1878년까지 이 저작을 대폭 수정했다. 달라진 부분은 Morse Peckham의 귀중한 집주판(集註版, 필라델피아, 1959)에 기록되어 있다. 이 저작에 관해 그에게 감사를 표한다. 이 문헌의 인용 부분은 '(Peckham, ~쪽)'이라는 식으로 표기했다. 나의 책에 나오는 인용 페이지는 John Burrow가 엮고 서문을 붙인 펠리컨 클래식스(하먼즈워스, 1968) 판본에 의거했다. 이 판본은 초판본의 텍스트를 인쇄했다.

소설과 진화론

이 책에서 나는 소설가들이 진화론을 수용하거나 거부한 몇 가지 방식을 탐구할 것이다. 그들은 섬세하게 구성된 이야기 속에서 진화론의 힘을 평가했다. 소설가들은 다양한 수준의 자기인식을 바탕으로 진화론이 세계를 읽기 위한 결정적인 허구를 어느 정도까지 제공하는지 시험했다. 이 책에서 다루는 빅토리아 소설가들은 진화론이 "아직 과학적 사실이 되지 못한" 단계, '신화의 잔재'가 역력했던 시대에 살았다. 나는 킹즐리(Kingsley), 조지 엘리엇, 하디처럼 진화론에 대해 다양한 반응을 보였던 작가들의 작품을 분석할 것이다. 그러나 진화의 관념은 논쟁의 대상이 될 때보다 문화에 각인된 가정이 될 때 훨씬 더 영향력이 크다. 배리 반스(Barry Barnes)는 《과학 지식과 사회학 이론(*Scientific Knowledge and Sociological Theory*)》에서 이렇게 쓴다.

> 성공적인 과학 모델은 처음에 '가정'이었다가 '실제의 설명'으로 바뀐다. 이후 그 모델은 여러 가지 기술과 절차로 분해되면서 핵심적인 이론적 개념들이 단지 조작의 대상으로 전락하고, 그 존재론적 지위도 더는 고려되지 않는다(예컨대 힘, 온도, 진동수 등이 그렇다).[5]

그 자연화 과정은 내 연구에서 또 다른 주요 주제다. 우리는 다윈

---

5) Barry Barnes, *Scientific Knowledge and Sociological Theory*(런던, 1974), 166쪽.

이 우리의 가정에 기여한 것에 대해 경의를 표한다. 우리는 진화의 관념이 지배하는 문화에서 살고 있기 때문에, 일상적으로 세계를 읽을 때 진화의 상상력을 제대로 인지하기가 어렵다. 하지만 그것을 인지하도록 노력할 필요가 있다.

이 연구의 앞부분에서 나는 다윈이 자신의 이론을 언어로 제시하고자 할 때 직면했던 문제들을 분석할 것이다. 그는 자신이 물려받은 신화학, 담론, 이야기 질서를 적절히 이용하고 수정하려 애썼다. 당시에는 그가 제시하는 새로운 이론을 기술하는 데 적합한 언어가 거의 없었다. 그런 탓에 그 이야기 자체가 일관적이지 못했고, 수많은 상충하는 체계들로 연장되고 흡수될 따름이었다.[6]

진화론을 다루므로 당연히 다윈의 저작에 초점을 맞추겠지만, 그 밖에도 나는 진화의 관념을 수용하는 데 기여했던 저작들을 펴낸 라마르크(Lamarck), 라이엘, 로버트 체임버스(Robert Chambers) 등의 저자들도 다룰 것이다.[7] 다윈에 초점을 맞춘 이유는 우선 종의 변화, 발생, 사멸이 일어나는 과정을 고찰하는 그의 방식이 자연 질서에 대한 우리의 이해를 혁명적으로 바꾸었기 때문이다(하지만 그의 책이 처음 나왔을 무렵 사람들은 그것이 기존의 관념을 입증하고 권위를

---

6) Paul Ricœur는 *Interpretation Theory: Discourse and the Surplus of Meaning*(포트워스, 텍사스, 1976), 67쪽에서 이론, 언어, 소설의 관계를 일반적인 견지에서 논의한다.

맥스 블랙(Max Black)이 말하듯이, 상상에 의거한 이론적 모델의 관점에서 현실의 영역을 서술하는 것은 탐구 주제에 관한 언어를 변화시킴으로써 사물을 다르게 보는 방식이다. 이러한 언어의 변화는 계시적 허구를 구성하는 데서 출발해 이 계시적 허구의 특성을 현실 자체로 변환하는 방식으로 진행된다. …… 이렇게 계시적 허구를 거치는 우회로 덕분에 우리는 사물에서 새로운 연관을 인식한다.

지질학의 창시자 찰스 라이엘

그의 저작 《지질학의 원리》는 다윈에게 영감을 주었다. 다윈은 비글 호 여행 때 이 책을 읽었다고 한다. 그러나 라이엘이 다윈의 생각을 지지하지 않는다고 공개적으로 말했을 때, 다윈은 크게 실망하고 말았다.

부여하는 이상의 역할을 하리라곤 생각하지 않았다). 특히 《종의 기원》에 초점을 맞춘 두 번째 이유는 그 시대 사람들이 그 책을 널리, 철저하게 읽었기 때문이다. 《종의 기원》을 읽으면 한 이야기의 경험에 동참하게 된다. 그 경험은 비극으로 이어질 수도 있고〔자크 바르죙(Jacques Barzun)처럼〕 희극으로 이어질 수도 있지만〔드와이트 쿨러(Dwight Culler)처럼〕, 언제나 주관적이고 문학적이다.[8]

프로이트와 다윈

초점의 문제와 연관되는 것은 증거의 문제다. 아마 나는 기껏해야 유비로 표현할 수밖에 없을지도 모른다. 우리는 지금 프로이트 이후

---

7) Jean-Baptiste Lamarck, *Philosophie zoologique*(파리, 1809); J. B. Lamarck, *Histoire naturelle des animaux sans vertèbres*(1815~1833); Charles Lyell, *The Principles of Geology*(런던, 1830~1833); Charles Lyell, *The Antiquity of Man*(런던, 1864); Robert Chambers, *Vestiges of the Natural History of Creation*(런던, 1844). 다윈을 반대하는 사람들은 진화론과 다윈주의를 동일시하는 데 분노한다. 예를 들어, St John Mivart는 *Man and Apes*(런던, 1873)에서 '인기상'의 부당함에 관해 이렇게 논평한다.

　유기체의 삶에 응용되는 진화의 학설―다시 말해 다양한 새로운 동식물의 종들이 순전히 유전적 계승이라는 자연 과정을 통해 스스로를 드러낸다고 주장하는 학설―은 흔히 '다윈주의'라는 용어로 불린다. 하지만 이 학설은 다윈 씨보다 훨씬 더 오래되었으며, 많은 사람들은 '다윈주의(자연선택에 의한 종의 기원을 믿는 사상)'가 조잡하고 극도로 취약한 가설이라고 생각한다.

8) Jacques Barzun, *Darwin, Marx and Wagner*(뉴욕, 1958); Stanley E. Hyman, *The Tangled Bank: Darwin, Marx, Frazer and Freud as Imaginative Writers*(뉴욕, 1962); A. Dwight Culler, 'The Darwinian Revolution and Literary From', George Levine 엮음, *The Art of Victorian Prose*(런던, 1968), 224~226쪽.

의 시대에 살고 있다. 우리 문화에서 프로이트의 사상과 무관하게 살아가기란 불가능하다. 설사 프로이트의 책을 읽지 않았다 해도, 극단적으로 말하면 능동적으로든 수동적으로든 프로이트의 용어를 전혀 사용하지 않는다 해도, 우리는 프로이트의 사고방식, 그가 경험을 이해하고 관계를 인식하는 방식으로부터 완전히 벗어날 수는 없다. 프로이트는 경험을 이해하는 과거의 모든 방식을 와해시켰으며, 그의 사상은 거의 제도화되어 있어, 아무리 그의 견해에 의문을 갖거나 불신하는 사람이라 해도 프로이트의 색채를 완전히 제거한 세계를 창조할 수는 없다. 다윈이 그의 시대에 미친 영향력도 바로 그러했다. 다윈의 시대에는 옛 시고방식이 더는 통하지 않았다. 좋게 말해 믿음이나 신화였고, 나쁘게 말하면 과거의 찌꺼기였다. 그러므로 누가 다윈을 읽는지, 혹은 어느 작가가 다윈을 읽었는지 안 읽었는지는 하찮은 문제에 불과하다. 게다가 사람들이 다윈을 읽었느냐의 문제는 생각보다 그 경계가 모호하다. 누가 무엇을 읽었느냐는 데는 확실한 경계가 없다. 그렇다면 증거를 폭넓게 활용하여 모든 작가가 분명히 그 이론의 영향을 받았다는 추측이 가능하다. 그 덕분에 나는 내가 선택한 거의 모든 작가들에게서 주제와 질서의 유비를 판별해낼 수 있었다.[9] 그러나 나는 비록 이것이 부적절한 계획이라고 생각하지는 않지만, 독해 행위와 반응을 고려할 수 없기 때문에 어떤 의미에서는 불충분하다고 생각한다.

---

9) "다윈의 이름이나 그의 저서를 들어보지도 못한 사람들조차, 그가 만들어낸 분위기 속에서 살아가며 그 영향력을 느낀다." Francesco De Sanctis, 'Darwinism in Art', 1883, F. De Sanctis, *Saggi Critici*(바리, 1953), 3:355~367쪽.

독해는 만족과 더불어 불확실성을 만들어낸다. 리처드 오만
(Richard Ohmann)의 말을 들어보자.

> 서술 행위는 나름의 리듬을 가진 정서적 행위다. 뭔가를 진
> 술하면 그전까지 없던 불균형과 호기심이 생겨나고, 그 다음에
> 새로운 균형이 이루어진다. 그러므로 산문의 토대를 형성하는
> 정서적 힘은 그전까지 형체가 없던 것을 명확히 아는 힘, 인간
> 유기체와 아직 구성되지 않은 경험 사이의 긴장을 해소하는 힘
> 이다.[10]

관념과의 관계는 그것을 진술하는 저작을 읽었느냐에 의해 거의
결정된다. 그 저작을 읽지 않았을 경우 관념은 금세 추측의 상태가
되어버린다. 독해는 기본적으로 의문을 제기하는 과정이다. 그렇기
때문에 이 연구에서 나는 다윈을 읽은 소설가, 나아가 라이엘, 스펜
서, 헉슬리도 접했다고 알려진 작가들의 작품만을 상세히 다루었다.
나는 작가들의 흥분, 거부감, 반발, 추종, 등한시, 유비의 형성 등이
한데 어울려 관념을 흡수하는 과정을 추적하고자 한다.

19세기 중반까지 과학자들이 사용하는 언어는 그 시대의 교육받
은 독자들과 작가들이 사용하는 언어와 같았다. 라이엘이나 다윈의
글에 신비주의적이거나 배타적인 요소는 전혀 없었다. G. H. 루이스

---

10) Richard Ohmann, 'Prolegomena to the Analysis of Prose Style', H. Martin 엮
　　음, *Style in Prose Fiction*, 영어학회 논문집(뉴욕, 1959), 23쪽. 또 Wolfgang Iser,
　　The Act of Reading: A Theory of Aesthetic Response(런던, 1978)도 참조하라.

(Lewes), 클로드 베르나르, 존 틴들(John Tyndall), W. K. 클리퍼드 (Clifford)처럼 심리학, 생리학, 물리학, 수학 등 다방면에 걸친 저작을 남긴 과학자들은 물론, 클러크 맥스웰(Clerk Maxwell)도 초기 저작에서는 문학적이고 비(非)수학적인 담론을 펼쳤다. 따라서 과학적 훈련을 받지 않은 독자들도 쉽게 접할 수 있었다. 그들의 저작은 문학작품처럼 아주 쉽게 읽을 수 있었다. 그러나 현재의 과학 사상은 추정과 번역의 과정을 거쳐야 우리에게 전달된다. 과학자가 아닌 사람들은 과학 잡지에 나오는, 수학적으로 응축된 글을 이해할 수 없고, 주요 이론들은 담론이 아닌 공리(公理)의 형태로 제시된다. 우리는 과학자가 아닌 사람과 과학 지식의 관계를 말할 때 '문외한'이라는 말을 흔히 사용한다. 과거에는 사제들이나 비학(秘學)과 연관되었던 용어를 무심결에 쓰는 것이다. 하지만 19세기 중반에는 독자가 과학자들의 주요 저작을 이해할 수 있었고, 진행되는 논쟁에도 직접적으로 반응할 수 있었다. 게다가 과학자들도 책을 쓸 때 문학, 역사, 철학을 두루 원용했다. 예를 들어, 라이엘은 지질학을 설명하면서 오비디우스의 《변신(*Metamorphoses*)》 15권을 폭넓게 활용했고, 베르나르는 괴테(Goethe)를 자주 인용했다. 진화적 변화의 메커니즘에 관한 다윈의 중대한 통찰력이 맬서스(Malthus)의 《인구론(*On Population*)》에서 나왔다는 것은 잘 알려진 사실이다. 하지만 그가 비글 호의 항해를 떠날 때 항상 빠뜨리지 않고 챙겼던 책이 《존 밀턴의 시집(*The Poetical Works of John Milton*)》이었다는 사실은 알려지지 않았다.[11] 그렇다면 진행은 양방향적이다. 과학자들과 비과

---

11) 이 주제에 관한 후속 논의는 '4 '비극적인 즐거움' —상상과 현실 세계'를 보라.

학자들이 서로 담론을 공유했기 때문에, 사상만이 아니라 은유, 신호, 이야기 형식도 별다른 오해 없이 신속하고 자유롭게 오갈 수 있었다.

이야기로서의 다윈

내 논증의 두 번째 전제는 진화론이 소설의 이야기와 구성에 특별한 의미를 가졌다는 것이다. 진화론은 시간이나 변화의 개념과 불가분한 관계에 있기 때문에 이야기의 주제와 과정에 내재적인 친화력을 가진다. 라이엘은 《지질학 원리(*The Principles of Geology*)》(1830, I:302쪽)에서 "지구와 인간이 과거에 겪은 변화와 관련되는 중대한 주제들은 시간을 고려하지 않고서는 도저히 생각할 수 없다"고 썼다.[12] 당시 라이엘은 생물 종이 고정되어 있다는 믿음을 고수했지만, 한없이 방대한 지질학적 시간 척도의 연구는 나중에 나오는 이론을 위해 필수적인 전제조건이었다. 시간 척도를 지나치게 짧게 잡은 탓에 지질학자들이 과거에 관한 이론을 정립하는 데 크게 실패한 경우도 많았다. 이를 설명하기 위해 라이엘은 낭만적 시간과 역사적 시간을 대립시키는 은유를 제시한다.

과거 세계의 상태에 관한 합리적 견해를 도출하려 할 때 시간을 잘못 측정하는 것은 치명적인 실수다. 이는 마치 큰 나라

---

12) 라이엘의 모든 저서와 페이지 인용은 *The Principles of Geology*(런던, 1830~1833)의 초판본에 준한다.

《지질학 원리》 속표지 그림

이탈리아 세라피스 신전의 그림이다. 신전의 기둥 꼭대기에는 검은 띠가 보이는데, 이것은 연체동물이 파놓은 것으로, 이 신전이 고대 로마와 다윈의 시대 사이에 물속에 가라앉았다가 다시 융기했음을 보여준다. 라이엘은 이러한 변화로 인해 지구의 여러 지형이 점진적으로 탄생했다고 보았다.

의 민간과 군수 부문의 거래 기록을 검토하면서 2천 년이 아니라 백 년 동안의 기록인 것처럼 착각하는 경우와 같다. 역사를 그렇게 이해하면 곧바로 낭만이 되어버린다. 사건들이 신빙성을 잃고 현재 인간사의 진행과 모순을 빚는 것이다. 수많은 사건들이 꼬리에 꼬리를 물고 일어날 뿐이다. 군대와 함대가 모였다가 곧 파괴되고, 도시들이 세워졌다가는 곧 파괴되어 잔해만 남게 된다(I:78~79쪽).

《트리스트럼 섄디(Tristram Shandy)》에서 보듯이, 기록과 사건은 전혀 보조가 맞지 않는다. 토비 삼촌과 트림은 프랑스에서 일어난 사건들을 따라잡기 위해 한 시간 내에 요새를 지었다가 허물어야 한다. 마찬가지로, 지질학자들도 시간에 너무 인색할 경우에는 과거에 대격변이 일어났다가 갑자기 현재의 평온한 상태가 되었다고 무리하게 상상해야 한다.

진화론은 무엇보다 상상을 통한 역사의 구성이다. 현재 단계에서는 실험을 통해 과학적으로 증명될 수 없다. 그래서 진화론은 드라마보다 이야기에 가깝다. 실제로 현재의 유전학 지식에서는 유전 과정의 대부분이 설명할 수 없는 영역에 속한다. 멘델의 실험이 재조명을 받은 것은 다윈이 죽은 뒤였다. 그로부터 한 세기가 지나 DNA의 발견으로 유기체가 시간을 통해 스스로 발현되도록 예정된 구조적 이야기라는 점이 증명되었다.[13] 진화 사상은 주제 측면에서만이 아니라 구성 측면에서도 19세기 소설에 중요했다. 처음에 진화론은 원인과 결과를 강조하는 이야기의 구성에 새로운 권위를 부여하는 듯했으나, 나중에는 유전과 친족을 강조하는 것으로 바뀌었다. 더

나중에는 미리 정해진 설계를 부정하는 〔반(反)목적론적〕 속성으로
인해 진화론은 인물이 유일하게 확실한 결정 요소가 될 수 있는 계
기를 마련했다. 다른 한편으로《종의 기원》의 구성은 다윈이 가장 즐
겨 읽었던 작가들 중 한 사람인 찰스 디킨스의 작품에서 커다란 영
향을 받은 것으로 보인다. 언뜻 보기에는 여러 요소가 제멋대로 따
로 놀다가 점차 시간을 거슬러올라가며 나름의 질서를 드러내는 방
식이라든가, 수많은 사례를 낳을 수 있는 속성을 지닌 덕분에 사례
와 이야기를 통해서만 스스로를 드러낼 수 있는 논증을 취하는 방식
이 그런 측면을 보여준다.

　　진화 사상은 우리가 경험을 이해하는 방식, 아울러 경험을 이야기
로 응축하는 방식을 다양화했다. 진화론은 한 가지 방향으로만 몰아
가지 않기 때문에 강력한 상상력을 내포한다. 진화론에 포함된 풍부
한 모순 요소들은 하나의 경험을 여러 가지로 읽을 수 있는 은유의
기반이 된다. 간단한 예를 들면, 인간의 '상승 전승'이나 '하강 전승'
은 같은 경로를 따를 수도 있으나 그것을 형용(形容)하는 용어는 그
경험을 매우 다양하게 평가할 수 있다. 발생을 낙관적으로 보는 '진
보적' 독해의 입장을 취한다고 해서 다른 주장의 가능성이 부정되지
는 않는다. 이를테면 진보보다 소멸의 가능성이 더 크다든가, 개체
의 수명으로 변화나 욕구 달성을 설명하기는 불충분하다는 주장도

---

13) 1970년에 Francis Crick은 분자생물학에 관련된 문제들을 다음과 같이 열거했다.
　　DNA 복제와 풀이 과정에 관한 상세한 이해, 염색체의 구조, 단지 유전 암호의
　표현만이 아니라 일종의 통제 메커니즘을 작동시키거나 중단시킬 때 사용되는 핵
　산 배열의 의미, DNA의 반복적 배열이 가지는 중요성 등등 …… 〔*Nature*,
　280:(1970):615〕.

얼마든지 가능하다. 실제로 그 주장은 다윈의 이론을 죽음의 신화로 규정하려는 최근의 비평과 이어진다.[14]

다윈의 이론은 하나의 의미로 환원되거나 단일한 유형만을 낳지 않는다. 그것은 기본적으로 다의적이다. 진화론은 데카르트식 명료성이나 통합성을 거부한다. 나중에 상세히 설명하겠지만, 《종의 기원》에서 보이는 다윈의 논증 방식과 생성적 은유법은 확산과 연장으로 나아간다. '생존경쟁' 같은 낯설고 분방한 은유적 요소들은 나름의 생명력을 지닌다. 그것들은 그 책의 한계를 넘어 다른 관념과 사상을 낳으며, "당시 저자가 알고 있던 것보다도 더 많은 것"을 포함한다. 다윈이 제시한 세계는 어찌 보면 충만하면서도 혼란스러워 보인다. 다윈은 허셜(Herschel)이 자신의 이론을 '뒤죽박죽의 법칙(the law of higgledy-piggledy)'이라고 말한 것에 크게 상처를 받았다.[15] 하지만 그 문구는 다윈이 자연세계에서 인식한 우연성—당시 관점에서는 사소한 것—의 힘에 대한 빅토리아 시대 사람들의 당혹감을 표현한다.

다윈의 이론은 옛 질서, 특히 신화에 고유한 변화나 변신 같은 주제에서 필요한 요소들을 취한다. 진화론은 생산하는 자연(natura naturans) 혹은 대모(大母)의 관념을 바탕으로 자연을 형상화한다. 그렇기 때문에 창조 신화의 요소들을 수용하여 재배열할 수 있었다. 예컨대 바다를 정원으로 대체하면서도 '단일한 조상'의 관념을 그대

---

14) Michel Serres, *Feux et signaux de brume: Zola*(파리, 1975).

15) 찰스 다윈이 찰스 라이엘에게 보낸 1859년 12월 12일자 편지, *Life and Letters of Charles Darwin*, Francis Darwin 엮음(런던, 1887), 2, 37쪽.

미래의 런던

1851년, 인구 과밀에 시달리는 미래의 런던을 그린 만화가의 작품이다. 토머스 맬서스는 인구 과잉의 위험성을 제기했고, 맬서스의 생각은 다윈에게 진화를 풀 수 있는 퍼즐 조각을 제공했다.

로 유지하는 식이다(이제는 그 투박한 조상을 친족으로 받아들이기 어렵지만). 진화론은 친족의 개념을 전면에 내세운다. 동화에서 보듯이, 친족의 의무를 강조하면서 공포심을 일깨우고, 미녀와 야수가 실은 상호 의존적이라고 주장한다. 진화론을 접한 빅토리아 시대 사람들은 심한 거부감에 몸서리를 쳤다. 초기의 독자들이 거부감을 느낀 것은 이종생식(miscegeny)이었다. 러스킨은 그것을 "인간이 해초나 악어와 친척이라고 주장하는 불결한 문장(紋章)"이라고 비난했다.[16] 우연을 결정론적 질서의 일부라고 주장하는 것은 《천일야화》와 같은 불안을 가져왔다(단지 이색적인 소설이 아닌 과학의 권위를 내세우고 있으므로 깊이는 더 있다고 해야겠지만). 어깨 너머로 무심코 던진 씨앗이 거인 요정을 맞혀 보복이 뒤따른다. 이런 이야기들 —그 시기 상상력의 힘을 가장 잘 보여주는 것은 《천일야화》였다. 예를 들면 조지 엘리엇은 어느 날 밤 '음악, 《천일야화》, 다윈'을 즐겼다고 썼다—은 사소한 우연적 변이가 통제할 수 없는 결과를 낳는다는 공포를 일깨웠다.[17] 그러나 다윈의 이론은 그 공포를 진정시켜주지 않았다.

진화론의 해석에서 끈질기게 지속되는 경향 중의 하나는 그것을 길들이고 식민화하여 인간적 의미를 띠게 하고 인간을 중심으로 되돌려놓으려는 시도다. 인간의 사회적 행동을 중시하는 소설가들은 다윈의 사상을 다양하게 수정해 인간이 돋보이도록 만들었다. 실제

---

16) John Ruskin, *Love's Meinie*(케스턴, 켄트, 1873), 59쪽.

17) *The George Eliot Letters*, Gordon Haight 엮음(런던, 1956), 2, 109~110쪽. 공책 119에서 다윈은 1840년에 《천일야화》를 읽었다고 말했다.

로《종의 기원》(1859)에는 인간이 결정적 요소로 등장하지 않는데, 그 이유는 이후의 장들에서 분석할 것이다. 하지만《인간의 유래》(1871)에서는 인간의 여러 변종이 주제다. 앞의 책은 주로 생물학을 다루고 뒤의 책은 인류학을 다룬다. 진화에 관한 다윈의 견해에서 두 책이 함께 주축을 이룬다. 다윈의 이론은 적응과 전승의 이론이다.《종의 기원》에서 그는 '자연'(즉 인간의 의지와 무관한) '선택'의 메커니즘이 변화를 일으킨다는 점에 집중했다.《인간의 유래》에서는 성적 선택의 힘에 집중한다.[18] 그 결과,《종의 기원》에서는 의도적으로 배제된 의지와 문화의 관념이 논의에 포함된다. 이제 여성과 남성이 문제가 되었다.

다윈의 글이 그 시대에 미친 영향력은 단일한 기원 혹은 '원천'에서 볼 때보다 다른 연구 분야들과의 다양한 관계 속에서 볼 때 더 잘 이해할 수 있다. 다윈의 공책, 독서목록, 장서, 주석이 모두 보여주듯이, 그는 자기 시대 여러 분야의 연구에 관심이 많았으며, 과학 저작만이 아니라 역사, 사료, 인종이론, 심리학, 문학 저작 등을 폭넓게 읽었다. 그의 글이 제기한 문제는 오히려 다른 분야로 옮겨질 때 더 첨예하게 드러나는 경우가 많았다. 그의 저작 역시 공통의 관심사로부터 깊이 영향을 받았다. 따라서 가부장적 모델보다는 생태학적 모델이 그의 저작을 연구하는 데 더 적합하다.

다윈의 이론에는 특별한 해석학적 잠재력, 즉 수많은 중요하고 다양한 의미를 산출할 수 있는 능력이 있다. 이 연구를 진행하면서 나는 서로 다른 개인적·문화적 필요성이 인상적이고 만족스러우면서

---

18) *The Descent of Man, and Selection in Relation to Sex*, 2권(런던, 1870~1871).

도 모순적인 요소 해석으로 이어지는 과정을 살펴볼 것이다. 그러므로 처음에는 진화론이 모든 것을 포괄할 수는 없다는 점을 강조하는 것이 중요하다. 디즈레일리(Disraeli)가 체임버스의 《자연사적 창조의 흔적(*Vestiges of the Natural History of Creation*)》을 풍자한 내용—《탕크레드(*Tancred*)》에 〈혼돈의 계시(The Revelations of Chaos)〉라는 이름으로 바뀌어 수록되었다—은 다윈에게 적용될 수 없었다.[19] 〈혼돈의 계시〉에는 "그것은 모든 것을 설명하며, 아주 유쾌한 문체로 서술되어 있다"라는 구절이 나온다. 그와 반대로 다윈의 이론은 경험의 특정한 질서화를 배제하거나 억압한다. 안정이 자리 잡을 곳은 없다. 그것은 절대적 모사를 지지하지 않으며(복제는 그 반대다), 완전히 같은 주기, 불변의 평형 따위를 내세우지 않는다. 또한 특정한 종이 소멸하는 경우를 제외하곤 중지나 종결을 허용하지도 않는다.

---

19) Benjamin Disraeli, *Tancred*(런던, 1847).

〈심리분석의 도상에서 겪는 어려움(A Difficulty in the Path of Psycho-Analysis)〉(1917)이라는 글에서 프로이트는 "인간의 보편적인 자기도취증과 이기주의는 현재까지 과학 연구자들에게서 세 차례 호된 타격을 받았다"라고 이야기한다. 그가 말하는 세 차례 타격이란 코페르니쿠스의 이론과 연관된 **우주론적** 타격, 다윈의 이론과 연관된 **생물학적** 타격, 정신분석학 이론과 연관된 **심리학적** 타격이다.

문명이 발달하는 과정에서 인간은 동물의 왕국에 속하는 다른 생물체들을 지배하는 지위를 획득했다. 하지만 인간은 이 지위에 만족하지 않고 자신의 본성과 다른 생물체들의 본성을 다르게 만들기 시작했다. 동물들에게는 이성의 소유를 부정하고 자신에게는 불멸의 영혼을 부여하면서 자신은 신의 후손이므로 인간과 동물의 공동체적 유대를 끊을 권리가 있다고 주장했다. …… 하지만 불과 반세기 전에 찰스 다윈의 연구자들, 그의 동료들과 선구자들은 인간에게 유리한 그런 가정을 종식시켰다. 이제 인간은 동물과 다르거나 우월하지 않다. 인간 자체가 동물의 후손이며, 어떤 종에는 더 가깝고 다른 종에는 더 멀 뿐이다.[1]

상상력의 혼란

프로이트가 정식화한 인간의 딜레마는 그 자체로 또 다른 신화를 낳는다. [조언 리비어(Joan Riviere)는 이 '세 가지 타격'을 '세 가지 상처'로 번역함으로써 그 의미를 더욱 강조했다.] 그는 거인 삼형제(코페르니쿠스, 다윈, 프로이트)의 막내로 자처하면서 이중의 타격을 가한다. "세 번째 타격은 심리학적 성격을 지니지만 아마 가장 충격이 클 것이다."

성적 본능의 삶을 완전히 길들일 수는 없다. 정신적 과정은 무의식적이며, 불충분하고 신뢰할 수 없는 지각을 통해 자아에 전달되고 자아의 통제를 받는다. 이 두 가지 발견은 곧 자아가 자기 집의 주인이 아니라는 진술에 해당한다. 이 사실은 인간의 이기심에 세 번째 타격을 가한다……[2]

---

1) Sigmund Freud, *The Standard Edition of the Complete Psychological Works*, James Strachey 엮음(런던, 1953~1956), 17, 140~141쪽.
2) 같은 책, 17, 143쪽.

프로이트의 주장은 역사를 중단시킨다. 마법의 숫자 3은 네 번째 상처의 가능성을 가로막는다. 일찍이 콩트도 그와 비슷한 절대적 수비학(數秘學)을 동원해 인간의 사상과 문명을 설명한 바 있는데, 이런 식의 설명은 19세기 후반에 성행했다.[3] 처음은 신학적 단계이고, 다음은 형이상학적 단계이며, 지금은 실증적 단계라는 것이다. 이렇게 셋으로 끝을 맺음으로써 현재에 특수한 권위와 영구성을 부여하는 방식은 19세기 지식의 질서화에서 뚜렷이 나타난다. 클로드 베르나르도 콩트의 체계를 원용하여 의학의 역사를 신학, 경험주의, 과

---

3) 다윈은 1854년에 처음 콩트를 읽었다고 기록한다. 공책 128, 1854년 3월 11일에 그는 '실증철학. G. 루이스'에 대해 '흥미롭다'라고 말한다[G. H. Lewes, *Comte's Philosophy of the Sciences*(런던, 1853)]. 다윈은 이미 1838년 9월에 공책에서 콩트를 언급한다[Howard E. Gruber와 Paul H. Barrett, *Darwin on Man: A Psychological Study of Scientific Creativity together with Darwin's Early and Unpublished Notebooks*(런던, 1974), 291~292쪽(이후 Gruber와 Barrett로 표기한다)을 참조하라]. 콩트의 *Cours de Philosophie Positive*(파리, 1830~1835)는 Brewster가 *Edinburgh Review*, 67(1838)에서 논평했는데, 다윈은 이 글을 읽고 공책 M, N, OUN에서 언급했다. 그 글에 관한 언급이 실려 있는 M 공책의 65~68쪽은 없어졌다. 콩트는 1853년 Harriet Martineau가 처음 번역하고 요약했다. 놀랍게도 다윈은 그녀의 책이 나오자마자 거의 다 읽었기 때문에 그것에 관해 별도로 기록하지는 않았다. 영어 완역본은 1870년대에야 나왔다. J. H. Bridges, F. Harrison, E. S. Beesly, R. Congreve 등이 *System of Positive Policy*(런던, 1875~1877)로 번역했다. 1838년 다윈이 콩트를 언급한 것은 세 가지 연속적인 상태와 관련이 있다. "신학적 혹은 허구적 상태, 형이상학적 혹은 추상적 상태, 과학적 혹은 실증적 상태." 다윈은 이렇게 말한다. "우리의 인과 관념으로 보면 변화에서 원인이 나오지만 …… 야만인들은 …… 천둥과 번개를 신의 명백한 의지라고 생각한다(…… 그래서 콩트 씨에 따르면, 모든 나라에서 과학의 **신학적** 시대가 나타난다고 한다)." 콩트에 대한 다윈의 입장 변화를 상세히 알려면 Silvan Schweber, 'The Origin of the Origin Revisited', *Journal of the History of Biology*, 10(1977), 229~316쪽, 특히 241~264쪽을 보라.

학의 세 단계로 구분했다. T. H. 헉슬리는 진화론 강의에서 "지구 생명의 역사에 관해서는 세 가지 가설을 생각할 수 있으며, 지금까지 그렇게 생각해왔다"라고 말한다.

> 첫째, 현재 존재하는 생물들은 지구상에서 항구적으로 존재해왔다. …… 둘째 가설을 …… 나는 밀턴의 가설이라고 부른다. …… 셋째 가설, 즉 진화론에 따르면 사물의 현 상태는 오랜 기간 지속되어온 상태의 마지막 시기에 해당한다고 한다. 이것을 거슬러올라가면 자연적 인과의 지속성에는 중단이 전혀 없다는 것이 드러난다.[4]

헉슬리가 보기에 현재의 상태는 '마지막 시기'다. 종말론과 미래관을 중시하는 마르크스도 똑같이 역사를 셋으로 구분한다. 그런 체계는 대개 과거를 현재의 질서 속에 흡수하는 방식을 취한다.

이런 사례들은 진화론이 걸어온 도상의 어려움을 보여준다. 진화론은 현재에 특권을 부여하지 않고, 현재를 끊임없는 변화 과정 속의 한순간으로 여긴다. 하지만 진화론을 수정하여, 과거 전체가 현재를 지향하고 현재에 만족하는 것처럼 만들려는 노력도 그치지 않았다. 프로이트 이후 양자물리학이 인간의 자기도취증에 또 하나의,

---

4) Thomas Henry Huxley, *Science and Hebrew Tradition*(런던, 1893), 75~76쪽. 'Lectures on Evolution'은 1876년에 쓴 글이다. Eric Voegelin, *From Enlightenment to Revolution*(더럼, N. C., 1975)은 '전거가 되는 현재'와 '절박해진 종말' 같은 개념들이 후기 낭만주의 문화에 널리 성행했다고 말한다.

더 커다란 타격을 가했다는 주장도 가능하다. 양자물리학은 고정된 인과관계, '자연적 인과의 지속성'을 의문시했기 때문이다. 인과관계는 19세기 과학적 설명에서 강조되었고, 더 일반적으로는 인간 이성의 행위에서 늘 중심을 이루었다.

프로이트는 19세기 중반의 창조적 경험에서 특히 두 가지 요소를 지적한다. 하나는 무의식과 잠재의식의 활동을 기술하기 위한 분석적이고 지시적인 어휘가 부재하다는 점이다. 이는 곧 자아가 아직 자기 집의 주인이며, 선택하고 명령하고 통제할 능력을 가졌다고 볼 수 있다는 의미다. 다른 하나는 이성의 영역을 넘어선 경험의 범위에 대한 관심이 점점 커졌다는 점이다. 이러한 관심은 빅토리아 산문의 전형적 상징을 대단히 풍부하게 사용하는 데서 잘 나타난다. 분석과 반대로 상징과 은유는 결과 없는 통찰력을 허용한다. 지각은 불안정하고 범주화되지 않기 때문이다. 지각은 모순적 경험을 도덕적으로 판단하기 전에 순간적으로 수용할 수 있게 해준다. 빅토리아 시대에는 이미지의 의미를 그렇듯 빠르게 인식하지 않았으므로 탈 프로이트 시대에 흔히 그렇듯이 욕구와 표현이 쉽지 않았을 것이다. 프로이트 자신도 빅토리아 소설을 통해 분석 지향적인 교육을 받았다는 것을 인정했다. 비록 빅토리아 시대 중반의 작가들이 자율적인 자아의 붕괴를 의식적으로 지향하지는 않았으나 프로이트와 같은 역사적 경험을 공유했다.

그 공통의 역사적 경험에서 중요한 것은 다윈이 가져올 충격이었다. 진화론이 불러온 상상력의 혼란은 결코 과소평가될 수 없다. 영국에서는 이미 1830년대에 라이엘의 《지질학 원리》와 더불어 진화론의 시대가 시작되었고, 1840년대에는 로버트 체임버스가 익명으로 출간한 《자연사적 창조의 흔적》이 큰 인기를 끌었다. 1859년에 다윈이 오랫동안 고심한 뒤 단숨에 써내려간《자연선택에 의한 종의 기원, 혹은 생존경쟁에서 유리한 종족의 보존에 관하여(*On the Origin of Species by Means of Natural Selection, or the Preservation of Favoured Races in the Struggle for Life*)》는 그 정점이었다. 그와 더불어 오귀스트 콩트(Auguste Comte)와 허버트 스펜서(Herbert Spencer)는 자연사적 논의를 중심으로 하고, 아울러 개념적으로는 그것을 공격하면서 지식과 사회의 발생에 관한 이론을 정립했다.[5] 새뮤얼 버틀러가 성마르게 지적했듯이,[6] 그러한 사상적 위기의 배후에는 뷔퐁(Buffon), 라마르크, 에라스무스 다윈(Erasmus Darwin, 찰스 다윈의 할아버지: 옮긴이) 등 초기 발생이론가들의 저작이 있었

---

5) 허버트 스펜서는 1850년대 영국의 주요한 진화 이론가였다. *First Principles*의 서문에서 그는 자신의 진화론이 다윈과 무관하며 그보다 앞선다고 주장했다. 그는 1852~1854년에 'The Development Hypothesis'를 썼고, 1857년의 'Progress: its Law and Cause'에서는 '진화'라는 용어를 사용했다. 하지만 다윈을 포함한 당대의 자연사가들은 대부분 '변형' '변태' '변이'라는 용어들을 주로 썼다. 스펜서는 한 연구 분야와 다른 연구 분야를 치환하고 연결하는 데 탁월했다. 그는 실험 과학자가 아니었으며, 심리학, 사회학, 인류학에 관한 그의 연구는 일차적·경험적 자료가 부족하다는 비판을 많이 받았다. 스펜서에 관한 최근의 평가는 다음 문헌들을 보라. Robert L. Carneiro, 'Structure, Function, and Equilibrium in the Evolutionism of Herbert Spencer', *Journal of Anthropological Research*, 29(1973), 77~95쪽; Derek Freeman, 'The Evolutionary Theories of Charles Darwin and Herbert Spencer', *Current Anthropology*, 15(1974), 211~237쪽. 이 글과 여기 실린 열다섯 개의 주석은 다윈의 '사회진화론적' 견해의 문제점을 논의한다.

6) Samuel Butler, *Life and Habit*(런던, 1878), *Evolution, Old and New*(1879), *Unconscious Memory*(1880), *Luck, or Cunning*(1887).

다. 모든 것이 그렇듯이 진화론 역시 이론적 정점에 이르기 전까지 오랫동안 어렴풋이 감지된 상태에서 부분적으로 정식화되고 연구되었는데, 이 과정은 현재 과학자들의 철저한 연구 대상이 되고 있다.[7] 종의 불변성과 변형 가능성 논쟁은 18세기 내내 전개되었으나 물질의 불변성과 변형에 관한 논쟁의 뿌리는 멀리 루크레티우스(Lucretius)까지 거슬러간다. '진화'라는 말 자체는 비교적 최근의 산물이다.[8] 예를 들어 《트리스트럼 샌디》에서 토비 삼촌은 진화를 옹호하면서도 그것을 일시적인 용어로 취급한다.

"왕국과 지방, 도시와 성읍도 나름의 시기가 있지 않은가? 그 원칙과 힘은 언뜻 공고하고 단단해 보이지만 몇 차례 진화를 거치며 약화되게 마련이지."—샌디 형, 토비 삼촌은 진화(evolution)라는 말에 파이프를 내려놓으면서 말했습니다.—아니, 혁명(revolution)이지. 아버지가 황급히 덧붙였습니다. 혁명이야, 토비.—진화는 엉터리야.—엉터리가 아닌데요.—

---

7) 예를 들면 Charles Gillespie, *Genesis and Geology: The Impact of Scientific Discoveries upon Religious Beliefs in the Decades before Darwin*(케임브리지, 매사추세츠, 1951); *Forerunners of Darwin*, B. Glass, O. Temkin, William Straus 엮음(볼티모어, 1959).

8) Georges Canguilhem, 'Du développement à l'évolution au xix siècle', *Thalès*(파리대학교 과학기술사학회 연구 논문집)(파리, 1962); Gavin de Beer, *Streams of Culture*(런던, 1969); Peter J. Bowler, 'The Changing Meaning of Evolution', *Journal of the History of Ideas*, 36(1975), 95~114쪽; Steven J. Gould, 'Darwin's Dilemma', *Natural History*, 183(1974), 16~22쪽; William Coleman, *Form and Function in Nineteenth Century Biology*(케임브리지, 1977).

토비 삼촌이 말했습니다.[9]

용어로서의 진화

18세기에 진화라는 말이 사용되었을 때 그 말은 생물이 알에서 자라나 어른이 되는 과정에서 거치는 단계들을 뜻했다. 즉 진화란 단일한 생명주기를 가리키며, 개별적 발생이라는 울타리 안에 있었다. 그러나 진화론은 단일한 생명주기만으로도 경험을 이해하게 해주는 모델이 충분히 될 수 있다고 주장했다. 1830년대에 진화는 처음으로 개체가 아닌 종의 발생을 가리키는 말로 사용되었다. 그런 의미의 생물학적 용어는 계통발생(phylogeny)이다. 그 말이 처음 사용된 곳은 1831년에 간행된 에티엔 조프루아 생틸레르(Etienne Geoffroy Saint-Hilaire)의 《캉의 도마뱀에 관한 보고(*Mémoire sur les sauriens de Caen*)》다. 라이엘은 그 다음해에 《지질학 원리》 제2판에서 그 말을 영어로 사용했다. 개체발생(ontogeny)과 계통발생이 '진화'라는 하나의 용어로 모호하게 뭉뚱그려진 것은 이후 백 년 동안 문학에서 매우 생산적인 의미의 혼란을 낳았다. 이는 진화 개념의 다의성을 말해주는 좋은 사례다.

'진화'라는 용어는 서서히 힘을 획득했다. 프랑스에서는 진화 대신 '트랑스포르미슴(transformisme)'이라는 용어가 오랫동안 사용되었다. '트랑스포르미슴'은 과정만이 아니라 변이도 강조하는 의미를

---

9) Laurence Sterne, *The Life and Opinions of Tristram Shandy, Gentleman*(런던, 1759~1767), 5:3.

가진다. 변이는 진화 사상 가운데 가장 증명하기 쉬우면서도 동시에 가장 주술적 측면이 강한 개념이다. 개별 생물의 변이는 자연에서 관찰할 수 있는 놀라운 현상을 보여준다. '트랑스포르미슴'은 반드시 진보적 경험을 의미하지는 않지만, 발생 가설은 진보와 향상을 의미한다. 변이는 진보와 퇴보를 모두 포함하며, 향상만이 아니라 타락의 가능성도 중시한다. 변이가 완전히 포괄하지 못하는 것은 사멸의 개념인데, 그 이유는 열역학의 경우처럼 그것이 불변의 과정을 나타내기 때문이다. 그 두 이론이 질서와 혼란의 문제에 관해, 강조점은 다르지만 똑같이 과정과 변이를 강조하는 것은 놀라운 일이다. 진화론은 점점 더 복잡한 질서화를 지향하는 데 비해, 열역학 제2법칙은 혼란으로 향하는 에너지 체계의 경향을 강조한다.

하지만 다윈은 개체화의 거센 힘에서 창조만이 아니라 소멸의 원천도 보았다. 진화론은 소멸과 멸종을 변이와 같은 정도로 강조했다. 이것은 진화론의 혼란스러운 요소 중 하나로, 의식 속에서 차지하는 비중이 점차 커졌다.

그러나 여러 가지 관련된 관념에 다양한 정서적 함의가 있음에도 진화론은 자연세계의 유기체를 이해하기 위한 총체적인 체계를 제기함으로써 막강한 영향력을 행사했다. 모든 것을 망라하는 진화론의 설명은 신에게 의존하지 않고도 자연세계의 다양한 질서를 이해할 수 있는 수단을 제공했다. 따라서 굳이 자연 질서의 외부에서 권위의 원천을 찾을 필요가 없었다. 이제 예정된 설계 대신 내재적인 합목적성이 중요해졌다. 진화론은 차이, 충만, 다양성을 용인했으므로 환경이 더는 절대적으로 중요한 게 아니었다. 환경결정론은 다양성을 지향하는 유전적 충동과, 환경에 대한 반응의 다변성과 양립하지 못했다. 진화론의 체계는 단일하고 간결한 수학으로 환원될 수 없었다. 진화론의 설명에서는 양적 풍부함이 필수적인 요소였다. 선택도 중요하지만 그것은 초생산성, 즉 유용성을 넘어서는 다산성에 기반한 선택이었다. 그러므로 세 가지 설명 양식—포괄성, 단순성, 양적 풍부함과 다양성에 대한 의존성—은 한 가지 방향만 취하지 않았다. 즉 모든 것을 망라하는 형식 안에는 다양한 성향의 가능성이 열려 있었다. 진화의 관념은 이렇듯 다양한 함의와 은유를 응용할 가능성을 가진 덕분에 급속히 흡수될 수 있었으며, 한낱 주장에 그치지 않고 가정으로 자리 잡을 수 있었다. 그로 인해 지금은 진화적 은유를 무분별하게 사용하는 경우도 생겨났는데, 반스가 말하듯이 그 핵심 개념들의 존재론적 지위에 관해서는 별다른 고찰이 없다.

진화론―일상어 속의 침투

강력한 사상의 양상과 함의는 그것에 대한 반발이 형성되었을 때 충분히 드러나는 경우가 많다. 진화론이 현재 그런 지점에 있다. 주된 반발은 진화적 개념들이 원래 적용된 분야를 넘어, 즉 생물학 이론만이 아니라 다른 연구 분야에까지 응용된다는 데 초점이 맞춰진다. 그래서 사회생물학이나 최근의 유전학 이론은 다윈의 저작이 과연 정확하고 충분한 것인지 의문을 제기했다. 지난 백 년 동안 우리 문화에서 진화론은 신화와 같은 기능을 했다. 은유와 패러다임 사이를 끊임없이 오가며 원래의 생물학 분야를 넘어 특별한 학문 영역에 자극을 주었다. 19세기 후반에 진화론은 신흥 학문인 인류학, 사회학, 심리학에 체계적인 전제를 제공했다. 진화론의 요소들은 사회진화론(social Darwinism)처럼 다윈 자신과 정치적으로 상충하는 믿음 체계에 확고한 은유의 역할을 했으며, 심지어 궤도를 벗어난 우생학 논증을 통해 나치즘의 '인위적 선택'과 같은 끔찍한 노선이 탄생하는 데도 영향을 주었다.

진화론의 개념들은 언어의 일상적인 용법도 변화시켰다. 예를 들면, 발생, 세대, 변종, 유전, 개체, 친족, 변이 같은 용어들이 그렇다. 또한 돌연변이나 멸종 같은 단어도 일상용어로 편입되었다. 이 연구의 한 가지 목적은 19세기 소설에 나오는 유전이나 상속 같은 단어들에 내재한 논쟁적 요소들을 되살리고, 명시적으로 주제로 드러나지는 않아도 어휘 속에 응축되어 있고 이야기 질서 속에 혼재되어 있는 작용과 반작용을 온전히 보여주려는 데 있다.

진화론과 생물학의 유형들은 현재 다양한 인간 활동과 탐구에 관련되며, 은유 속에 감춰져 있는 경우도 많다. 오토 예스페르센(Otto Jespersen)의 책 제목인 《언어의 본성, 발달, 기원(*Language, Its Nature, Development and Origin*)》이나 프로프의 《민담의 형태론(*Morphology of the Folk-Tale*)》의 다음과 같은 도입부가 그런 예다. "민담의 형식은 유기체 형성의 형태론에 못지않게 정확하게 검토할 수 있다." 심지어 최근의 문헌인 《영국 국민보험의 진화(*The Evolution of National Insurance in England*)》 같은 제목에도 진화론의 흔적이 있다. 문학이론의 분야에서도, 노스롭 프라이(Northrop Frye)가 《동일성의 우화(*Fables of Identity*)》에서 신학적 통일성과 같은 문학비평의 통합 '원리'를 추구하는 것은 그런 사례를 보여준다.

현재의 문학비평에서 부재한 것은 통합의 원리다. 이것은 생

물학에서의 진화론처럼 현상을 전체의 부분으로 보기 위한 핵
심 가설이다. 통합의 원리는 구조 분석의 구심적 관점을 취하
면서도 그 관점을 다른 종류의 비평에도 적용한다.

　이 가설의 첫 번째 가정은 여느 과학의 경우와 마찬가지로
총체적 일관성의 가정이다.[10]

데리다(Derrida)와 마슈레(Macherey)는 '기원'과 구심적 탐구를
거부하면서 총체적 일관성을 추구하지만, 이는 사실 그런 구성의 힘
을 여전히 중시한다는 것을 의미한다. 프라이가 진화론의 포괄적 성
격에 주목한 이유는 거기서 체계의 가능성을 발견할 수 있어서였다.
진화는 발생과 에너지가 공존하는 관념을 내재하며, 향상과 진보의
관념도 어느 정도 수용한다.

그러므로 진화적 은유는 우리의 가치관을 일부 침해하는 동시에
그것을 공고히 하는 수단이 되기도 한다. 우리가 물려받은 세계는
발달의 정점에 위치하며, 우리는 진보적 미래의 담지자다. 또한 진
화론의 명백한 역사적 결정론은 사회를 현 상태 그대로, 단계적 진
보를 위해 필요한 것으로 정당화하려는 경향이 있다. 발달의 관념은
마치 과거 전체가 우리의 현재를 위해 필요한 것처럼 보이게 만든
다. 과거의 작가들이 '거의 현대적인' 이해력을 가졌다고 찬양하거

---

10) Northrop Frye, *Fables of Identity, Studies in Poetic Mythology*(뉴욕, 1963), 9
쪽. Harold Bloom은 *The Anxiety of Influence*(뉴헤이븐, 1973)에서 자신이 선
택한 친족의 은유에 내포된 진화적 의미를 이용해 작가와 그 작가에게 영향을 준
선구자의 관계를 설명한다.

나, **발생**을 가장 연구할 만한 과정으로 바라보는 문학비평이 그런 예다. 이런 경우에는 목적론이 현재를 가장 만족스러운 단계로 간주하는 역사적 설계인 것처럼 위장되어 부활한다.

지식의 새로운 편제가 특히 성가신 일이 되는 경우는 인간을 의미의 중심에서 탈락시키거나 자신의 목적에 맞지 않는 세계 속에 가져다 놓을 때다. 19세기 중반에 다윈의 이론은 그런 이중적 문제를 낳았다. 진화론에 따르면, 인간은 지구 생명의 역사를 제대로 이해할 능력을 갖추지 못했거나 그 역사의 중심이 되지 못한다. 인간은 패러다임도 아니고 지배자도 아니다. 인간은 모든 것의 중심에서 현상을 설명하고자 했으나 그 시대의 창조적인 과학자들은 그 끈질긴 열정이 바로 지식의 진보를 가로막는 걸림돌이라고 보았다.

400년 전에 파라켈수스(Paracelsus) 같은 과학자는 인간과 우주의 통합을 가장 심층적이고, 모든 설명에 필수적인 것으로 여겼다.

생각해보라. 인간은 얼마나 위대하고 고귀한 피조물인가! 어떠한 지성으로도 인간 신체의 구조, 인간이 지닌 무한대의 장

점을 전부 알 수는 없다. 인간은 오직 우주적 총체, 위대한 피
조물의 한 이미지로만 이해될 수 있다. 그래야만 인간에게 무
엇이 있는지가 명백해진다. 바깥에 있는 것은 동시에 안에 있
는 것이며, 바깥에 있지 않은 것은 안에도 있지 않다. 외부와
내부는 하나다. 하나의 배열, 하나의 힘, 하나의 조화, 하나의 지
속 …… 하나의 열매다(I/8, 160).[1]

반인간 중심적 플롯

똑같은 설명의 전통이 〈인간(Man)〉이라는 시에 나온다. 17세기에
조지 허버트(George Herbert)는 인간이 자연 질서의 가장 높은 위치
에 있다고 읊었다.

    인간은 모든 것, 혹은 그 이상이라.
    나무이되 더 많은 열매를 맺는 나무이고
    짐승이되 그 이상의 존재라네.
    이성과 언어는 인간만이 가진 것.

계속해서 그는 파라켈수스와 같은 보편적 유비를 전개한다.

    인간은 완벽한 대칭

---

1) Paracelsus, *Selected Works*, Jolande Jacobi 엮음(런던, 1951), 95쪽. 원래 출간
연도는 1530년이다.

> 사지는 모두 완전한 비례를 이루고
> 주변 세계와도 훌륭하게 어울리누나.
> 각 부분은 가장 먼 부분과 조화를 이루는구나.
> 머리와 발이 서로 친하듯
> 둘 다 규칙과 흐름이 있네.[2]

허버트는 'kind'라는 단어를 가지고 말놀이를 하면서 자연세계의 질서가 인간을 위해 존재한다는 점을 강조하고("만물은 …… 우리의 육신에 친절하고"), 같은 행에서 의미의 균형을 변화시키고 다음 행으로 넘어간다.

> 만물은 그 유래와 존재에서
> 우리의 육신에 친절하고
> 그 미래와 원인에서 우리의 마음에 친절하도다.

이렇게 세계가 인간을 위해 존재한다는 인간 중심주의적 발상은 점차 보편적 친족 관념으로 이어진다. 만물은 그 유래의 면에서 모두 친족이다. 그 선언의 둘째 부분은 통합성을 재차 강조하면서 자연 질서의 본성이 '우리의 마음에' 알려져 있다고 말한다(kind에는 '종류' '본성' '친절하다'는 뜻이 있다: 옮긴이). 만물은 하나의 원인, 즉 신의 마음에서 비롯된다. 'kind' 같은 단어가 허버트의 압축적이고 정밀한 언어에서 순식간에 그 축을 옮긴다는 것은 친족 관념을

---

2) *The Works of George Herbert*, F. E. Hutchinson 엮음(옥스퍼드, 1953), 90쪽.

즉각 수용하는 태도를 나타내며, 이러한 즉각성은 거꾸로 모든 상호 연관이 신에게서 나온다는 믿음에 뿌리를 두고 있다. 신은 인간을 설명과 해석의 중심에 놓는다. 허버트의 시구는 혈연(다윈은 그것을 혈연 공동체의 감춰진 유대라고 불렀다)에 의한 친족을 강조하는 민주적 성격을 가졌다는 점에서 거의 진화론의 초보적 단계를 보여주지만, 다른 한편으로 그의 시는 인간이 자연의 위계 속에서 가장 높은 위치를 점하는 특유의 정합성과 완벽성을 찬미한다. 인간만이 신과 유사한 세계의 질서화를 인지하고 소통한다("이성과 언어는 인간만이 가진 것"). 인간만이 이성과 언어를 가졌다는 주장 역시 나중에는 논쟁의 대상이 되었다.[3]

1830년대에 활동한 에머슨(Emerson)도 자연 전체를 인간 정신의 은유로 보았다. 1840년대의 신학자 포이어바흐(Feuerbach)는 모든 의미의 기원을 인간이라고 믿었다. 그러나 지질학자인 찰스 라이엘은 인간 중심적으로 사고하면 지구의 과거 기록을 곡해하고, 사건들에 내재하는 법칙을 숨기게 된다고 생각했다.

후크(Hooke)가 처음 지질학적 현상과 지진의 연관성에 관한 견해를 발표한 이래 한 세기 반 동안, 그런 격변이 빚어내는 영구적인 변화가 우리의 관심을 끌었다. 그 이전까지 역사가의 이야기는 거의 전적으로 사멸한 인간의 수, 잔해가 된 도시의 수, 사라진 재산의 가치, 인간을 현혹시키고 두려움에 떨게 하

---

3) Geoffrey White, Joseph Juhasz, Peter Wilson, 'Is man no more than this?', *Journal of the History of the Behavioural Sciences*, 9(1973), 203~212쪽.

는 변화에만 국한되었다(《지질학 원리》II, 399쪽).

　《종의 기원》에서 다윈은 〈전도서〉에 입각하여, 인간은 수명이 짧기 때문에 자연세계의 기나긴 변화와 그것이 인간 자신에게 미치는 영향을 알 수 없다고 말한다. "인간의 소망과 노력이란 얼마나 덧없는가! 인간의 시간은 얼마나 짧은가! 지질학적 시기 전체를 통틀어 자연이 축적한 것에 비하면 인간이 만들어낸 것은 얼마나 빈약한가!"(133쪽) 프랑스의 위대한 생리학자이자 분류학자인 클로드 베르나르는 《실험의학 연구 입문(*Introduction à l'étude de la médecine expérimentale*)》(1865)의 도입부에서 인간의 제한된 감각기관으로 관찰한 결과가 얼마나 보잘것없는지를 지적했다. 우리는 감각의 제약을 알지 못해 언제나 자신이 관찰한 결과를 오판한다. "인간은 주변에서 일어나는 현상을 매우 협소하게 관찰할 수밖에 없다. 그 대부분은 인간의 감각기관에 포착되지 않으며, 관찰만으로 충분하지도 않다." 베르나르에 따르면, 인간은 기본적으로 자긍심과 형이상학적인 태도를 지니고 있으며, "지성의 이상적인 창조 활동으로 자신의 감정과 교감하며 실재를 표현하고자 한다." 하지만 "인간은 외부의 사물을 판단할 지식과 기준을 내부에 가지고 있지 않다." 따라서 인간은 어디까지가 현재인지를 알지 못하며, 자기 주변과 자신의 감각 활동 너머에서 일어나는 현상을 인식할 수 없다. 진화론은 인간이 과거를 알 수 없다는 점을 강조하며, 인간이 없었던 시대의 세계를 연구하라고 강요한다. 우리는 우리에게 할당된 자리가 없는 고대를 조사해야 한다. 게다가 라이엘은 "우리의 습관적 무의식 때문에 관찰자로서의 위치가 근본적으로 불리할 수밖에 없다"라고 말한다(I, 81쪽).

라이엘에 이어 후대의 다윈도 지질학과 자연사의 커다란 이야기에는 인간이 없는 플롯이 가능했음을 보여주었다. 그것은 인간 이전의 플롯이었으며, 현재도 인간과 무관한 플롯이다.

> 현재도 생명이 가득한 호수, 바다, 대양의 물은 인류와 직접적인 관계가 없다. 그것은 인간이 관여하지 못했고 관여할 수도 없는 지구 체계의 일부분이다. 따라서 지구에 생물이 거주하는 대부분의 지역은 아직 우리가 감각할 수 없으며, 우리가 거주하기 이전의 섬이나 내륙과 같다(I, 158쪽).

살아 있는 세계는 인간의 관찰 대상이 아니며 인간과 무관하다. 인간은 그 의미를 소유하지 못했다. 인간은 이제 아담처럼 확신에 차서 자신의 신민들을 거명하지 못한다.

뒤엉킨 강둑―친화성의 그물

진화론은 위협적이기도 하고 고무적이기도 하다. 그 이유는 새로운 것이기 때문만이 아니라 발생에 관한 많은 문제들―우연, 환경, 죽음, 생존―이 인간의 관점에서 보면 너무 오래된 문제이기 때문이다. 또한 진화론이 제시한 해법이 전적으로 새로운 것은 아니라는 이유도 있다. 다윈의 가설은 G. H. 루이스의 말에 따르면, "여러 사람에게 모호했던 생각을 명료하게 표현했다." 그러나 정작 다윈 자신은 사람들이 뒤늦게 호들갑을 떠는 것에 짜증을 냈다.

　　우리 시대의 어떤 저작도 그것만큼 전반적인 영향력을 발휘
하지는 못했다. 그런 영향력을 발휘한 이유는 중대한 발견으로
과학을 풍부하게 한 대가의 저작이기 때문이라기보다, 유럽의
지성계를 지배했고 지금도 지배하는 양대 세계관과 충돌하면
서도 조화를 이루기 때문이다.[4)]

　　루이스는 그 양대 세계관이 일원론과 이원론이라고 말한다. 루이
스가 보기에 다윈은 "모든 현상을 공통 요소로, 모든 지식을 통일로
환원하는" 일원론에 속한다. 그 반면에 이원론은 "힘과 물질, 생명
과 신체가 현상 속에서 분리되고 대립하며, 실체적 원인과 궁극적
원인의 대립으로 인해 지식의 통일성이 파괴되는" 입장이다. 다윈
은 자연세계를 "빠져나갈 수 없는 친화성의 그물"이라는 관점에서
바라보면서도(《종의 기원》, XIII장, 415쪽), '실재의 친화성'과 유사
성을 엄격히 구분했다. 루이스가 다윈의 견해에서 읽어낸 공통성과
통일의 강조는 다윈이 여러 현상을 상호 연관적으로 바라본다는 것
과 관련이 있다. 그러나 그것은 현상의 **독립성**을 충분히 나타내지
못하며, 협력보다는 인접성이 상호 교환의 동력이라는 점을 말해주
지 못한다.

　　《종의 기원》에서 다윈은 '자연선택' 메커니즘이 변화를 유발한다
는 점에 주목했다. 개별 유기체가 환경에 적응하면, 명확한 특성을
가진 개체와 그 특성을 물려받은 후손의 생존 가능성이 높아진다.

---

4) George Henry Lewes, 'Mr. Darwin's Hypotheses', *Fortnightly Review*, 16(1868),
　353쪽.

하지만 환경은 통일적이거나 안정적이지 않고 여러 가지 가능성을 담고 있으며, 유기체들 사이와 물질 내부에서 일어나는 복합적 상호 작용의 소산이다. 흔히 개별 유기체는 동태적이고 환경은 정태적이라고 생각하기 쉽지만, 환경은 개체보다 다양한 욕구로 구성되어 있으며, 예측과 통제가 불가능할 정도로 변화무쌍하다. 늘 같은 일상이 영원히 지속되지는 않는다. 언제나 불충분하게 마련인 의지와 노력으로 복잡한 생명의 에너지를 완전히 통제할 수는 없다. 다윈의 《종의 기원》과 새뮤얼 스마일스(Samuel Smiles)의 《자조(*Self Help*)》가 거의 동시에 출간된 것은 흥미로운 역설이다.[5]

월터 캐넌(Walter Cannon)은 다윈이 자조(自助)라는 어휘를 개발하지 않았다고 주장한다. 캐넌은 자조를 결핍이라고 말하지만, 그보다는 계산된 배제라고 해야 할 것이다.[6] 자연선택은 의지와 습관이 향상을 유발한다는 라마르크의 사상과 모순된다. 다윈의 생각은 플라톤의 철학이나 실체주의와는 반대되며, 제러드 맨리 홉킨스(Gerard Manley Hopkins)가 주창한 '흐름의 철학'에 가까웠다. 홉킨스는 "관념이 무르익으면 고정된 지점이나 비약, 단절 같은 것이 없이 연속적으로 흐른다"라고 말했다.[7] "밀턴이 피워 올린 자연의 화톳불은 꺼지지 않고 계속 탄다." 〈자연은 헤라클레이토스의 불(That Nature is a Heraclitean Fire)〉에서 홉킨스는 풍요와 쇠퇴, 자연세계

---

5) 다윈은 1860년 5월 13일에 *Self-Help*를 읽고 괜찮다고 평가했다.

6) Walter F. Cannon, 'Darwin's Vision in *The Origin of Species*', *The Art of Victorian Prose*, George Levine 엮음(런던, 1968), 154~176쪽.

7) *Journals and Papers*, H. House 엮음, G. Storey 완성(런던, 1959), 120쪽.

의 무한한 에너지를 형상화하고, 그것을 부활이나 인간의 비약이라는 이미지로 보강한다. "Natura non facit saltum(자연은 비약하지 않는다)." 홉킨스가 보기에 '세계의 들불'에서 벗어나는 길은 신앙의 비약이다. 다윈이 보기에 자연이 비약하지 않는다는 낡은 신념은 매우 급진적인 통찰력을 열어준다. 그는 존재의 연쇄 혹은 존재의 사다리 같은 위계적인 질서 관념에서 벗어나, "빠져나갈 수 없는 친화성의 그물"이라는 생태학적 이미지로 향한다. 그는 이런 친화성을 때로는 친족의 연결망으로, 때로는 계보로, 때로는 산호 모양으로 인식하며, 인간이 곧장 위로 올라가는 단일한 과정으로 보지 않는다. 상호관계, 난관, 풍요와 죽음에 대한 다윈의 강조는 《종의 기원》에서 체임버스가 그린 깔끔한 삼각형 도표와 대비하여 제시한 도표에서 볼 수 있다. 다윈이 자신의 이론과 은유에서 '뒤엉킴'을 계속 주장하는 데는 약간의 말장난이 있다. 다윈의 서고에 있던 1826년판 존슨 박사의 사전에는 'evolve(진화하다)'라는 단어의 주요 의미가 '펼치다, 풀어내다'로 나온다. '뒤엉킨 강둑'의 은유를 통해 다윈은 생태학적 상호의존성과, "빠져나갈 수 없는 친화성의 그물"을 강조하면서 진화에 관한 여타의 이론들과 자신의 이론을 새로 명확하게 구분했다.

다윈과 라마르크

라마르크의 이론에서는 성찰적 습관만이 아니라 의식적 노력도 진화적 변화의 동인이 된다. 그래서 그는 《동물철학(*Philosophie zoologique*)》에서 '물가의 새'에 관해 이렇게 쓴다.

이 새는 몸이 물에 젖지 않도록 하기 위해 다리를 최대한 길게 뻗는다. 이것이 오랜 습관으로 자리 잡아 이 새의 종은 항상 다리를 길게 뻗으려고 노력하게 되었다. 그 결과 개체들은 죽마를 탄 것처럼 점차 다리가 길어지고 다리에 깃털이 없어지고 몸이 더욱 높아졌다.[8]

라마르크는 지적인 욕구가 합리적으로 충족되는 세계를 제시한다. 그의 저작은 또한 사물이 지금의 상태까지 오게 된 과정을 이야기 방식으로 풀어낸다. 필요는 변화를 낳고—더 교훈적으로 말하면—나쁜 행동은 상실과 타락을 낳는다. 이것은 여러 문화권에서 자주 사용되는 이야기 방식이다. 이를테면 울새는 갈대의 속삭임을 듣고서도 태양에 너무 가까이 접근한 탓에 붉은 가슴을 가지게 되었다는 이야기와 같은 방식이다. 라마르크는 변신과 변이의 신화적 개념에 의존해 인과적인 설명을 추구한다. 이러저러해서 이러저러하게 되었다는 식의 이야기는 키플링(Kipling)에 와서 더욱 정교해진다. 고래는 어떻게 해서 목청을 가지게 되었고, 낙타는 어떻게 해서 혹을 가지게 되었으며, 표범의 점무늬는 어떻게 해서 생겼다는 식이다. 라마르크의 구상에서 중요한 것은 의도다. 그는 의도를 인간의 소망이나 언어와 등치시킨다. 진화적 발전을 설명하는 데서 의도를 나타내는 언어를 제거하기란 무척 어렵다. 다윈 자신도 완전히 성공하지는 못했다. 그러나 그는 늘 언어에서 의지가 변화의 힘이라는 의미

---

8) *Zoological Philosophy*(파리, 1809), Hugh Elliot 옮김(런던, 1914, 뉴욕, 1963), 119~120쪽.

를 떨어내기 위해 노력해야 한다는 것을 알고 있었다. 라마르크의 자조 철학에 직접적으로 응답한 사람은 월리스(Wallace)였다. 1858년 8월, 《린네 학회보(*Proceedings of the Linnaean Society*)》에 그는 이렇게 썼다.

> 기린의 목이 길어진 이유는 높은 나무의 이파리를 먹기 위해 늘 목을 길게 뻗었기 때문이 아니라, 기린의 원형에서 갑자기 다른 기린들보다 목이 더 긴 변종이 생겨났기 때문이다. 이 기린은 다른 동료들보다 더 풍부한 먹이의 원천을 가졌으며, 결국 먹이가 부족해진 상황이 닥치자 위기를 이겨내고 생존한 것이다(61쪽).

유전적 변형은 적응에 유리하고 환경의 통제를 가능케 해주지만, 그 과정은 의지나 체력, 욕망의 작용으로 촉발되거나 진행된 것이 아니라는 말이다.

라마르크의 이론은 나름대로 매우 만족스러웠다. 그 이론은 의도, 습관, 기억 등 정신적인 측면을 중시하면서 다음 세대로 합리적인 전승이 이루어지는 과정을 설명했다. 필요가 해법을 낳고 해법이 의지의 작용을 통해 유전적으로 전해진다는 것이다. 여기서 의지는 습관처럼 의식과는 독립적인 것으로 간주되었다. 진화 과정에 관한 라마르크의 설명이 **현재까지도** 인기를 끄는 것은 이상하면서도 의미심장한 일이다. 이런 설명에는 의도주의적 언어관이 숨어 있다. 라마르크의 이론은 천지를 한 번에 창조하고 이따금씩 간섭하여 새로운 종을 만들어내는 간섭주의적 신의 개념에서 의도의 원천을 찾지 않고, 종의 세계 안에 창조성의 원천이 있다고 본다. 그러나 의도나 의지는 변화의 수단일 뿐이다. 생물체는 신체로 적응을 배우며, 라마르크의 견해에 따르면 획득한 신체적 적응을 다음 세대에게 전승하기 때문이다.

과거를 이렇게 바라보면 탈취의 개념이 필요하지 않다. 세계는 이해할 수 있고 협동적이며, 다음 세대로의 계승은 늘 향상을 의미한다. 키츠(Keats)는 진화론을 예고하는 시 〈히페리온(Hyperion)〉에서 그리스 신화가 낡은 질서를 몰아내는 혁명의 필요성을 제고시킨다고 부르짖으며 "아름다운 것은 힘센 것"이라고 읊었지만, 라마르크의 이론은 연속성과 발선을 강조한다. 이런 입장에서는 자연 법칙의 연속성을 강조하는 지질학적 견해를 수용할 수 있다. 기원을 설명하는 신화는 대부분 타락의 개념을 앞세우지만—예를 들면 천국에서의 타락—라마르크는 지적인 적응과 계승을 주장하므로 더 낙관적인 시각이다. 라마르크는 현재를 중시하며, 급속한 변화를 예견하지 않는다. 다윈은 변화의 속도가 점차 빨라질 것이라고 보았으므로 종의 변이도 점점 더 가속화할 것이라고 추측했다. 종들 간의 상호연관성, 개체들과 자연 환경의 상호연관성이 점차 복잡해질 것이라는 이유에서다. 그러나 라마르크는 다윈에 비해 경쟁에 비중을 덜 두었고 협력을 더 중시했다. 또한 그는 과정을 설명하기보다 구성을 설명하고자 했다. 말하자면 그는 비교적 안정적인 세계를 상상한 것이다. 과거를 현재의 경험에 비추어 체계화하는 라마르크의 구상은 상당히 매력적이다. 그 때문에 지금도 이따금 신라마르크적 견해가 부활하기도 한다. 케스틀러(Koestler)가 설명하는 산파두꺼비의 경우는 라마르크적 형이상학의 함의를 높이 평가하는 최근의 사례다(산파두꺼비는 수놈이 알을 뒷다리에 끼워 부화시키는 두꺼비의 한 종류인데, 유전형질이 현세에 발생할 수 있다는 현세유전의 사례를 보여주는 실험에 사용되었다: 옮긴이).

라마르크의 이론은 다윈이 《종의 기원》에서 거의 주목하지 않았던 한 가지 요소의 여지를 만들었다(다윈은 인간의 출현을 다루지 않았기 때문에 그것을 보지 못했다). 이 요소는 바로 문화의 축적이며, (유전적 수단과 별개로) 인간의 지식이 다음 세대로 전승된다는 점이다. 그러나 후대의 일부 작가들은 그 힘조차 저주받은 것으로 간주했다. 예를 들어 하디는 "우리의 지성은 자연이 법칙을 구성할 때 생각하지 못했던 것, 따라서 자연이 충족시켜줄 수 없는 것을 보는 데 이르렀다"라고 말했다.[9] 또 콘래드(Conrad)의 하이스트(Heyst, 1921년작 《기연》에 나오는 인물: 옮긴이)는 이렇게 말한다. "지구상의 인간은 예측하지 못한 우연이다."[10]

---

9) Florence Hardy, *The Early Years of Thomas Hardy*(런던, 1925), 213쪽.
10) Joseph Conrad, *Victory*(런던, 1948), 196쪽.

2장

다윈의 언어

Darwin's Plots

1838년 8월, '변형'에 관한 견해를 완전히 다지기 직전에 다윈이
쓴 자전적 글에는 그의 초기 회상이 나온다. 그것은 두려움, 놀라움,
수집하고 명명하는 즐거움, 그리고 이야기(혹은 거짓)를 구성하는 즐
거움과 위험에 관한 것이었다. 어린 시절 그가 꾸며낸 이야기들은
자신과 남들에게 감동과 놀라움을 주기 위한 것이었다. 이야기 창작
에 대한 그의 열정은 힘을 추구하려는 욕망과 주변의 역설들을 통제
하려는 시도를 나타냈다. 그 무렵 그는 역설의 강렬함에 자극을 받
았다. 그는 자신이 만들어낸 이야기의 의미를 잘 알고 있었다.

그 시절에 나는 대단한 이야기꾼이었다. …… 산보를 할 때
마다 내가 본 꿩이나 희한한 새를 이야기했다(자연사적 취향).
거짓말이 탄로나지 않을 때면 나는 약간의 부끄러움을 억누르
고 생생하게 기억이 나는 양 가장하고 관심이 온통 그것에 쏠

려 있는 척했다. 그렇게 해서 내 마음에 깊은 인상을 남길 수는 있었으나, 그때마다 나는 비극적인 즐거움을 느꼈다. 케이스 씨의 집에서 이야기 전체를 꾸며, 내가 얼마나 진실을 이야기하기를 좋아하는지 보여주려 했던 기억이 난다! 꾸며낸 이야기가 얼마나 생생한지 나조차도 거의 사실이라고 착각할 정도였으며, 예전에 느끼던 부끄러움조차 느끼지 않았다.[1]

이야기 혹은 거짓말

멋진 이야기를 꾸며내면 그는 '비극적인 즐거움'을 느낀다. 이 흥미로운 서술은 상상으로 가득한 그의 삶을 완전하고 밀도 있게 전달한다. 거짓말, 꾸며낸 이야기의 힘은 그에게 발견의 열정을 불어넣는다. "현관문 앞의 작은 조약돌까지 모든 것을 알 수 있다는 욕망이 생생하게 기억난다." "나는 정원 일을 무척 좋아해서 크로커스(crocus, 사프란의 일종: 옮긴이)의 색깔을 내 마음대로 만들 수 있다는 터무니없는 거짓말을 꾸몄다." 꾸며낸 이야기가 엉터리라고 생각하지만 거짓말도 일종의 진실의 발견이라는 희망을 품은 채 거기에 현실의 감각을 불어넣는 그의 태도는 우스꽝스러우면서도 통찰력이 가득하다.

거짓말쟁이로 알려지고 자신의 이야기가 엉터리라는 것을 인정해

---

1) Gavin de Beer, *Charles Darwin and Thomas Henry Huxley Autobiographies*(런던, 1974), 'An Autobiographical Fragment, Written in 1838', 5쪽. 이하 *Autobiography*라고 표기한다.

야 했을 때 소년 다윈은 부끄러움을 느꼈다. 그의 거짓말은 부끄러움을 통해서야 비로소 드러났다. 자연선택이론을 구상했을 때 그는 그것을 공개하지 않았다. 오랫동안 비밀을 유지하면서 자신이 상상한 과거의 생명과 지구 이야기를 감상하고 개발하려는 충동, 그 발명의 즐거움은 초기의 공책에서 두 권의 스케치를 거쳐 미완성된 책과 완성된 《종의 기원》에 이르기까지 20여 년 동안 그의 마음속에 계속 남아 있었다.[2] 앞에서 인용한 짤막한 스케치를 썼을 때는 그의 상상력이 절정에 달했을 무렵이지만, 그 시기 그의 마음과 공책에는 변신·변형·선택에 관한, 아직 공개되지 않고 체계화되지 않은 이야기가 가득했다. 그가 꾸며낸 이야기 혹은 거짓말은 그의 다른 기

---

2) *Evolution by Natural Selection: Darwin and Wallace*, G. de Beer의 서문(케임브리지, 1958). 이 책에 다윈의 1842년 《스케치》와 1844년 《에세이》가 포함되어 있다. '빅북(Big Book)'이란 다윈이 《종의 기원》을 쓰는 바람에 완성하지 못한 주요 저작을 가리킨다. *Charles Darwin's Natural Selection, being the second part of his big species book written from 1856 to 1858*, Robert Stauffer가 MS로부터 엮음(케임브리지, 1975). 공책이나 주요 논의에 관한 텍스트는 다음 문헌들에서 볼 수 있다. Gruber와 Barratt(*Darwin on Man*, 263쪽); Gavin de Beer 엮음, 'Darwin's Notebooks on Transmutation of Species', *Bulletin of the British Museum(Natural History) Historical Series* 2(1960~1961)와 3(1967); Silvan Schweber, 'The Origin of *The Origin* Revisited', *Journal of the History of Biology*, 10(1977), 229~316쪽; David Kohn, 'Theories to Work By: Rejected Theories, Reproduction, and Darwin's Path to Natural Selection', *Studies in the History of Biology*, 4(1980), 67~170쪽; Sandra Herbert, 'The Place of Man in the Development of Darwin's Theory of Transmutation: Part I. To July 1837', *Journal of the History of Biology*, 7(1974), 217~258쪽; 'The Red Notebook of Charles Darwin', *Bulletin of the British Museum(Natural History) Historical Series*, 7(1980). 다윈의 공책들과 독서목록은 케임브리지 대학교 도서관의 다윈 문서부에 있다. 자료를 이용하도록 허락해준 도서관 측에 감사를 표한다.

억과 달리 1838년에 젊은 다윈이 새로 느낀—그리고 열 살 무렵에 경험한 것과 비슷한—흥분과 창조적 혼란을 보여준다.

다윈 자신이 나중에 밝힌 바에 따르면 그는 심미안을 잃었다. 만년에 남긴 자기 가족에 관한 자전적 이야기에서 그는 감수성을 잃은 것에 대해 고통스러워하며 자조적으로 술회한다.

> 이미 말했듯이 어떤 면에서 나의 정신은 지난 20~30년 동안 변했다. 서른이 될 때까지, 혹은 그 이후까지도 나는 밀턴, 그레이, 바이런, 워즈워스, 콜리지, 셸리 등의 시에서 큰 즐거움을 느꼈다. 학창 시절에는 특히 셰익스피어의 사극을 좋아했다. 또한 예전에는 그림도 진지하게 감상했고, 음악에서도 큰 기쁨을 얻었다. 그러나 그로부터 오랜 세월이 흐른 지금, 나는 한 줄의 시조차 읽지 못한다. 최근에는 셰익스피어를 읽으려 했다가 너무 재미없어 구역질을 느낄 정도였다. 그림이나 음악에도 거의 취미를 잃었다. 음악은 대체로 내게 즐거움을 주기보다 내가 하는 일을 너무 심각하게 만든다. 아름다운 풍경화를 매우 좋아했으나 그것도 예전만큼 섬세한 기쁨을 안겨주지 못한다. 나의 정신은 수많은 사실을 수집하여 일반 법칙을 쥐어짜내는 일종의 기계처럼 되어버렸다. 그런데 이것이 왜 고급한 취미를 관장하는 두뇌의 영역을 위축시켰는지 알 수 없는 노릇이다.[3]

---

3) *Autobiograph*, 23, 34, 83~84쪽.

이렇게 만년에 정서적 힘을 잃은 것에 주목한 많은 학자들은 그의 어린 시절을 파기 시작했다. 그의 소설 읽기에 관해서도 비슷한 주장이 제기된다. 만년에 그는 주변 사람들에게 소설을 큰 소리로 읽어달라고 부탁했다. 그는 해피엔딩으로 끝나는 소설을 좋아했으며, 문학적 경험에는 별로 관심이 없는 소박한 독자였다.[4]

다윈이 어린 시절부터 글쓰기에서 비상한 즐거움을 느꼈다는 사실은 현재 케임브리지 대학교 도서관에 보관된 1830년대 후반부터 1850년대까지의 독서목록에서도 알 수 있다(공책 119, 120, 128). 1840년 6월 10일부터 11월 14일까지의 기록에는 이런 내용이 나온다. "찰스 벨 표현의 해부. 한여름밤의 꿈. 햄릿. 오셀로. 맨스필드 공원. 이성과 감성. 리치먼드 2번가. 가난. 헨리 4세 노생거 대수도원. 단순한 이야기. 존슨의 헤브리디스와 보즈웰 여행. 매콜리의 예술. 에든버러의 베이컨에 관해. 버크의 연설 일부. 천일야화 일부. 걸리버 여행기. 로빈슨 크루소"(공책 119). 토머스 브라운, 몽테뉴,

---

4) Donald Fleming, 'Charles Darwin, the Anaesthetic Man', *Victorian Studies*, 4(1961), 291~336쪽 ; John Angus Campbell, 'Nature, Religion and Emotional Response : A Reconsideration of Darwin's Affective Decline', *Victorian Studies*, 18(1974), 159~174쪽. John Burrow도 《종의 기원》(하먼즈워스, 1968)의 서문에서 이렇게 말한다. "그는 언어 자체에는 흥미를 느끼지 않았으며, 문학에 거의 관심이 없었다. 중년에 이르러서야 가벼운 소설을 읽는 취향이 생겼으나 이 경우에도 여주인공이 예뻐야 하고 해피엔딩이어야 했다"(12쪽). 계속해서 그는 말한다. "아마 그는 조지 엘리엇 같은 당대의 작가들을 별로 인정하지 않았을 것이며, 그녀도 《종의 기원》을 대단치 않게 여겼을 것이다." 그러나 현재의 연구 결과는 이 두 가지 가정을 부정한다. 여기서는 다윈이 《애덤 비드(*Adam Bede*)》가 처음 나왔을 때 읽었고 그의 독서목록에서 보기 드물게 '탁월하다'는 평가를 내렸다는 것만 밝혀두자(공책, 128쪽).

칼라일, 해리엇 마티노 등은 그가 특히 열심히 읽은 작가이다. 또한 그 시기의 공책에는 월터 스콧, 에드먼드 스펜서, 워즈워스, 바이런 등 많은 작가들의 이름이 나온다. 분석하기보다는 그냥 흡수한 것으로 보인다. 하지만 문학 독서가 그에게 별로 영향을 주지 않았다고 생각한다면 오산이다. 나는 어느 논문에서 다윈의 문학과 과학 독서에 관해 광범위하게 검토한 바 있다. 몽테뉴, 토머스 브라운, 스콧, 프레스콧 같은 작가들은 그가 이론을 구성하고 초보적인 발생의 개념을 문제시하는 데 기여했다.[5]

셰익스피어와 밀턴

다윈의 사상은 소설과 은유와 현실세계의 관계를 수용하면서도 크게 혼란시켰다. 그 힘의 자양분은 잡식성 독서에서 나왔다. 그의 독서가 상상력을 통해 사상을 전개하는 데 기여한 점을 충분히 이해한다면, 그가 어린 시절에 열심히 읽은 책들에 관해서도 알아야 할 것이다.

이 무차별한 독서는 후기의 정밀한 독서에 비해 자유분방하고 막힘이 없다. 그것은 경험을 형성하는 데 영향을 미치고 그 경험은 어른이 되어 겪은 경험에 영향을 미친다. 우리의 구도와 예측은 상상력을 발휘하는 초기의 습관에 초점을 맞춘다. 소년기에 다윈이 셰익

---

5) 'Darwin's Reading and the Fictions of Development', *The Darwinian Heritage*, D. Kohn 엮음(프린스턴, 1984) 토머스 브라운. 이 글에는 독서의 심리에 관한 다윈의 견해가 소개되어 있다.

여동생과 함께 있는 어린 다윈

다윈은 어렸을 때 자연 속에서 시간 보내기를 좋아했다.

스피어의 사극에 심취한 것은 특별한 의미를 가진다. 외롭고 기나긴 비글 호 항해에 늘 지니고 다녔던 밀턴과의 내밀하고 고독한 접촉도 특별한 주의를 요한다. 그런 책들에서 이끌어낸 자양분 덕분에 그는 사상을 형성하고 신화를 창조하는 힘을 가질 수 있었다. 문학 독서의 경험은 또한 맬서스의 사상이 지닌 **함의**를 수용하는 데도 영향을 미쳤다. 한 예로써 셰익스피어와 밀턴을 읽은 경험이 그의 상상에 가득한 지적 발달에 어떻게 기여했는지 간략하게 살펴보자.

그는 어린 시절에 몇 시간이고 창가에 앉아 셰익스피어의 사극을 읽었다고 말한다. 사극은 질서와 정부를 유지하고 국가와 민족을 보존하기 위해 안정적인 왕위 계승이 필요하다고 역설한다. 다윈은 사극에서 종족과 시대의 관계를 해석하는 데 필요한 유전적 유형을 발견했다. 혈통의 계승은 시간의 흐름을 저지하는 수단이 된다. 복제가 중시되고 변화가 조정된다. 죽은 왕이 산 왕과 교체되고 그 혈통의 계승에 근본적인 변화가 일어나지 않았다는 것을 확인한다. 모두 '동종'을 낳는다. 왕권에서는 복구의 측면이 강화되며, 왕위 계승은 변화의 수단이 아니라 안정의 방식이 된다. 버킹엄은 적통 승계에 따라 자신에게 권리와 의무가 있다는 것을 글로스터에게 설득한다.

> 그대의 사임은 그대의 잘못임을 알라.
> 지고하고 위엄 있는 옥좌
> 조상의 왕홀을 지닌 자리
> 그대의 운명은 그대의 혈통에 기인한 것이니
> 왕가의 적통이 가져다준 명예로다.
> 그러나 결함 있는 혈통으로 더러워졌으니 ……

이 고귀한 섬은 올바른 자손을 원하노라.

오명의 상처로 체면을 잃었고

왕가의 줄기에 천한 가지가 접목되었도다.

(리처드 3세: III, 7, 117~122쪽, 124~126쪽)

사극 전반에 걸쳐 효과적으로 사용된, 줄기와 접목 같은 비유는 은유와 실제의 중간에 위치한다. 왕가의 계보는 식물처럼 의식적인 번식과 특정한 혈통의 혼합으로부터 영향과 통제를 받는다. 《종의 기원》에서 다윈이 펼치는 논증은 처음부터 농경의 유비를 기반으로 한다. 인간이 동물과 식물의 특정한 속성을 발달시키는 행위는 자연이 각 종족의 개체에게서 가장 유용한 특성을 선택하고 보존하는 행위와 비교된다. 인간이 동물과 식물을 양육하는 것은 동물과 식물의 이익을 위해서가 아니라 인간의 목적에 맞도록 하기 위해서다. 그와 반대로 자연의 양육 과정은 항상 개체의 이익을 도모한다.[6] 이 중대한 차이는, 다윈이 특정한 개체의 삶이 얼마나 가혹한지를 잘 알면서도 온정주의적 자연관을 가졌다는 것을 다시 한번 말해준다.

다음 사례는 다윈의 문학 독서가 그의 사상에서 양극성을 형성하고 명료화하는 데 기여한 과정을 보여준다.

대부분의 학자들은 다윈 자신이 털어놓은 것처럼 그가 맬서스를

---

6) 'Darwin's Reading'(앞의 주 5 참조)에서는 *The Winter's Tale*, 몽테뉴의 'Of the Cannibals', 토머스 브라운의 *Religio Medici*가 인위적 선택과 자연선택의 모순을 설명하는 부분을 다룬다. 또 이 글은 다윈의 독서목록을 상세히 연구한다.

읽은 덕분에 이미 반쯤 형성된 자연선택의 관념을 더욱 확실하게 구
상할 수 있었다고 말한다.[7] 하지만 다윈이 맬서스의 관념에서 어떤
상상력과 정서적 균형을 얻었는지, 맬서스의 지적 잠재력을 얼마나
차용했는지는 제대로 알려지지 않았다. 맬서스는《인구론》의 도입부
에서 다산성의 에너지를 서술하면서 찬양과 찬탄이 미세하게 균형
을 이룬 구절을 선보인다.

프랭클린 박사가 관찰했듯이 동물과 식물의 다산성에는 한
계가 없다. 그러나 그렇게 많은 수가 서로 부대낀 결과 생존의
수단이 잃어진다. 만약 지표면에 다른 식물이 없다면 한 가지
종만 점점 씨가 뿌려지고 널리 퍼질 것이다. 회향(茴香)을 예로
들어보자. 만약 다른 식물이 없다면 회향은 몇 세대 동안 한 나

---

7) 'Theories to Work By: Rejected Theories, Reproduction and Darwin's Path to
Natural Selection', *Studies in the History of Biology*, 4(1980), 67~170쪽에서
David Kohn은 다윈이 "9월 28일부터 10월 3일까지 엿새 동안" 맬서스를 읽었다
는 증거를 제시한다. 맬서스와 다윈의 이론적 관계에 관한 문헌으로는 다음이 있
다. Peter Vorzimmer, 'Darwin, Malthus, and the Theory of Natural Selection',
Journal of the History of Ideas, 30(1969), 527~542쪽; Robert M. Young,
'Malthus and the Evolutionists: The Common Context of Biological and Social
Theory', *Past and Present*, 43(1969), 109~141쪽; Camille Limoges, *La
Sélection naturelle*(파리, 1970); Sandra Herbert, 'Darwin, Malthus, and
Selection', *Journal of the History of Biology*, 4(1971), 209~217쪽; Peter J.
Bowler, 'Malthus, Darwin and the Concept of Struggle', *Journal of the History
of Ideas*, 30(1969), 527~542쪽; Dov Ospovat, 'Darwin after Malthus', *Journal
of the History of Biology*, 12(1979), 211~230쪽. Valentino Gerratana는 'Darwin
and Marx'에서 Gruber처럼 맬서스가 중대한 영향을 주었다는 견해를 반박한다.

라에서만, 이를테면 영국에서만 공급될 것이다. 그것은 논쟁의
여지가 없는 사실이다. 동물과 식물의 왕국을 통해 자연은 생
명의 씨앗을 대량으로 뿌린다. 그러나 공간은 상대적으로 협소
하며, 성장에 필요한 양분도 부족하다. 지구가 함유하고 있는
존재의 씨앗들이 마음대로 퍼진다면, 약 천 년쯤 뒤에는 무수
한 세계들을 채울 것이다. 그러나 절박한 필요성, 보편적인 자
연 법칙이 그것들을 정해진 한계 내로 억제한다. 동물과 식물
의 종족은 이 거대한 제한적 법칙에 종속된다. 인간이 이성적
으로 아무리 노력해도 거기서 벗어날 수 없다.[8]

동물과 식물의 단일한 종이 무제한으로 번식한다면 순식간에 전
세계를 정복하고 다른 종이 살 터전을 남겨두지 않을 것이다. 나아
가 맬서스는 인간의 번식 에너지도 제한되지 않을 경우 식량을 마련
하는 수단을 언제나 앞지를 것이라고 주장한다. 맬서스가 보기에 다
산성은 억압해야 할 위험이다. 특히 인간의 경우는 더욱 엄중하게
통제해야 한다. 하지만 다윈이 보기에 다산성은 해방과 창조의 원리
이며, 변종을 늘리고 변화와 발전의 잠재력을 증대시킨다. 자연의
생성 과정에는 엄청난 초생산성이 있기 때문에 개체와 돌연변이의
범위가 방대하다. 여기서 다윈이 한창 상상력이 고조되어 있던 비글
호 항해에 가져간 두 권의 책을 기억할 필요가 있다. 하나는 라이엘
의 《지질학 원리》였다. 다른 하나는 《자서전》에서 말하듯이,[9] 오랜

---

8) Thomas Malthus, *An Essay on the Principle of Population*(런던, 1826). 다윈이
   가지고 있었던 것은 이 판본이다.

항해를 떠날 때마다 늘 지니고 다닌 밀턴의 시집이었다.[10]

밀턴은 다윈이 중요한 사상을 형성하던 시기에 그에게 어떤 상상력을 주었을까? 다윈이 항해에서 얻은 한 가지 중대한 발견은, 인간이 일군 조화를 바탕으로 영국의 풍경이 녹색으로 정돈되고 소박한 아름다움을 가지게 된 것을 표준이라고 간주할 수는 없다는 사실이었다. 영국을 벗어나면 거친 색과 생명이 넘치는 자연 풍경이 펼쳐졌다. 그 방대하고 새로운 경험은 과학 연구자의 편협하게 서술된 전거를 더욱 풍부하게 했고 혼란에 빠뜨렸다.

곤충학자의 진열장에서 화려하고 색다른 나비, 독특한 매미를 살펴보면서 누가 이 생명 없는 사물들에서 매미의 요란한 울음소리와 나비의 게으른 날갯짓, 정적에 가득 찬 뜨거운 열대의 한낮을 연상하겠는가? 태양이 정점에 이르렀을 때 그 풍경이 어떨지 자세히 봐야 한다. 위에서는 망고 이파리들이 녹색 빛으로 현란하게 반짝이고 있지만, 그 아래에는 캄캄하기 그지없는 음지가 있다. …… 그늘진 숲길을 따라 조용히 걸으면서 나는 내 생각을 표현할 수 있는 언어를 찾으려 했다. 형용사를 이것저것 떠올려보아도, 열대 지역을 가보지 않은 사람들

---

9) *Autobiography*, 49쪽. 그는 영국에 돌아와서도 밀턴을 계속 읽었다. 예를 들어, 공책 119: 1840에는 "3월 13일 밀턴의 짧은 시들과 워즈워스의 첫 권"이라는 구절이 나온다. 워즈워스에 관한 다윈의 견해는 Edward Manier, *The Young Darwin and his Cultural Circle*(도르트레흐트, 1978)과 Marilyn Gaull, 'From Wordsworth to Darwin', *The Wordsworth Circle*, 10(1979), 33~48쪽에 나온다.

10) John Milton, *Poetical Works*, D. Bush 엮음(옥스퍼드, 1966).

에게 내 마음이 경험한 환희를 전달하기에는 너무 약했다.[11]

다윈은 밀턴과 함께 열대의 숲을 걷는다. 한껏 예민해진 감각이 그를 언어의 힘이 미치지 못하는 곳으로 데려간다.

다양성과 풍부함의 발견은 그에게 똑같이 중요했다. 다윈이 자신의 여행을 풍요하게, 심지어 황홀하게 묘사한 것을 보면 여행에서 그가 얼마나 행복감을 느꼈는지 알 수 있다. 그의 자연세계는 자연의 엄청난 풍부함과 낭비적인 생산성을 강조하는 코머스(Comus, 원래 그리스 신화에 나오는 축제와 환락의 신인데, 밀턴의 시에 등장한다: 옮긴이)의 (반맬서스적) 견해를 정당화한다. 주색과 환락에 취한, 악한 코머스는 세계의 풍부함을 인간에게 즐거움을 주기 위한 것으로 해석한다.

> 자연은 활수(滑手)한 손을 활짝 펴고
> 자신의 풍부한 산물을 어디에 쏟아 붓는가?
> 세상은 향기와 과일과 짐승으로 뒤덮이고
> 바다에는 무수한 생물이 몰려다니지만
> 이 모두가 즐거움을 위한 것, 호기심의 취향을 만족시키기
> 위한 것일까?(710~714쪽)

---

11) 다윈의 이 구절은 초판본에서는 "누구나 자신의 사상을 표현할 언어를 찾고자 한다"는 공식적인 표현이었다. *Journal of Researches into the Geology and Natural History of the Various Countries Visited by H. M. S. Beagle, under the Command of Captain Fitzroy, R. N. From 1832 to 1836*(런던, 1839), 591쪽.

그의 주장에 따르면, 인간에게는 호사스러운 욕구에 탐닉할 권리만이 아니라 의무도 있다. 그렇지 않으면 "자연은 자신의 과도한 무게에 짓눌려버릴 것이다."

> 엄청난 쓰레기에 숨이 막혀
> 세상은 고통에 빠지고, 대기의 날개는 검은 깃털을 달리라.
> 가축들이 주인들보다 많아지리라. ……(728~731쪽)

자유의지론을 내세운 코머스의 주장은 그가 감금한 여인의 반발을 받는나. 그녀에 의하면, 자연의 지나친 풍부함은 필요와 잉여의 불균형에서 비롯된다. 따라서 자연의 모든 부를 소수의 사람들이 독차지할 게 아니라 고르게 분배하는 일이 필요하다.

이 시기에 다윈이 몰두한 것은 증대와 발생의 메커니즘인 다산성이다. 그는 자연이 시간을 통해 발달하는 데 다산성이 어떤 의미를 가지는가에 주목했다. 밀턴의 〈코머스(Comus)〉에 나오는 인물들은 인간이 모든 관심의 중심이며, 자연의 위계에서 맨 꼭대기에 있다고 가정한다. "가축들이 주인들보다 많아지리라." 출간되지 않은 다윈의 초기 글들은 인간을 중심의 위치에서 탈락시키고 다른 종, 다른 생명 질서의 관점에서 자연의 구성을 바라보는 경향을 보인다. 그러므로 다른 글에서는 인간에게만 적용되는 단어들—이를테면 '거주자'—이 다윈의 글에서는 동물과 식물의 종을 가리키는 의미로 사용된다. 〈코머스〉의 논쟁은 다윈에게 맬서스가 제기한 문제, 즉 증대, 풍요, 궁핍 등을 고찰하는 데 유리한 관점을 제공한다.

《실낙원(*Paradise Lost*)》 제7권에서 밀턴은 셋째 날의 창조를 다룰 때 땅과 물의 분리를 다음과 같이 묘사한다.

>지표면 전체에 대양이 흐르고
>풍요의 체액이 전 지면을 적시며
>대모를 수태케 하니
>따뜻한 습기가 충만한 가운데 신이 말씀하시도다.
>"천하의 물이 한곳으로 모이고
>뭍이 드러나라."(278~286쪽)

《실낙원》에 나오는 창조의 형상화는 성교와 임신의 이미지이며, 대지의 여성성에 대한 관능적인 사랑의 표현이다.

>부드러운 풀, 그 푸름은
>대지의 얼굴을 상쾌한 녹색으로 뒤덮는다(315~316쪽).

모든 행마다 풍부함, 다양성, 풍요함이 드러나 있다. "해협과 바다, 시내와 만은 무수한 생명으로 가득하다."
《실낙원》에서 다윈은 '개별 창조', 다 자라고 완성된 종의 완전한 시적 표현을 보았다. 여기서 성은 생식이나 유전보다는 서정적 통합으로 표현된다. 또한 밀턴은 생명이 바다와 땅에서 직접 탄생했다는 점을 강조한다. "고양이, 표범, 호랑이"가 모두 땅에서 생겨났다.

>풀이 붙은 흙덩이가 절반으로 쪼개지고
>황갈색 사자가 발톱을 세우며

뒷다리를 치켜든다. ……(463~465쪽)

　원초적 존재에서 유출된 결과물의 초현실적인 완성은 또한 시간의 숭고한 압축이기도 하다.

> 공기, 물, 흙을
> 새, 물고기, 짐승이 날고 헤엄치고 걸었다.
> 그러고도 엿새째 날이 남았다(502~504쪽).

　밀턴의 설명은 〈창세기〉의 몽환적인 특징을 연장하여 그 풍부함의 확신을 구체적인 생명의 환상적인 연출로 바꾼다.

　다윈은 밀턴이 내세운 인간 중심적 세계관을 전복했으나 그의 언어는 받아들였다. 밀턴의 언어는 풍부함, 밀도, 개별자의 형성, 즉 개별자가 얼마나 생존하는지, 얼마나 과거와의 공통성과 연속성이 유지될 수 있는지에 관한 다윈의 감각과 일치했다. 밀턴은 다윈에게 심오한 상상력의 즐거움을 주었으며, 다윈은 그것을 이해의 수단으로 삼았다.

　이 문화와 통찰력의 **연속성**은 다윈에게 정서적인 면과 이론적인 면에서 모두 중요했다. 그것은 그가 라이엘에게서 끌어낸 동일과정설(uniformitarianism, 지구가 완만하고 연속적인 변화를 통해 현재에 이르렀다는 지질학 이론. 19세기에 《성경》의 주장과 같은 대격변설과 대립했다: 옮긴이)과 일치했다. "자연은 비약하지 않는다." 게다가 자연은 배려하지도 않는다. 다윈은 우상 파괴의 입장에서 과거 신화 체계를 팽개쳐버리지 않고, 그것과 자신의 형상화가 연속적이라는 점을 애써 강조하려 했다.

〈창세기〉에는 다음과 같은 대목이 나온다.

> 여호와 하나님이 그 땅에서 보기에 아름답고 먹기에 좋은 나
> 무가 나게 하시니 동산 가운데에는 생명의 나무와 선악을 알게
> 하는 나무도 있더라.

'생명의 나무'는 '선악을 알게 하는 나무', 즉 지식의 나무와 대립
되면서도 병치된다.

다윈의 상상력이 폭넓게 전개된 M 공책에는 식물학자가 몹시 좋
아할 만한 생각의 연쇄가 상세하게 기록되어 있다.

> 식물학자는 식물과 동물을 이렇게 여길 것이다. 켄싱턴 가든
> 에서 나무들을 멋지고 신비스러운 방식으로 결합된 커다란 동
> 물 복합체로 바라볼 때 커다란 흥분을 느끼며 즐거워했던 기억
> 이 내게 떠오른다.

이렇게 나무를 생명이 충만한 것으로 보는 감각, '커다란 동물 복
합체'로 여기는 유비는 다윈이 《종의 기원》에서 나무 이미지를 복잡
한 구도의 일부분으로 활용하는 사례를 잘 보여준다.

그 시대 신학과의 관계에서 다윈이 느낀 문제는 두 대조되는 나
무 이미지—생명과 지식—에서 드러난다. 논증과 표현에서 그는
그 이미지를 응축하여 두 대립적인 나무를 하나로 만드는 수단을 찾
았다.

그는 여전히 금지된 지식 분야가 있다는 사실을 잘 알았으나 그렇다고 해서 자기 '체계'의 기본 줄기에서 이탈할 생각은 없었다. 낙원의 고귀한 나무들 가운데는 생명의 나무가 있었다.

화려하고 무성한 암브로시아 열매는
식물의 황금.

공책과 《종의 기원》에서 다윈은 진화적 구성을 표현하기 위해 나무[12]의 이미지에 집착한다. 그는 라마르크가 제기한 연쇄적 진보의 관념을 논박한다. 아울러 더 이전에 나온, '존재의 방대한 연쇄'와 같은 위계적 구성, 그 뿌리인 플라톤의 사상보다 더 저급한 대체물인 존재의 상승 질서 같은 관념도 거부한다. 거대한 연쇄 관념은 생명 형태를 항구적이고 부동적인 것으로 고정시킨다. 그런 구성의 본질은 단계 관념이다.

다윈에게는 단계 대신 변화와 잠재력의 은유, 형태가 시간을 통해 변화하는 것을 설명하는 은유가 필요했다. 그는 나무의 이미지를 단지 직유나 다른 체계와 논쟁하기 위한 용도로 이용하지 않았다. 그

---

12) B 변형 공책에서 다윈은 나무 이미지와 산호 이미지를 놓고 저울질한다. "유기체들은 나무처럼 불규칙하게 가지가 뻗어나간 양상을 취한다. 수많은 가지 끝의 싹들이 죽어가고 새로운 싹들이 생겨난다"(B22). "생명의 나무는 생명의 산호라고 불러야 할지도 모른다. 이 경우에는 가지의 밑동이 죽었기 때문에 경로가 보이지 않는다"(B25). 산호는 초기 형태들이 완전히 사라진 것과 그 과정의 추적이 불가능하다는 것을 보여주는 데 더 낫지만, 나무는 성장과 분화 과정에서 생명체가 발휘하는 에너지를 보여주는 데 유리하다.

는 도표 형식으로 논증을 구성할 때 나무 이미지를 이용했다. 이렇게 이미지를 '구체화'하는 것은 그 이미지가 그에게 미친 힘을 이해하는 데 중요하다. 그것은 은유가 아니라 실제 사건들이 응축된 실제적인 것이었다. 여기서 우리는 그가 당시의 언어(자연신학의 색채가 짙은 언어)를 현실 역사의 세계에 적용하고자 할 때 처했던 어려움을 다시 접하게 된다. 현실세계는 현실의 질서 안에서 사물에 관한 나름의 설명, 유비, 은유를 찾아야 하기 때문이다.

언어의 이동 — 상상력의 해방

다윈이 구사한 언어의 다의성은 《종의 기원》 초판에서 가장 극명하게 드러난다. 그의 언어는 엄밀하다기보다 표현적이다. 그는 어의의 가변성을 수용하며, 단어들이 관련된 감각에 따라 팽창하거나 수축할 뿐 아니라 여러 의미 사이를 오가는 경향이 있다는 점을 인정한다.[13] 그는 단일성보다는 이동성에 더 관심이 많다. 단어들을 사용할 때 그는 한계보다는 관계와 변환에 초점을 맞춘다. 이렇게 그의 언어 행위와 과학 이론은 서로 일치한다.

《종의 기원》이 출판된 뒤 다윈은 이 풍부한 의미론이 지닌 함의를 더 잘 알게 되었다. 그는 자신이 사용하는 많은 용어들이 자신이 통제하는 것 이상의 뜻을 지닐 수 있음을 확신했다.[14] 그래서 그는 그

---

13) Edward Manier, *The Young Darwin and his Cultural Circle*(도르트레흐트, 1978)과 'Darwin's Language and Logic', *Studies in History and Philosophy of Science*, 11(1980), 305~323쪽을 비교해보라.

책의 후속 판본에서 자신의 이론을 옹호하기 위해 용어들의 복합적 의미를 떼어내고 핵심 용어들의 의미를 한 가지로만 제한하고자 했다. 자연선택 같은 용어가 그런 예다. 이 일은 무척 힘이 들었다.《종의 기원》의 언어에서 볼 수 있는 풍부한 은유는 진화론이라는 주제에 알맞은 것이었다. 더 엄격하게 정의하고 오해를 피하려 하면 상상력이 흐려질 수밖에 없는데, 이것은 그가 결코 원치 않는 일이었다.

다윈의 담론에 대해 조지 엘리엇은 '생명'을 표현하는 언어라고 규정했다.

합리적 기반에서 보편적 언어를 구성하려는 줄기찬 노력이 드디어 결실을 보았다고 가정해보자. 이 언어는 불확실성이 전혀 없고, 변덕스러운 관용어, 성가신 형태, 까다로운 복합적 의미, 오랜 사용으로 인한 낯익은 진부함도 없다. 냄새가 완전히 제거되고 공명도 없는 언어, 오로지 수학 기호처럼 완벽하고 신속한 소통만을 위한 언어가 생겨났다. 이 언어는 과학을 표현하기에는 더없이 완벽한 매체가 되겠지만, 과학보다 훨씬 방대한 **생명**을 표현하지는 못할 것이다.[15]

---

14) 다윈이 자신의 저작으로 빚어진 논쟁에 어떻게 반응했는지에 관해서는 다음 문헌들을 보라. Peter j. Vorzimmer, *Charles Darwin: The Years of Controversy: The Origin of Species and its Critics 1859~1882*(필라델피아, 1970); Michael Ghiselin, *The Triumph of the Darwinian Method*(버클리, 1969).《종의 기원》의 수용에 관한 귀중한 설명은 Alvan Ellegård, *Darwin and the General Reader: The Reception of Darwin's Theory of Evolution in the British Periodical Press, 1859~1872*(괴테보리, 1958)를 보라.

15) Pinney, 287~288쪽.

다윈은 데카르트의 문체를 엄격히 추종하지 않는다. 《종의 기원》에서는 간결한 문장이 드물다. 그의 아들 프랜시스는 다윈이 "영어로 쓰고 말하는 데 어려움이 많다면서 문장을 좋지 않게 배열해도 상관없다면 분명히 그 편을 택했을 거라며 웃었다"라고 했다. 그가 느낀 문제점은 모호함이었다. 작가는 이미 사안의 깊은 연관성을 확실하게 알고 있으므로 굳이 쉽게 풀거나 새로 체계화할 필요가 없다. 따라서 주장과 논증을 지나치게 빨리 압축하는데, 여기서 모호함이 발생한다. 프랜시스는 다윈의 문체가 "직접적이고 명료하다"고 말한다. 그 말은 어느 정도 사실이지만, 그것은 문장을 힘들여 체계화하는 데서 얻어진 결과가 아니었다. 그보다는 일인칭을 자주 사용하고, 프랜시스 다윈이 "독자에게 친절하고 온유한 어조"라고 말한 것을 따를 때 얻어졌다.[16] "《종의 기원》 같은 책의 어조는 매력적이고 감동적이다. …… 독자는 어떤 회의를 품는다 해도 비웃음을 받지 않는다. 오히려 그 책은 독자의 회의를 존중한다."

그 책은 믿음을 '강요'하려는 게 아니라, 가능한 불신의 원인들을 복합적으로 수용하고 회의의 내용을 상세히 설명하는 방식으로 독자를 설득하려 한다. 그런 의미에서 유토피아 문헌인 셈인데, 그 즐거움은 주로 사실들을 단순히 관념적으로 끌어들이기보다 통찰력과 세부(그가 상상한 세계에 관한 일종의 민족지학)를 알맞게 배열한 데서 나온다. 다윈이 설명하는 '자연의 조직'은 완벽하고 온화하다. 그래서 상실, 실패, 투쟁이 나오기는 하지만 전반적으로 박애 정신이

---

16) Francis Darwin, 'Reminiscences of My Father's Everyday Life', *The Autobiography of Charles Darwin*(뉴욕, 1958), 106쪽. 초판은 1892년.

충만하다.

　독자들에게 불안과 혼란만이 아니라 즐거움을 주어야 한다는 것은 다윈에게 디킨스만큼이나 중요한 과제였다. 그는 '사물을 보는 관점'(초기에 그는 자신의 가설을 늘 그렇게 불렀다)을 증명하는 과정에서 즐거움과 행복을 특별히 강조한다. 이를테면 "행복한 생존과 번식"이다. 만년에 그는 《자서전》에서 행복과 자연선택의 관계를 직접적으로 다루었다.

　　하지만 도처에서 마주치는 무수한 아름다운 적응을 그냥 넘겨버리면, 세계의 전반적으로 유익한 구성을 어떻게 설명할 것인가 하는 문제가 대두된다. 어떤 작가들은 세계의 숱한 고통에 깊은 인상을 받은 나머지, 감각능력을 지닌 존재들에게는 더 큰 불행이나 행복이 있지 않을까, 세계 전체가 선하거나 악한 게 아닐까 하고 생각한다. 내가 판단하기로는 행복이 압도적으로 우세하지만 이를 증명하기란 대단히 어렵다. 만약 이 결론이 사실이라고 인정한다면, 그것은 우리가 자연선택에서 기대하는 결과와 잘 어울릴 것이다. …… 동물이 자신의 종에 가장 유익한 행동을 추구하는 과정은 고통, 굶주림, 갈증, 두려움일 수도 있고, 먹고 마시고 자신의 종을 퍼뜨리는 즐거움일 수도 있다. 때로는 먹이를 찾기 위해 두 가지 수단을 결합할 수도 있다. 고통은 어떤 것이든 지속될 경우 좌절을 주고 행동능력을 저하시키지만, 다른 한편으로는 커다란 위험이나 갑작스런 위험으로부터 자신을 보호하는 적응력을 키워주기도 한다. 그러나 즐거운 감각은 지속되어도 좌절을 가져오지 않으며, 반

대로 체계의 행동능력을 증대시킨다. 그러므로 감각능력을 지
닌 모든 생물은 자연선택을 통해 즐거운 감각을 습관적으로 따
르도록 발달하였다.[17]

《종의 기원》에서 다윈은 위의 주장과 같은 지나치게 낙관적인 경
향을 유지하면서도, 자신의 가설에 투쟁이나 멸종 같은 개념이 필요
하다는 것 때문에 곤혹스러워하는 태도를 보인다.

생존경쟁을 생각할 때 우리는 자연의 전쟁이 영원하지 않고,
두려움도 없고 죽음도 대체로 순간적이며, 힘차고 건강하고 행
복한 생존과 번식이 가능하다는 **완전한 믿음으로** 우리 자신을 위
안할 수 있다〔강조는 저자〕(128쪽).

"우리 자신을 위안할 수 있다"라는 말은 '완전한 믿음'의 의미에
정확히 부합하지는 않는다. 그는 자신의 결론을 강화하기 위해 '생
존과 번식'이라는 생물학적 암시에 의지하여야 했다. 사물의 구성이
행복을 지향한다는 믿음은 자연신학의 문헌에서 흔히 발견된다. 다
윈의 후기 저작은 자연신학적 설명을 거부한다. 그러나 그는 학사
학위논문을 준비할 때 페일리(Paley)의 《그리스도교의 증거(*Evi-
dences of Christianity*)》를 연구한 적이 있었다. 그는 이 연구가 전반
적으로 교육적 가치가 충분한 공부였고, 페일리를 읽을 때 유클리드
를 읽을 때와 같은 흥분과 기쁨을 느꼈다고 말했다. 이런 영향의 흔

---

17) *Autobiography*, 51∼52쪽.

적은 사물의 질서가 반드시 인간만을 위한 것이지는 않더라도 대체로 생물에게 우호적이라고 해석하는 경향에서 찾아볼 수 있다.[18]

자신이 물려받은 언어와 투쟁하는 과정에서 다윈은 **사물 자체의** 완전성을 회복하려 했으며, 사물을 그 자체가 지닌 이데아의 불충분한 대체물로 간주하는 플라톤적 구도를 회피하고자 했다. 그는 의미와 물질을 떼어놓으려는 모든 시도를 일관되게 거부했다. 그가 보기에 의미는 행위 속에, 상호관계 속에 내재하는 것이다. "알지 못할 모종의 창조론"에 의거하거나, 소급해서 의미를 보아서는 안 된다. 그럴 경우, 이전 체계의 관점에서 외양을 정당화하는 결과를 빚을 뿐이다.

관찰할 수 있는 세계에 대한 다윈의 관심은 상상력을 통한 특별한 발견으로 이어진다. 그것은 그를 역사 속으로만이 아니라 현재의 현실 속으로 끌어들이며, 우연하고 빈약하고 하찮은 것을 녹여 풍요로 만든다. 모든 생물 종들의 다산, 번식, 산출, 변종에 대한 관심이 그의 상상력을 해방시킨다. "리브스턴 사과 혹은 코들린 사과"(88쪽), 삼색제비꽃과 붉은토끼풀(125쪽), 이파리나 줄기를 먹는 곤충(133쪽), 바다제비, 바다쇠오리, 농병아리, 물까마귀(216쪽), 그가 좋아하는 비둘기의 종류들인 "파우터, 공작비둘기, 런트, 바브, 드래건, 전서구(傳書鳩), 텀블러"(424쪽), 이블라와 프로테올레파스(186쪽), 갑각류와 연체동물(214쪽), 진디와 개미, 산호와 백악과 제3기 포유류의 뼈 사이의 의존적 연계(299쪽). "현재에도 생명력이 없는 지질학의 영역은 대부분 생명체의 압축된 잔해로 구성된다."

---

18) Neil Gillespie, *Charles Darwin and the Problem of Creation*(시카고, 1979).

다층적 풍요 − 뒤죽박죽의 법칙

다윈은 이중적으로 풍요한 세계에 살고 있다. 하나는 현재 생물의 풍부함, 발달을 향할 수도 있고 죽음을 향할 수도 있는 잠재력이고, 다른 하나는 현재의 기반을 형성하는 쇠퇴하고 망각된 풍부함이다.

> 비록 불완전하다 해도, 세월의 경과에 관해 어느 정도 관념을 가지는 것은 대단히 중요하다. 해마다 조금씩 전 세계에 걸쳐 땅과 물에 생명체들이 살게 되었다. 기나긴 세월 동안 결코 알지 못할 무수한 세대가 이어졌으리라! 이에 비하면 아무리 많은 전시물을 자랑하는 지질학 박물관이라 해도 얼마나 하찮은가!(297쪽)

인간의 흔적은 물론이고 생물 개체들이 모두 사라진, 측정할 수 없는 과거를 인식하는 태도는 다윈의 글에 보이는 커다란 특성이다. 이에 대해 하디가 가장 민감한 반응을 보였다. 《더버빌 가의 테스(*Tess of the d'Ubervilles*)》에서 그는 젖을 짜는 축사의 나무 기둥을 이렇게 묘사한다. "지금은 거의 깊이를 상상할 수조차 없을 만큼 망각 속에 묻힌 오랜 세월 동안, 무수한 소와 송아지 들이 옆구리를 문지른 탓에 닳고 닳아 반들반들 윤이 났다."

아무리 끈질기게 존속해온 물질이라 해도 물질의 소실은 다윈에게 특별히 예리한 물질성의 느낌을 준다. 그의 유물론은 배타적이거나 순전히 추상적인 힘이 아니라, 형태와 생명의 세계에 대한 감각에 근거한 반응이다. 또한 개별적 사례에서 느끼는 기쁨과, 그것을 진화적 시간의 차원에서 일시적인 것으로 보는 감각 사이의 긴장이 기도 하다. 바로 이것이 사상과 문체에서 절박함과 묵직함의 까다로운 조합을 만들어내는 힘이다.

개체의 관념은《종의 기원》제1장의 첫 문장에 나온다.

> 오래전부터 길러온 동물과 식물의 변종이나 하위 변종의 개체들을 살펴볼 때 맨 먼저 눈에 띄는 것은 그들 간의 차이가 자연 상태에 존재하는 종이나 변종 개체들의 차이보다 대체로 더 크다는 점이다(71쪽).

개체는 가장 구체적이고 가장 **실체적인** 증거다. 개체를 연구하면, 유사한 것을 모으고 유사하지 않은 것을 배제하는 방식으로 난점을 해결하는 듯 보이는 성급한 체계화를 막을 수 있다. 프랜시스 다윈은 자기 아버지가 다른 사람의 사상에서 귀신같이 빠르게 예외를 찾아냈다고 말한다. 다윈 자신은 아주 하찮은 사례에서도 예외적이고 이례적인 것을 식별해내는 자신의 능력을 특정화하는 힘이라고 여겼다. 그 점은 유형을 지각하는 능력을 타고났기 때문이기도 하지만, 개별화에 대응하는 능력이 고도로 개발되었기 때문이기도 하다.

은유를 구체화하고 유비를 실제로 바꾸고자 하는 욕망을 낳은 다윈의 낭만적 유물론은 그 시대의 많은 사람들이 공유했던 심원한 상상의 열망으로 이해해야 한다. 유물론은 단순한 추상이 아니었다. 자연적 형태와 유기체를 강조하는 유물론은 혼란과 더불어 위안을 줄 수 있었다. 구체적이고 특수한 것은 증거만이 아니라 규범이 되었다. 진화론은 이제 불변의 법칙을 불변의 물질세계에 적용하는 것을 거부했다. 모든 것은 거스를 수 없는 변화를 겪는다. 모든 종은 사라졌고 그들이 존재했다는 증거조차 없어졌다. 이런 발상은 헤라클레이토스(Herakleitos)의 사상보다 더 절대적이었다. 흐름은 변화와 재편을 의미한다. 19세기 이론의 지질학적·자연사적 증거는 이미 존재하지 않지만, 이는 라이엘과 다윈이 가정했듯 진화 과정이 지극히 느리기 때문에 이해할 수 있는 일이었다. 라이엘은 《지질학 원리》에서 전 시대의 지질학자들이 근거도 없이 예전의 변화 요인과 현재의 변화 요인이 일치하지 않는다고 가정한 것을 비판하고, 지구가 대격변의 시기를 보내고 현재 '휴지기'에 있다는 그들의 추론을 부인한다.

> 과거와 현재의 변화 원인이 서로 다르다는 가정만큼 나태를 부추기고 예리한 호기심을 무디게 만드는 독단도 없을 것이다. 그 가설은 사소하지만 부단히 일어나는 돌연변이의 증거를 솔직히 수용하는 고결한 태도에 맞지 않는 심리 상태를 조장한다. 지구상의 모든 부분에서 돌연변이가 진행되고 있으며, 그것에 의해 거주자들의 조건이 끊임없이 변한다(III, 3쪽).

자신이 커다란 영향을 준 다윈처럼 라이엘도, 원인의 적합성과 "사소하지만 부단히 일어나는 돌연변이" 둘 다를 강조한다. 라이엘은 그 두 개념을 '동일과정설'이라는 용어로 묶었다. 이리하여 끊임없는 변화와 더불어 원인의 연속성이 강조된다.

개별 유기체가 삶의 과정에서 진화하는 것은 아니다. 유기체는 진화 과정에 참여하지만, 진화 자체는 개별 유기체가 살아 있는 동안 일어나지 않고 세대를 통해 이루어진다. 그런 의미에서 개별 유기체는 진화의 매체일 뿐이다. 빅토리아 시대 사람들은 대부분 다윈의 그런 통찰력을 명료하게 지니고 있지 않았다(이는 현재까지도 다윈의 사상 가운데 가장 정착되지 않은 분야로 남아 있다). 하지만 그들은 그 사상에서 신선하고도 따끔한 자극을 받았다.

그런 불편함의 근저에는 목적론의 문제, 목적론과 유물론의 관계가 있었다.[19] 세계와 우리의 경험에 미리 계획된 궁극적인 설계가 있는가? 아니면 그와 반대로, 우리는 자연 대상들이 자체의 법칙을 형성하는 세계에 살고 있는가?

자연신택과 적응은 선행하는 설계 같은 것이 있을 수 없다고 말해주었다. 유기체와 매체의 욕구가 일치하는 것은 우연한 결과일 뿐이다. 아리스토텔레스는 《자연학(*Physica*)》 II권 8장에서 이런 가능성을 검토했다. "자생적으로 적응하도록 조직된 것들은 살아남았고 다른 방식으로 성장한 것들은 사멸했다." 그러나 자연적 생존의 개념은 아리스토텔레스도 거부했다. "그것이 참된 견해일 수는 없다. 치아나 기타 물질은 정해진 방식으로 생기는 것이 보편적이고 정상적이기 때문이다. 하지만 우연이나 자생적인 결과에 관해서는 그렇게 말할 수 없다." 그는 그런 질서에 인과관계 같은 것이 내재하지 않는

---

19) 'Cause and Effect in Biology', *Cause and Effect*, D. Lerner 엮음(뉴욕, 1965) ; Ernst Mayr, *Evolution and the Diversity of Life*(케임브리지, 매사추세츠, 1976) ; Francisco Ayala, 'Teleological Explanations in Evolutionary Biology', *Philosophy of Science*, 37(1970), 1~15쪽 ; J. Hillis Miller, *The Disappearance of God*(케임브리지, 매사추세츠, 1963)와 *The Form of Victorian Fiction*(노트르담, 1968) ; Owen Chadwick, *Secularisation in the Nineteenth Century*(케임브리지, 1975).

다고 보았으므로 거부할 수밖에 없었다. 이 경우, 목적의 부재는 곧 질서의 부재를 뜻한다.

다윈의 이론에는 우연적인 요소들이 숨어 있었다. 그래서 허셜(Herschel)은 문학적 생산과 관련된 비유로 그것을 '뒤죽박죽의 법칙'이라고 불렀다. 《지구의 자연지리학(*Physical Geography of the Globe*)》 1868년판에서 허셜은 다음과 같이 썼다.

> 우리는 임의적이고 우연한 변이와 자연선택의 원리를 과거와 현재의 유기적 세계에 관한 올바른 설명으로 받아들일 수 없다. 터무니없는 내용의 책을 셰익스피어나 《프린키피아(*Principia*)》에 비할 수 없는 것과 마찬가지다.[20]

허셜은 여전히 '지성의 지휘'를 고집했다. 그와 다윈이 보여준 해석상의 갈등은 의식적인 지휘와 우연성의 차이에서 비롯된다.

19세기 과학과 철학에서 불변의 법칙을 강조한 것은 설계까지는 아니더라도 어느 정도의 질서정연함을 나타내기 위해서다. 동일과정설은 연속성, 나아가 일종의 항구성을 주장하며, 규약과 안정성으로 변환될 수 있다.

라이엘의 저작에 담긴 인간주의적 측면은 인간의 상상력을 앞세우는 데서 볼 수 있다. 그 덕분에 그는 무한에 가까운 물리적 세계의 시간 척도를 파악할 수 있었다. 인간은 비록 세계의 시간 척도에서 보면 미미한 존재이지만 강력한 상상력의 유일한 원천이다. 라이엘

---

20) David Hull, *Darwin and his Critics*(케임브리지, 매사추세츠, 1973), 118쪽.

은 암호 해독이라는 은유를 고집스럽게 사용한다. 예를 들어, 그는 고대 철학자들에 관해 이렇게 쓴다. "그들에게 세계 고대사는 밀봉된 책과 같았다. 낯설고 인상적인 문자로 쓰여 있기는 했으나 그들은 그 책의 존재조차 알지 못했다"(1, 26쪽). 여기서 말하는 '문자'란 바로 바위, 동물, 식물 등의 물리적 대상이다. '먼 시대'를 체계화하고 비교하려면, "자연의 고대 사적 가운데 적어도 일부는 살아 있는 언어로 쓰였다는 것을 인정해야 한다"(1, 88쪽).

다윈은 라이엘에게서 배운 어원의 은유를 혈통과 변화의 표현으로 바꾸었다.[21] 그래서 다윈의 언어는 자신의 이론과 '현실적인 친화성'을 갖게 되었다. 물리적 세계가 제공하는 그 자체의 언어 체계를 조사하고 해석하고 독해하면 자연 질서와 완전히 일치한다. 그러나 '독해'는 단지 단어와 문장의 해석을 의미하는 게 아니다. 독해란 자료와 이야기, 즉 수제트(sujet)와 파불라(fabula)의 관계(수제트란 실제 있었던 일, 이야기의 소재를 뜻하며, 파불라란 작가가 그것을 전달하기 위해 꾸민 이야기, 즉 플롯을 뜻한다: 옮긴이)를 이해하는 것이다.[22]

---

21) Martin Rudwick, 'Transposed Concepts from the Human Sciences in the Early Work of Charlse Lyell', *Images of the Earth*, L. J. Jordanova와 Roy Porter 엮음(영국과학사협회 논총 I)(챌펀트 세인트가일스, 1979), 67~83쪽. "라이엘이 언어학적 해독의 은유를 채택한 것은 중요하다. 그가 당시 과학적 환경과 런던지리학협회의 특징인 고질적인 경험론과 이론화에 대한 반감에서 어떻게 벗어났는지를 보여주기 때문이다"(71쪽). 또한 그의 'The Strategy of Lyell's *Principles of Geology*', *Isis*, 61(1970), 5~33쪽도 보라.
22) Gérard Gorette, *Narrative Discourse*, J. Lewin 옮김(옥스퍼드, 1980)은 이 문제를 매우 명료하게 논의한다.

지질학자가 거주하는 형태들의 세계, 흙이 파도처럼 움직이며 대양과 대륙이 아주 느리게 서로 영향을 주면서 상승하고 하강하는 세계는, 시간이 우리 정신의 범위를 넘어 존재의 척도로 작용하는 평온하고 웅장한 세계관을 나타낸다. 여기서 돌이 움직이고 저기서 구릉이 미끄러진다. 인간의 상상력은 일시적인 것이지만 구조적으로 생각하면 그 과정을 이해할 수 있다. 과거를 연출하는 속도는 정하기 나름이다. 라이엘은 과거를 적절한 속도로 펼쳐 이해할 수 있는 웅장한 음악처럼 만든다.

유기적 세계의 과거는 우리 정신 속에서 그런 식으로 이동시킬 수 없다. 우리는 알 수 있는 시간만을 다루기 때문이다. 예를 들어, 개의 수명은 10년, 데이지는 며칠, 나무는 수백 년, 산호는 수천 년인데, 이 시간은 수백만 년과는 비교할 수도 없다. 그래서 다윈은 다양한 형태들이 공존하면서 혈통이나 필요에 의해 서로 의존하고 관계 맺는 세계의 관계망—통상적인 세대의 연쇄—자손과 분화의 감각을 강조한다.

> 유기체의 한 부분이 다른 부분, 삶의 조건에 훌륭하게 적응하고, 개별 유기체들 간에도 완벽한 적응이 이루어지는 것은 어떻게 가능한가? 이 아름다운 공동 적응은 딱따구리와 겨우살이에서 분명하게 드러나지만, 보잘것없는 기생충이 짐승의 털이나 새의 깃털에 달라붙는 것에서도 볼 수 있다. …… 요컨대 아름다운 적응은 도처에서, 유기적 세계의 모든 부분에서 일어난다(114~115쪽).

문학의 변동

언어와 물리적 질서의 적합성은 목적론 문제와 명백하게 관련이 있다. 이야기 구조가 미리 계획된 설계에 정확히 초점을 맞추는 것처럼 보이기 때문이다. 빅토리아 시대 소설가들은 점차 설계자나 신이 아니라 관찰자나 실험자 자격으로 작품의 언어 안에서 스스로의 역할을 찾고자 했다. 전지(全知)는 사라졌고, 전능(全能)은 감춰졌다.[23]

전지의 부재는 특히 이야기의 설계와 이야기 행위가 유기적 힘을 가지는 소설에서 뚜렷이 감지된다. 작가들은 예술가가 신을 모방한다는 샤프츠버리(Shaftesbury, 사회적 조화와 도덕의 동기적 측면을 강조한 18세기 영국의 계몽주의 도덕철학자: 옮긴이)식 윤리를 더는 선뜻 수용할 수 없었다. 즉 우리의 목적을 실현하는 데 유리한 자비로운 구성을 필연적이라고 정당화할 수 없게 되었다. 이리하여 소설의 '섭리적' 구성이 의식적으로 추구된다. 《제인 에어(*Jane Eyre*)》에서는 꿈, 징조, 전조가 주인공을 지탱하고 안내한다. 그것들은 자아 바깥에서 온 메신저이지만, 자아의 깊은 욕구에 부응하며 무의식의 존재를 확증한다. 디킨스의 소설들은 우연한 일상의 사건들을 역동적으로 수용할 수 있는 피카레스크(picaresque, 악한이 주요 인물로 등장하는 소설: 옮긴이)에서, 일체의 전반적 의미에 항거하는 것처럼

---

23) Jina Politi, *The Novel and its Presuppositions*(암스테르담, 1977); George Levine, 'Determinism and Responsibility in the Works of George Eliot', *PMLA*(1962), 268~279쪽; Barbara Hardy, *The Appropriate Form*(런던, 1964), 특히 *Jane Eyre*에 관한 장.

보일 만큼 극단적인 사건과 인물 들의 수많은 상호연관으로 이동한다. 그 대신 그런 소설의 활력은 중세적 장식에 그치지 않고 무한성을 향해 펼쳐진다.

디킨스의 경우, 물질성에 대한 열중은 희극적이고 위협적인 형태를 취한다. 사람들은 마치 사물처럼 지나치게 딱딱해 보이고, 사물들은 전통적으로 유기체에 부여되는 활기를 가지고 있다. 굴뚝이 얼굴을 찌푸리고 배수관이 살금살금 기어 다닌다. 게다가 디킨스와 엘리자베스 개스켈(Elizabeth Gaskell) 같은 소설가들은 독자들에게 물리적으로 영향을 주고자 했다. 작품을 읽으면서 웃거나 울고 놀라거나 화내게 만든 것이다. 독서의 경험을 통해 우리는 신체적으로 혼란을 겪는다. 이것은 다윈이 강조한 실체화와는 큰 차이가 있는 듯하지만, 물리적이고 물질적인 것에 의지해 경험을 확증하려 하고, 언어를 신체적 과정으로 변화시키려 한다는 점에서는 동일하다. 그런 형태는 '센세이션' 소설(범죄나 광기 같은 충격적인 소재를 주로 다룬 19세기 후반 영국 소설의 한 장르: 옮긴이)에서도 볼 수 있다.[24]

목적론적 질서의 부재는 때로 빅토리아 시대의 글에서 목소리를 통해 공격을 받기도 한다. 종종 괴상하다고 할 정도로 특이하고 개성적인, 그러나 이해하고 접근하기 쉬운 인간의 목소리가 구문과 의미를 통해 나타난다. 이 목소리는 자체의 생명을 가지고 있으며, 우리에게 말을 건넨다. 때로는 순전히 도구적으로 문자의 행위를 표현

---

24) Christopher Heywood, 'French and American Sources of Victorian Realism', *Comparative Criticism: A Yearbook*, Elinor Shaffer 엮음, 1권(케임브리지, 1979).

하기도 하지만, 때로는 소설의 사건들로부터 벗어나는 개성을 주장하기도 한다. 인간 주체도 그렇게 취급하는 것—이를테면 다윈을 글 쓰는 작가, 관찰하는 관찰자, 말하는 목소리로 간주하는 것—이 다윈의 문장이 지닌 특성이다.

이 시기 과학적 문장과 문학적 문장에 공통적인 언어는 사상과 은유의 급속한 변동을 유발했다. 《종의 기원》에서 다윈은 과학자 단체를 겨냥한 게 아니라 교육받은 독자들이라면 누구나 자신의 저작을 읽을 수 있으리라는 가정에서 글을 썼다. 여기서 '교육받은 독자'는 단지 글을 깨우친 정도가 아니라 문화적 전제와 쟁점을 공유하는 수준이어야 한다.

다윈의 글은 같은 시대 작가들의 상상력과 이야기 구성에 의존했고 동시에 그들에게 영향도 주었다. 19세기 유럽 문화의 지적 이념들 가운데 과학 이론과 과학 용어에 특별히 강력한 영향을 미친 것은 **종합**이라는 이념이었다. 이것은 관련이 먼 학문들 사이에서도 유사성을 추구하는 폭넓은 관점을 강조했으며〔허버트 스펜서의 《종합철학체계(*Synthetic Philosophy*)》가 그런 예다〕, 그 유사성을 오늘날의 일반적 시스템 연구처럼 형태론적으로 분석했다.[25] 또 다른 관념으

---

25) 우리는 진화를 천문학, 지질학, 생물학, 심리학, 사회학 등으로 나누어 생각하지만, 모두 똑같은 변형의 법칙이 작용한다고 볼 수 있다. 그 구분들이 단지 지식의 배열과 습득을 용이하게 하기 위한 관습적인 것임을 인정하면, 하나의 우주를 구성하는 여러 부분이라고 이해하면, 진화에 공통의 특성을 공유하는 몇 가지 종류가 있는 게 아니라, 하나의 진화가 모든 곳에서 같은 양식으로 진행된다는 것을 즉각 알 수 있다(*First Principles*, 런던, 1862, 545쪽).

로는 관계의 관념이 있다. 이는 원래 유기체에 내재해 있는 특성이지만, 글쓰기에서 한 분야에서 다른 분야로의 급속한 전환—이를테면 경제학에서 예술로, 역사에서 인종이론으로—을 가능케 해주었다. 예를 들어, 칼라일과 러스킨의 글이 활기와 모호함을 동시에 보여주는 이유는 이 때문이다. 관계의 관념은 세계의 풍부함과 풍요함에서 힘을 얻는다. 칼라일은 러스킨이 "지질학에서 도덕, 신학, 이집트 신화학, 심지어 정치경제학에 대한 신랄한 공격까지 …… 이끌어낸다"라고 썼다.[26]

1851년에 열린 런던 박람회에서 볼 수 있듯이, 풍부함과 다양성은 확고한 주제가 되었다. 그 조직 원리는 오로지 장소뿐이다. 세계의 풍부함과 다양성이 한 장소에 모여 전시되고 통제되고 범주화되는 것이다. 이것은 분류학의 모방일 뿐 아니라 소유와 방대한 수집의 모방이다. 박람회 공식 카탈로그의 첫 장에는 또 다른 소유자가 나와 있다. "이 세상과 이 세상에 있는 모든 건 하느님의 것이다." 골드만(Goldmann)의 말을 인용해보자.

구조의 관계는 내용의 명백한 관계가 없는 곳에서 생겨나며, 특정한 세계관—세계관을 공유하는 사회집단은 강력한 응집력을 가진다—이 의식 속에서 작동하는 조직 원리를 보여줄 수 있다.[27]

---

26) *The Correspondence of Thomas Carlyle and Ralph Waldo Emerson*, C. E. Norton 엮음(보스턴과 뉴욕, 1883~1884), 2:388쪽.

27) Raymond Williams, Goldman, *New Left Review*, 67(1971), 12쪽의 평가.

찰스 디킨스

영국이 낳은 위대한 소설가로 평가받는 디킨스는 모든 것이 연관되어 있다는 사실을 작품 속에 드러냈다.

다윈의 이론은 빅토리아 시태 사고의 조직 원리를 크게 동요시켰다. 그렇지만 그의 저작에 드러난 구조의 관계는 처음부터 공통의 관심사를 공유했고 그 시대 다른 작가들에게서 배운 경험의 조직화에 의존했다.[28] 모든 것이 연관되어 있다는 감각은 비록 그 연관이 모호할지라도 어떻게든 그것을 해명해야 한다는 필요성을 낳았다. 이것은 특히 디킨스의 작품에서 중요한 플롯 형태였다. 예를 들어, 《황량한 집(*Bleak House*)》에서는 이름이 거명된 56명의 등장인물과 그보다 더 많은 무명의 인물들이 모두 감춰진 혈통(에스터와 데들럭 부인) 또는 경제적 의존("자연의 척도에서 서로 멀리 떨어진 유기체들 간에도 기생 관계와 같은 의존성이 일반적으로 존재한다")에 의해 연관되어 있다는 사실이 드러난다. 이 작품은 인간의 엄청난 과잉, 온갖 상호연관을 드러내며, 잔디스 대 잔디스의 재판(디킨스의 《황량한 집》에 나오는 소송 사건: 옮긴이)을 통해 유언을 놓고 법정 공방을 벌이는 어지러운 가족사를 요약하여 보여준다. 겉으로는 우연인 것처럼 보이는 인물들의 방대한 집합이 점차 다양한 관계로 조직되고 재조직되어 결국에는 모두가 상호의존적이라는 것이 밝혀진다. 처음에는 한 덩어리였던 것이 나중에는 분석할 수 있는 연관이 된 것이다.

다윈의 소재가 지나치게 많은 것도 처음에는 설계와 무관한 초과잉의 인상을 준다. 그러나 곱씹어볼수록 점차 풍부한 사례에서 논증

---

28) Michel Foucault, *Les mots et les choses*(파리, 1966) — *The Order of Things*로 번역(런던, 1970) — 는 이후 '에피스테메'에 관한 많은 논의를 촉발시켰으며, 나의 연구를 위해서도 필수적인 역할을 한다.

의 힘이 드러난다. 그런 풍부함은 디킨스의 경우처럼 논증을 이룬다. 가변성, 투쟁, 세대와 세대의 힘, "무너지고 쓰러진 유기체 집단"(435쪽)이 무수하게 예시된다. 다윈은 이 과정의 증거를 지질학, 생물학, 식물학, 생성력을 가진 언어, 개별 사례의 뒷받침, 훈계, 여러 가지 의미를 함유한 개별 역사에서 끌어낸다. 그것은 놀라우면서도 수긍할 수 있는 감각이다. 독자는 마지막 장인 '개괄과 결론'에서 이런 구절을 보게 된다. "이 책 전체가 하나의 기다란 논증이므로, 독자를 위해 대표적인 사실과 추론을 간략하게 개괄하는 것이 좋을 듯싶다."

이 책이 하나의 기다란 논증인 것은 사실이지만, 여기에는 획득, 응결, 유비, 예언이 기묘하게 혼합되어 있다. 과거를 주제로 삼은 책에서 현재 시제는 독특한 느낌을 준다. 그로 인해 **발견**의 효과가 강화되는데, 그것은 이미 형성되고 포착된 발견이 아니라 뭔가를 찾을 지점에 있다는 뜻, 즉 "빛을 던져주는 질서정연한 제시"다.《종의 기원》은 바슐라르(Bachelard)가《과학적 정신의 형성(*La formation de l'esprit scientifique*)》에서 말한 과학적 객관성을 실현하는 주관적 경험을 살려낸다. "객관성의 순간을 살리고 되살리는 것, 그침 없는 존재는 객관화를 낳는다."[29] 칼라일과 디킨스처럼 다윈이 사용하는, 예언을 담은 현재 시제는 우리와 미래 사이에 공간을 남기지 않으며, 우리를 미지의 경계에 놓는다.

---

29) Georges Poulet, *La conscience critique*(파리, 1971), 248쪽에서 인용.

워즈워스는 《소요(*The Excursion*)》의 1814년판 서문에서 자신의 시가 인간을 향한 열망을 다루는 철학적 기획을 표현한다고 주장하면서, "인간의 지성을 식별하고" "이 멋진 세계와의 결합"을 통한 "평범한 일상의 소박한 산물"을 이상으로 삼는다고 말했다. 정신과 세계의 통일과 조화를 뜻하는 그 '결합'의 결과는 서정적 유물론, 즉 세계의 평범한 모습과 일상 사물에서 형식을 찾을 수 있다는 믿음이다. '소박한 산물'이란 그 결합에 의해 지적으로 생산된 것만이 아니라 '일용할 양식'도 의미한다. 또 '평범한 일상'이란 그냥 평범하다는 것만이 아니라 친숙하고 보편적인 것, 일반적으로 신봉하는 것을 의미한다. 평범한 것에 내재하는 일반적으로 신봉하는 것, 특별한 친족의 관념은 다윈도 굳게 믿고 있었다. 그는 워즈워스의 시를 탐독했다고 알려져 있다. 그는 관념의 가장 참된 형태는 실체 속에 있다는 일종의 전도된 플라톤주의를 추구했다.

초월된 허구―전도된 플라톤주의

계속해서 워즈워스는 정신과 세계의 조화를 분석하며, 다음의 유명한 구절에서 자신이 이상으로 삼은 주제를 제시한다.

> 개인의 정신은
> 종 전체에 못지않은 그 진보적 힘으로
> 바깥 세계에 얼마나 훌륭하게 적응하는가.
> 또한 인간들은 잘 모르지만
> 바깥 세계 역시
> 정신에 얼마나 완벽하게 적응하는가.[1]

정신과 세계는 서로 어울리고 지향하는 성질, 즉 '적응성'을 가진다. 합당한 비례, 정확한 솜씨, 성적 조화, 건강한 상호관계는 모두 반복적인 '적응성' 안에 있다. 언어는 정신과 세계의 순전히 추상적인 융합이 아니라 다양한 인간 관심에 대한 암묵적인 의존으로부터 활력을 얻는다. 캉길렘(Canguilhem)은 생물학의 어휘가 오래전부터 인간의 도구와 메커니즘에서 끌어낸 은유에 의존했다고 지적한다.[2] 워즈워스처럼 내적 · 외적 세계의 일치를 강조하면 예정된 설계를 끌어댈 필요 없이 조화와 발전이 가능하다.

그에 비해 찰스 벨(Charles Bell)의 《손(*The Hand*)》은 종교적 관

---

1) William Wordsworth, *The Poetical Works*, E. de Selincourt와 Helen Darbishire 엮음(옥스퍼드, 1949), 5:5쪽.

자연의 시인 워즈워스가 노년에 살았던 집
낭만주의를 대표하는 시인 워즈워스는 평범한 삶의 상황을 일상 언어로 표현했다. 1813~1850년 죽을 때까지 살았던 집으로, 자연 속에서 마음의 위안을 얻었던 시인의 마음을 헤아리게 한다.

점에서 흔히 보는 것과 같은 인간 중심적 세계를 가정한다.

> 자기 주변의 평범한 사물들을 관찰하면 …… 자신이 웅장한
> 체계의 **중심**에 있다는 것, 지적인 능력과 물질세계 사이에 무엇
> 보다 순수한 관계가 정립된다는 것을 깨닫게 된다. ……[강조
> 는 필자].[3]

이렇게 정신이 물질세계를 올바르게 이해하는 천부의 능력을 가
졌다는 주장은 인간의 구심성을 (가정하는 것은 물론) 강화한다. 그
신학적 기반은 아담이 짐승들의 이름을 지은 것에서 신화적 형태를
취한다. 언어는 그 본질로 볼 때 의인화이며, 그 전제로 볼 때 인간
중심적이다. 19세기 후반에 들어서야 비로소, 이러한 인간 중심주의
가 언어의 진실성을 전복시키므로 의식적으로 거부되어야 한다는
주장이 제기되기 시작한다.

---

2) Georges Canguilhem, 'The Role of Analogies and Models in Scientific
Discovery', *Scientific Change*, A. C. Crombie 엮음(런던, 1963), 507~520쪽. 클
로드 베르나르는 다음 책에서 구조에서 기능을 연역하는 것이 잘못임을 보여주었
다. *Leçons de physiologie expérimentale appliquée à la médecine*(파리, 1856),
2:6쪽. 또한 Mary Hesse, *The Structure of Scientific Inference*(런던, 1974), 209
쪽과 비교해보라.
3) Charles Bell, *The Hand, Its Mechanism and Vital Endowments as Evincing
Design*(브리지워터 트리티스 4)(런던, 1833), 33쪽. 다윈은 Bell의 저작을 칭찬했
고, 공책에서는 그의 *The Anatomy and Philosophy of Expression as Connected
with the Fine Arts*(런던, 1844)—1806년에 *Essays on the Anatomy of Expression
in Painting*으로 처음 출간되었다—를 참고했고, 《종의 기원》에서는 *The
Expression of the Emotions*과 그의 형태론에 관한 논의를 참고했다.

만약 인간 중심적인 것이 물질세계가 아니라 언어라면, 정신은 주변 세계의 속성들을 두루 분석한다고 볼 수 없다. 물질세계를 지배하려는 의지를 포기하고 그것을 우리 자신의 필요, 조건, 감수성과 연관시켜야만 우리는 사물의 본성을 올바르게 반영하는 언어를 찾을 수 있을 것이다. 1850년대에 내부세계와 외부세계의 공감 혹은 일치는 러스킨의 '감상적 오류(pathetic fallacy, 무생물도 감정을 가졌다는 생각: 옮긴이)'로 정식화된다. 이 유명한 문구는, 자연세계를 인간의 감각에 맞추려는 시도를 '오류'로 규정한다.[4]

다윈은 인간을 늘 설명의 중심에 두는 사고를 자연신학적 글의 가장 짜증나는 특징이라고 보았다. 《D. 변형 공책》에서 그는 이렇게 쓴다.

> …… 메이오(삶의 철학)는 인간의 수면 시간에 적응하는 데 오랜 기간이 걸렸다는 휴얼(Whewell)의 생각이 대단하다고 말한다!! 인간이 우주에 적응한 게 아니라 우주 전체가 인간에게 적응했다는 거다!! 정말 오만의 극치다!!(D, 49쪽)

그렇게 전도된 방식으로 세계를 설명하면 인간의 경험을 벗어나는 게 불가능해지고, 인간과 무관한 법칙을 정립할 수 없게 된다. 나

---

4) John Ruskin, *Modern Painters*, 3:209쪽. "가장 고도한 창조성은 앵초가 바로 다름 아닌 그 자체라는 데서 나온다. 그것을 보고 온갖 연상을, 열정을 품는다 해도, 그 작은 꽃은 소박하고 이파리가 달린 그 사실로 이해될 뿐이다." *The Works of John Ruskin*, E. T. Cook와 A. Wedderburn 엮음(런던, 1904), 5:209쪽.

아가 여러 가지 가능성의 범위도 제한되고, 인간의 인식을 넘어서는 생명의 힘을 무시하는 결과를 빚는다. "우리는 서로 간에 작용하는 미세한 힘을 보며(혹은 상상하며) 그것을 인력(引力)이라고 부른다. 하지만 원자가 생각하는 것을 볼 수는 없다. 원자는 파란색과 무게처럼 어울리지 않는다"(OUN, 41쪽).[5]

다윈은 항상 그 '어울리지 않는다는 생각' —인간의 이성이 물질 세계를 이해하는 도구로서 불충분하다는 생각—을 품고 있었지만, 그것이 가장 두드러지게 나타난 시기는 1830년대 말 창조성이 왕성했던 초기다. 당시 그는 평생의 연구를 좌우할 기본적인 논증과 관찰을 놓고 씨름하는 중이었다.

다윈은 보여주고 분류하고 논증하지만, 세계의 운동을 자신의 정신 안에 포함시킨다든가, 완전히 이해할 수 있다고 생각하지는 않는다. 그는 진화의 메커니즘을 발견했다고 믿었지만, 그 전체 과정을 포괄할 수 있다고 믿지는 않았다. 사실 그의 이론은 귀납적 전통을 따르기보다는 가설적일 수밖에 없었다. 다윈의 연구를 '소설'로 보든

---

5) 다윈의 변이에 관한 공책 B~E는 *Bulletin of the British Museum (Natural History) Historical Series* (2)(1960), 23~183쪽에 수록되었다(G. de Beer 엮음). 다윈이 삭제한 부분은 *Bulletion of the British Museum (Natural History) Historical Series* (3)(1967), 129~176쪽에 수록되었다. 'Man, Mind and Materialism'에 관한 공책과, 다윈이 "1837년 이전에 쓴 도덕과 형이상학에 관한 낡고 쓸모없는 기록"이라고 이름 붙인 잡다한 내용의 공책들은 P. Barrett가 수집하고 주해해 *Darwin on Man*(런던, 1974)으로 펴냈다. 또한 'The Red Notebook of Charles Darwin', Sandra Herbert 엮음, *Bulletin of the British Museum(Natural History) Historical Series* (7)(1980)도 참고하라. 다윈의 독서 공책은 *The Correspondence of Charles Darwin*, Frederick Burkhardt와 Sydney Smith 엮음(케임브리지, 1988), 434~573쪽에 4권의 부록으로 실려 있다.

이론으로 보든, 그것이 철저하게 경험적으로 인증되기까지는 백 년이 걸렸다. 그러나 그의 관찰은 증명되기 오래전에 이미 과학적 설명으로 확신될 만큼 정확하고 광범위한 것으로 인정을 받았다. 그럼에도 베이컨(Bacon)의 귀납법에 어긋나는 가설적 성격은 다윈이 차후 이론을 구상하고 제시하는 방식에 영향을 미쳤다.[6] 《종의 기원》은 나름대로 논쟁적인 책이고, 허구와 관찰을 통해 허구를 뛰어넘은 상태에 도달한 저작이다. 그런 이야기에서 인간의 위치는 어디일까?

은유의 한계 극복

나의 연구 방법은 다윈의 언어에 깊이 관심을 기울이는 것이다. 그는 법칙을 발명한 게 아니라 서술했다. 실제로 그의 계획은 발명이 아니라 서술로 받아들여져야 한다. 그러므로 그의 연구는 서술의 수단, 즉 언어에 의존한다. 그러나 그의 서술은, 그가 책을 쓸 당시에 통용되던 다양한 종류의 담론에 응축된 가정과 신념에 반드시 의존하지는 않는다. 자연세계의 사건들은 언어와 무관하지만, 언어는 지식에 대한 우리의 판단을 제약하는 동시에 현재의 역사적 조건에 의

---

6) David Hull, *Darwin and His Critics*(케임브리지, 매사추세츠, 1973); Peter J. Vorzimmer, *Charles Darwin: The Years of Controversy. The Origin of Species and its Critics 1859~1882*(필라델피아, 1970); P. B. Medawar, *Induction and Intuition in Scientific Thought*(런던, 1969). 다윈의 귀납적 방식에 대한 옹호는 John Stuart Mill, *System of Logic, Works*, F. E. L. Priestley(토론토, 1963), 2:19쪽의 주에 있다. 다윈은 1860년에 라이엘에게 "납득할 수 있는 이론을 만들지 못하면 관찰도 없다"고 썼다. *Life and Letters of Charles Darwin*, F. Darwin 엮음(런던, 1887), 2:315쪽.

해, 구문·문법·은유와 같은 수사적 속성에 내재하는 질서에 의해, 나아가 개별 경험의 비중에 의해 결정된다. 과학은 대부분 수학화가 가능하지만, 그렇다고 해서 과학적 탐구에서 담론이 완전히 제거될 수는 없다. 이야기 역시 마찬가지다. 다윈의 이론은 구체적으로 어떤 종류의 이야기를 전하고 있는가? 어떤 플롯을 내세우고 있는가? 새로운 이야기를 발명했을까? 그렇다면 그 이야기는 어떻게 수용되었을까?

만약 다윈이 전문가 이외에는 이해하지 못할 방식으로 글을 썼다면, 그의 책이 불러온 논란은 훨씬 폭이 좁았을 것이다(물론 그 영향도 마찬가지였을 것이다). 그러나 다윈은 광범위한 독자층이 이해할 수 있는 문체를 구사했고, 또 지금과 달리 당시는 과학자도 얼마든지 그런 문체를 구사할 수 있었기 때문에, 그의 책은 그의 분석조차 뛰어넘는 폭넓은 의미를 지니게 되었다. 같은 분야에서 활동하는 과학자들에게 '인간' '인종' '고안' 같은 단어들은, 같은 용어를 사용하는 공개된 논쟁의 맥락 안에서만 의미를 가지도록 엄격히 제한된다. 하지만 일반적인 과학적 절차에 익숙하지 않은 독자들에게 그 용어들의 매개변수가 다른 공유된 가정으로까지 확장될 수 있다. 독자가 신학이나 소설이 아니라 자연사 분야의 문헌을 읽는다는 약속이 바탕에 깔려 있다면 어느 정도 배제의 권력이 작용하게 마련이다. 그러나 학문의 응용성을 중시하는 문화에서는 배제의 영역이 달라질 수 있다. 게다가 자연신학, 미학, 테크놀로지, 가사 등 다양한 분야의 담론에서 '고안' 같은 단어의 지시 내용은 제각기 다르다. 그러므로 우리는 모스 페컴(Morse Peckham)이 〈다윈 사상과 다윈주의(Darwinism and Darwinisticism)〉에서 주장하는 것처럼, 일반적인 독자들이 다윈의 사상을 오해하고 있다고 가정할 필요는 없다.[7] 또한 다윈이 은밀하게 서브텍스트(sub-text, 언외의 의미: 옮긴이)를 제시한다고 추측할 필요도 없다. 나아가 문헌 위의 문헌과 문헌 아래의 문헌이 따로 있다든가, 주요 플롯과 보조 플롯이 있다는 생각도 잘못이다. 드러난 것과 숨은 것의 구분은 고정되어 있는 게 아니라 누가 독해하느냐, 혹은 언제 독해하느냐에 따라 끊임없이 이동하고 변동한다. 그렇다고 해서 감상적인 모호함을 암시할 생각은 없다. 다윈은 독자들에게 '사물을 바라보는 나의 견해'를 설득하기 위해 논쟁적인 책을 쓰고 있었다. 그는 특정한 목적을 염두에 두었으나, 동시에 증거를 통한 비교 방법에 만족했고 그 방법을 존중했다. 그는 지질학, 식물학, 생리학, 축산학, 자연사(당시 '생물학'으로 변화하고 있었다), 세포 이론 등 다양한 전문 과학 분야에서 사례들을 그러모았다. 또한 그는 유비와 은유를 동원하여 자연 질서 내의 형태학적 유사성을 명료히 밝혔다. 그가 책을 발간하기까지 20여 년 동안 품었던 사유의 조건은 그의 사상을 더욱 완벽하고 철저하게 만들었고 의미를 확장해주었다. 아울러 글쓰기의 조건이 압축, 열정적 상상력, 신속한 요약을 가능케 해주었다.[8]

다윈이 자신의 이론을 언어로 개진하면서 봉착한 주요 문제는 네 가지다. 그중 두 가지는 모든 담론에 고유한 것이다. 첫째, 언어는 인간 중심적이라는 것이다. 언어는 인간을 의미의 중심에 놓는다. 상징조차도 지시적 가치에 의해 제한된다. 그러므로 19세기 후반의

---

7) Peckham, *Victorian Studies*, 3(1956), 19~40쪽, *The Triumph of Romanticism*(컬럼비아, 사우스캐롤라이나, 1970)에 수록.

상징주의 운동은 휴머니즘의 마지막 기획이다. 상징은 언뜻 독립적인 것처럼 보이지만 인간의 해석력에서 준거를 취하며, 인간의 관심사를 지시하는 기능에 의존한다.

둘째, 언어는 언제나 행위자를 포함하며, 언어에서 행위자와 의도는 구분이 거의 불가능하다는 점이다. 다윈의 이론은 생산의 관념에 의존했다. 자연 질서는 그 자체를 생산하고, 재생산을 통해 연속성과 다양성을 생산한다. 그의 이론은 창조자가 개입할 여지를 없앴으며, 저자가 개입할 여지도 허락하지 않았다. 하지만 '선택'이나 '보존' 같은 용어들은 "누가 혹은 무엇이 선택하고 보존하는가?"라는 문제를 제기한다. 또한 다윈은 글을 쓰는 도중에 서술과 발명을 구분하는 게 얼마나 어려운지 깨달았다.

셋째, 그는 자신이 물려받은 자연사적 담론과 관련된 더 특수한 문제에 봉착했다. 당시 자연사는 여전히 자연신학의 영향 아래에 있었으며, 특히 '고안'이나 '설계' 같은 용어에는 신과 연관된 선입견이 담겨 있었다.[9] 따라서 다윈은 자연신학의 영향을 받은 언어로 자연신학의 가정과 싸워야 했다. 스스로의 담론에 반대하여 싸워야 했던 셈이다.

---

8) 다윈은 1842~1844년에 이론의 윤곽을 잡았다. *Evolution by Natural Selection: Darwin and Wallace*(케임브리지, 1958). 같은 주제로 대규모 연구를 진행하던 중에 그는 월리스가 자신과 비슷한 결론에 도달했다는 소식을 들었다. *Charles Darwin's Natural Selection, being the Second Part of his big species book written from 1856 to 1858*(케임브리지, 1975). 그와 월리스는 1858년 린네학회에 공동으로 논문을 제출했다. 《종의 기원》은 13개월 동안 집필된 끝에 1859년 11월 출간되었다. 다윈은 이 책을 이렇게 요약했다. "여기서 나는 내가 도달한 일반적인 결론에 몇 가지 사실들을 사례로 붙여 제시했다."

창조론의 언어를 탈피하는 문제는 다윈이 몇 가지 판본을 거치면서 최초의 힘이라는 문제를 피해갈 수 없다는 구절을 쓴 데서 명확히 드러난다. 이따금 그는 더 노골적으로 은유적인 언어, 심지어 부적절한 언어로 바꾸는 소폭의 수정을 하기도 했다. 예를 들면, "최초의 피조물이 창조된 이후"라는 문구는 "최초의 유기체가 무대에 등장한 이후"로 바뀌었다(페컴, 757쪽). 초판본의 결론에는 이런 문장이 있다. "그러므로 나는 지금까지 지구상에 살았던 모든 유기체가 생명의 숨결을 최초로 받은 단일한 형태에서 내려왔을지도 모른다는 유비에서부터 추론해야 한다." '숨결을 받았다'라는 수동의 표현은 문제를 회피하기 위한 것이다. 제2판에서 그는 짤막하게, 다소 놀랍게 조물주를 복원시켰다. 이제 그 문장의 해당 구절은 "조물주에게서 생명의 숨결을 최초로 받은"으로 바뀐다. 그런데 제3판에서는 문장 전체가 대폭 바뀌었다.

그러므로 자연선택과 형질 분기(分岐)의 원리에 따라, 그런
저급한 중간 형태에서 동물과 식물이 발달했다는 것은 터무니
없는 일이 아닌 듯하다. 이 점을 인정한다면, 지금까지 지구상
에 살았던 모든 유기체가 단일한 최초의 형태에서 내려왔다는

---

9) Neil Gillespie, *Charles Darwin and the Problem of Creation*(시카고, 1979)을 보라. Gillespie는 다윈의 창조론적 언어 분석을 통해 그의 유신론을 분명히 논증한다. 또한 Pierre Macherey, *Pour une théorie de la production littéraire*(파리, 1966), G. Wall 옮김, *A Theory of Literary Production*(런던, 1978)을 보라. Macherey는 창조 대신 생산이라는 말을 쓰며, 다윈과의 연관성을 명시적으로 주장하지는 않으면서 다윈과 같은 어려움을 토로한다. 그 개념적 매개자는 마르크스다.

것을 인정해야 한다(페컴, 753쪽).

이 문장은 생명의 시작이라는 문제 자체를 제기하지 않고 끝난다. 그 대신 혈통을 중시하고 "자연선택과 형질 분기의 원리"가 지닌 설명적이고 능동적인 힘을 구체화하고 특권화한다. 전에 그는 이렇게 쓴 바 있었다. "'창조의 계획' '설계의 통일' 같은 표현 아래 우리의 무지를 숨긴다든가, 기껏해야 사실을 되풀이할 뿐이면서 설명한다고 착각하기란 아주 쉬운 일이다"(453쪽). 이런 사례에서 우리는 가정의 범위 내에 머물기보다 탐구의 영역을 확장할 수 있는 설명을 찾기 위한 다윈의 끈질긴 노력을 볼 수 있다.

다윈이 봉착한 언어의 넷째 문제는 과학자 단체만이 아니라 일반 독자층에도 접근하는 것이었다. 앞서 나는 그런 독자층이 자연사적 맥락에서 익숙한 단어들의 한계를 해소하는 방식에 관해 간략히 개괄한 바 있다.

다윈의 관심은 과학적 용법과 일상적 언어 사이의 일치를 최대한 증명하는 것이었다. 어원에 관한 그의 관심은, 언어의 역사를 혈통과 확산으로 감춰진 친족 관계에 대한 은유적 사례 이상의 것으로 만들었다.[10] 그가 합치와 분기를 강조하는 목적은, 가능하다면 어디서든 은유를 구체화하기 위해서다. 그는 자연 질서를 통해 언어를 인증하는 방식을 확립하여 자신의 담화와 논증을 '자연화'하고 논란의 여지가 없도록 하고자 한다. "제대로 이루어진다면 우리의 분류는 계보학이 될 것이다. 그러면 창조의 계획이라고 불리는 것을 알수 있게 된다"(456쪽). "자연주의자들이 사용하는 친화력, 관계, 유형의 공통성, 부계(父系), 형태학, 적응 형질, 흔적기관과 퇴화기관

같은 용어들은 앞으로 은유가 되지 않고 명백한 의미를 지니게 될 것이다"(456쪽). '명백한 의미'를 추구하면 '단일한 최초의 형태'를 추구하는 것처럼 그가 원치 않는 연관성, 상호관계, 연장(延長)의 미로 속으로 들어가게 된다.[11]

다윈이 글쓰기에서 경험한 어려움은 의미의 해석, 반대 해석, 부연, 파괴, 복구의 발판이 되었다. 그의 글은 봉인되거나 중립화된 텍스트가 아니다. 그의 언어는 권위적으로 군림하지도 않고 한계를 짓지도 않는다. 이는 다윈이 굴복했기 때문이 아니다. 그는 권위가 보장하는 그릇된 안전을 박차고 나가고자 했으며, 완전한 지식을 추구

---

10) 다윈은 언어의 경우 계보학적 분류를 할 수밖에 없다고 지적했다. 1870년대는 언어 발달을 진화론으로 해석하는 분위기였다. 뮐러와 조지 다윈 사이의 논쟁에 관해서는 *Contemporary Review*, 25, 26, 27권(1875), 특히 W. D. Whitney, 'Are Languages Institutions?'를 보라. W. D. Whitney는 "세계 모든 곳에는, 관련된 방언의 가족들이 있으며, 어족(語族)은 개체나 종족처럼 단일한 조상에서 분산과 차별화를 통해 생겨난다는 게 일반적인 믿음이다"(25:713~714쪽)고 말한다. 또한 A. H. Joyce, 'The Jelly-fish Theory of Language'(27: 713~714쪽)도 보라. 다윈의 사촌인 Hensleigh Wedgwood의 *The Origin of Language*(런던, 1866)와 그의 *Dictionary of English Etymology*(런던, 1859~1867)를 비교해보라. Wedgwood는 '언어의 자연적 기원'이 모방에 있다고 믿었다. "아주 외딴 곳의 언어에서도 이따금씩 일치점이 발견되는 것은 그 때문이다. 그 공통의 언어 형태가 공통의 조상을 가졌다는 흔적인지는 알 수 없다." Edward Manier, *The Young Darwin and his Cultural Circle*(도르트레흐트, 1978)도 참고하라. 언어 발달과 다윈 진화론의 유비에 관한 논의는 이 책의 112~114쪽을 보라. 휴머니즘, 언어, 과학의 연관을 추구하는 저작으로는 Jacques Derrida, *Of Grammatology*, G. Spivak 옮김(볼티모어, 1974)이 있다. 그라마톨로지는 "인간의 과학에 속하지 않는다. 그에 앞서 인간의 특수한 문제, 인간이라는 이름의 문제를 묻기 때문이다"(83쪽). 특히 'The Supplement of (at) the Origin'(313~316쪽)을 보라.

할 수 있다는 가정마저도 버렸다. 그의 논증은 정보의 확장, 변형, 과잉으로 향하는 본성을 가지고 있다. 다윈의 세계는 언제나 더 서술할 수 있으며, 그 서술은 처음의 설명을 대체하는 새로운 이야기와 은유를 낳는다.

《종의 기원》이 제기한 주요 문제들 중 하나는 은유가 어느 정도까지 자신에게 부여된 의미의 한계를 전복할 수 있는가, 논증의 명시적인 함의까지도 뒤집을 수 있는가이다. 겉으로는 안정된 것처럼 보이는 용어가 점차 생성적 은유로 작동하면서 의미와 관념의 내재적 이질성을 드러낼 수도 있다. 다윈이 사용하는 '투쟁'이라는 개념이 잘 알려진 예인데, 이것에 관해서는 나중에 다시 언급하겠다. 그보다는 덜 알려졌으나 계보, 대가족, 잃어버린 부모, 생명의 "변화하는 방언"을 낳는 생성 같은 개념도 있다(316쪽).[12] 그 결과로 생겨난 관념들은 생성기의 일부 요소를 연장하며, 그 자체로 초기 의미의 범위를 확장한다.

---

11) Hayden White, 'The Fictions of Factual Representation', *The Literature of Fact*, A. Fletcher 엮음(뉴욕, 1976), 21~44쪽은 다윈이 원래 경험론자인데 부지불식간에 은유로 넘어갔다고 말한다. 이런 견해는 유비를 바라보는 다윈의 태도를 오해하고 있다. White는 "그가 거듭 말하는 유비는 언제나 거짓으로 이끈다"고 말한다(38쪽). 하지만 다윈은 그렇지 않다. 그는 유비에 종속되기를 거부하고 유비를 논증의 도구로 사용한다. 그 이유는, 공통의 혈통을 주장하는 자신의 이론을 위해 유비가 반드시 필요하기 때문이다.

유비를 이용하면 모든 동물과 식물이 하나의 원형에서 유래되었다는 믿음을 향해 한 걸음 더 다가갈 수 있다. 물론 유비가 거짓으로 이끌 수도 있다. 그럼에도 모든 생물은 공통적인 부분을 상당히 포함한다. …… 그러므로 나는 유비를 통해 지금까지 지구상에 살았던 모든 유기체가 하나의 원시적 형태에서 유래했으리라고 추론한다(455쪽).

때로 다윈은 의미를 제한하려 애쓰기도 하는데, 이는 주인-노예의 변증법 같은 정치적인 성격이 짙은 사례에서 볼 수 있다. 다윈은 노예제를 혐오했다. 그의 가문은 원래 노예 해방에 관심이 컸을뿐더러 비글 호를 타고 항해할 때 남아메리카에 갔다가 노예를 소유하는 사회를 직접 경험한 적도 있었다. 그래서 그는 인간의 선택과 달리 자연선택은 그것이 유용하게 작용하는 특성을 소유한 유기체와만 관련되고 유용하지 않은 다른 종과는 무관하다고 주장한다. "자연선택은 오직 각 존재의 이익을 위해서만 작용한다"(33쪽).

남아메리카에서 에스파냐인들이 원주민들을 학살하는 전쟁을 보고 다윈은 '환경'의 개념에 침략자를 포함시켜야 한다고 생각했다. 존재가 환경과 조화를 이루는 것은 외부의 침략을 받기 전까지뿐이다. 다윈은 '원주민'이라는 용어를 사용할 때도 자연사적 의미를 부여한다. "인간은 한 나라에서도 여러 기후권의 원주민들을 관리한다. 그러나 각각의 원주민에 알맞게 배려하는 일은 거의 없다. 이는 긴 부리를 가진 비둘기와 짧은 부리를 가진 비둘기에게 같은 먹이를

---

12) Elizabeth Sewell은 *The Orphic Voice: Poetry and Natural History*(런던, 1961)에서 다윈을 "사실과 역학에 도취되었다는 점에서 절반은 베이컨"이라고 본다(25쪽). "헉슬리는 무생물의 유전적 기원을 발생학적 관점에서 바라보는데, 이것은 베이컨식 발생의 은유를 재미있게 뒤집은 것으로, 다윈과는 전혀 무관하다"(440쪽). 생성과 발생학은 실제로 다윈이 생각하는 자연의 시학(詩學)에서 무척 중요하다. 베이컨식 과학, 언어와 다윈식 과학, 언어의 진정한 대비는 권력관계의 차이다. 베이컨에게 명명과 지식은, "인간이 창조의 초창기 상태에서 가졌던 권력과 권한을 복권시키고 재신임하는 것"에 해당한다. 다윈에게 '초창기 상태'는 단순한 유기체로 표현된다. 그것은 명명보다 훨씬 앞서며, 돌아올 가능성을 주지 않는다. 게다가 그는 인간의 불완전성을 늘 강조한다.

마젤란 해협을 통과하는 비글 호

74명을 태워야 했던 비글 호는 길이 27미터의 작은 배였다. 다윈은 긴 항해를 해야 한다는 것을 알고 있었기 때문이 걱정이 많았다고 한다.

주는 격이다"(132쪽). 하지만 그 바로 앞 문단에서 그는 '외국인'에 대비하여 '거주자'와 '원주민 거주자'라는 용어를 사용한다(다윈이 말하는 원주민, 이주민, 외국인, 거주자 등의 개념은 모두 인간만을 지칭하는 것이 아니다: 옮긴이).

각 나라의 모든 거주자는 여러 힘이 정확히 균형을 이룬 조건에서 살고 있기 때문에, 어느 한 거주자의 구조나 습관에 조금이라도 변형이 생길 경우 다른 거주자들에 비해 이익을 얻게 마련이다. 그 종류에 또 다른 변형이 생기면 이익의 폭은 더욱 커진다. 모든 원주민 거주자들이 서로에 대해, 또 주변의 물리적 조건에 대해 완벽하게 적응한 탓에 어느 거주자에게도 향상의 여지가 없는 나라란 있을 수 없다. 어느 나라든 원주민들은 자연화된 생산에 부분적으로 정복당하므로 외국인에게 어느 정도의 땅을 내줄 수밖에 없다. 이런 식으로 외국인들이 모든 곳에서 원주민을 누른다면, 원주민들은 변형을 통해 이익을 얻을 수 있고 장차 그런 침략자들에 대한 저항력을 키울 수 있게 된다(132쪽).

이 대목이 논쟁의 물꼬를 튼 이후 '거주자' '원주민' '외국인' 같은 비전문적 용어들이 자주 사용되다 점차 그 정확한 용도가 확정되었다. 그 상황에 관한 다윈의 논증은 반대로 독해할 여지도 있다. 즉 원주민 거주자들이 완전히 발달하지 못했을 경우, 혹은 다른 부분은 완벽해도 외국인 침략자들에게 저항할 수단을 마련하지 못했을 경우에는 이주민들에게 정복을 당할 수밖에 없다는 뜻으로도 읽힐 수 있다.

다윈은 그 모순을 곧바로 해소하지 않고 선택적 번식의 은유로 관심을 돌린다. 그는 인간의 솜씨와 자연의 솜씨를 비교하고, "훨씬 더 참된 성격을 지닌 자연의 생산"에 비해 인간의 방식이 뒤떨어진다면서 인간의 착취 방식에 반대한다. 그러나 식민지화가 불가피하다는 (심지어 그것이 진화의 관점에서 옳다는) 반대의 주장이 계속 제기되는 이유는 그것이 한번도 관심의 초점으로 뚜렷이 부각되지 않았기 때문이다.

다윈의 생물학적 의인화는 여러 사람들에게 비판을 받았다. 더구나 그는 자신이 사용한 용어들이 사회학적으로 응용될 가능성을 예상하지 않았기에 나중에 그의 용어들은 여러 분야에 마구잡이로 응용되었다. 그러나 이런 입장을 오해해서는 안 된다. 다윈은 인간에게 적용된 자신의 이론이 다른 모든 종들에게도 그대로 통한다는 가정 하에서 연구했다. 그러므로 구체적이지 못한 그의 언어가 계획성이 결여되고 부주의한 것처럼 보일지 모르지만, 그 근저에는 인간이 다른 모든 생명 형태들과 조화를 이룬다는 가정이 깔려 있다.[13]

다윈 시대에 인간이 다른 생명 형태들과 동등하다는 주장은 신선한 충격이었다. 예를 들어, 마르크스는 다윈의 저작이 자신에게 "역사 속의 계급투쟁을 분석하기 위한 자연과학적 기반"이 되었다고 말했다. 마르크스는 특히 다윈의 저작이 "자연과학의 '목적론'에 처음으로 결정타를 가했을 뿐 아니라 그 합리적 의미가 경험적으로 설명된다"는 사실을 강조했다.[14] 마르크스가 찾고자 하는 설명 양식은 원동자(原動子)나 예정된 설계 따위를 필요로 하지 않는다. 선택과 적응이 형태론적 유사성을 충분히 설명해주기 때문이다. "최종적 원인의 학설로 …… 유형의 유사성을 설명하려는 것만큼 허망한 시도는 없다"(416쪽). "자연사 연구에서는 흔적기관이나 퇴화기관이 존재하는 이유를 흔히 '대칭성을 위해서'라거나 '자연의 기획을 완성하기 위해서'라고 설명하지만, 내가 보기에 그것은 사실의 반복일 뿐 아무런 설명도 되지 못한다"(430쪽). 다윈과 마찬가지로 마르크스도, 목적론을 회피하면 자연 질서 내의 유비를 강조할 수 있다고 보았다.

이처럼 유비를 강조하고, 인간과 다른 생명 형태들이 동등한 친족 관계에 있다고 본 덕분에 다윈은 인간 중심주의를 불신했음에도 불구하고 생물학에 의인화를 도입할 수 있었다. 이런 설명 양식에서는 동물과 식물이 중심적인 역할을 하고 인간은 설명의 수단이 된다. 하지만 마르크스도 주장하듯이, 그 결과로 빅토리아 사회의 관계 구

---

13) 다윈주의와 사회적 다윈주의의 관계에 관한 최근의 논의는 Robert M. Young, 'The Historiographic and Ideological Contexts of the Nineteenth-century Debate on Man's Place in Nature', *Changing Perspectives in the History of Science*, M. Teich와 R. M. Young 엮음(런던, 1973), 344~438쪽; David Freeman, 'The Evolutionary Theories of Charles Darwin and Herbert Spencer', *Current Anthropology*, 15(1974), 211~237쪽(및 많은 주석); John Greene, 'Darwin as a Social Evolutionist', *Journal of the History of Biology*, 10(1977), 1~27쪽; 'Darwin and Social Darwinism: Purity and History', *Natural Order: Historical Studies of Scientific Culture*, B Barnes와 S. Shapin 엮음(비벌리힐스와 런던, 1979), 125~142쪽. 또 다음 문헌들도 참고하라. John Durant, 'The Meaning of Evolution: Post-Darwinian Debates on the Significance for Man of the Theory of Evolution, 1858~1908', 미발간 박사학위 논문, 케임브리지 대학교, 1978; Greta Jones, *Social Darwinism and English Thought: the Interaction between Biological and Social Theory*(브라이턴, 1980).

14) Marx-Engels, *Werke*, 39권(베를린, 1960~1968), 29:524쪽; 30:131쪽.

조에 관한 설명 양식을 찾을 수 있다.

다윈은 자신의 사회가 식민화의 충동으로 경사될까봐 우려했다. 그 충동을 무작정 자연 속의 사건들에 비유할 경우에는 자칫 자연화되거나 중립화되어버린다. 다윈이 노예제를 하나의 본능처럼 보는 입장에 저항한 것은 그 때문이다. 그러나 그가 사회에서 실제로 '자연스럽다'라고 여긴 상호작용도 있었는데, 이들을 동물과 식물의 자연 질서와 똑같이 취급했다.

마르크스는 다윈의 '생존경쟁'을 지나치게 단순화했지만, 그의 설명은 다윈의 언어에서 의인화의 출발점을 인과적으로 확인하는 데 매우 귀중하다.[15] 그러나 마르크스는 다윈이 맬서스와 어떤 점에서 다른지 정확히 알면서도, 다윈이 맬서스를 확실하게 읽고 반응한 것을 다윈이 오독했거나 불충분하게 독해했다고 해석한다.

> '맬서스식' 이론을 동물과 식물에게도 적용한다는 다윈의 말에 나는 웃지 않을 수 없다. 그는 맬서스 씨가 자신의 이론을 동물과 식물이 아니라 오로지 인간에게만 적용하려 했다는 것을 부인하는 듯하다. 다윈은 동물과 식물에게도 영국 사회와

---

15) Valentino Gerratana는 'Marx and Darwin', *New Left Review*, 82(1973), 60~82쪽에서 마르크스와 다윈의 관계를 훌륭하게 설명한다. Gerratana는 다윈의 견해를 과소평가하지만, 다윈이 맬서스의 사회 이론에서 어느 정도나 멀어졌는지 잘 보여준다. 마르크스가 *Capital*을 다윈에게 헌정한 전통에 반대하는 견해에 관해서는 다음 문헌들을 보라. Margaret Fay, 'Did Marx Offer to Dedicate *Capital* to Darwin?', *Journal of the History of Ideas*, 39(1978), 133~146쪽; Lewis S. Feuer, 'The Case of the "Darwin-Marx" letter: A Study in Socio-Literary Detection', *Encounter*(1978년 10월), 62~78쪽.

같은 분업, 경쟁, 시장 개척, '발명', 맬서스식 '생존경쟁'이 일
어난다는 것을 인정한다. 그것은 홉스가 말한 만인의 만인에
대한 투쟁(bellum omnium contra omnes)이다. 헤겔의 현상학
에서는 시민사회를 '정신적 동물계'로 묘사하지만 다윈의 경우
에는 동물계가 시민사회 역할을 한다.[16]

다윈은 원래 공책에서 홉스가 말한 '자연의 전쟁'이라는 문구를
직접 인용했다. 나중에 '전쟁' 대신 '경쟁'이라는 단어를 사용한 것은
인간의 이미지를 버리고 전쟁의 조직적인 힘이 아닌 에너지의 상호
침투를 표현하고자 했기 때문이다.[17] 나아가 '생존경쟁'을 설명할 때
그는 '광범위하고 은유적인 의미'에서 그 용어를 사용해야 한다고 주
장했으며, 여러 가지 다양한 의미를 명료화하고 그 용어가 지닌 허
구적 또는 은유적 적합성의 정도를 판별하고자 했다. 그런 노력이
헛수고였다는 주장도 있다. 그의 시대 사람들은 그의 바람을 무시하
고, '생존경쟁' 대신 스펜서의 '적자생존'을 더 선호했다. 앞에 소개
한 마르크스의 짧은 비판은 다윈이 자연 질서를 서술하는 방식에 내
재하는 사회적 유비를 명료하게 파헤치고 있다. 하지만 다윈은 사회
질서를 섣불리 자연화했다가 정당화하는 결과를 빚지 않기 위해 무
진 애를 썼다(언제나 성공하지는 못했어도).

---

16) *Selected Correspondence*, S. W. Ryazanskaya 엮음(모스크바, 1965), 128쪽.

17) 다윈의 장서에 있던 존슨 박사의 요약본에 따르면, 경쟁은 "노력하고, 어렵게 행동
하고, 애쓰고, 다투고, 싸우고 …… 어려움 속에서 애쓰고, 고통이나 고뇌에 빠지
는 것이다." 이 용어에 관한 논의는 Manier(170쪽)를 보라. 또 B. G. Gale, 'Darwin
and the Concept of a Struggle for Existence', *Isis*, 63(1972), 321~344쪽.

경계를 넘어선 질문

《종의 기원》의 논증에는 인간이 거의 등장하지 않는다. 초판본에서 인간은 탐구의 주제로 결론 부분에 한 차례 직접 나오는데, 그나마 이 대목은 미래 시제로 되어 있다.

> 먼 미래에는 훨씬 더 중요한 연구를 위한 무대가 열릴 것이다. 정신적 힘과 능력이 점진적으로 증가한 결과, 새로운 토대 위에서 심리학이 전개될 것이다. 인간의 기원과 역사를 조망할 수 있게 될 것이다(458쪽).

마지막 문장의 예언적인 양식은 기원과 역사라는 과거의 문제를, 신빙성은 있지만 아직 알지 못하는 미래의 문제로 만든다. 역시 예언적인 성격을 가진 시작 부분("In the distant future I see open fields")은 과학적 담론에 속하는 단어(여기서는 'fields')의 근저에 은유가 흐르는 다윈 특유의 문체를 보여준다. 〔랭런드의 농부 피어스는 꿈의 첫머리에서 "사람들이 가득한 멋진 들판(a faire felde full of folke)"을 보았다.〕 'open'의 이중적인 문법 기능에 의해—open은 주로 동사로 쓰이지만('I see open') 다음에 오는 fields에 관해서는 ('open fields') 형용사이기도 하다—시적 감각과 과학적 감각이 융합된다. 다윈의 사상에서 인간의 의미를 묻는 것은 현재 지식의 경계와 텍스트의 경계를 넘어서는 질문이다. 그렇게 초연한 입장을 취할 수 있는 이유는 문학과 《성경》을 자주 인용하는 공상적인 문체 덕분이기도 하고, 책의 끝부분에서 보이듯이 다윈이 은근히 약속의 땅을 바라보는 모세와 같은 역할을 가정하는 이야기적 자세를 취하기 때문이기도 하다.

다윈이 직접적으로 인간을 언급할 때 사용하는 문체는 모호하고 고상한 거리감을 취하며, 그럼으로써 인간의 자존심이 손상되는 것을 회피한다. 1857년에 월리스가 다윈에게 《종의 기원》에서 인간을 다룰 것인지 물었을 때 다윈은 이렇게 대답했다. "편견에 가득 찬 그 주제 자체를 모두 피할 생각이라네. 물론 박물학자에게는 인간이야말로 가장 고결하고 흥미로운 문제가 되겠지." 또한 《종의 기원》이 출간된 직후 다윈은 제닌스(Jenyns)에게 다음과 같이 썼다.

> 인간에 관한 내 믿음을 강요할 생각은 전혀 없으나 내 의견을 감추는 것은 부정직하다고 생각합니다. 물론 인간이 별개의 기적에 의해 탄생했다고 믿을 자유는 누구에게나 있겠죠. 하지만 나 자신은 그럴 필요성이나 개연성을 믿지 않습니다.[18]

결국 인간이라는 주제를 회피한 것은, 다윈에 따르면, 세인들의 이목을 고려한 전술적인 조치였다는 이야기다. 그는 "어떤 증거도 없이 인간의 기원에 관한 신념을 피력할 경우" 자신의 책이 실패할까봐 두려웠던 것이다. 하지만 《종의 기원》이 좋은 평판을 받은 데서 드러나듯이, 인간에 관한 논의를 배제했어도 독자들은 그 책이 '인간의 기원과 역사'에 완전히 침묵하지 않았다는 것을 즉각 알아챘다.

---

18) *The Life and Letters of Charles Darwin*, F. Darwin 엮음(런던, 1887), 2:109쪽; 2:263~264쪽; 1:94쪽.

실제로 많은 이들이 그 책에서 인간이 명시적으로 언급되지 않은 것에 개의치 않았으며, 그 논증이 인간의 유래와 중요한 연관을 가진다는 것을 이해했다. 물론 사람들은 그런 태도를 취하면 인간으로서의 자존심을 충분히 지킬 수 있다고 여겼다.

하지만 다윈이 인간을 배제한 것은 하나의 책략일 뿐이라고 스스로에게 아무리 다짐하고 서신을 통해 지인들에게 밝혔다 하더라도 그 문제는 곧장 논쟁을 불렀다. 인간이 관심의 중심에서 배제된 것은 결코 작은 문제가 아니었다. 인간을 다시 중심의 위치에 복귀시키려면 독자들의 의지가 필요했다. 하지만 그것이 이렇게 중대한 사안으로 간주된다는 사실 자체가, 인간이 과연 자연 질서에서 중심에 있는지를 문제시하는 셈이었다. 자연 질서와 초자연 질서를 실현하는 데 가장 높은 위치에 있는 인간이 누락되었다는 것은 그만큼 그 책이 위험하다는 뜻이기도 했다. 그 책은 매우 불온했다. 《종의 기원》에서 다윈은 인간을 언제나 정점 혹은 중심에 위치시키는 위계적 본성을 억누르고자 한다.[19] 그 책의 가장 유명한 핵심 부분에도 인

---

19) 예전에는 신학자만이 아니라 과학자도 인간이 모든 지식 체계의 중심이라고 여겼다. 비교 방법을 강조할 때조차 그랬다. "인간 스스로가 대상이 되는 주요한 과학에 도달하기 위해서는 …… 동물의 본성을 조사하고, 구조를 비교하고, 동물계 전반을 연구해야 하지 않을까?" Buffon, *Histoire naturelle*(런던, 1834), 10:115쪽; "인간은 전형이 될 수밖에 없다. 인간은 모든 사례의 가장 완벽한 축도이기 때문이다." Auguste Comte, *The Positive Philosophy*, Harriet Martineau 옮김(런던, 1853), 1:373쪽. 포이어바흐의 견해는 다윈의 생각과 비슷했다. "인간은 스스로 자연과 구분짓는다. 이 구분이 인간의 신이다." *Essence of Christianity*, George Eliot 옮김(런던, 1854), 106쪽. Marx, 'Theses on Feuerbach No. 11'(1845년 집필), F. Engels, *Ludwig Feuerbach and the End of Classical German Philosophy*(런던, 1888)와 비교해보라.

간은 거명되지 않으며, 다른 생명 형태들과 구분되지도 않는다. "그리하여 우리가 생각할 수 있는 가장 높은 목적, 즉 더 높은 동물의 생산은 자연의 전쟁, 기근과 죽음의 직접적인 결과다"(459쪽).

인간이 사라진 것은 또 다른 은유의 조건이 될 수도 있다. 예를 들면, 개미의 사회적 행동을 인간의 계급 조직을 풍자하는 관점에서 바라보는 경우다. 또는 숲속 나무들 아래 기념물만 남기고 멸종한 부족을 가리키는 뜻일 수도 있다. 인간은 '인위적 선택자'로, 자연의 '자연선택'과 비교하면 힘과 범위에서 뒤처진다. 나중의 판본에서 다윈은 인간이 선택을 시작할 수도, 제거할 수도 없다고 분명히 못박는다. 인간은 짧은 수명 때문에 자연 법칙의 거대한 운동을 관찰할 자격이 없다. 〈전도서〉 같은 곳에서 인간은 다음과 같이 표현된다.

인간의 소망과 노력이란 얼마나 덧없는가! 인간의 수명이란 얼마나 짧은가! 따라서 인간의 성과는 지질학적 시기에 자연이 이룩한 성과에 비해 얼마나 보잘것없는가! 그렇다면 자연의 생산이 인간의 생산보다 훨씬 더 참된 성격을 지닌다고 볼 수 있지 않을까? 자연의 산물은 매우 복잡한 삶의 조건에서도 잘 적응하며, 훨씬 더 고급한 솜씨를 자랑하는 게 당연하지 않을까?(133쪽)

초기의 공책들을 읽어보면, 다윈이 인간을 다른 생명 형태들과 동등하게 취급하고, 인간이 지난 자연사에서 내내 누려왔던 그 오만한 특권의식을 침해하는 데서 큰 기쁨을 느꼈다는 것을 알 수 있다. 공책에서 그는 생명의 형태가 고등하다거나 저급하다는 식의 말을 하지 않겠다고 다짐한다.

　우리는 노예로 삼은 동물들을 우리와 동등하게 간주하고 존
중하려 하지 않는다. 노예 주인들은 흑인이 애정, 모방심, 죽음
의 공포, 고통, 죽은 자에 대한 슬픔을 느끼는, 다른 종류의 동
물이라고 여기려 하지 않는다(B231).

다윈이 밝히는 주인과 노예의 이미지는 그가 인간의 독선적 자기
과시와 다른 종들에 대한 특권의식을 혐오한다는 것을 보여준다. 다
윈은 의식의 다양한 속성에 부합하는, 가치의 상대주의를 강조한다.

　사람들은 흔히 똑똑한 인간이 등장한 것에 놀라지만, 실은
다른 감각을 지닌 곤충이 등장한 게 더 놀랍다. 곤충의 정신은
아마 상당히 다를 것이다. 최초의 생각하는 존재인 인간이 등
장한 것만큼 중요한 건 없다. 하지만 어느 것이 더 중요하다고
단정하기는 어렵다(B207~208).

다윈은 개미의 두뇌가 인간의 두뇌보다 더 놀라운 도구이며, 인간
은 이성을 가장 높이 평가하지만 벌은 본능을 최고로 칠 것이라고
주장한다. 또한 그는 인간이 언어를 가졌다고 해서 다른 종들과 구
분된다고 생각하지 않는다. 아담은 다른 생명 형태들의 이름을 지었
고, 또 그럼으로써 그들이 자신에게, 자신의 언어와 자손에게 복종
하도록 만들었다. 1861년에 막스 뮐러(Max Müller)는 다윈의 이름
을 언급하지 않고서 《종의 기원》의 의의에 대해 다음과 같은 반응을

보였다.

　　아무도 감히 건드리지 못한 장벽이 아직 하나 있다. 그것은
　　언어의 장벽이다. …… 어떠한 자연선택의 과정이라 해도, 새
　　나 짐승의 울음소리에서 의미를 지닌 단어를 추출할 수는 없을
　　것이다.[20]

그러나 이미 1838년 8월 16일에 다윈은 이렇게 쓴다. "이제 인간
의 기원은 증명되었다. 형이상학이 발달해야 한다. 비비원숭이를 이
해하는 사람이 로크보다 형이상학에 더 크게 공헌한다"(M84). 《종의
기원》에 인간이 없는 것은 중립적인 부재도 아니고, 인간 심리학에
대한 관심이 부족하기 때문도 아니다.

　인간을 논의에서 배제하기로 결정했음에도 다윈의 논증은 인간을
다른 모든 생명 형태들과 동등하게 간주하려는 경향을 보인다. 은유
의 다의적 본성 때문에 인간은 자연스럽게 친족관계를 표현할 수 있
다. 게다가 《종의 기원》에서 인간은 비록 갈라진 틈 속에 숨어 있기
는 하지만, 자주 그 모습을 드러낸다. 작물을 경작하고 선택된 동물
을 사육하는 행위를 바탕으로 다윈은 그 개념들의 의미를 변형하고
확장해 '자연선택'의 관념으로 끌어들일 수 있었다. '사육'과 '계승'

---

20) *Science of Language*(런던, 1861), 1:357쪽. Gruber의 저작은 심리학과 인류학
　　에 대한 다윈의 관심을 계승한다. 언어 체계에 대한 다윈의 관심은 공책에서 《인
　　간의 유래》에 이르기까지 지속된다. 그는 음악이 언어보다 앞선다고 보고, 음악
　　을 전승의 두 번째 결정 요인인 성적 선택과 연결시킨다.

을 강조하는 계보학은 또 다른 의미를 제공한다. 즉 그가 속한 사회의 가치관과 조직, 그리고 인간이 배제된 자연 질서의 일반적인 가치관과 조직 사이에서 새로운 의미의 마디가 생기는 것이다. 인간을 자연 질서와 초자연 질서가 만들어낸 최고의 성과로 간주하지 않은 것은 그 책을 불온한 것으로 만들었다. 그러나 인간을 전거나 결론의 요소로 간주하지 않은 것은 그 책을 허무주의적으로 만들었다.

다윈은 극단적인 입장으로 나아가지는 않았으나, 그가 사용한 은유의 다의성과 변형을 강조하는 논증을 보면, 유기체와 환경의 상호작용을 중시하고 절대적 기원을 거부하는 자세가 드러나 있다. 그래서 그와 그의 저작은 데리다가 말하는 '자유놀이(freeplay)와 역사'의 논쟁 안에 모호하게 놓인다.

> 자유놀이는 인간과 휴머니즘을 넘어서고자 한다. 인간이라
> 는 이름을 얻은 존재는 …… 자신의 역사 전체를 통해 완전한
> 존재, 확고한 토대, 게임의 기원과 끝을 꿈꾸었다.[21]

다윈은 인간과 자연 질서의 관계를 표현하는 데 어려움을 겪다가 아마 디킨스를 읽고 거기서 벗어났을 것이다. 디킨스의 문체는 대상의 고집스러움, 즉 그 자체의 고유한 본성을 포기하지 않으면서 인간적 질서를 모방하는 방식을 강조한다. 감춰져 있으면서도 만연해

---

21) Jacques Derrida, 'Structure, Sign, and Play', *The Language of Criticism and the Sciences of Man*, R. Macksey와 E. Donato 엮음(볼티모어와 런던, 1970), 264쪽.

있는 친족관계는 대상들의 이야기가 공유하는 주제다. 러스킨과 제러드 맨리 홉킨스처럼, 다윈은 사물의 고유성(thisness)이 사물의 완전한 존재와 불가입성을 드러낸다고 본다. 그렇기 때문에 사물은 자유 활동을 하며, 인간의 지각과 필요에 따른 해석을 거부한다. 그러나 인간은 스스로를 사물에 연결하려는 근원적인 욕구를 지니고 있으며, 이는 은유를 통해 언어적으로 표현된다. 《종의 기원》의 서브텍스트는 어쩔 수 없이 (인간의 언어로 표현되기 때문에) 인간을 전거로 할 수밖에 없는 걸까? 아니면 고의적으로, 심지어 전략적으로 그런 걸까? 만약 그렇다면 그 목적은 뭘까?

예를 들면, 다윈은 인간에게 다른 모든 생명 형태와의 친족관계를 회복시켜주고자 했다. 그런 의미에서 그는 자신이 속한 사회와 문학의 표면적 이념에 부응하는 듯한 방향을 취했다. 그는 가족의 유대를 되찾고자 했고, 잃어버린 유전적 연결과 경건한 기억을 되살리려 했으며, 계보학적 연구를 추진했다.

> 고대 귀족 가문의 수많은 혈족 사이의 혈연관계를 입증하기란 쉽지 않다. 계보의 도움을 받아도 어렵지만 그나마 계보가 없다면 거의 불가능하다. 그러므로 박물학자들이 계보 같은 것도 없이, 같은 종류에 속하는, 살거나 죽은 수많은 구성원들 간에 다양한 친화성을 식별하는 데 얼마나 큰 어려움을 겪을지 충분히 이해할 수 있다(413쪽).

이 구절에는 역설적인 요소가 있다. 당시의 소설이나 연극에서 흔히 접하던 주제들이 실은 그가 속한 사회의 계급 구조를 반영하고 있다는 점이다. 희망을 강조하는 빅토리아 시대 문학에서 노동계급의 주인공, 자신의 왕국을 되찾으려는 후계자는 알고 보면 대개 귀족 혈통을 가지고 있다[예컨대 디즈레일리(Disraeli)의 《무녀(Sybil)》]. 숨겨진 귀족 혈통이 그 배후에서 작용하는 셈이다. 이는 《성경》 속 신화의 경우와 마찬가지다. 신의 아들이 조상의 죄로 자기 땅에서 쫓겨났다가 후계자의 중재에 힘입어 원래의 자리를 되찾는다. 그 대신 다윈의 신화에서 인간의 역사는 까다롭고 광범위한 친족망으로 이루어진다. 곰들만이 아니라 따개비들에게서도 볼 수 있는 이 확대 가족은 자신의 비천한 출신을 까맣게 잊은 채 기대를 품고 올라오는 자―인간―를 결코 용인하지 않는다. 다윈의 이론에서 가장 불온한 측면 중 하나는 혈통을 모호하게 만들고 '위대한 가계'의 특권적인 '순수성'을 의문시한다는 점이다. 그 시대의 계급 구성에 비추어 볼 때 이는 명백히 불쾌한 견해다. 그러므로 분석하지도 않았고 분석할 필요도 없지만, 다윈이 텍스트의 틈 속에 인간을 숨기려 한 것, 혹은 인간을 텍스트의 범위 밖으로 거의 몰아낸 것은 종교적 이유 때문만이 아니라 사회적 이유 때문이기도 했다.

친족관계의 강조는 '거주자'나 '존재자' 같은 단어들의 지위를 더 평등하게 변화시켰다. "내가 보기에는 모든 존재자를 특별한 피조물로 간주하는 대신, 실루리아계의 첫 번째 지층이 퇴적되기 오래전에 살았던 일부 존재자의 혈통적 후손이라고 간주할 때 오히려 더 고상하게 여겨진다"(458쪽). 혈통은 계급에서 벗어나고 나중에는 종족에서도 벗어난다. "우리에게는 족보나 문장(紋章) 같은 게 없다. 우리는 오래전에 물려받은 종족의 형질을 통해, 우리가 타고난 계보에서 여러 가지로 갈라지는 혈통의 방향을 찾고 추적해야 한다"(456~457쪽). 여기서 '형질'은 문장의 기호학에서 살아 있는 특질로 변화한다. 다윈의 사유에 내재한 유토피아적 충동은, 공동체와 평등을 지향하고 위계적 구성과 분리적 구성을 공격하는 의미의 요소들을 늘 강조하는 언어의 평준화 경향에서 잘 드러난다. 다윈은 특별한 피조물을 거부함으로써 모든 생명을 높이 평가하였고, 깊은 공통성을 강조하였다. 그러므로 계층화는 그 자체가 목적이 아니라 오랜 이야기의 정지된 순간에 불과하다. 분류학과 변형은 긴장 관계에 놓인다.

다윈은 진화 운동을 증식과 향상의 과정이라고 간주하지만, 현재의 세계가 과거 어느 때보다도 좋은 상태라고 주장하지는 않는다. 다음은 《종의 기원》의 마지막 부분인데, 연속성과 변화에 관한 그의 관념을 보여준다. "이 행성은 고정된 중력의 법칙에 따라 순환하면서 초기의 단순하고 아름답고 훌륭한 무수한 형태들로부터 진화해왔고 지금도 진화하고 있다." 순환과 고정, 단순함과 무수함, "진화해왔고 지금도 진화하고 있다." 이 문장에서 다윈은 정지와 운동, 완성과 연속의 원리를 교대시켜 침묵의 결론으로 이끌어간다.

연속적이고 서술되지 않은 미래를 상상으로 그려내는 것은, 콩트처럼 **최종적인 것**을 실증주의적으로 강조하는 시각과 나란히 놓고 보면 뚜렷이 대비된다. 콩트가 말하는 것은 실증과학이 충분히 구현되어 세계를 완벽하고 영구적으로 서술할 수 있는 상태다. 그러나 다윈은 완성된 관념이 아니라 물리적 과정을 일관되게 강조했다.

다윈의 저작은 창조자나 참된 시초를 찾으려 하지 않는다. 그것은 형성 과정에 관한 서술이며, 그 과정이 언제나 단일한 방향으로 나아가지는 않는다. 쿤이 《과학혁명의 구조》 제2판 〈부록〉에서 말하듯이, "중요한 문맥 가운데는 이야기와 서술이 불가분하게 뒤섞이는 경우도 있다." 다윈의 책 제목은 이것이 바로 그런 경우임을 나타낸다. 《종의 기원》이라는 문구는 이야기의 요소를 은폐하며, '기원'이라는 말을 과정의 의미가 아니라 장소 같은 실체의 의미로 바꿔놓는다. 이 책의 원제는 '자연선택에 의한 종의 기원, 혹은 생존경쟁에서 유리한 종족의 보존에 관하여'다. 이 제목은 체임버스가 주장하는 '자연사적인 창조의 흔적'이라는 제목과 논쟁적인 대비를 이룬다. 흔적은 태초의 창조적 행위 가운데 잔존하는 나머지를 가리킨다. 다윈의 기획은 역사이지 우주론이 아니다. "나는 원시적인 정신력의 기원이나 생명 자체에는 관심이 없다"(234쪽).

에드워드 사이드(Edward Said)는 《시작(*Beginnings*)》이라는 책에서 시작에는 '지속하려는 의도'가 포함된다고 말한다. 다윈은 시작의 이 특별한 속성에 관심을 가진다. 하지만 그가 관심을 기울이는 시작이란 완성된 형식이 아니라 지속적인 과정이다. 원제의 '자연선택에 의한'이라는 문구에서 보듯이 '수단'을 강조한 이유도 그 때문이다. '자연선택에 의한 종의 기원에 관하여'는 시간의 매개를 통하지 않으면 올바르게 서술될 수 없기 때문에 정확한 의미에서 이야기적이다. 다윈의 사상에서 새로운 것을 가리키는 뜻으로 분석이나 해설이라는 말은 충분하지 않다. 범주, 분류, 서술은 모두 운동, 과정, 시간 속에서의 의미로 이해해야 한다. 다윈은 안정적이거나 정태적인 세계 관념을 거부했으며, 변화와 연속에 관련된 힘들의 관계를 평형이라는 말로 온전히 서술할 수는 없다고 여겼다. 그래서 그는 많은 빅토리아 시대 작가들과 달리, 변화의 한계를 정하고 절제를 본질적인 자연 질서로 내세우려고 하지 않았다.[22]

다윈은 자기 책의 부제가 너무 정태적이고 보존에 치우쳐 있다고
보았다. 그래서 '생존경쟁에서 유리한 종족의 보존(preservation)'이
라는 문구를 '생존경쟁에서 유리한 종족의 생존(survival)'으로 바꾸
었다.

그의 이야기 구성은 진화보다 변화의 가능성을 강조한다. 《종의
기원》의 이야기에서 시간은 처음에서 시작하지 않고 관찰하는 순간
에서 시작한다. 첫 구절은 "우리가 관찰할 때"이고, 처음 두 개 장은
사육 상태와 자연 상태에서의 변이를 다룬다. 이런 순서는 그의 논
증을 강화하며, 두 가지 중대한 통찰력을 나타낸다.

기원은 권위가 아니라 행위다. 전형에서 어긋나는 일탈은 창조의
원리다.

종의 기원에 관한 다윈의 설명에서 시간의 흐름은 결코 단순한 순
서나 연쇄로는 포착되지 않는다. 단일한 개체 수명의 모델에 입각한
단순한 진화 이야기는 배아로 시작할 수 있고, 기원과 우주론에 집
중하는 이야기는 지질학적 기록으로 시작할 수 있다. 하지만 다윈은
개체의 풍부함, 변화 가능성, 종의 다양성으로 이야기를 시작한다.
특수성이 뒤범벅된 상태에서 점진적인 과정을 통해 법칙들이 빠져
나온다.

---

22) "수많은 중간 형태들이 도입됨으로써 창조의 순서가 교란되는 경우만 없다면, 의
지의 작용으로 식물 구조의 변형은 늘 일정한 범위 내로 제한된다. 이는 천체의
발광체들이 섭동(攝動)으로 유발된 변화의 주기가 끝난 뒤에는 다시 원래의 궤도
로 돌아가는 것과 같다." Charles Daubeney, 1856년 B. A. A. S. 총재 연설,
1856, *Victorian Science*, G. Basalla, W. Coleman, R. Kargon 엮음(가든시티,
뉴욕, 1970), 308쪽.

그래도 '전형의 통일성'이라는 법칙은 '존재의 조건'이라는 법칙에 비해 부차적이다. 그러므로 변화, 환경, 존재의 제한적 성격은 이야기의 논증만이 아니라 순서에 의해서도 강화된다.

다윈이 그 시대의 다른 과학자들과 영구적으로 일치를 본 한 가지 사실은 불변의 진리, '고정된 법칙'을 찾을 수 있다는 가능성이다. 하지만 그 법칙은 주로 변화와 운동을 서술한다. 《네이처(*Nature*)》(1869년 11월 4일)의 속표지에는 구름에 휩싸인 지구의 모습과 함께 워즈워스의 다음과 같은 시구가 실려 있다.

> 자연의 단단한 지반을
> 마음은 영원히 의지하고 신뢰한다.

'논리'와 '지구' 같은 의미들이 '지반'으로 응축된 것은 빅토리아 시대 과학이 낭만적 사유를 그대로 물려받았음을 말해준다. 당시의 과학자들은 자연의 진리가 항구적인 법칙—《종의 기원》에 바친 첫 번째 헌사에서 휴얼이 '일반 법칙의 확립'이라고 부른 것—의 작용을 통하여 연속된다고 생각했다. 《종의 기원》의 제2판과 후속판들에서 다윈은 버틀러의 《유비(*Analogy*)》에서 인용한 구절을 덧붙였다(페컴, 40쪽, 주 13). "'자연적'이라는 말의 분명한 의미는 바로 **진술**되고, **고정**되고, **결정**되었다는 것이다." 다윈은 마지막 문장에서 그런 생각을 밝히면서 뉴턴이 말한 '중력의 불변적 법칙'을 자신이 새로 발견한 법칙과 나란히 놓았다.

> 같은 종의 모든 개체들, 서로 아주 가까운 모든 종이 단일한

부모에게서 내려온, 그리 멀지 않은 관계이며 동일한 고향에서 탄생한 뒤 다른 곳으로 이동했다고 확신할 수 있을 때, 또한 지질학의 발달로 예전의 기후 변화나 지면의 높이 등이 속속 밝혀짐으로써 여러 가지 이동 수단에 관해 더 잘 알게 될 때, 우리는 전 세계의 거주자들이 과거에 어떻게 이동했는지 올바르게 추적할 수 있을 것이다(457쪽).

이 구절에서 저자와 독자는 '우리'라는 동지 관계로 묶인다. 개성과 공동체 의식이 동등하게 보장되고, 연속성이 확인되며, 긍정과 희망—수사적으로는 확실성을 넘어서면서도 완전히 확실하지는 못한 상태—이 표현된다. 역사와 완벽한 공동체 의식이 결합된다. 인간은 별개로 설정되지 않고 "전 세계의 거주자들"에 포함된다. 이와 같은 활기가, 이동하고 확산되는 하나의 가족을 형성한다. 거의 인간에게만 사용하는 '부모'나 '고향' 같은 단어들이 모든 생명체에 두루 적용된다.

이렇듯 다윈의 관점에서는 인간을 다른 종들과 동등하게 보는 것이 전혀 잘못된 사고가 아니다. 오히려 인간이 지닌 오만함이 그렇게 생각하도록 만들 뿐이다. 다윈이 보기에 생명의 풍부한 다산성과 다양성은 인간을 다른 모든 생명체와 다름없는 존재로 만들었다. 밀러는 "우리의 존재, 우리의 고귀한 혈통, 하늘 또는 땅에서 비롯된 우리의 유래를 중대한 문제로" 보지만, 다윈은 그보다 관계의 문제를 강조한다. 그렇다면 다윈은 책 속에서 자신의 위치와 독자의 위치를 어디로 정할까?

언어적 의도의 확장

《종의 기원》의 언어는 접근성의 요소를 강조한다. 분리보다는 접촉에 중점을 두며, 보고 듣고 냄새 맡고 만지고 맛보는 개별 사물들을 중시한다. 관찰자의 목소리가 그 언어에 등장하는 것은 방법론적 통제를 위해 필수적이며, 그 저작에 제시된 상상의 역사를 보완한다. 독자는 자세히 검토하고 평가해야 한다. 이국적인 사례들이 우리 고유의 풍경과 야생 생물로 유비되어 우리에게 호소하기 때문이다. 이런 유비는 한편으론 느슨한 예시를 통해 독자의 상상력을 일깨우는 동시에 다른 한편으론 습관과 환경의 관계가 어떻게 변이를 초래하는지를 묻는다.

> 나는 남아메리카에서 폭군 딱새(학명 Saurophagus sulphuratus)를 자주 보았다. 딱새는 한 지점의 상공을 맴돌다가 황조롱이처럼 다른 곳으로 훌쩍 날아가곤 했다. 때로는 꼼짝도 하지 않고 물가에 있다가 물총새처럼 물고기를 향해 돌진했다. 우리나라에서는 덩치 큰 박새(학명 Parus major)가 뱀처럼 나뭇가지를 기어오르는 것을 볼 수 있다. 그 새는 때까치처럼 작은 새들을 머리로 받아 죽인다. 나는 그 새가 동고비처럼 주목(朱木)의 씨앗을 두드리는 것을 여러 차례 보고 들었다(215쪽).

논증에서 중요한 시간과 변화를 거슬러올라가며 추론을 연장하기 위해서는 한 사람의 목소리와 말투를 유지하고, 증거를 제시하고, 이론을 만들어야 한다. 또한 감각 경험, 특히 색과 촉감을 강조하는 것은 곧 우리의 경험 매체가 논리적으로보다는 정서적으로 인간이어야 한다는 것을 뜻한다.

다윈은 발견의 과정에서, 또 연구 대상에서 큰 만족을 느낀 탓에 마치 순탄한 진화 과정을 주장하는 것처럼 보이지만 실은 그렇지 않다. 그의 언어가 혼란상을 내보이는 곳은 바로 여기다. 그의 할아버지는 산을 가리켜 "과거의 기쁨을 말해주는 거대한 기념물"이라면서 유기체가 과거에 느꼈던 즐거움과 행복을 표현했다. 다윈이 가진 한 가지 기질—아울러 그의 이론의 주요한 전제—은 생명체의 행복을 지향하는 경향이었다. 그러나 그는 하디가 말하는 '행복을 향한 욕망'을 인정하는 동시에 개별 유기체는 언제나 고통을 겪을 수 있다는 것을 알고 있었다. 이 때문에 그는 순탄한 질서라는 관념을 거부했고, 단어의 의인화와 추상화 사이에서 동요했다. '거주자' 같은 단어는 굳이 환경 내의 모든 주민을 포괄한다고 정의하지 않고도 자연스럽게 의미가 확장될 수 있다. 실제로 그 단어는 다윈 이전에도 자연사 문헌에 이미 사용되고 있었다. 그러나 '얼굴' 같은 단어는 인간과 연관된 의미가 워낙 강하다. 그것은 '표면'이나 '평면'의 이미지를 나타내기도 하지만, '산의 얼굴' '자연의 얼굴' 같은 표현에서도 인간의 용모를 가리키는 원래의 뜻을 제거하기는 어렵다. 존 마이바트(St John Mivart)는 본능과 이성에 관한 글에서 다윈의 '생물학적 의인화'를 비판했다. 그에 따르면, 그 개념은 예컨대 '모성의 보살핌'처럼 "인간의 속성을 짐승에게 귀속시키려는 것"이었다.[23]

《종의 기원》 초판에서는 자연과 자연선택이 문법적으로 주어의 기능을 한다. 게다가 나중에 다윈은 그 때문에 분노를 터뜨리면서도 의식적으로 그런 기능을 부여한다. 예를 들어 219쪽에 나오는 어느 문장을 검토해보면, 변이, 생성, 자연선택 같은 개념들이 (문법적으로나 관념적으로나) 유사한 기능을 가진 듯 보이지만 실은 분명한 차이가 발견된다. "생물체의 경우 변이는 약간의 변화를 유발하고, 생성은 그 변화를 거의 무한히 증식하며, 자연선택은 정확한 솜씨로 개별적인 향상을 선택한다." 변이는 유발하고, 생성은 증식하고, 자연선택은 정확하게 선택한다. 능동적이고 외부적인 행위 주체의 의미는 후기에 더욱 강해진다. 하지만 이 은유의 물활론적 속성만을 따로 떼어 수용하는 것은 잘못이다. 어떤 면에서 다윈은 의도에 물들어 있는 인간 언어의 완고함 때문에 고통을 겪는다.

자연과 자연선택을 의인화한 구절들은 다윈이 후기 판본들에서 특히 어려움을 겪은 대목이다. 그가 마주한 문제는, 독자들이 자연선택을 의인화하여 능동적이고 의도적인 힘으로 보거나("심지어 자연선택이 변화를 유발한다고 상상하는 사람들도 있다"), 내재하는 의도로 간주하는("선택이라는 용어가, 적응한 동물의 의식적인 행위를 의미하지 않는다고 생각하는 사람들도 있다") 경향이 있다는 점이다.[24] 이에 대해 다윈은 다른 과학적 명제들의 언어에서 보이는 은유적 성격을 지적하는 방식으로 대응한다. 놀랍게도 그는 괴테가 사용

---

23) 'Instinct and Reason', *Contemporary Review*(1875), 773쪽. John Morley는 *Pall Mall Gazette*, 1871년 3월 20일자와 21일자에서 아름다움이 성적 선택의 요인이라는 주장에 내포된 의인화를 다음과 같이 비판했다.

아름다운 새에게 우연히 우리와 일치하는 성질이 있다고 해서 왜 우리가 새에게서 미학적 성질을 찾아야 하는가? …… 아르고스 꿩에게 미학적 의식이 있다고 보는 것은, 벌이 육각기둥과 마름모판의 놀라운 벌집을 짓는다고 해서 벌에게 기하학적 의식이 있다고 보는 것과 마찬가지다(*More Letters*, F. Darwin 엮음, 1:324~325쪽, 주 3).

한 문학 언어에도 선택적 친화력이라는 말이 있다는 사실을 제기한다. 제3판에서 다윈은 이렇게 쓴다.

> 자연선택은 문자적인 의미에서는 분명히 틀린 용어다. 하지만 화학자가 다양한 요소들의 선택적 친화력에 관해 말할 때 도대체 누가 반대했던가? 엄밀하게 볼 때 산(酸)이, 결합을 선호하는 염기를 선택한다고 말할 수는 없다. 흔히들 내가 자연선택을 능동적 힘이나 신격처럼 간주한다고 말한다. 하지만 중력이 행성 운동을 지배하는 힘이라고 말하는 저자에게 누가 반대하겠는가? 그런 은유적 표현이 어떤 의미인지는 모두들 알고 있다. 뜻을 압축적으로 나타내기 위해서는 거의 불가피한 표현이다. 그러므로 자연이라는 말을 전혀 의인화하지 않기란 어려운 일이다. 그러나 나는 자연을, 수많은 자연 법칙의 집합적 행동이자 산물이라는 뜻으로만 사용한다. 또 여기서 법칙이란 우리가 확인한 사건들의 순서를 가리킨다. 그런 피상적 반대는 그럴듯하지만 오래가지 못한다(페컴, 165쪽).

---

24) 다윈은 자연선택을 신성시하는 데 따르는 위험성을 알고 있었다.

> 자연선택의 신성시에 관해 한마디 할 필요가 있습니다. 자연선택을 그렇게 중시한다고 해서 전 우주의 체계에 관한 일반 법칙을 배제할 수 있는 것은 아니지요. 자연선택과 유기체 구조의 관계는 건축가와 건물의 관계와 같습니다. 건축가의 존재는 더 일반적인 법칙의 존재를 보여줍니다. 그러나 건물과 건축가의 관계를 말할 때 인간이 출현한 법칙을 언급할 필요가 있다고 생각하는 사람은 없겠지요(1860년 6월 17일자 라이엘에게 보낸 편지. *More Letters*, 1:154쪽).

그의 할아버지인 에라스무스 다윈은 영어의 의인화가 빠르고 편하다는 점을 전부터 알고 있었다. 영어는 성의 구분이 없기 때문에 소유격만 붙이면 간단히 세계를 의인화할 수 있다. 의인화에는 의도가 포함된다. 다윈은 모든 언어에 잠복한 의도의 문제를 더욱 확장하고 이를 인간의 경험, 경험의 질서화와 연관시킨다. 그는 중력에 잠재된 '지배'라는 은유, 그 권위적인 질서의 관념에 주목한 다음, 권위의 일반적 용법, 즉 '모두가 아는 것'이라는 의미에 호소한다.

물론 독자들 모두가 자연선택의 의미를 알지는 못한다는 문제가 있다. 그 용어는 신조어였으므로 은유적 표현력과 의인화하는 힘을 지니기에 용이했다. 용어가 익숙해져도 그 힘은 줄어들지 않았다.

> 자연선택은 세계 전체에서 일어나는 모든 변이를 매일, 매시간 꼼꼼히 관찰한다고 말할 수 있다. 나쁜 것은 거부하고 좋은 것은 보존·축적한다. 말없이 무감각하게 작동하며, 기회가 닿을 때마다 모든 유기체가 유기적·무기적 생존환경 속에서 개선을 도모할 수 있도록 작용한다(133쪽).

제2판에서 그는 첫 문장의 일부분을 "은유적으로 말할 수 있다"로 바꾸었다.

그가 자연과 자연선택의 성을 구분한 것은 번식의 느낌을 더욱 강화시켰다. 자연은 언제나 '여성'이지만 자연선택은 중성이다. 그 경우, 중성은 성의 한 형태가 되고 성과 무관한 힘이 된다. 제5판에서 다윈은 그 힘을 '적자생존'이라는 자연 과정에 비유한다. 그는 이 용어를 헉슬리에게서 차용했는데, 도덕적 적합성과 생존 능력이 일치

에라스무스 다윈

찰스 다윈의 할아버지 에라스무스 다윈은 의사이자 과학자이면서, 종의 기원에 관심을 가진 저술
가이기도 했다. 그는 지구상의 모든 생물은 서로 연관되어 있으며, 그들 모두가 하나의 근원에서 발
생했다는 확신을 갖고 있었다.

한다고 본 스펜서식 사고를 연상케 한다는 위험이 있다. 하지만 초기 판본들에서는 자연선택이 의인화되어 등장하는 것을 피할 수 없었다.[25]

신화적 체계에 따르는 그의 언어에서 보면, 자연선택은 더 일반적인 '자연'의 한 측면 또는 체현으로 나타난다. 자연의 모성적 체계는 인간의 자기 중심적 체계와 대비된다. 자연은 개선을 염두에 두고 모든 것을 꼼꼼하게 보살핀다. 이런 양극화에서 '맨(Man)'이라는 단어는 더 포괄적인 '인간'이라는 의미가 아니라 남성을 가리키는 의미로 제한된다. 이 점은 인간이 연관된 세계가 부당한 차별의 세계, 세련된 주의(注意)가 부재한 세계라는 사실 때문에 더욱 강화된다.

> 인간은 자신의 이익만을 선택하고, 자연은 자신이 돌보는 존재의 이익만을 꾀한다. 자연은 모든 선택된 존재가 충분히 활동할 수 있도록 해주므로 모두가 적절한 생존 조건에서 살아갈 수 있다. 그러나 인간은 많은 기후권의 원주민들을 한나라로 묶는다. 따라서 선택된 존재들이 그 고유의 적합한 방식으로 활동하도록 놔두지 않는다(132쪽).

후기 판본에서 다윈은 신화적 인물인 자연을 해체하려 한다. 때로

---

25) 라마르크는 자연을 '특수한 실체'로 보는 관점을 거부했다. 이런 생각은 '자연을 영구적으로 보는 관념'을 포함하며, 따라서 변화의 관념에 위배되기 때문이다 (*Zoological Philosophy*, 183쪽). 콩트는 '신화적으로 의인화된 자연'을 비난한다. Robert Boyle은 *A Free Inquiry into the Vulgarly Received Notion of Nature*에서 고전적인 관점으로 그 용어를 옹호한다. *Works*(런던, 1772), 5:158~254쪽.

는 자연을 자연선택으로 등치시키거나, 포괄적인 법칙의 복합성으로 등치시키기도 한다. 그의 자연관에 반대하는 입장은 정말 그가 말하는 것처럼 피상적일까? 실제로 그와 같은 입장을 취하면 목적론에서 벗어나는 언어를 찾으려는 노력이 성과를 거둘 수 있다. 그러나 그가 그런 입장을 택한 이유는 자연신학과의 관계를 고려해야 하며, 형이상학적 진공을 그대로 놔두지 않고 물질적 질서를 확장해야 할 필요성이 있었기 때문이다. 그는 어떻게든 신이 관장하는 영역을 남겨둬야 했다. 그래서 그는 창조론의 언어를 회피하려 했지만 수동형을 처리하는 데에서는 애를 먹을 수밖에 없었다.

다윈이 자연을 여성으로 의인화한 데는 물론 오랜 전통이 있다. 오비디우스가 《변신》에서 제시하고 라이엘이 《지질학 원리》의 첫 장에서 인용한 원시 지질학적 설명에서 데우칼리온(프로메테우스의 아들이자 인간의 신화적 조상: 옮긴이)은 대모신의 뼈를 등 뒤로 던지라는 지시를 받는다. 그런 관습은 다윈 시대의 문학과 과학 문헌에서 두루 찾아볼 수 있다. 존 틴들은 1860년에 "자연은 자신의 원리를 적용할 때 대개 인간의 상상력을 초월한다"라고 말했다. 홉킨스는 〈자연은 헤라클레이토스의 불〉에서 자연의 본성 가운데 모성과 무모함을 똑같이 강조한다.

무수한 장작들로 자연의 화톳불이 타오른다.
하지만 자연의 가장 아름답고 소중하고 밝은 불꽃은 피어오르지 않는다.
인간의 마음에 새겨진 불의 자국은 얼마나 덧없이 사라져버리는가!

자연을 여성으로 의인화하면 생기는 효과는 여러 가지가 있지만 이 논증을 위해 특히 중요한 것은 두 가지다. 하나는 자연과 신을 구분하는 효과이고, 다른 하나는 자연세계를 '생산하는 자연', 효율적인 자연으로 볼 수 있게 되는 효과다. 에머슨(Emerson)은 다윈이 1841년에 읽은 〈자연(Nature)〉이라는 글에서 자연의 세속성을 이야기한다. J. G. 우드(Wood)의 《자연의 가르침: 자연이 예기한 인간의 발명(*Nature's Teachings: Human Invention Anticipated by Nature*)》(런던, 1877) 같은, 널리 읽힌 책에서는 과학을 여성으로 간주하고 과학과 자연을 동일시한다. "그러므로 과학이 낭만을 파괴하는 것은 부분적으로 사실이다. 하지만 과학(she)은 파괴할 뿐만 아니라 창조하며, 빼앗아간 것보다 훨씬 더 많은 것을 준다." 다윈은 과학의 취약성과 피해도 강조한다.

최근 들어 그루버(Gruber)와 콜프(Colp)는 다윈이 말한 쐐기의 비유를 논의했다.[26] '쐐기'의 은유는 1838년 공책, 1842년과 1844년 논문 그리고 자연선택에 관한 '빅북(big book, 다윈이 남긴 공책의 하나: 옮긴이)'에 등장하지만 《종의 기원》에서는 초판 이후에 삭제되었다. 콜프는 다윈의 쐐기가 성과 무의식의 의미라고 추론한다. "그것은 일, 성, 돈, 반대에 대한 저항 등의 분야에서 다윈 자신의 주장을 상징한다고 볼 수 있다." 그루버는 더 엄밀한 입장을 취한다. "다

---

26) Howard E. Gruber, 'The Evolving Systems Approach to Creative Scientific Work: Charles Darwin's Early Thought', *Scientific Discovery: Case Histories*, T. Nickles 엮음(라이델, 1980), 113~130쪽; Ralph Colp, 'Charles Darwin's Vision of Organic Nature', *New York State Journal of Medicine*, 79(1979), 1622~1629쪽.

윈이 쐐기의 은유를 삭제한 이유는 흥미롭다. 그것은 변이와 경쟁이 공간과 시간의 거의 모든 지점에서 자연 질서를 끊임없이 혼란스럽게 한다는 것을 극적으로 시사한다." 이 말은 옳다. 그러나 다윈의 주요한 은유가 모두 그렇듯이, '쐐기' 역시 통합과 분리, 안정과 동요 등 모순적이고 다양한 함의를 담고 있다. 은유가 의인화하는 경향에 내재하는 문제점은 다윈의 쐐기와 자연의 이미지가 가진 특별한 관계에서 볼 수 있다.

《종의 기원》 가운데 '생존경쟁'을 다룬 장의 앞부분에서 다윈은 생존경쟁을 늘 염두에 두기에는 상상의 어려움이 크다고 인정한다. "기쁨에 겨운 자연의 얼굴을 바라볼 때마다 우리는 먹이의 과잉을 보게 된다." 이 구절은 자연을 명확하게 의인화하고 있다. 하지만 그 즐거움의 배후에는 파괴에 대한 우려가 있다("우리는 주변에서 한가로이 노래하는 새들이 주로 벌레나 씨앗을 먹고 산다는 것, 따라서 끊임없이 생명을 해치고 있다는 것을 알지 못하거나 잊고 있다"). 그 상상력에 가득한 열정, 이동하는 힘 들의 생명력은 다윈과 자연세계의 관계를 전형적으로 보여준다. 그 구절에서 불과 두 쪽만 더 넘기면 다음과 같은 암울한 구절이 나온다.

자연을 바라볼 때는 언제나 다음의 고려 사항을 반드시 염두에 두어야 한다. 우리 주변의 모든 유기체는 수를 늘리기 위해 최대한 노력하며, 삶의 특정한 시기에 경쟁을 통해 살아간다. 또한 대량 파멸은 젊은 유기체나 늙은 유기체나 가릴 것 없이 일어나며, 한 세대 내에도 일어나고 일정한 간격을 두고 반복 되기도 한다. 장애물을 제거하고 파멸의 규모를 점점 줄이면

종의 수가 곧바로 크게 늘어날 것이다. 자연의 얼굴은 고분고
분해진다. 비유하자면, 수많은 뾰족한 쐐기들이 빽빽하게 모여
끊임없이 타격을 가하며 안으로 파고드는 격이다. 하나의 쐐기
가 박히면 다음 쐐기는 더 큰 힘을 발휘하게 된다(119쪽).

쐐기의 비유는 자연과 동격을 이룬다. 그것도 그가 초기 판본에
썼던 것처럼 '자연의 섭리'나 '외양'이 아니라 '자연의 얼굴'과 같다.
현실화를 향한 충동은 상당히 기괴하고 폭력적인 비유를 만들어
냈다. 여기서는 환경과 생명체 사이의 장벽이 사라지고 쐐기의 이미
지가 매우 잔혹해져 논증상의 유용성도 없어진다. 정서적으로 볼 때
그것은 자연 질서 내의 개체에 관한 다윈의 가장 우울한 관념에 해
당하지만, 여러 판본을 거쳐 언어가 점차 압축된 결과 대단히 밀도
있고 혐오스러운 의인화의 이미지가 탄생한다. 위 문단의 마지막 문
장은 이후의 모든 판본에도 나온다.
그렇게 용모와 표면, 인간의 형태와 거친 바닥의 이중적 의미는
하디의 소설 《귀향(The Return of the Native)》에 등장한다. 그 의인
화의 혼란은 그의 문체가 다윈의 영향을 강하게 받았음을 말해준다.
이 책의 첫 장 제목은 '시간이 작은 흔적을 남긴 얼굴'인데, 에그던
히스라는 광대한 황야를 가리킨다. '황량한 에그던'은 식생이 시작된
이래로 늘 불변의 상태로 남아 있다. 하디는 원시적 인간성과 풍경
을 나타내기 위해 '얼굴'과 '옷'처럼 실험적 담론과 인상적 담론 사이
를 오가는 말들을 사용한다. "황야의 얼굴은 단지 그 안색 때문에 다
른 곳의 밤보다 반 시간이 더 길었다."[27]

이곳에는 적어도 풍경을 이해할 수 있는 사실들이 있었다.
이 광범위한 증거가 진정한 만족을 낳는다. 에그던은 지금도
그렇고 과거에도 언제나 길들일 수 없는 곳, 버려진 곳이었다.
문명은 에그던의 적이었다. 식생이 시작된 이래로 이곳의 흙은
언제나 변함없이 고풍스런 갈색 옷, 특별하게 형성된 자연스러
운 불변의 의상을 입고 있었다(35쪽).

의식적 불일치 – 제거된 조화

다윈의 언어에도 추상과 현존 사이의 동요가 있으며, 그것과 연관
된 서술도 찾아볼 수 있다.

다윈은, 평가하고 관찰하는 인간의 능력과 주변 현상의 본질 사이
에 부조화가 있을 수 있다고 생각했다. 실제로 그의 생각은 현상에
관한 인간의 인식과 이해의 부조화와 불충분을 인정하는 데서 더 나
아가 점차 부조화, 불완전, 부적응을 그 자체로 세계의 모습과 미래
를 이해하기 위해 필수적인 것으로 여기기에 이르렀다.《종의 기원》
의 마지막 개정판에서 그는 다시 눈을 주제로 삼는다. 눈은 감각기
관 중에서 가장 워즈워스적인 기관이며, 페일리의 논증에서는 자연
에서 인간의 위치가 얼마나 유리한지 말해주는 현저한 증거가 되는
기관이다. 다윈은 눈의 완벽함과 복잡성으로 인해 빚어지는 이론 전
개의 어려움을 인정한다. '이론에 관한 어려움'이라는 장의 첫 번째
절은 '극단적으로 완벽하고 복잡한 기관들'이다.

---

27) 자세한 논의는 이 책의 '12 인간을 위한 척도'를 보라.

다양한 거리에 초점을 잘 맞추고, 다양한 빛의 양을 수용하고, 모양과 색의 변화를 올바르게 인식하는 탁월한 기능을 가진 눈이 자연선택에 의해 생겨났다고 가정하는 것은 솔직히 고백하건대 지극히 터무니없어 보인다(217쪽).

곧이어 그는 "하지만 이성이 말해주는 것은 다르다"라고 하면서 몇 개의 조건절과 그에 따른 종속절을 나열하고 맨 뒤에 주절을 붙인다. "하지만 이성이 말해주는 것은 다르다. …… 믿음은 충분히 현실적이다"라는 부분은 앞의 인용문을 부정한다.

하지만 이성이 말해주는 것은 다르다. 만약 완벽하고 복잡한 눈에서 불완전하고 단순한 눈에까지 점차적으로 변화하면서 눈의 소유자에게 유용한 영향을 주는 수많은 단계들이 존재한다는 것을 증명할 수 있다면, 나아가 눈이 꾸준히 조금씩 변하고 그 변화가 유전되어 확고한 사례를 이룬다면, 또한 감각기관의 변이나 변형이 변화하는 삶의 조건 속에 있는 동물에게 계속 유용하다면, 설사 우리의 상상력으로 이해할 수는 없다 해도, 완벽하고 복잡한 눈이 자연선택에 의해 생겨날 수 있다는 믿음은 충분히 현실적이다(217쪽).

여기서 '이성'은 상상력의 경계를 가로지르고 자연선택에 대한 믿음은 충분히 현실적이지만, 우리의 상상력이 제약된 탓에 그렇게 느끼지 못한다. 이 문장은 추론이 축적되어 겉으로 드러나는 지점에 이르는 과정을 보여준다. 이렇게 이성의 권위에 의지하여 상상의 한계 너머로 가려 하면, 언뜻 이성과 상상의 구분이 명료해지는 듯 보여도 실은 오히려 더 모호해진다. 비록 과학적 논증에서는 상상의 권위가 이성에 미치지 못하지만, 다윈은 그 두 용어를 바꿔 써도 별로 상관이 없다고 본다.

그는 여전히 역사와 우주론에 반감을 가지고 있다. "신경이 어떻게 빛에 감응하게 되는가 하는 문제보다는 생명 자체가 처음에 어떻게 탄생했는가 하는 문제가 우리의 관심을 더 끈다." 하지만 그는 콩트주의자처럼 기원에 관한 논의를 거부함에도 그 문제에 관심을 가지고 있다. 사물은 어떻게 해서 지금의 상태가 되었는가? 이것은 그의 중대한 논지다. 사물의 변화는 그의 이론에서 기본을 이루지만, 그가 돌연변이, 반응, 변종을 강조하는 것으로 볼 때 '앞으로 어떻게 될 것인가'는 설명이 불가능한 문제다. 그가 현상을 서술하는 수준은 적응이 어떻게 일어나느냐에 있지 않고 특정한 적응이 살아남는 데 어떤 요인들이 유리하게 작용하느냐에 있다. 으레 그렇듯이 그는 논쟁을 피하려고 하면서도 가설을 만드는 데 더욱 몰두하면서 여러 가지 가능성을 더 추론한다. 그의 아들 프랜시스는 이렇게 말한다. "하지만 몇 가지 사실 때문에 나는 예민한 신경이면 무조건 빛에 민감해질 수 있다는 것을 의심한다. 이는 공기의 진동이 무조건 음파를 만들어내지 않는 것과 마찬가지다"(217쪽).

여기서 그의 논증은 정신과 세계의 **불일치**를 강조한다. 인간의 이미지 창출력으로는 인간을 넘어서는 세계의 속성들을 설명하기에 충분치 않다. 그에 따르면, 이성은 세계를 이해하기 위한 우리의 가장 좋은 도구이고 우리를 사실 너머로, 심지어 상상 너머로 데려갈 수도 있다. 하지만 그는 그래도 불충분하다는 이론적 역설을 주장한다. 부적응은 정신세계에서나 물질세계에서나 자연의 일부다.

이렇게 중대한 **불일치**의 감각을 다윈이 수용한 이유는, 유기체와 종 내부에서 끊임없이 변화와 조정이 일어난다는 그의 주장이 옳다면 잘못된 접합, 불충분하거나 불완전한 적응도 얼마든지 있을 수 있기 때문이다.[28] 기원은 떨어져 나가고, 형성만이 주제가 된다. 풍부하다는 것은 곧 뒤틀리고 손상된 것도 포함한다는 의미일 뿐, 잘못이 전혀 없는 완벽함을 뜻하지는 않는다. 과정은 그때그때의 대응이며, 각 계기는 고정되고 완성된 형태가 아니라 다양한 잠재력의 기반이 된다.

초판본에서 눈에 관한 구절은 다음과 같다. "자연선택은 절대적인 완벽함을 낳지 않는다. 또한 **우리는 우리 스스로가 판단하는 한,** 자연 속에서 늘 높은 기준에 부합하지는 못한다"[강조는 필자]. 완벽함을 판단하는 우리의 기준은 잠정적으로만 인정된다. 위의 구절 다음에는 이런 말이 나온다. "빛의 수차(收差)를 바로잡아야 한다는 사실은, 높은 차원에서 보면 가장 완벽한 기관인 눈조차 완벽하지 않다는 것을 말해준다." 제6판에서 그는 다음과 같은 내용을 추가한다.

많은 사람들에게서 현명한 판단력을 인정받는 헬름홀츠는 인간의 눈이 지닌 대단한 능력을 매우 설득력 있게 서술한 뒤, 이런 놀라운 말을 덧붙인다. "광학 기계와 망막의 이미지가 부

---

28) Dov Ospovat, 'Perfect Adaptation Teleological Explanation: Approaches to the problem of the History of Life in the Mid-Nineteenth Century', *Studies in the History of Biology*, 2(1978), 33~56쪽.

정확하고 불완전하다는 사실은 감각의 영역에서 우리가 마주치는 숱한 부조화에 비하면 아무것도 아니다. 자연은 모순을 축적하는 데서 기쁨을 느낀다. 외부세계와 내부세계가 조화를 이룬다는 기존의 이론은 근거를 잃는다"〔강조는 필자〕(페컴, 373~374쪽).

헬름홀츠(Helmholtz)가 말하는 자연은, 의인화되고 익살스럽게 빈정대는 변덕꾸러기이며, 의인화에 반대하는 온갖 비판에도 끄떡하지 않는다. 그러나 다윈에게 더 중요한 것은 정신세계와 물질세계 사이의 워즈워스적인 '기존의 조화'가 제거된다는 점이다. 그것은 일정한 순서에 따르는 과정을 통해 생겨나는데, 그 순서는 시간에 묶여 있다는 점에서 언제나 일시적이지만 끊임없는 쇄신이 가능하다.

헬름홀츠는 〈시각 이론에 관한 최근의 진보(The Recent Progress of the Theory of Vision)〉(1868)라는 논문의 끝부분에서 다윈처럼, 괴테의 《파우스트》에 나온 세계의 붕괴를 안타까워하는 구절을 인용한다.

독자는 아마 과학을 비난하고 싶은 기분일 것이다. 과학은 우리에게 감각을 통해 제시된 공정한 세계를 무익한 비판으로 붕괴시키고 산산조각 내는 방법만 알고 있기 때문이다.

슬프도다! 슬프도다!
그대는 강력한 주먹으로
아름다운 세계를
파괴했도다. ……

이 구절은 잃어버린 아름다움이 부서지고 해체되는 과정을 묘사한다.

> 우리는 파편들을
> 무(無) 속으로 가져갔다네.

헬름홀츠는 독자가 느끼는 잃어버린 전체성의 감각에 공감한다. 프로이트도 편집증에서 자아와 세계의 괴리를 분석할 때 같은 구절에 유의한 바 있다.[29] 외부세계에 대한 신뢰의 상실은, 대격변을 거친 뒤 자아가 그 자체의 심상에 따라 세계를 다시 정립해야 한다는 것을 뜻한다. 외부세계와 내부세계의 조화를 주장하는 이론의 근거를 완전히 제거하면, 심리 내부에서 대규모 보상 활동이 일어난다. 괴테—다윈—헬름홀츠—다윈—프로이트로 이어지는 지적 계보는 부조화의 세계 속에서 인간이 부적응과 취약함에 시달리는 암울한 과정을 분석한다. 아울러 세계를 인증하는 유일한 힘에 자아가 사악하게 집착하는 과정도 분석한다.

다윈 자신은 대상과 이론의 인식론적 접합을 암시함으로써 그런 암울한 상태를 모면할 수 있었다. 부적절하거나 실현되지 못한 적응

---

29) *Popular Lectures on Scientific Subjects*, E. Atkinson 옮김, J. Tyndall 서문(런던, 1873), 269~270쪽. 'A Case of Paranoia', *The Standard Edition of the Complete Psychological Works of Sigmund Freud*, J. Strachey 엮음(런던, 1953~1956), 17:455~458쪽. 슈레버(Schreber) 박사는 편집증에 사로잡혀 세계가 재앙으로 멸망했다고 믿었다. 프로이트는 괴테의 시구를 인용해 이렇게 말한다. "편집증 환자는 외부세계를 자기 망상의 작용으로 다시 세운다"(457쪽).

은 붕괴나 조화로 이어질 수 있다. '미지의 법칙'이 이론의 일부분으로 포함되어야 한다. 그의 은유적 언어, 유비의 검토는 불완전한 접합과 함축적인 유사성을 드러낸다.

3장

다윈의 플롯

DARWIN'S PLOTS

아널드(Arnold)는 클러프(Clough)에게 "세계의 다양성에 정복당하지 않으려면 세계의 관념에서부터 시작해야 한다"는 것을 키츠가 이해하지 못했다고 썼다.[1] 이 논쟁에서 다윈은 키츠의 편에 섰다. 그는 세계의 다양성에서 출발하여 그것에 압도되고 나서 그것을 물질이자 관념으로 이용한다. 그런 태도는 그 자체로 일차적 원인과 목적의 문제를 해소하는 데 접근한다. 그는 출발점이 될 만한 세계의 '관념'이 선행한다는 것을 인정하지 않는다. 그렇다고 해서 그가 이론을 거부하는 것은 아니며, 사실이 비활성적이라고 믿는 것도 아니다. 1861년 포셋(Fawcett)에게 보낸 편지에서 그는 자신의 입장을 명확히 밝힌다.

---

1) Matthew Arnold, *Letters to Arthur Hugh Clough*, H. F. Lowry 엮음(런던, 1932), 97쪽.

약 30년 전에는, 지질학자들은 관찰만 하고 이론을 만들어서는 안 된다는 견해가 일반적이었다. 그렇다면 차라리 채석장에 들어가 돌 멩이들의 수를 세고 색깔을 묘사하는 게 더 낫겠다고 항변하는 것을 들었던 기억도 난다. 관찰이 조금이라도 용도를 가지기 위해서는 어떤 견해를 지지하거나 반대해야 한다. 이것을 알지 못한다면 얼마나 이상한 일인가.[2]

예언적 은유

프랜시스 다윈은 자기 아버지에 대한 《회상록(*Reminiscences*)》에서 이렇게 썼다. "그는 마치 내부에 이론화하는 힘이 가득 차 있어 통로만 보이면 그곳으로 일사불란하게 흘러갈 준비를 갖춘 듯했다. 그래서 아무리 작은 사실이라 해도 이론의 물꼬를 트기에 충분했다."[3]

다윈의 풍부한 상상력은 영속적인 세계의 풍부함에 의거해 여러 가지 가능성을 끊임없이 타진하고 확장했다. 그는 선행하는 관념이나 그것에 부수되는 예정된 설계와 같은 발상을 거부했기 때문에 서술 방식도 세계의 다양한 물질성 안에 존재하는 조화에 큰 비중을 두었다. 이것은 지식의 일부가 되었을 뿐 아니라 지식을 조직하는 주요한 수단이 되었다. 하지만 그와 동시에 다윈의 이론은 변이와 변

---

2) *More Letters*, 1:176쪽. 1860년 11월 22일자 W. W. Bates에게 보낸 편지.

3) *The Autobiography of Charles Darwin and Selected Letters*, F. Darwin 엮음(뉴욕, 1892, 재인쇄 1958), 101쪽.

화를 강조하므로 조화의 에너지가 변화한다는 것도 인정할 수밖에 없었다. 아리스토텔레스는 《시학》에서 "훌륭한 은유는 직관적 인식을 닮지 않은 것에서 유사성을 직관적으로 인식하기 때문에" 은유는 천재의 표시라고 말했다. 그런 인식은 형태론적 범주화에서도 중요하고 다윈이 말하는 발생의 역사에서도 중요하다. 그러나 다윈은 유사한 것에서 차이도 식별해야 하였다(때로는 그것이 더 어려웠다). 그에게 이탈, 일탈, 우연은 지속적인 변화의 소재였다.

유비와 형태론은 다양한 형태의 공통적인 구조를 발견하는 데 도움이 된다. 유비의 경우 그 공통성을 드러내기 위해서는 먼저 두 가지 유형의 경험을 나란히 놓고 일치하는 요소들을 찾아낸 뒤, 하나의 유형을 다른 유형으로 연장하면 된다. 그래서 유비에는 언제나, 다른 은유 형태에서는 필요하지 않은 이야기의 느낌, 순서의 감각이 있다.

비유가 이야기적인 은유라면 유비는 예언적인 은유다.[4] 비유에서는 대상과 의미가 일대일 대응관계를 유지하지만, 유비는 **불안정**하기 때문에 형태의 만족과 힘이 부분적으로 느껴진다. 유비의 여러 단계를 쫓아가다 보면 평행선이 멀어지는 지점이 끝내 나오지 않을

---

4) Mary Hesse는 *Models and Analogies in Science*(노트르담, 인디애나, 1966)에서 과학적 은유의 예측적 기능을 강조한다.

은유의 관점에서 보면 …… 설명의 영역이 또 다른 체계에서 이전된 용어로 재서술되기 때문에 원래의 관찰 언어는 의미도 달라지고 어휘도 확장된다. 따라서 예측은 유력한 의미에서 가능해진다(171쪽).

이런 기능에서 중요한 것은 유비의 이야기적 요소다. 이와 관련해서는 이 책의 186~197쪽을 보라.

지도 모른다는 불안감을 경험한다. 반(反)유비는 전체 순서를 붕괴하거나 퇴행시킬 수도 있다. 다윈의 목적은 잠정적이거나 은유적인 것을 넘어설 수 있는 유비를 발견하고 그 '참된 유사성'을 입증하는 데 있다. 유비는 상동(相同) 관계가 될 수 있다. 그럴 경우, 유사한 이야기 유형은 실제적 동일성을 드러내며, 두 유형 간의 거리는 사라진다. 총체적이고 만족스러운 조화가 실현된다.

은유에서는 일치만이 아니라 대립도 필요하지만 유비에서는 완전한 해결이 목적이다. 물론 그 목적이 달성되는 경우는 드물다.[5] 유비는 추론과 논증의 성격이 강하므로 이미지보다는 이야기에 가깝다. 가설의 경우처럼, 욕망은 제약을 현실로 변형하고자 한다. 또한 가설의 경우처럼, 그런 변형은 허구에서 진실로 변하는 과정으로 나타난다. 가설은 잠정적인 진실이며 잠정적으로는 허구의 모습을 취하지만 궁극적으로는 확증을 추구한다.

다윈의 사유 과정에서는 한 가지 운동이 끊임없이 반복된다. 그것은 은유를 실체화하려는 충동, 낡은 신화적 표현이 자연 질서에서 차지하는 실제 위치를 찾으려는 충동이다. 그는 사실(fact) 속의 신비스러운 요소를 우리에게 일깨워주는 데서 큰 기쁨을 느꼈다(여기서 우리는 비범한 언어 능력으로 과거를 복원하고 일상생활의 경이를 되살린 칼라일의 영향을 볼 수 있다). 일상 속에 존재하는 기이하고 아름답고 멋진 것은 빅토리아 시대 상상력의 주요한 주제였다. '사실'의

---

5) David Lodge, *The Modes of Modern Writing: Metaphor, Metonymy, and the Typology of Modern Writing*(런던, 1977)은 은유와 환유의 관계를 명쾌하게 정리한다.

탐구는 디킨스와 칼라일, 홉킨스에게 환상의 탐험과 같은 것이었다. 다윈은 낯익은 것을 걷어내고 낯선 것을 되살려 자라도록 만드는 일에서도 기쁨을 느꼈다. 《종의 기원》에서는 '사실'이라는 말이 나올 때마다 다윈의 찬탄이 덧붙는다. "진정으로 멋진 사실, 너무 낯익은 탓에 간과하기 쉬운 경이"(170쪽), "이 위대한 사실"(171쪽), "대단히 멋지고 안정된 사실"(259쪽) 같은 표현이라든가, (특별히 까다로운 명제들을 나열한 뒤) "우리는 그런 사실을 말할 수도, 설명하기를 바랄 수도 없다"(371쪽)는 말이 그런 예다. 평범해 보이는 것, 설명하기 어려운 것, 당연시된 것을 실현하고 구체화하고 보충하는 것은 다윈이 언어적 상상력을 통해 시도하는 기획의 주요한 특징이다.

다윈이 '멋지고' '특별한' 사실을 강조하는 데서 우리는 칼라일이 말한 '인간의 위대한 열정'의 자취, 즉 과거를 생생한 물리적 존재감으로 되살리려는 시도를 확인할 수 있다.[6] 이 모든 것은 언어와 관념으로서만이 아니라 우리가 살아 있는 것처럼 실체적으로 살아 있다. 그 낭만적 유물론의 영향으로 다윈은 물리적 증거에 더욱 의존하게 된다. 젊은 시절에 그가 셰익스피어와 더불어 '불가사의의 책(The Book of Wonders)' 같은 문헌에서 사상을 형성하는 데 도움을 받았다고 말한 것도 같은 맥락이다.

빅토리아 시대에 사실과 불가사의의 축은 묘한 균형을 유지했다.

---

6) 다윈은 칼라일의 저작이 나올 때마다 읽었다(공책 119). 예를 들면 'Chartism', 1840년 1월; 'French Revolution', 1839년 3월; 'Past and Present', 1843년 5월; 'Hero Worship', 1840년 3월 등이다. 나중에 *Autobiography*에서 그는 칼라일의 오만함과 권위주의를 반박했다. 이는 칼라일의 사상적 위치가 변했기 때문일 것이다.

ON

THE ORIGIN OF SPECIES

BY MEANS OF NATURAL SELECTION,

OR THE

PRESERVATION OF FAVOURED RACES IN THE STRUGGLE
FOR LIFE.

By CHARLES DARWIN, M.A.,

FELLOW OF THE ROYAL, GEOLOGICAL, LINNÆAN, ETC., SOCIETIES;
AUTHOR OF 'JOURNAL OF RESEARCHES DURING H. M. S. BEAGLE'S VOYAGE
ROUND THE WORLD.'

LONDON:
JOHN MURRAY, ALBEMARLE STREET.
1859.

《종의 기원》 표지

자연선택을 통한 진화론을 전개한 지 20년이 지난 1859년, 다윈은 그 주제를 다룬 첫 책을 출간했다. 예상대로 폭발적인 논쟁을 일으켰다.

빅토리아 사람들은 사실이라는 말을 사용할 때 흔히 행위와 관찰을 결합시킨다. 사실은 행위이자 대상이며, 행해진 것이자 범주화된 것이다. 나아가 빅토리아 문헌에 나오는 사실이란 말은 그와 같은 계열에 속하는 위업(feat)이라는 영웅적 의미를 포함한다. 이 말은 비활성과 무관하며, 활기에 넘친다는 의미다. 다윈이 사용하는 사실이라는 말은 대개 이루어진 것이라는 의미다. 그 말은 명명백백하지만 동시에 신비 속으로 들어간다. '사실'이라는 단어는 인증의 역할도 가진다. "인간은 허구를 만든다"라는 킹즐리의 말에서처럼 그것은 원천 혹은 기원의 용도로 사용된다.

> 인간은 이야기를 짓는다. …… 그러나 무엇을 가지고 지을까? 이 위대한 세계에서 자신이 보고 듣고 느낀 일부 사물들을 가지고 마치 꿈을 꾸미는 것처럼 이야기를 짓는다. 그러면 진실을 만들고 사실을 만드는 것은 누굴까? 신이 아니고 누구겠는가?[7]

이런 해석에서 사실이란 곧 신의 행위다. 그러나 다윈이나 클로드 베르나르 같은 과학자들에게 경험론은 꿈의 위험성도 가지고 있다. 베르나르에 따르면, 사실 자체는 '잔인한 사실(faits brutals)'에 불과하다.[8] 모든 물리적 대상이 극단적인 일시성으로 존재하는 다윈의 시간 개념에서는 사실이 법칙과 동일시된다. 그리하여 '사실'과 이론이 수렴한다. 시간은 대상이 아니라 관념에 의해 유지된다. "모든 유

----

7) Charles Kingsley, *Madam How and Lady Why*(런던, 1870), 144쪽.

기체를 망라하는 이 원대한 사실을 창조론으로 설명하는 것은 전혀 불가능하다." "모든 시간과 공간에 속하는 모든 동물과 식물이 서로 연관되어 있다는 것은 진정으로 멋진 사실, 너무 낯익은 탓에 간과하기 쉬운 경이다." 여기서 사실은 알려진 것만이 아니라 그의 이론에서 새로운 것과도 동일시된다. "각각의 종이 별도로 창조되었다는 견해를 택하면, 모든 유기체의 분류에서 찾을 수 있는 이 위대한 사실을 설명할 수 없다." 사실과 발견은 하나로 뭉뚱그려진다. 이렇게 사실을 대하는 태도는, 디킨스가 《어려운 시절(*Hard Times*)》에서 조롱한 공리주의적 범주화와는 전혀 다르다. 그런 맥락에서 보면, 다윈이 1860년에 주장한, "나는 관찰을 잘하면 좋은 이론을 정립할 수 있다는 낡은 믿음을 가지고 있다"는 말을 새로이 조명할 수 있다. 또한 메더워(Medawar)가 말했듯이, 나중에 다윈의 《자서전》에 나오는, "베이컨의 원리에 입각하여 아무런 이론 없이 무차별하게 사실들을 수집했다"라는 주장도 이상해 보인다.[9]

목적론적 질서의 증명 — 잠재적 유비

유비를 단지 예시적인 보조 기능으로가 아니라 타당한 논증 과정

---

8) Claude Bernard, *Introduction à l'étude de la médecine expérimentale*, François Dagognet 서문(파리, 1966), 초판 1865년. Claude Bernard와 소설의 관계에 관해서는 나의 글 'Plot and Analogy with Science in Later Nineteenth-Century Novelists', *Comparative Criticism*, E. Shaffer 엮음, 2(1980), 131~149쪽을 보라.

9) P. B. Medawar, *Induction and Intuition in Scientific Thought*(런던, 1969), 101~111쪽.

의 일부로 받아들인 경우는 과학의 역사에서 흔히 볼 수 있다. 유비는 내재적인 유사성을 강조하므로 질서정연한 우주관을 지지하는 경향을 가진다. 실제로 16세기와 17세기에는 보편적 유비 개념이 가시적 세계를 신학으로 설명하는 데 필수적이었다. 러브조이(Lovejoy)가 분석했듯이, 거대한 존재 연쇄의 철두철미하게 유비적인 구성은 이 점을 명확히 해준다.[10] 이 논리를 더욱 연장하면 세계의 현상들은 무한히 치환될 수 있고, 서로가 서로를 거울처럼 비추며 궁극적으로는 설계의 개념을 제시하는 상징처럼 보이게 된다. 유사점의 발견은 설계를 지지하는 논증이 발달하는 과정이었다.

유비를 만드는 행위는 논증만이 아니라 인간의 인식에도 필수적이다. 의미는 유비를 전제한다. 완전히 독자적인 것을 서술하기란 불가능하다. 우리는 이미 알고 있는 것에 의거해 새것을 이해한다. 비교하지 않고는 이해도 할 수 없다. 그러나 유비는 논증에서 단지 서술 방식이나 유사성의 토론만이 아니라, 조화를 주장하고 유형과 질서를 자비로운 설계자의 산물로 귀속시키는 수단으로 사용될 수 있다. 이런 기능 때문에 유비는 자연신학의 무기가 되었다. 따라서 유비는 목적론적 질서를 증명하는 증거로 볼 수도 있다.

논증 절차로서의 유비에 내포된 위험성은 과학자들만이 아니라 신학자들도 잘 알고 있었다. 그 유혹적으로 편향적인 응용성, 반유

---

10) A. O. Lovejoy, *The Great Chain of Being: A Study of the History of an Idea*(케임브리지, 매사추세츠, 1936); Earl R. Wasserman, 'Metaphors for Poetry', *The Subtler Language*(볼티모어, 1959), 169~188쪽 및 'Nature Moralized: the Divine Analogy in the Eighteenth Century', *ELH*, 20(1953), 39~76쪽.

비적 요소들을 일체 금지하는 경향은 증명을 넘어서는 것까지 주장할 수 있다는 것을 뜻한다. 또한 유비를 형식적으로만 사용할 수도 있다. 이 경우, 그 응용성이 오래가지 못하고 이야기의 기능만 남게 된다. 유비 과정으로 설명할 수 없는 배제된 측면들의 기억 속에서 이야기가 되살아나기 때문이다.

페일리는 《자연신학(*Natural Theology*)》의 첫 부분에서 흥미로운 비유를 제시한다. 이것이 흥미로운 이유는 분리된 대상들이 초현실적 풍경을 보여주기 때문이다.

만약 내가 길을 걸어갈 때 돌멩이에 발이 걸려 넘어졌는데 누가 내게 돌멩이가 어떻게 거기 있게 되었느냐고 묻는다면, 나는 내가 알든 모르든 돌멩이가 오래전부터 거기에 놓여 있었다고 대답할 수 있을 것이다. 이 대답이 엉터리라고 반박하기란 쉽지 않다. 하지만 만약 내가 땅바닥에서 시계를 발견했는데 누가 내게 어떻게 해서 시계가 그곳에 있게 되었느냐고 묻는다면, 아까 그 대답을 할 수는 없다. 즉 나는 내가 아는 한 시계가 늘 거기 있었다고 말할 수는 없다. 왜 돌멩이의 경우에 했던 대답을 시계의 경우에는 할 수 없을까? 왜 앞에서는 통했던 대답이 이번에는 통하지 않을까? 그 이유는 시계를 조사해보면 알 수 있다. 시계의 경우, 우리는 돌멩이에서는 볼 수 없던 것을 볼 수 있다. 그것은 바로 시계는 부품들이 특정한 목적으로 맞춰지고 조립된 산물이라는 점이다.[11]

이 장면은 묘하게 구체적이면서도 잠정적이다. 유비의 체계는 일반성과 분절화된 세부 사이를 급속하게 이동하며 불안정성을 드러낸다. 권위는 있으되 부조리하다. 유비의 계획은 부조리와 부적합한 증거를 각색하고, 저항을 일깨우고, 조화의 감각을 만족시키는 데 있다. 그러면 우리는 유비가 의미하는 것을 최대한 수용할 수 있다. 이런 과정은 수수께끼와 비슷하다. 그것은 닮지 않은 대상들을 묶고 공유된 의미를 풀어내며, 수수께끼처럼 만족을 주기도 하고 실망을 주기도 한다. 유비는 기대를 풍부하게 하기도 하고 초라하게 만들기도 한다. 화려한 감각과 평범한 감각은 둘 다 유비가 만들어낸 학습 과정에 중요하다. 체계의 급격한 변동, 개념과 대상 사이의 변덕스러운 운동으로 유비는 항상 판타지의 가장자리에 놓인다. 그러면서도 유비는 은유의 지위를 넘어 자연 질서 속에서 실재성을 주장한다.

페일리가 말하는 시계의 이미지는 나중에 판타지로 빠지게 된다. 그의 논증을 따른다면, 미래 세대의 시계들을 증식하는 시계를 제안할 수밖에 없게 되기 때문이다.

씨앗이 특정한 유기체를 포함한다는 것을 의심할 수 있을까? 무릇 배아라면 임시적인 영양 공급의 수단을 가진 잠재적 배아든, 아니면 다른 무엇이든 식물이 발아하는 데 적합한 구성을

---

11) William Paley, *Natural Theology*(에든버러, 1849), 11쪽. 다윈은 Paley의 논증 방법이 자신에게 중요한 교육적 가치를 가졌다고 썼다(*Autobiography*, 32쪽). Dov Ospovat, *The Development of Darwin's Theory: Natural History, Natural Theology and Natural Selection, 1839~1859*(케임브리지, 1981)를 참조하라. 이 탁월한 책은 안타깝게도 너무 늦게 나온 탓에 나의 연구에 큰 도움이 되지 못했다.

가지고 있게 마련이다. 씨앗을 생산한 식물은 그것에 적합한 구성을 취하고 있다. 시계 역시 기계적 과정에 따라 생산된 시계의 구조를 취하고 있다. 이 둘 중 어느 것이 더 밀접한 관계일까? 달리 말해 모종의 고안과 관계가 있을까? 시계를 제작하고 고안한 사람이 시계 안에 또 다른 시계의 생산에 적합한 메커니즘을 삽입한다면, 실은 다른 시계를 제작하고 고안하는 것이다. …… 예전 시계의 영향을 받아 시계를 생산한다면 그는 같은 종류의 도구들을 가지고 작업하는 셈이다. 식물의 경우도 마찬가지다. 씨앗은 씨앗에 의해 생산된다. 시계를 생산하는 것과 식물을 생산하는 것, 이 두 경우를 어떻게 구분할 수 있을까? 둘 다 수동적이고 무의식적인 실체이며, 이해나 설계의 관념 없이 주어진 구성에 의해 자신과 유사한 것을 생산한다. 그렇다면 둘 다 도구가 아닐까?(39~40쪽)[12]

불합리하다는 비난을 피하기 위해서는 유비를 이야기 구조로 만들어야 하지만, 유비의 허구성—즉 선택성—을 유심히 살펴보면, 유비가 근거 있는 진리라는 주장은 곧바로 흔들린다.

유비의 교묘하고 계시적인 성질은 마술과 비슷하다. 유비는 화려

---

[12] Samuel Butler는 *Erewhon*(1872)에서, 다윈 이론의 초기 풍자적 비판 중 하나인 Paley의 'The Book of the Machines'에 나온 시계의 유비를 발전시킨다. 놀랍게도 그는 나중에 Paley를 완전히 잊고 있다가 Thomson 덕분에 다시 상기했다고 말한다. 다윈과 버틀러 사이의 논쟁은 Basil Willey, *Darwin and Butler: Two Versions of Evolution*(런던, 1960)에 소개되어 있다. 다윈에 대한 Butler의 창조적 대응은 나중에 그가 다윈에게 표절 시비를 걸면서 복잡해지고 다소 제한되었다.

하면서도 수수한 방식으로 조화를 이루는 특별한 미덕을 지니고 있
다. 유비의 담론은 다른 것들 사이의 (억지로 부여된 관계가 아니라)
살아 있는 관계를 내세운다. 소박한 것을 탁월한 것으로, 하등한 것
을 고등한 것으로 변형시키는 유비의 힘은 그리스도교도들이 성사
(聖事)에서 깨닫는 경험의 형성에 의존한다. 유비는 변형을 요구하
며, 암묵적으로 초(超)실체화를 주장한다.

유비를 신학적으로 이용한 사례로는 버틀러(Butler) 주교의 《자연
의 구성과 경로에 대한 자연종교와 계시종교의 유비(*The Analogy of
Religion Natural and Revealed to the Constitution and Course of
Nature*)》에 나오는 자연 질서와의 조화를 들 수 있다.[13] 이 책의 광
범위한 영향을 받아 많은 학자들이 물리적 세계와 관념적 세계, 자
연종교와 계시종교 사이의 유비를 추구하게 되었으며, 반면 또 다른
학자들은 자연 질서의 다양한 영역들 간의 유비를 찾고자 했다. "자
연은 일반 법칙에 따라 움직이는데, 이 법칙을 찾기란 어렵다"(II, iv,
4쪽). 버틀러는 이렇게 말한 뒤 유전, 심리학, 정치학에 함축된 법칙
을 인용하면서, 우리는 아직 알려지지 않은 일반 법칙의 소산을 흔
히 우연의 탓으로 돌린다고 지적한다.

우리는 물질의 일반 법칙 몇 가지를 알고 있다. 생물체의 자
연 행동은 대부분 일반 법칙으로 환원할 수 있다. 그러나 어떤
의미에서 보면 우리는 폭풍, 지진, 기근, 역병이 어떤 법칙에

---

13) Bishop Butler, *The Analogy of Religion Natural and Revealed to the Constitution
and Course of Nature*(런던, 1736).

의해 인류를 파멸시키는 수단이 되는지 전혀 알지 못하고 있다. 어느 시간, 어느 공간에 세계에 태어난 인간들이 저마다 다양한 능력과 소질, 성격을 가지게 되는 법칙, 수많은 사례들을 통해 생각이 우리 마음속에 생겨나게 되는 법칙, 세계의 사건과 상태에 지대한 영향을 미치는 무수한 일들이 일어나는 법칙, 우리는 그런 법칙들을 전혀 알지 못하며, 그것들에 의해 일어나는 사건들을 우연이라고 말한다. 그러나 합리적인 사람은 실제로 우연이란 없음을 잘 알고 있다. 우연처럼 보여도 실은 일반 법칙의 소산이며, 그 법칙으로 환원될 수 있다는 결론을 내린다.

다윈도 마찬가지 입장이다. 그는 우연이란 아직 알지 못하는 법칙을 가리키는 이름일 뿐이라고 말한다. 프로이트는 중층결정(over-determination)의 개념으로 그것을 설명한다. 또한 T. H. 헉슬리는 〈생명의 물리적 토대에 관하여(On the Physical Basis of Life)〉라는 글의 도입부에서 같은 논거를 이용하여 버틀러와는 전혀 다른 결론을 내린다. 버틀러는 "관찰을 통해서도 신체가 우리 자신의 일부가 아니라는 것이 증명된다"라고 생각하지만, 헉슬리는 "모든 생물체에 공통적인 요소가 한 가지 있다. …… 생명체의 그 무한한 다양성은 관념적 통일성만이 아니라 물리적 통일성으로 묶여 있다"라고 본다. 나아가 헉슬리는 "생명체의 모든 다양성에 내재하는" "기능 공동체" "감춰진 연계"를 추구한다.

살아 있는 다양한 종류의 생물들만큼 기능, 형식, 내용에서 서로 현격하게 달라 보이는 것이 또 있을까? 바위의 광물성 외피와 거의 닮은 모습으로 바위 위에 달라붙어 사는 이끼와, 그것을 아름다움으로 파악하는 화가, 혹은 지식의 대상으로 여기는 식물학자 사이에는 어떤 기능 공동체가 있을까?[14]

설계자 신의 질서이든, 혈연 공동체이든, '단일한 생명의 물리적 토대'이든 일단 단일한 질서가 성립되면, 유비는 안정될 수 있다. 유비는 잠재적이면서도 현실적인 연관성을 가시화하는 인식의 도구로 자리매김할 수 있다. 또한 유비에서는 시간과 공간을 가로지르고 우리의 습관적 범주들을 무시하는 것도 가능하다. 유비는 경계를 모호하게 하며, 지속적으로 다양성을 강조하는 데에 의문을 제기한다. 그러나 유비의 사례들은 불연속적이기 때문에 유비에서 의지를 떼어내기란 쉽지 않다. 선택된 사례는 고안의 형식으로 구성된다. 그런 탓에 유비는 모든 현상을 상호연관된 것으로 보는 보편주의적 세계관과 아주 잘 어울린다.[15]

---

14) T. H. Huxley, 'On the Physical Basis of Life', *Fortnightly Review*, N. S. 5(1869), 129~145쪽.

15) Clerk Maxwell은 초기 논문(1854)에서 유비적 형태를 논의한다. "자연에 진정한 유비가 있는가? 모든 자연 현상은 다양한 운동을 보이지만 실은 복잡성에서만 다를 뿐이다." 정신과 자연이 비슷해지려면 정신에 의해 유발되지 않는 진정한 유비가 자연에 존재해야만 한다. M. Hesse, 'Maxwell's Logic of Analogy', *The Structure of Scientific Inference*(런던, 1974), 209쪽의 주; James Clerk Maxwell, 'On Faraday's Lines of Force', *The Scientific Papers*, W. D. Niven 엮음(케임브리지, 1890), 1:155~229쪽.

'자연종교'(혹은 '자연신학')와 '자연의 성격'이 이루는 조화에 대한 강조는 우화의 범위를 넘어 자연세계에 설계의 개념을 도입했다. 또한 설계를 넘어 변형 현상까지 끌어들였다. 우선 설계의 개념을 보자. 형태론은 외양의 다양성을 구성하는 공통 구조를 설명한다. 페일리는 그 공통 구조를 이렇게 서술한다. "전반적 계획이 관철되지만, 각각의 경우에는 그 계획이 적용된 주체의 고유한 절박함 때문에 변이도 필요해진다"(121쪽). 예를 들어, 그는 '발, 날개, 지느러미'를 비교한다.

> 그러므로 조물주는 다른 상황, 다른 어려움에 대비하여야 했다. …… 날개의 깃털을 떼어내면 네발짐승의 앞다리와 똑같은 기관이 생겨난다. …… 그러나 깃털과 깃을 갖추면 그것은 원래의 외양보다 더 인위적이면서도 훨씬 더 멋진 기관이 된다(132쪽).[16]

여기서 언어는 대비하고, 떼어내고, 갖추는 등의 행위를 서술한다. 조물주는 적극적으로 간섭과 조정을 담당하는 존재다. 페일리는 원래의 계획과 다양한 응용이 지성을 드러낸다고 주장하면서, 아크라이트의 기계를 이용해 다양한 요구에 부응하는 올바른 설계의 원리를 예시한다. 또한 페일리의 이론은 세계의 다양성을 조직하기 위해 분주하게 노력하는 일차적 의식을 강조한다. 형태론에 관한 논의(415쪽)에서 다윈은 조물주의 드러난 계획이라는 관념으로부터 '자

---

16) *Natural Theology*, 132, 139~142쪽 참고.

'다윈의 불독' 토머스 헉슬리

토머스 헉슬리는 《종의 기원》을 열렬히 옹호했다. 그는 동물학자로 활동했는데, 그의 손자가 소설가 앨더스 헉슬리다.

연적 체계'를 분리한다. 그는 "시간이나 공간 속에서의 위치가 명시
되지 않거나, 조물주의 계획에 별도의 의미가 없다면, 우리의 지식
에 아무것도 더해질 게 없다고 생각한다"(399쪽)라고 말한다.

　다윈은 중대한 구분을 제안한다. 서술의 관념에 설계의 관념을 덧
붙이는 대신 그는 **전승**(傳承)의 관념을 덧붙인다(399쪽). 나아가 그
는 유사성, 혹은 '유형의 통일'이 "형태론이라는 일반적 명칭 아래
포함된다"라고 말한다.

> 　이것은 자연사의 가장 재미있는 부문이며, 그 영혼이라고 말
> 할 수도 있다. 움켜쥐기 좋도록 만들어진 인간의 손, 흙을 파기
> 에 적합한 두더지의 앞발, 돌고래의 지느러미, 박쥐의 날개보
> 다 더 흥미로운 것은 모든 기관이 같은 유형에 따라 만들어졌
> 고, 같은 뼈를 포함하며, 신체와의 관계에서 같은 위치에 있다
> 는 점이다(415쪽).

　다윈은 제6판에서 이 부분을 더 조심스럽게 수정하여 초자연적
'영혼'이 은유로 읽히도록 만들었다("이것은 자연사의 가장 재미있는
부문이며, 그 영혼이라고 말할 수도 있다"). 하지만 이 구절에도 설계
의 흔적과 계획의 언어를 볼 수 있다. '~하기 좋도록 만들어졌다'는
식의 동사적 표현이, 움켜쥐거나 흙을 파는 다양한 행위들을 통제하
고 있는 것이다. "모든 기관이 같은 유형에 따라 만들어졌다"라는 수
동형 문장도 마찬가지다. 이런 표현들은 눈에 확 띄진 않으나 다윈
이 다음 대목에서 유형의 유사성을 유용성이나 최종적 근거로부터
구분하는 데 필수적인 역할을 한다. "각 존재의 독립적인 창조를 내

세우는 일반적인 견해에 따라, 우리는 조물주가 기쁜 마음으로 동물과 식물을 만들었다고 말할 수 있다." 제4판에서 그는 짤막하게 "하지만 이것은 과학적 설명이 아니다"라고 덧붙인다.

자연신학적 설명에는 고안과 의식이라는 요소가 필수적이다. 페일리는 다음과 같이 주장한다.

> 설계자가 없다면 설계가 있을 수 없고, 고안자가 없다면 고안이 있을 수 없다. 선택이 없다면 질서가 불가능하고, 조정자가 없다면 조정이 불가능하다. 의도를 가진 이가 없다면 의도를 고려하며 그것을 따를 수 없다. 목적을 생각하지 않거나 목적에 맞는 수단이 없다면 목적에 적합한 수단을 찾을 수 없으며, 임무를 수행하고 목적을 달성하는 일이 불가능하다(15쪽).

칸트(Kant)와는 대조적으로 그는 의도가 없는 의도성—다윈식으로 말하면 의지 없는 적합성—을 생각하지 못한다. 무엇보다도 이런 이유에서 다윈에게는 유사성과 무의식이 중요한 대항 개념이 된다. "이러한 선택의 무의식적 과정"(148쪽), "서서히, 무의식적으로 축적된 …… 대량의 변화"(95쪽) 같은 구절에서 이런 사실을 볼 수 있다. 인위적 선택은 "질서정연하고 더 신속하게" 작용하며, 자연선택은 "무의식적이고 더 서서히, 그러나 더 효율적으로" 작용한다.

페일리는 '본능적인 욕망', 즉각적인 실현을 향하는 무의식적 성향을 거부한다. 그는 충분한 시간이 주어진다면 성향이 물질을 변화시킬 수 있다는 생각을 조롱한다.

살아 있는 생명체가 예를 들어 날고자 하는 성향을 가졌으나 그 모양이 마치 둥근 공처럼 생겨서 날 수 없다고 가정하자. 그런 생명체가 수백만 년은커녕 수억 년이 지난다 해도(우리의 이론가들은 영원함을 폐기했으므로 시간을 아낌없이 쓴다) 날개를 얻게 될 수 있을까?(242쪽)

페일리는 설계와 습관, 의도와 사용을 대비한다.

다윈은 페일리와 같이 사용과 습관이 주요한 변화의 힘이라는 생각에는 반대하지만, 자연선택이라는 또 다른 설명을 도입한다. 이 심원한 다윈의 사상은 변화의 새로운 동력을 밝혀주며, 설계나 사용이라는 개념이 필요없는 새로운 장을 열어준다. 다윈에게 남은 문제는 그것을 어떻게 의도성에 물든 용어로 표현하느냐 하는 것이다.[17] 이를 위해서는 인과적 유비보다는 잠재적 유비가 필요하다.

결정론에 따르려면 무의식과 망각이라는 관념을 수용해야 하듯이, 다윈의 이론은 사물의 잊음과 사라짐을 받아들여야 한다고 요구한다.[18] 이는 설명 방식을 위한 전제조건이다. 기원은 완전히 되살릴 수도 없고 새로 발견될 수도 없다. 생물 종에서도, 개별 경험에서

---

17) 변형과 그 이용에 관한 끈질긴 오해는 Ruskin이 *Love's Meinie*(케스턴, 켄트, 1873)에서 울새의 깃털을 두고 한 호전적인 농담에서 볼 수 있다.

생각건대 그 주제에 관한 다윈의 이론은, 새의 깃털이 과거에는 솔의 털처럼 완전히 곤두서 있었고 날아다닐 때만 몸에 달라붙어 있었다고 보는 듯하다. …… 머리솔을 맷돌에 부착하면 그것은 항상 한 방향으로 움직여 스스로 목으로 진화할 것이다. 머리솔이 풀피리 소리를 계속 들으면 오랜 진화가 이루어진 뒤 피리와 결혼하여 알을 낳을 테고 그 알은 나이팅게일이 될 것이다.

도, 심지어 언어에서도 기원은 언제나 언어와 의식에 선행한다. 헉
슬리는 이런 유비의 연관을 이용해 진화의 증거 부족을 정당화한다.

진화의 분명한 증거를 찾는 것이 전혀 불가능하다고 말할 필
요는 없다. 사안의 성격 자체가 처음부터 그런 증거의 가능성을
배제하기 때문이다. 인류가 자신의 기원을 증명할 수 없는 것은
아이가 자신의 탄생을 증언할 수 없는 것과 마찬가지다.[19]

기억에 앞서는 잃어버린 기원을 되찾을 수 없다는 주장은 프로이
트에게서도 볼 수 있다. 에른스트 블로흐(Ernst Bloch)는 이렇게 말
한다.

프로이트의 위상학은 과거를 향한 매우 훌륭한 시간 모델인
동시에, 미래를 향한 분명한 운동을 보여준다. 미래의 근본적
인 동기는 초기 유아기에 묻혀 있으므로 그런 모델 이해는 기
원으로 소급해간다. 따라서 프로이트적 무의식은 의식의 중단,
즉 실재의 원칙에서 볼 때 공식적으로 존재를 중단한 세계와
자아의 무의식이다.[20]

---

18) "결정론은 의지가 외적인 요인과 형성된 습관에 의해 특별한 경로로 결정되거나
　　이끌린다고 간주한다. 그러므로 자유의 의식은 주로 앞선 것들을 우리 마음대로
　　잊는 데 달려 있다." William Thomson, *Oxford Essays*(1855).

19) T. H. Huxley, 'Lectures on Evolution', *Science and Hebrew Tradition*(런던,
　　1893), 73쪽. 강연은 1876년에 있었다.

20) Frederic Jameson, *Marxim and Form*(프린스턴, 1971), 128쪽에서 인용.

'무의식'이라는 말에는 문제가 있다. 무의식은 그 부정형인 '의식'의 유령 같은 대립물로 드러난다. 의식의 아래에 무의식을 놓는 프로이트의 공간적 위계는, 의식과 확연히 분리되고 아무런 상관도 없는 영구적인 유기적 상태를 뜻하는 다윈의 무의식과는 크게 다르다.

다윈의 이론에서 잠재성이 **변화**의 원동력이라면, 망각은 **설명**의 대상이다. 둘 다 무의식의 여지를 허용하지만, 다윈의 목적을 고려할 때 무의식은 의도와(또한 '본능적인 욕망'과도) 명확히 구분되어야 한다.

하디는 다윈을 직접적으로 끌어들이지 않고도 다윈의 문헌 해석에 내포된 의미를 이해했다.

> 역사는 나무라기보다 시내에 가깝다. 역사의 모양은 비유기적이고 역사의 진행은 비체계적이다. 역사는 도로변의 시내처럼 세차게 흐르지만, 이따금 지푸라기 하나나 작은 모래벽 때문에 경로가 바뀌기도 한다(1885년 봄).[21]

유비에 관한 극단적인 견해로, 그것을 수사적 책략으로 보는 관점이 있다. 유비는 의미가 불안정하고, 과정이 왜곡되어 있으며, 외양만 그럴듯할 뿐 일시적이고 우연적인 유사성밖에 표현하지 못한다는 견해다. 또 다른 극단은 유비를 근거 있는 일치를 드러내고 안정적인 세계 질서의 감춰진 일관성을 통해 현실을 보여주는 발견의 도구로 보는 견해다. 유비의 인식이 변덕스럽고 일시적이냐, 아니면 설명의

---

21) Florence Hardy, *The Early Life of Thomas Hardy*(런던, 1928), 219~220, 225쪽.

수단으로 삼을 만큼 안정적 성격을 지닌 것도 있느냐 하는 문제는 19세기 중반에 논란의 초점이었다. 그중에서 특히 준엄한 것은 콩트의 견해다. 그는 예를 들어 '인력'보다 '중력'이라는 용어를 선호했는데, 본성이나 원인에 의거하지 않고 사실을 표현한다는 이유에서였다.[22] 그는 의식적으로 데카르트를 이어받아 명료한 과학 언어가 필요하다고 여겼으며, 은유는 통제할 수 없는 요소가 있기 때문에 사용하지 말아야 한다고 생각했다. 은유는 완전히 똑같지 않은 용어들을 통해 의미의 증식을 창출한다. 다윈이 글을 쓰던 시절에는 은유의 회피적이고 전이적인 성격을 비난하고, 명확하고 직접적인 과학과 철학의 언어를 추구해야 한다는 분위기가 성행했다. 조지 엘리엇 같은 작가조차 "사물이 무엇인지 명확히 밝히지 못하고 다른 것으로 에둘러 말하는 경향이 있다"라고 개탄했다.[23] 과학을 위한 안정적인 의미론은 1930년대 영국학술협회(British Association)가 천착하던 문제였으며, 다윈도 용어법에 관한 위원회에 직접 참여했다.

과학 이론 속 은유와 유비

과학 이론을 정립하고 가설의 가능성을 확장하는 유비와 은유의

---

22) "유비는 자연 또는 보편적 행동의 원인에 의거하지 않고 단순한 사실을 표현한다. 실증과학이 승인하는 유일한 설명을 제공한다. 다시 말해, 덜 알려진 사실들과 잘 알려진 사실들의 연관성을 설명할 수 있다." 'The Fundamental Theory of Hypotheses', *The Positive Philosophy*, H. Martineau가 요약 번역(런던, 1853), 1:182쪽.

23) *The Mill on the Floss*, G. Haight 엮음(옥스퍼드, 1980), 238쪽.

역할은 지난 30년 동안 과학철학자와 과학사가 들의 주요 관심사였다. 이 분야에서는 연구도 많이 이루어졌다. 개념들의 치환을 다룬 블랙(Black), 포퍼(Popper), 캉길렘, 헤스, 숀 등이 알차고 암시적인 저작들을 내놓았고, 이를 보완하기 위해 배리 반스 같은 이론가는 《과학 지식과 사회학 이론》에서 사유는 은유를 기반으로 하기 때문에 문화와 연관된다는 점을 지적했다.[24] 그에 따라 은유가 사유 과정에서 장식적인 기능만 한다고 보는 관점도 크게 달라졌다. 예를 들어, 블루어(Bloor)와 로버트 M. 영(Robert M. Young)의 저작을 통해, 과학이 관념이나 과학자들이 사는 사회의 선입관과 유리되어 그 자체의 절대적 영역에 머문다는 가정을 떨쳐버릴 수 있었다. 그 대신 그들은 '발견적 허구(heuristic fictions)'의 중요성을 제시했다.[25] 과학적 이론화와 소설 작법은 표면적으로 차이가 있음에도 주요 절차에서는 공통점이 상당히 많다. 가설을 모태로 하고, 미래를 전거로 확증을 시도하며, 확증된 자료보다는 가능성을 지향하고, 관찰된 인과관계와 가능성을 플롯으로 구성하는 점에서 그렇다. 또한 관찰을 중시하고, 유비를 이용해 내재하는 유형을 인식하며, 과감성, 현재 이해가 불충분하다는 깨달음, 현재 지식의 범위를 넘어서는 세계를 인지하는 데서 즐거움을 찾는 것도 공통점이다.

---

24) Max Black, *Models and Metaphors*(이타카, 뉴욕, 1962); Georges Canguilhem, *Etudes d'histoire et de philosophie des sciences*(파리, 1968); Mary Hesse, *Models and Analogies in Science*(노트르담, 인디애나, 1966), *The Structure of Scientific Inference*(런던, 1974); Donald Schon, *Invention and the Evolution of Ideas*(런던, 1967).

25) Ricœur, 〈서론〉, 주 6 참조.

기본적으로 상상에 의거하는 과학적 글쓰기의 속성, 그리고 다른 형식의 허구와의 공통성을 내세우는 통상적인 근거는 **검증 가능성**이다. 포퍼가 '우연성'을 강조하기 위해 제시한 '반증 가능성'도 마찬가지 맥락이다. 우연의 요소, 알려진 자료들의 예상치 않은 배열, 새로운 정보, 형식에서의 과감성 등은 소설에서와 마찬가지로 과학적 탐구에서도 중요한 성질이다. 과학과 소설이 주는 공통적인 즐거움은 해방감이다. 과학과 소설은 알려진 것의 굴레에서 벗어나 가능성을 확장한다. 대체로 과학자들은, 당장은 아니더라도 특정한 단계에서는 평가가 가능한 과학 이론과, 주관적인 평가만 가능할 뿐 실험을 통해 반복되지 않는 소설의 구분을 허물려 하지 않는다. 하지만 그것은 완벽한 구분이 아니다. 중요한 과학 이론들은 확증에 필요한 자료가 나오기 이전에 발표되는 경우가 흔하다. 폴라니(Polanyi)의 말에 따르면, "과학 이론은 아직 알지 못하는 미래를 드러내는 것"이다.[26] 그런 의미에서 과학 이론은 예언의 기능을 가지는데, 이 점은 소설도 마찬가지다. 소설도 사회 속에서 스스로를 온전히 드러내기 전에 먼저 초기 형태를 의식에 등록하고자 하기 때문이다. 모든 양식의 창조적 사유와 수용에서 나타나는 불확실한 친화성은—지식으로 독자를 설득하는 소설이든, 자체의 일관성을 통해 설득하는 과학 이론이든—분석을 필요로 하고 분석에 보답한다. 19세기 중반과 후반에 두드러진 현상은, 우리 시대에 간혹 나타나는 것처럼 과학적 글쓰기와 문학을 병렬하려는 시도를 무시하거나 거부하는 대신, 소

---

26) Michael Polanyi, 'Life's Irreducible Structure', *Topics in the Philosophy of Biology*, M. Grene과 E. Mendelsohn 엮음(도르트레흐트, 1976), 128~142쪽.

설가와 과학자가 모두 방법과 목적의 조화가 일구어내는 잠재력을 잘 인식하고 있었다는 점이다. 클리퍼드, 틴들, 맥스웰은 모두 자신의 연구에 상상의 속성이 있음을 인정했다. 소설가들이 확증을 위해 과학에 의존한 것은 당연한 일이다. 그러나 과학자 역시 문학적 증거와 모델에 의존했고, 자기 연구의 상상적 성격을 알고 있었다.

사유의 양식이자 진리 인식으로서의 과학이 지닌 자율성을 명백히 부정하는 우상 파괴적 태도는 《반방법론(*Against Method*)》의 저자인 파울 파이어아벤트(Paul Feyerabend)에게서 볼 수 있다. 그는 '경험론의 문제들 2부'에서 다음과 같이 말한다.[27]

> 발명과 책략은 사실, 선험적 원리, 이론, 수학 공식, 방법론적 규칙, 일반 대중과 '직업적 동료들'에게 가해지는 압력의 정글을 헤쳐 나갈 수 있도록 도와주며, 현상적인 혼돈을 꿰뚫고 일관적인 상을 형성할 수 있도록 해준다. 이런 발명과 책략은 예상외로 시의 정신과 밀접한 관계가 있다. 실제로 시인과 과학자의 차이는 한 가지밖에 없다. 문체의 감각을 잃어버린 과학자는 전혀 다른 종류의 규칙을 좇아 훨씬 더 원대하고 중요한 결과, 즉 진리를 낳는다는 유쾌한 허구로 자신을 위무하려 한다.

---

27) Paul K. Feyerabend, 'Problems of Empiricism, Part II', *The Nature and Function of Scientific Theories*, R. Kolodny 엮음(피츠버그, 1970), 275~353쪽. 또 그의 *Against Method*(런던, 1975)도 보라.

파이어아벤트는 "시의 정신과 밀접한 관계"가 있는 요소들을 '발명과 책략'이라고 일축한다. 그의 주장에는 반발의 저류가 흐르고 있다. 과학은 생각만큼 원대하지도 중요하지도 않다. 그 이유는, 과학은 생각보다 시에 더 가깝기 때문이다.

은유는 완전히 안정적일 수 없다. 은유는 새로운 의미를 낳지만, 그 의미가 항구적이진 않다. 메리 헤스(Mary Hesse)는 "충격적이치는 않으나 강렬하고 예기치 못한" 시적 은유와, 설명의 목적을 지닌 과학적 은유를 대비한다.[28] 의도적인 거리를 두어야 하는 은유도 있지만, 이야기에 전형적인 긴 상호소통의 경우 은유는 지속적으로 진리를 발견하는 과정이 된다. 헤스가 과학적이라고 지칭하는 은유의 기능은 사실 이야기—과학적인 이야기든 소설적인 이야기든—를 가리킨다. 물론 과학적 은유의 경우, 모든 의미가 한꺼번에 드러나지는 않는다. 그러나 어떤 종류의 이야기에서든 은유의 힘은 "근본적으로 새로운 상황"에까지 확대될 수 있느냐에 의해 결정되는데, 헤스는 이것이 과학적 은유에 특유한 측면이라고 말한다. 휴얼은 같은 단어가 어떻게 의미를 확장해 변화를 위장하고 그것에 적응하면서 안정을 찾는지 설명한 바 있다.[29] 헤스는 일단 과학적 은유에서

---

28) Hesse, *Models and Analogies*, 168~170, 176~177쪽.

29) Whewell, 'Of the Transformation of Hypotheses in the History of Science', *Transactions of the Cambridge Philosophical Society*, 9(1851), 139~147쪽. Whewell의 *History of the Inductive Sciences*(런던, 1837)는 초기 다윈에게 영향을 주었다. Michael Ruse, 'Darwin's Debt to Philosophy: An Examination of the Influence of the Philosophical Ideas of John F. W. Herschel and William Whewell on the Development of Charles Darwin's Theory of Evolution', *Studies in the History and Philosophy of Science*, 6(1975), 154~181쪽.

일차 용어와 이차 용어의 완전한 일치를 강조하지만, 그 다음에는 진화론적 확장의 은유를 암묵적인 결론으로 삼고, 일치보다 노력을 통한 팽창의 감각을 산출하는 적응을 주장한다. 헤스는 "합리성이란 우리의 언어가 끊임없이 확장되는 우리의 세계에 지속적으로 적응하는 것을 가리킨다"라고 주장한다.

공간, 확장, 예측, 이것들은 과학과 문학에서 은유가 발휘하는 힘인데, 우리가 습관적으로 추구하는 조화, 유사성, 정확성에 못지않게 중요하다. 그러나 공간, 확장, 예측은 모호함과는 다르다. 은유의 용어들은 어느 것이 제외되고 어느 것이 누락되는지를 지시한다.

융합 또는 단일한 영역을 지향하는 은유의 동력은 이상적인 전체성을 추구하는 것이지만, 그것은 그 분절적인 성격과 언제나 마찰을 빚는다. 일차 용어와 이차 용어는 상호작용한다. 그러나 항상 **새로운** 서술이 가능하기 때문에 다양화와 분기화를 향한 동력은―안정적인 균형을 지향하는 동력보다 조금 약하지만―은유 전체에 계속 작용하면서 은유를 전복시키려 한다. 은유의 다의성은 그 함의를 통제하기가 어렵다는 것을 뜻한다. 예를 들어, 다윈의 나무 은유는 순전히 도형적인 기능만 하는, 즉 경험이 아니라 모양을 설명하는 형식적 유비다. 다윈은 원래 그 도형 자체를 나무로 보았을 뿐, 혈통의 계보를 나무 같은 모양으로 표현할 계획을 미리 가지고 있었던 것은 아니다. 사실 그것은 관목이나 가지가 갈라진 산호, 혹은 해초로도 해석될 수 있었다. 그러나 다윈이 그 도형을 선택한 것은 설명을 위해서만이 아니라 신화적 잠재성, 과거의 혈통 질서와의 조화를 고려했기 때문이다. 그는 같은 '자연선택' 장의 결론 부분에서 그것을 확장하여 형식적인 측면을 버리고 실험적인 형태로 다듬었다. 도형에 나오는 나무는 생명의 나무(Arbor Vitae)만이 아니라 과학의 나무(Arbor Scientiae)이기도 하다. 다윈은 표상과 실재를 '진리'라고 주장할 수 있을 정도로 밀접하게 결합시켰다. 그리고 그 다음에 나오는 글은 그렇게 해서 설명된 질서를 모방하면서 점점 더 유사성으로 분기해 나간다.

같은 종류에 속하는 모든 생물체의 친화력은 이따금 커다란 나무로 표현된다. 나는 이 비유가 거의 진실을 말한다고 믿는다. 녹색을 띤 어린 가지는 현재 존재하는 종을 나타내고, 지난해에 탄생한 가지는 소멸한 종의 오랜 연속을 나타낸다. 성장 단계마다 성장하는 가지는 사방으로 또 가지들을 뻗어 주변의 가지들보다 높이 치솟으려 한다. 여느 종이나 종의 집단이 생존경쟁에서 다른 종에게 이기려 하는 것과 똑같다. 처음에는 큰 가지였다가 점차 작은 가지로 갈라진 나뭇가지는 그 자체로 과거다. 즉 나무가 작았을 때는 어린 잔가지였다. 이렇게 가지의 분화를 통한 과거와 현재의 연결은, 멸종한 종과 살아 있는 종을 여러 하위 집단으로 구분하는 것을 나타낸다. 나무가 관목이었을 때 번성한 많은 잔가지들 가운데 겨우 두세 개만 크게 성장해서 다른 모든 가지를 지탱한다. 그러므로 오랜 지질학적 시대들을 거치며 살아왔던 종들의 경우에도 지금까지 살아남아 후손들을 변형시키는 것은 아주 소수에 불과하다. 나무가 처음 성장할 때는 많은 가지들이 썩어 떨어져나간다. 이 다양한 크기의 잃어버린 가지들은 현재는 살아 있는 표본이 없고 화석의 상태로만 발견되어 우리에게 알려진 질서와 계통, 종류

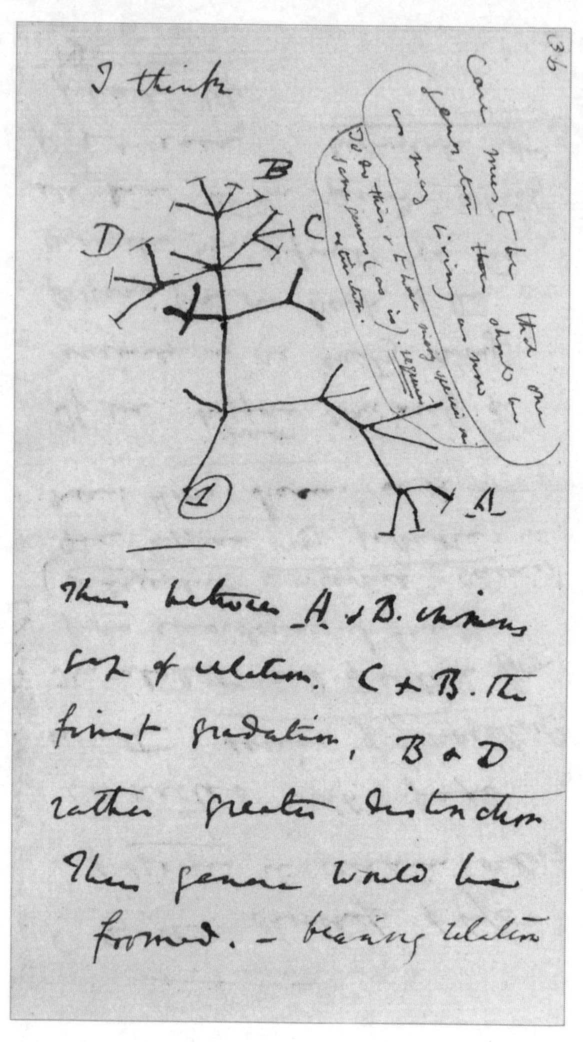

생명의 나무

1838년, 다윈은 자신의 비밀 노트에 처음으로 생명의 계통수를 그려보았다.

를 나타낸다. 나무 아래쪽 분기점에서 이리저리 솟아난 가지가 우연히 좋은 조건을 맞아 꼭대기까지 뻗은 경우를 볼 수 있듯이, 이따금 오리너구리나 폐어(肺魚) 같은 동물이 친화력으로 생명의 양대 가지를 어느 정도 연결하면서 보호된 서식지에 거주한 덕분에 목숨을 건 경쟁에서 살아남은 것을 본다. 싹이 터서 새 가지가 솟아나오고 이것들이 다시 사방으로 연약한 가지들을 뻗어 꼭대기까지 이르듯이, 나는 위대한 생명의 나무가 그 죽고 부러진 가지들을 땅속에 묻고 새로 태어난 아름다운 가지들로 흙을 덮는다고 생각한다(171~172쪽).

낙천적인 자세로 비유를 남발하면 진리와 자기를 둘 다 확증하는 환상적인 이해를 낳게 된다. '자연선택'에 관한 장은 바로 그렇게, 까마득한 고대로부터의 은유를 계승한다고 주장하는 이미지를 내세우면서 끝난다.

다윈의 직유는 그 확장성 때문에 이따금 적합성이 의문시되기도 한다. 위 인용문 가운데 "나무 아래쪽 분기점에서"로 시작하는 문장의 경우 끝부분에서야 비유의 근거가 나오며, 형식적 유사성은 취약하다. 그러나 독자의 발견 과정—이 인용문에서는 다윈 자신의 발견 과정—은 은유를 그 주제와 마찬가지로 성장시키고, 발전시키고, 변화시키고, 확장시켜 결국에는 완성되도록 만드는 데 있다. 이렇게 은유가 실현되면 인과성에 완전히 몰두하지 않고도 인과성의 효과를 얻을 수 있다.

이 구절의 은유는 그 책의 다른 곳에 있는 유비 구조에서 나온 논증 과정을 확장한다. 메리 헤스는 이렇게 쓴다.

19세기 형태론에서는 상동과 유비가 광범위하게 사용되었다. 당시에는 여러 성질들이 동시에 발생한다 해도, 한 종에 속하는 개체들, 혹은 한 종류의 종을 연관시키는 인과율을 확고하게 구성하는 속성들 간의 더 강력한 관계를 나타내기만 한다면, 유비적 추론이 충분히 정당하다고 인정되었다. 그런 인과관계를 확립하기 위해서는 공통의 진화적 조상과 아울러, 비슷한 환경에서 살아가는 데 필요한 부분들의 기능적 상호관계가 필요했다. 여기서 인과성은 기본적으로 전체적인 증거보다 더 포괄적인 상관관계를 뜻한다. 그러나 인과성을 어떻게 해석하든, 형태론적 유사성을 바탕으로 하는 유비 논증이 가능하다는 것은 공통의 전제다.[30]

수단으로서의 은유

은유는 종과 분류에 의존한다. 완전히 무질서한 세계에서는 은유가 있을 수 없다. 은유는 다형적(多型的)이지만 은유의 에너지는 장벽을 무너뜨리고 터져나와야 한다. 그러므로 은유는 종이 생겨나게 된 수단을 서술하려는 작업에 대단히 적합하다. 에라스무스 다윈이 세계의 풍부함에 빠져 있을 때 사드(Sade)는 세계를 성, 종류, 신체, 기관으로 분류하는 모든 장벽을 무너뜨리려 하고 있었다. 그의 연구는 난교(亂交)가 종의 분화에서 상당한 힘을 취한다는 것을 보여준다. 레비스트로스(Lévi-Strausse)는 분류 자체의 가치를 주장하고 다

---

30) Hesse, *The Structure of Scientific Inference*(런던, 1974), 209쪽의 주.

원의 연구도 분류를 향한 동력을 분명히 공유하지만, 그의 주된 관심은 세계의 특별한 다양성을 공통의 조상으로 추적해가는 데 있기 때문에 그의 사유는 양방향적이 되는 것이다.

> 우리는 박물학자가 종류를 대하는 것과 똑같은 방식으로 종을 대해야 한다. 박물학자는 종류를 편의상 만들어진 인위적인 조합에 불과하다고 본다. 이것은 별로 밝은 전망이 아니지만, 우리는 적어도 발견되지 않고 앞으로도 발견되지 않을 종이라는 용어의 본질을 헛되이 추구하는 데서 벗어나게 될 것이다 (456쪽).[31]

반(反)본질주의자인 다윈은 여러 성질이 이리저리 묶이고 관계를 맺으면서 의미를 산출하고 그 성질들이 물리적 질서에 통합되면서 그 의미가 결정되는 과정에 언제나 깊이 관심을 기울였다. 살아 있는 유기체, 그리고 유기체들의 분리는 미리 정해진 조합의 소산이 아니라 각 부분들이 공유한 잠재력의 소산이다. 이런 견해는 칸트가

---

31) 칸트가 《순수이성비판》에서 플라톤을 어떻게 설명하는지 살펴보자.

> 플라톤은 기원의 명백한 증거를 이데아에서 찾았다. …… 개별적인 존재 조건 속에 있는 어떤 생물도 그 종류의 완전한 이데아와 완벽하게 일치할 수는 없다. 아무리 인간성의 이데아를 거의 가지지 못한 사람이라 해도 자신의 정신 속에 자기 행동의 원형적 기준이 되는 인간성을 지니고 있다. 그럼에도 이 이데아는 가장 높은 의미에서 개별적이고 불변적이고 완전하게 결정되며, 사물의 본래 원인이 된다.

[Immanuel Kant, *Critique of Pure Reason*, J. M. D. Meiklejohn(런던, 1930), 223쪽].

주장한, 지배적인 의도가 없는 의도성(Zweckmässigkeit ohne Zweck)에 가깝다. 분류는 예지된 것이 아니라 과정 속에 포함된 것이다. 분류는 발견의 시작이 아니라 발견의 한 단계이며, 역사에 뿌리를 둔 이래로 내내 조건적이고 일시적이다.

놀랍게도 최근 도널드 숀(Donald Schon)의 은유 연구에서도 똑같은 이중 과정이 나온다. 그의 연구는 먼저 《개념들의 치환(*Displacement of Concepts*)》으로 출간되었고, 나중에는 두 가지 구성적 은유 가운데 하나를 더 분명하게 지지하는 입장이 《관념의 발명과 진화(*Invention and the Evolution of Ideas*)》(런던, 1967)로 출간되었다. 숀은 역사 전반에 걸쳐 핵심적 은유들이 비교적 적었다고 주장한다.

> 플라톤 이래 누구도 이론 속에서 은유가 어떤 역할을 하는지 진지하게 살펴보지 않았으며, 우리 생각의 뿌리에 **작은** 변화가 일어난다는 것, 우리의 지적 공간에 예기치 못한 동질성이 있다는 것에 유의하지 않았다. 그런데도 진화가 이루어졌다(193쪽).

은유의 폭넓은 공통성과 무기력함을 강조하는 숀의 입장은 사유가 문화에 예속된다는 반스의 주장과 다소 배리되는 것처럼 보인다. 반스는 이렇게 쓴다.

> 과학자들이 생각하는 문화적 변화의 주요 경로는 은유를 최대한 이용하고, 확장하고, 계발하는 것으로 모아진다. 사유와 논증의 중요한 형태는 은유적이거나 유비적이다. …… 사유의 은유적 측면을 알면 사유가 문화에 예속되는 측면을 알 수 있

다(반스, 1974, 57쪽).

　앞에 인용한 두 가지 예는 단일한 은유가 지닌 확장과 변화의 능력을 강조하고 있다. 숀의 저작에서 그런 강조가 특별히 두드러진 것은 아니다. 숀은 발견에 얽힌 정서, 즉 그 위험성, 유쾌함, "쓰라린 아픔과 예기치 않은 즐거움 사이를 오가는 느낌"을 탁월하게 분석한다. "우리 문화에서 새로움, 혁신, 창조성은 매우 긍정적인 정서적 의미를 가진다. 그러나 우리는 실제로 경험한 것보다 새로운 것에 관해 말하고자 하는 성향이 있다."

　은유는 새로운 것을 시작하고 통제하는 수단이다. 숀이 말하는 독자의 참여를 적절히 연장하면 과학적 발견만이 아니라 이야기에의 참여에도 적용할 수 있다. 독자에게 기대를 '구성'하고, 선택하고, 실현하는 것을 허용하지 않는 텍스트는 무력감을 낳는다. 창작자의 자유가 너무 크면 독자를 억압한다. 은유는 알려진 것의 잔여라는 점에서도, 또 깨우침의 힘이라는 점에서도 발견의 수단을 뚜렷이 제공한다.

　그루버는 다윈이 《종의 기원》에서 제시한 은유의 효과가 각각의 은유 자체에서 비롯된 것이 아니라 은유들 간의 상호작용에서 나왔다는 점을 예리하게 지적한다. 실제로 로버트 영의 꼼꼼하고 세심한 논문 〈다윈의 은유: 자연은 선택하는가?(Darwin's Metaphor: Does Nature Select?)〉는 하나의 은유를 개별적으로 살펴본다는 점에서 한계를 드러낸다. 의미의 상호작용과 형성은 단일한 은유에서 생기는 게 아니라 은유들이 이야기 속에서 기능할 때 생겨나기 때문이다.

　만약 카시러(Cassirer, 1925)처럼 은유를 장식이나 특권적 담론이 아니라 발견을 시작하는 근본적인 수단으로 해석한다면, 우리는 은유가 다윈 이론의 일부로서 지니는 가치를 더 잘 이해할 수 있을 것이다. 또한 만약 은유 활동이 거의 무의식적으로 일어난다는 것을 인정한다면, 우리는 다윈의 창조성을 형성한 문화적 추론이 뭔지, 동시대인들의 반응이 어땠는지 더 잘 알 수 있을 것이며, 아울러 우리 자신의 추론이 그의 추론에 의해 어떤 제약을 받는지 따져볼 수 있을 것이다. 선택을 강조한다는 점, 그리고 아주 자주 등장한다는 점 때문에 은유는 다윈의 문체에서 이론처럼 필수적인 모방 요소가 되었다. "의미의 단일함은 궁극적으로 본질에 기초한다"라고 폴 리쾨르(Paul Ricœur)는 말한다. 따라서 다윈의 담론에서 다의성이 왜 중요한지 알 수 있다.

텍스트의 생식력―은유, 유비 그리고 이야기

《동물철학》에서 라마르크는 선택이 지식을 획득하기 위한 절차에 속한다고 주장한다. 그는 소재의 선택에 관련된 두 가지 방법을 거론한다.

> 무한히 많고 다양한 대상들을 질서 있게 배열한다. 이 엄청나게 많은 대상들을 혼동의 위험에 빠지지 않고 자신이 관심을 가진 집단 혹은 특별한 개체들에 의거해 구분한다(19쪽).

《동물철학》 첫 장의 제목은 '자연의 산물들을 다루는 인위적 장치에 관하여'다. 여기서 라마르크는 낙농이나 접목이 아니라 분류와 명명법 같은 논증과 발견의 절차들을 논의하며, 훗날의 다윈처럼 인위 대 자연의 대립 명제에 따라 논증을 조직하고 도덕적으로 해석한다. 그래서 인위적 선택과 자연선택의 이분법은 종전의 인식론과 관련된 암시적인 유비에 의존한다. 발견된 관념과 발견의 절차는 매우 밀접한 조화를 이룬다.[32] 명명법과 이름이 일치한다.

라마르크의 분석에서 자연세계에 관한 지식의 획득은 초다산성("무한히 많고 다양한 대상들", "엄청나게 많은 대상들")과 선택이라는 서로 독립적인 두 가지 원리에 의거한다. 그는 인간이 자연을 자기 나름대로 이해하기 위한 인위적 장치와 "자연 자체의 법칙과 행위"를 혼동하지 말라고 경고한다. 라마르크는 인간이 "자연의 산물을 자신의 용도에 맞게" 만들기 위한 경제적 동기의 탐구와, "자연의 모든 산물에 균등하게 관심을 가지는" 공평한 관찰자를 구분한다. 다윈은 이것을 보고 작가가 자신의 논증 속에서 각색을 통해, 인위적이고 의도적인 선택과 대립되는 **자연적** 과정에 더 가까이 접근할 수 있는 가능성을 얻었다(19~20쪽). 다윈의 책 도입부를 보면 지식은 늘 새로이 창조되고 있으며, 이미 정해진 사실의 질서와 무관하다는 주장이 나온다. 체임버스가 말한 '사실적인' 도입부와 같은 맥락이다. "우리가 살고 있는 지구가 지름 8천 마일 남짓한 구체(球體)라는 것은 익숙한 지식이다. ……"[33]

---

32) Jean-Louis Lamarck, *Zoological Philosophy*, H. Elliott 옮김(뉴욕, 1914, 재인쇄 1963)은 1809년에 처음 출간되었다. Gregory Bateson은 *Mind and Nature*(런던, 1980)에서 인식론과 진화론에 관한 논증을 전개한다.

33) Robert Chambers, *Vestiges of the Natural History of Creation*(런던, 1844).

자신의 이론이 통하도록 만들기 위해 다윈에게 필요한 것은 역사보다 자유 '놀이'의 감각이다. 그의 인식론에서 논증은 수많은 사례로부터 나와야 한다. 정교하게 구성된 논증이나 오로지 순차적인 논증이라면 의도적이거나 섣부른 인위적 선택의 절차라도 필요하겠지만 그의 텍스트는 어떻게든 그런 것을 피해야 하기 때문이다. 다윈의 이론은 반드시 자연세계의 다수성과 다양성이 흘러넘치는 언어로 구성되어야 한다. 그의 이론은 자연세계를 인간이 이해하는 세계로 해석하려는 모든 입론을 해체한다. 그것은 그의 관찰력을 넘어서며, 그의 추론과 같은 궤도를 취하지 않는다. 그러나 은유와 유비를 통해 그는 범주를 착오하지 않고도 그에 해당하는 성과를 올릴 수 있는 수단을 찾아냈다.

'상대적 유사성' '점진적 차이', 《종의 기원》은 이런 주제들을 주로 다루지만, 실험적 방법으로 얻을 수 있는 현재의 순간에서 공간적으로만 검토하지는 않는다. 다윈은 "우리 눈에 보이는 현재"를 배제하고 시간적으로도 검토하고자 한다. 이런 역사적인, 혹은 원시 역사적인 요소 때문에 그는 상상력을 우선시하고 유비의 인식을 중시해야 했으며, 현재에만 고정된 형태 연구를 더욱 확장하여 변화 가능성과 일시성, 나아가 변형과 발생을 낳는 힘에 관한 연구로까지 나아가야 했다. "몸 전체가 부드러운 유기체는 보존될 수 없다." 딱딱한 외피와 뼈는 썩어서 사라질 것이다.

개체는 잠재성의 집합체다. 이 잠재력은 한 개체의 수명 안에 있지만 개체를 넘어선다. 개체와 종의 관계는 아마 다윈이 이 저작에서 탐구하는 근본적 유비일 것이다. 이 책은 다음의 문장으로 시작한다.

인간이 오래전부터 사육한 동식물의 같은 변종, 혹은 하위 변종의 개체들을 살펴보면 놀라운 현상을 알 수 있는데, 그것은 바로 자연 상태에서 보는 종이나 변종의 경우와는 달리 개체들끼리 서로 상당히 다르다는 점이다.

이 유비는 검증과 탐구를 거쳐 뒷부분으로 가면서 어느 정도 해체된다. 다윈은 종에 관한 본질주의적 견해를 전혀 믿지 않으므로 개체를, 종으로 표현될 수 있는 숨겨진 관념의 체현이라고 보는 관점도 거부한다.

종에 관해 서술하려고 하면 개체를 모델로 삼는 경향이 있다. 그러나 그런 모델은 어떤 단일한 개체도 원형이 될 수 없다—개체는 개체일 뿐이다—는 사실로 인해 즉각 파기된다. 개체들 간의 불일치는 종을 서술할 수 있는 범위에 영향을 미쳐 그 경계와 적합성을 확정하기 어렵게 만든다. 게다가 다윈은 구조와 혈통만이 아니라 행동을 이용해 종을 서술하므로 곧바로 사회학적 연관성에 얽힐 수밖에 없다. 이것은 그의 체계로 들어가는 하나의 입구인데, 나중에 조지 엘리엇이 그 문을 연다.

《종의 기원》에서 다윈은 유비라는 용어를 두 가지 방식으로 사용한다. 하나는 형식적인 구분을 위한 '유비적 유사성'이고, 다른 하나는 분류의 목적을 위한 '실제적 친화성'이다. 유비적 유사성은 환경에 적응한 결과이고, '실제적 친화성'은 혈통에 근거한다.

그레이하운드와 경주견의 유사성이, 일부 학자들이 서로 분명히 다른 동물들을 구분했던 유비보다 더 공상적이라고 말할 수는 없다. 혈통을 드러내는 형질이 분류를 위해 매우 중요하다는 나의 견해에 비추어보면, 생물체의 삶에 대단히 중요한 유비 형질과 적응 형질을 분류학자들이 왜 별로 중시하지 않는지 확실히 알 수 있다. 서로 명백히 다른 혈통에 속하는 동물들은 비슷한 환경에 쉽게 적응해서 가까운 외적 유사성을 지니게 된다. 그러나 그 유사성은 본래 혈통과의 친족관계를 드러내지 않거나 감추려는 경향이 있다(410쪽).

계속해서 다윈은 논의를 복잡하게 이끌어간다. "같은 형질이라도 서로 다른 종류들을 비교할 때는 유비가 되지만, 같은 종류의 개체들을 비교할 때는 진정한 친화성이 된다. 진정한 친화성은 공통의 조상에게서 물려받는다"(410쪽). 즉 생식기를 통해 유전되는데, 이는 "동물의 습관과 먹이로부터 가장 먼 관계에 있는 것이 …… 진정한 친화성을 명확히 나타낼 수 있기 때문이다"[400쪽. 다윈은 여기서 오언(Owen)을 인용하고 있다].

다윈의 구분은 그런 유비적 유사성의 일시적인 성질을 확정한다. 그 성질은 외양이나 적응과 관계가 있으므로 생명의 불변적인 속성이라기보다 관찰자가 만들어낸 허구에 가깝다. 하지만 그런 의미를 가진다고 해서 다윈이 논증에서 그 용어를 회피한 것은 아니다. 물론 그럴 때는 유비적 유사성의 잠정적인 성질에 항상 유념했다.

다윈은 세계에 관한 이야기—허구—를 만들고자 했다. 그것은 인간의 이성에 전적으로 의존하지도 않고, 인간이 소유한 하잘것없는 관찰력에 의존하지도 않는다. 인간은 자신의 좁은 주변 세계 안에서 주어진 짧은 기간 동안 살아갈 따름이다. 그러나 다윈은 은근히 형이상학적 세계를 추구할 마음도 없었고, 물질을 신비주의의 한 형태로 연장하려는 열정을 품지도 않았다. 그의 은유와 유비에서는 이중의 노력을 엿볼 수 있다. 하나는 정확한 예측을 꾀하려는 시도이고, 다른 하나는 인간의 한계 내에서 지식의 경계를 최대한 넓히려는 시도다.

그의 텍스트는 확장성이 대단히 풍부한 허구다. 말 그대로 **생각할 수 없는 것**의 경계를 향해 의도적으로 확장되며, 세계를 측량하는 도구로서 인간 이성이 지닌 힘의 절대성을 거부한다. 다윈은 은유로 가득 찬 글쓰기를 선보였음에도 은유의 상상력과 사회학적 의미를 의식적으로 제기하지 않았다. 그러나 그가 남긴 공책들을 보면 그가 인간에 관한 의미를 통찰하고 있었으며, 현재의 사회 조직을 자연화하지 않으려 했음을 알 수 있다. 그는 '권위화'의 위험성을 알고 있었다.

《종의 기원》은 경계를 확정하지 않는 모호함과 은유의 요소 때문에 선동적이라고 규정되었고, 많은 사상가들이 온갖 정치적 신념을 설파하는 데 이용되었다. 그 책은 전진적인 사고를 고취했고, 그 자체를 은유적으로 응용하라고 부추겼으며, 그 다양한 담론은 여러 가지 해석을 낳았다. 《종의 기원》은 **잠재적 의미**를 포함하고 있었기에 풍부하게 시사적이었고 걷잡을 수 없는 파급력을 지녔다.

다윈은 자신의 사상이 지닌 의미를 완전히 이론화할 수는 없었지만, 책이 판을 거듭할 때마다 그 함의를 확정하기 위해 애썼다. 그는 《종의 기원》의 과학적 의미와 여러 가지 응용성을 되도록 구분하고자 했으나 그가 선택한 언어와 펼쳐낸 이야기는 그런 엄격한 구분을 허용하지 않았다. 《종의 기원》은 전반적으로 안정화가 아니라 확장을 지향한다. 여기서 다시 역설이 제기된다. 그는 **구체적 설명**의 확장을 추구했을 뿐, '설명할 수 없는' 창조의 언어를 향한 형이상학적 도약은 회피하려 했다.

콜린 터베인(Colin Turbayne)은 《은유의 신화(*The Myth of Meta-phor*)》(개정판, 콜럼비아, 1970, 65쪽)에서 "과학은 은유로 가득 차 있지만, 은유를 사용하는 과학자들, 예컨대 데카르트와 뉴턴은 그것이 은유임을 항상 시인하지는 않는다"라고 말한다. 그와 달리 다윈은 특이하게도 자신의 은유에 허구적인 요소가 상당히 있다는 것을 인정했다.

다윈이 '생존경쟁(struggle for existence)'이라는 문구—때로 '삶을 위한 투쟁(struggle for life)', 심지어 어느 곳에서는 '삶을 위한 중대한 싸움(the great battle for life)'(127쪽)이라고도 표현한다—에 의도적으로 억제되고 의식적으로 은유적인 지위를 부여한 것은 그가 호전적이거나 전투적인 자연 질서를 마지못해 인정한다는 것을 드러낸다. 그는 자연의 연속성을 위해 투쟁이 필수적이라고 보지만, 동시에 그것을 싸움처럼 상호의존적이고 지속적인 것으로 해석한다. 자연세계를 평등하고 수평적인 질서로 바라보는 그의 관점은 그가 위계의 단순성을 회피한다는 것을 뜻한다. 따라서 사다리나 피라미드는 적절한 모델이 아니다. '자연의 등급(the scale of nature)'(124, 126쪽)이라는 말은 수직적인 질서로 분류하고 구분하려고 쓴 말이 아니다. 자연의 관계들은 결코 단순하지 않다(124쪽). 상승과 하강에는 단일한 노선이 없고 상호연관의 복잡한 측선(側線)이 있다.

이 상호연관의 복잡성은 그가 은유를 필요로 하는 또 다른 이유다. 심지어 그는 때로 은유의 지위를 뒤바꾸기도 한다. 즉 은유의 불명확한 관계를, 그 은유가 표현하는 현상적 질서에 거꾸로 적용하는 것이다. 이 경우, 은유의 표현은 단지 '편의상'으로만 제한되며, 그 자체가 정당하고 완전한 것처럼 보여서는 안 된다. 여기서 우리는 복잡성을 **구체화**하면서도 다른 관련된 부분에선 그 복잡성을 **단순화**하는 것처럼 보이지 않으려는 그의 의도를 확인할 수 있다. 그는 정확한 사례에서 출발하여 의도적으로 모호한 추론으로 넘어간다.

최근 스코틀랜드 일부 지역에서 큰개똥지빠귀가 늘어난 것은 지빠귀의 감소를 초래했다. ……

들갓의 한 종이 다른 종을 밀어내는 경우도 흔하다. 이것을 보면 왜 비슷한 종들 사이에 경쟁이 더 치열한지 다소 알 수 있다. 그들은 자연의 경제에서 거의 같은 위치를 차지하고 있기 때문이다. 하지만 그렇다 해도 아마 삶의 중대한 싸움에서 한 종이 다른 종에게 승리하는 이유를 정확히 말할 수는 없을 것이다(127쪽).

'다소' '거의' '아마', 이렇게 모호하고 불명료한 표현은 "삶을 위한 중대한 싸움에서 한 종이 다른 종에게 승리하는 이유" 같은 명백히 호전적인 이미지를 통해 일시적으로 안정된다. '삶을 위한 투쟁'이 아니라 '삶의 투쟁'이라는 표현은 투쟁의 또 다른 의미, 즉 정복이 아니라 생존을 위한 투쟁임을 상기하게 한다.

이런 구절에서 다윈은 은유의 변덕스러운 요소와 시각적 요소를 의도적으로 대비한다. 그는 '삶의 중대한 싸움'이라는 간결한 입론의 배후에 어두운 공간이 있다고 주장한다. 그 장의 끝부분에서 그는 우리에게 '상상을 통해'(128쪽) 실험을 해보라고 권한 뒤, 우리가 그 실험에 성공할 수 없다는 것, 자연의 복잡한 관계를 제대로 상상할 수 없다는 것을 보여준다.

상상을 통해 한 종이 다른 종에 비해 유리한 점을 형태화해 보는 것도 좋다. 아마 우리는 어떻게 해야 성공할지 모를 것이다. 그 결과, 우리는 모든 유기체의 상호관계에 무지하다는 것을 깨닫게 될 것이다. 그것은 얻기 어렵지만 반드시 필요한 깨달음이다(129쪽).

또다시 그는 주변 세계에 관한 우리의 감각에서 안정화보다는 확장에 비중을 둔다. 이렇게 편파적인 지식과 상상력의 한계를 지적하는 것은 그의 입장에 어긋나는 측면이 있다. 그 장의 마지막 부분에서 그는 개량주의적 신념을 지향하고 있기 때문이다.

이 투쟁을 고찰할 때 우리에게 위안을 주는 것은, 자연의 전쟁이 끊임없고 어떤 두려움도 없고 죽음이 대체로 즉각적이며, 활기차고 건강하고 행복한 것이 생존하고 증식한다는 완전한 믿음이다(129쪽).

이 문장은 기원을 담고 있으면서도 대단히 단정적이다. 하지만 그 신념은 '대체로'라는 말에서 잠시 처졌다가 '증식'이라는 말에서 평온을 찾는다.

행복한 세계를 믿으려는 의지, 또 그것에 수반되는 어둡고 고통스

러운 통찰력은 다윈의 문장에 자주 등장한다. 《종의 기원》에서 낙관
주의와 비관주의를 구분하기란 쉬운 일이다. 행복과 고통의 예리한
긴장, 그와 동시에 자연세계를 섬세하고도 윤택하게, 무성하고도 예
민하게 바라보는 감각은 도덕으로 포장된 서술의 평형을 끊임없이
전복한다.

　은유의 난국은 다윈을 괴롭혔으나 그에게는 은유가 필요했다. 은
유를 사용하면 의도하는 것 이상 또는 의외의 것을 암시할 수 있고,
잠재된 것을 현실화할 수 있고, 잠자는 개를 깨울 수 있다. 또한 은
유는 권태와 태만을 통한 설득의 힘이 있다. 이상적으로 말하면, 다
윈은 은유 속에 물질의 질서를 완벽하게 되살려 상상을 현실적으로
검증하고 싶어 했다. 앞서 말한 바 있듯이, 유기체와 그 유기체에 관
한 서술의 모호한 일치를 안정된 질서로 만드는 한 가지 방법은 예
전에 유비와 은유 혹은 신화를 통해 불확실하게 표현되었던 '순수한
의미'를 발견하는 것이다. 그 결과, 다윈의 문체는 서술, 신화, 가설,
상동이 어지러이 교호하는 특징을 가지게 되었다. 다음 문장이 그런
예다.

　　만약 모든 포유류의 조상—원형이라고 불러도 좋겠다—이
　　그 기능과 무관하게 기존의 일반적 유형에 따르는 사지(四肢)
　　를 가졌다면, 생물의 종류를 불문하고 사지의 상동적 구성이
　　지닌 순수한 의미를 즉각 인식할 수 있다(416쪽).

　그러나 그밖에 다윈은 위치와 언어의 문제도 해결해야 했다. 그것
은 그의 텍스트, 그리고 그 텍스트가 우리 문화에서 가지는 지위에

내재한 어려움을 뜻한다. 다윈은 자신이 서술하는 내용을 어느 정도까지 자신이 **창조**했다고 생각했을까? 그는 분명히 텍스트를 생산하고 논증을 창조했다. 논증에서 그는 생산을 강조하고자 했다. 그러나 생산을 완전히 실험적인 방법에 의존해 설명할 수는 없었으므로 상상의 역사라는 관점에서 연구해야 했다. 그는 베이컨식의 안전한 귀납법에서 벗어나 창조적인 예술가와 같은 역할을 자임했다. 그의 모든 창조적 에너지는 종이 형성된 방식에 관한 자신의 설명을 정당화하는 데 집중되었다. 다윈이 파악한 '중대한 사실들'은 수많은 사례와 더불어 수많은 은유를 통해 표현되었다. 그런데 그것들은 상상력에 의거한 경험의 재편을 필요로 했다. 《종의 기원》을 비판하는 사람들은, 그 책은 유토피아적인 추측일 따름이며, 토머스 모어(Thomas More) 이래 각종 유토피아 양식을 따르는 민족지학에 매료되어 있다고 일축했다.

그런 부정적인 비판은 그 뒤 사라졌지만, 다윈이 무책임한 이론을 전개했다고 보는 관점은 여전히 남아 있다. 마치 그가 자연의 과정들을 단순히 기록한 게 아니라 창작한 것처럼 여기는 관점 말이다. 그것도 틀린 견해는 아니다. 대단히 개성이 있으면서 문화에 예속된 《종의 기원》의 언어, 이를테면 '삶을 위한 투쟁' '거대한 가계' '자연선택' 등 당대의 이념들을 망라하는 용어들이 본래의 텍스트를 넘어 다방면으로 파급되는 결과를 빚었기 때문이다. 그래서 다윈은 창조론의 딜레마를 겪는다. 그는 단지 체계를 기록하고자 하는데, 그것은 이미 그의 통제를 넘어버린다. 그러나 상상력으로 가득한 언어, 새로운 용어를 발명하고 새로운 형이상학적 연관성을 꾸며내야 할 필요성 때문에 그는 어쩔 수 없이 창조적 행위를 떠맡은 것으로 보인다. 그의 텍스트는 생식력을 가진다. 그는 인간과 다른 모든 생명 형태들의 균형을 표현하고자 했지만, 그의 글과 신선한 이야기가 지 닌 힘은 다윈에게 서술과 창작을 모두 요구했다.

　　진화론은 19세기의 사유와 창조성에 내재하는 두 가지 상상적 요소를 담고 있다. 하나는 자연철학과 교양소설(Bildungsroman, 인물의 형성 과정을 다룬 19세기 독일 문학의 한 장르: 옮긴이)에서도 표현된 성장(생장)에 대한 관심이고, 다른 하나는 변형의 개념이다. 동화, 민담, 신화 속의 지적인 관심은 19세기 후반으로 갈수록 점점 더 증대했는데, 그 방법론은 진화적 논증에 힘입은 바 컸다. 뮐러, 러벅(Lubbock), 타일러(Tylor), 랭(Lang) 같은 인류학자들과 신화학자들은 다윈과 스펜서의 연구에서 전거를 얻었으나 스펜서에 대한 그들의 반응은 대체로 다윈에 비해 그다지 열광적이지 않았다.

성장과 그 신화

　　개구리나 나비 같은 생물들에서 보이는 특이한 변태, 아이에서 어른으로 성장하는 지속적인 변형은 오래전부터 경이의 대상이었다. 그런 변형은 이제 발생이론가들에게 최대의 관심사가 되었다.

모든 생물이 처음에는 나중에 지니게 될 모습과 다르고 더 소박한 형태로 삶을 시작한다는 것은, 보편적이라고까지 말할 수는 없어도 매우 폭넓게 적용되는 진리다.

참나무는 도토리에 들어 있는 작고 초보적인 식물보다 더 복잡한 식물이다. 애벌레는 알보다 더 복잡하고, 나비는 애벌레보다 더 복잡하다. 각각의 생물은 초기부터 완성된 형태에 이르기까지 여러 가지 변화를 거치는데, 그것을 종합적으로 발달(Development)이라고 부른다. 고등한 동물의 경우 그 변화는 대단히 복잡하지만 …… 폰 베어, 라트케(Rathke), 라이헤르트(Reichert), 비스코프(Bischoff), 레마크(Remak) 같은 사람들의 연구 덕분에 그 전모가 거의 밝혀졌다. 예를 들어, 한 마리 개가 보여주는 성장의 연속 단계들을 가리켜 현재의 발생학자들은 누에나방이 학생으로 변태하는 것과 같은 놀라운 과정이라고 말한다.[1]

19세기 사람들이 변형과 변태를 고찰하고 제기한 새로운 문제는 이것이다. 개체의 수명 내에서 이루어지는 변형(개체발생)이 종의 차원에서 이루어지는 변이(계통발생)를 설명하는 유효한 모델이 될

---

1) T. H. Huxley, *Man's Place in Nature, and Other Anthropological Essays*(런던, 1894), 81~82쪽. 1863년 1월에 논문으로 첫 출간되었다.

수 있는가? 또한 부차적인 문제도 있다. 진화 과정의 단계들이 개별 유기체 속에서 재현된다고 볼 수 있는가?[2]

다윈의 이야기는 속도가 너무 빠른 탓에 그가 서술하는 지극히 느리게 전개되는 과정들을 정확하게 담아내기 어려웠다. 그래서 독자들도, 심지어 텍스트의 구문에서도 개체발생과 계통발생이 혼동을 빚었다.

이런 종류의 비난을 잘 보여주는 표준 구절은 물속의 곤충을 잡아먹기 위해 고래처럼 입을 벌리고 헤엄치는 곰을 서술한 초판본의 한 대목이다.

> 이처럼 극단적인 사례에서조차 마찬가지로 말할 수 있다. 만약 곤충의 공급량이 일정하다면, 또 만약 더 잘 적응한 경쟁자들이 이미 그 지역에 존재한다면, 곰은 자연선택에 의해 수중 생활에 필요한 구조와 습관을 갖추게 되었으리라고 봐도 무리가 없을 것이다. 곰은 입이 점점 더 커져 마침내 고래처럼 거대한 입을 가지게 되었을 것이다(215쪽).

엘레가르드(Ellegård)는 이렇게 말한다. "다윈에게 반대하는 작가들은 '곰'과 '고래'의 모호함을 가지고 의도적으로 말장난을 한다. 단

---

2) 이 문제들에 관한 좋은 설명으로는 William Coleman, *Biology in the Nineteenth Century: Problems of Form, Function, and Transformation*(케임브리지, 1977) 과 Stephen Jay Gould, *Ontogeny and Phylogeny*(케임브리지, 매사추세츠, 1977)를 보라. 개체발생으로 해석한 진화론은 D'Arcy Thompson, *On Growth and Form*(케임브리지, 1917)을 보라.

어는 개체만이 아니라 종류나 종을 지시할 때도 사용할 수 있다."

헤엄치는 곰의 이미지는 독특하고 코믹한 느낌을 주므로 이에 공감하는 독자는 곰의 입이 실제로 점점 커져서 거의 고래처럼 변하는 터무니없는 공상에 빠질 수도 있다. 세지윅(Sedgwick) 같은 반대자들은 그 생각을 이렇게 조롱했다. "다윈은 북극곰이 극지의 빙산에 갇혀 살면 고래로 변하리라고 믿는 듯하다." 다윈은 이후 판본에서 문제의 이 구절을 삭제했지만, 그런 조롱과 혼동으로 인해 그의 이론은 마치 일반 대중에게 동화 같은 상상력을 자극한 것처럼 여겨지기도 했다. 중간 형태가 존재할 수 있다면 인어도 있지 않을까? "그렇듯 제멋대로 생각을 진행한다면 …… 어디서 멈춰야 할지 모르게 된다. 켄타우로스, 드라이어드, 하마드리아스 …… (나아가) 인어가 한때 바다에 살았다고 할 수도 있다."[3]

대규모 변형이라는 관념에는 종교적 의미도 들어 있다.

하등 동물의 변화가 그토록 굉장하고 발견하기 어렵다면, 고등 동물의 변화는 더 굉장하고 더 발견하기 어려워야 하지 않을까? 그리고 모든 생물의 정점인 인간은 그보다 훨씬 더 굉장한 변화를 겪지 않을까? 런던 박람회가 토끼굴보다 더 굉장한 것은 당연하지 않은가?[4]

---

3) Alvan Ellegård, *Darwin and the General Reader: The Reception of Darwin's Theory of Evolution in the British Periodical Press, 1859~1872*(괴테보리, 1958), 239, 240쪽.

4) Charles Kingsley, *The Water Babies*(런던, 1863), 86쪽. 페이지 인용은 1888년판에 의거한다.

그러나 빅토리아 시대 작가들을 크게 매료시켰던 변형은 발생 반복의 변형이었다. 그것은 축소화와 놀라운 속도라는 즐거움을 주었다. 전체 진화 과정이 배아 하나로 응축되었기 때문이다.

스티븐 제이 굴드(Stephen Jay Gould)는 《개체발생과 계통발생(*Ontogeny and Phylogeny*)》(1977)에서 이 이론을 상세히 설명한다.

발생 반복은 진지한 과학자들에게 실험의 호기심을 주었다. 헤켈(Haeckel)과 바이스만(Weismann)은 그것을 다윈 이론에 바탕을 둔 가장 중요한 발견이라고 보았다.[5] 바이스만은 발생 반복을 이론적 도구로 삼아 애벌레의 색깔 유형이 지니는 적응성을 연구했으며, 헤켈은 발생 반복이 모든 생명체의 역사를 이해하는 데 기본적인 유형이라고 간주했다.

학자들은 배아가 종의 발달을 반복(혹은 응축)한다고 생각했다. 배아가 진화적 발달의 초기 단계들을 보여주는 시각적이고 실험적인 증거가 될 수 있다는 믿음이었다.

이 이론은 성장에 몰두했던 19세기 초의 학문적 분위기에 지대한

---

5) Ernst Haeckel, *The Evolution of Man*, 2권(런던, 1879). August Weismann, *Studies in the Theory of Descent*, R. Meldola 엮음, C. Darwin 서문(런던, 1882). Gould는 von Baer가 다양성과 단순성에서 복잡성으로 발달하는 운동의 진화론적 논의에 지대한 영향을 미쳤지만 발생 반복에는 동의하지 않았다고 말한다. 체임버스와 스펜서는 둘 다 폰 베어에게 의존했다. 스펜서는 1852년에 그의 사상을 알았다고 썼다. "원래는 동질적이었던 모든 식물과 동물이 점차 이질화한다는 주장은 예전에 비체계적으로 축적된 사고들의 조화를 가능케 해주었다." Spencer, *First Principles*(런던, 1881), 337쪽. *Principles of Biology*(런던, 1886), 141~142쪽(1863~1867년에 집필)에서 스펜서는 폰 베어의 연구와 "상당한 인기를 얻은 잘못된 유사성"의 개념을 구분한다. "고등 유기체는 발달 과정에서 하등 유기체의 성숙한 형태를 닮은 단계들을 거친다."

영향력을 미쳤다. 개체가 살아가는 단계와 종이 발달하는 단계를 비교하려는 시도는 그 자체로 실험적인 관심을 불러왔을 뿐 아니라 진화론을 순화하려는 또 다른 시도로 이어졌다. 그중 하나가 축소화다. 다윈의 사상이 당대의 문학에 침투한 형식을 이해하기 위해서는 그의 언어와 이야기에 관한 연구와 더불어 성장 이론에 관한 간략한 분석이 필요한데, 이것은 19세기 유럽 문화의 독특한 현상이지만 우리 모두에게도 공통적이다.

성장과 변형

성장은 의식의 범위를 살짝 벗어난 주요한 감각 경험이다. 인간은 누구나 어머니의 몸 속에서 성장하고, 태어나서는 어린 시절을 거쳐 어른으로 성장한다. 이러한 성장을 누구도 완전히 기억할 수는 없다. 성장은 오직 되돌아봐야만 알 수 있는 보이지 않는 과정이다. 그러므로 성장을 인식하려면 이야기로 표현되어야만 한다. 성장의 의미는 주로 과거의 관점에서 파악된다. 성장은 모든 유기체에게 공통적이지만 성장 과정의 시간 개념은 하루살이에서 참나무에 이르기까지 극히 다양하다. 경험은 공통적이지만 그 경험에 관한 기억이 상실된 탓에 성장은 의식 속에서 불가사의하면서도 평범하게 독해될 수 있다는 지위를 지니게 된다. 만약 성장이 의식의 범위 바깥에 있다면 언어의 범위에서도 벗어나는 것이므로 성장에 관해 아무것도 말할 수 없다. 성장은 이야기 형식을 지니되 이야기 이전의 것이며, 주로 과거 시제의 이야기로 표현될 수 있다. 그러나 물리적 성장의 경험이 잠재적이라는 사실 때문에 은유의 가능성이 열린다. 보이지는 않지만 **실제로** 존재하는 과정을 은유로 표현할 수 있게 되는 것이다.

우선 정신적 성장과 심리적 성장, 정신의 발달과 개체의 정체성 발달을 등가로 볼 수 있다. 이 두 과정은 상호연관되어 있으며, 감수성의 성장은 신체의 성장과 마찬가지로 언어에 선행한다. 그러나 정신은 그 자체의 발달을 분석할 수 있는 지점에 이를 수 있다.

> 초기부터
> 처음의 시간이 지나고 얼마 되지 않아
> 아기인 나는 접촉의 소통에 의해
> 어머니의 마음과 침묵의 대화를 나누었다.
> 나는 아기가 현명하게 사용하는
> 수단을 보여주려 애썼다.
> 우리 존재의 위대한 생득권은 내 안에서
> 증식되고 양육되었다.[6]

물리적 성장은 자율성과 신비로운 능력을 가진다. 그것을 모델로 삼으면, 오랜 시간을 소급해야만 드러나고 그전까지는 어느 개별 의식도 접근할 수 없던 수많은 경험들을 이해할 수 있다. 지난 200년 동안 물리적 성장을 모델로 삼는 것은 역사 편찬, 사회학, 심리학, 정치 이론에서 흔한 방식이었다. 과정들 중에는 불가피하고 되돌릴

---

6) William Wordsworth, *The Prelude, or, Growth of a Poet's Mind*, E. de Selincourt 엮음(옥스퍼드, 1926), 56쪽.

수 없는 과정이 있는데, 물리적 성장이 바로 그렇다. 버지니아 울프 (Virginia Woolf)는 〈과거의 스케치(A Sketch of the Past)〉에서 다음과 같이 말한다.

> 그러나 그 그림에는 운동과 변화의 의미가 어떻게든 포함되어야 한다. 마냥 안정적인 것은 없다. 모든 것은 다가왔다 사라지고, 커졌다 작아지게 마련이다. 이런 변화는 하찮은 생물에게 제각기 다른 속도로 일어난다. 하찮은 생물은 팔과 다리가 성장하면서 자신도 모르게 성장한다. 멈출 수도 없고 변화시킬 수도 없다. 마치 식물이 저절로 흙에서 솟아나 줄기를 뻗고 이파리가 자라고 싹을 틔우는 것과 같다. 그 형용할 수 없는 과정은 모든 이미지를 정태적으로 만든다. 무엇이 어떻다고 말하는 순간, 그것은 이미 과거가 되어 달라져버리기 때문이다.[7]

여기서 울프는 속도, 즉 조용히 팽창하는 유년기 성장의 만화경에 주목한다. 진화론과 결정론이 의미하는 특별한 유기체는 성장의 경험에서 일방적 전진의 관념을 차용한다. 수렴과 분기는 가능하지만 방향을 돌이키는 것은 불가능하다. 그렇다고 정지해 있을 수도 없다. 재발(再發) 역시 진화적 관념에 쉽게 동화될 수 있는 개념이 아니다.

창조적 상상력은 성장 모델에 의한 자연 질서와 동등하다고 간주된다. 이 모델의 가장 놀라운 전환은 18세기 후반부터 개인의 발전,

---

7) Virginia Woolf, *Moments of Being*, J. Schulkind 엮음(런던, 1976), 79쪽.

사회관계, 예술 작업의 공정, 역사의 과정, 사회 내에 존재하는 다양한 지식들 간의 관계 등을 설명하는 방대한 문헌과 이데올로기 모델을 제공한 유기체론에서 볼 수 있다.[8] 유기체론은 자연 과정과 사회 과정의 동등함, 전체 속에서 이루어지는 모든 부분의 유기적 상호의존성, 전체와 부분의 상호의존성을 주장한다. 다시 말해 그것은 전체론적이면서도 분석적인 은유다. 그것은 전체와 요소들 가운데 어느 쪽을 부정하거나 우선시하지 않으면서 둘 다를 탐구할 수 있도록 해준다. 유기체론은 시간보다는 공간을 지향한다. 그것은 유기체를 설명하고 발달을 연구하는 수단을 제공하지만, 반드시 성장과 관련이 있는 것은 아니다. 성장과 유기체는 호환할 수 있는 개념이 아니다. 성장은 우리 모두가 공유하는 경험인 데 비해 유기체론은 그런 경험에서 파생되어 여러 연구 분야로 전이될 수 있는 주장으로 조직된 견해를 가리킨다.

성장은 의식에 선행하므로 의식은 성장을 완전히 설명할 수 없다. 실은 의식 자체도 제대로 설명이 안 된다. 그 이유는 완전한 성장 주기가 의식 안에 포함되지 않기 때문이며, 성장의 의식은 어느 한 순간에도 완전할 수 없기 때문이다. 성장의 두 가지 필수 요소는 시간과 운동이다. 변환과 변태는 시간과 거의 무관하게 일어날 수 있으나 성장은 다르다. 그런 의미에서 성장은 역사와 비슷하다. 워즈워스는

---

8) 이 주제에 관한 두 가지 매우 상이한 접근으로는 *Organic Form: The Life of an Idea*, George Rousseau 엮음(런던, 1972)과 Terry Eagleton, *Criticism and Ideology*(런던, 1976)를 보라. 또한 Sally Shuttleworth, *George Eliot and Nineteenth-Century Science*(케임브리지, 1984)도 보라.

《서곡(*The Prelude*)》에서 반복적으로 떠오르는 경험, 시간에 따라 달라지지만 반복적인 순간들의 혼합으로 기억되는 경험을 이렇게 표현한다.

> 나는 오두막의 빗장을 좀처럼 풀지 않았다.
>
> 아주 오래전, 봄의 개똥지빠귀 소리가 들리기 전
>
> 언덕의 불쑥 나온 곳에
>
> 나는 앉아 있었다.
>
> 이른 아침 계곡이
>
> 완전한 고독 속에 묻혀 있을 때
>
> 나는 역사를 더듬어
>
> 내 느낌의 기원을 찾았다(59~60쪽).

성장을 위해 첫째로 필요한 것이 시간이라면 둘째는 운동이다. 운동은 내부적이고 비가시적이며, 바깥을 향하는 움직임이다. 콜리지(Coleridge)는 그 힘을 이렇게 생생하게 포착했다.

> 나는 경외감을 느낀다. …… 나무나 꽃을 바라볼 때, 세계의 온갖 식물을 바라볼 때 자연의 삶에서 한 가지 중대한 기관을 보았다는 느낌이 든다. 보라! 해가 뜨면 식물은 바깥을 향하는 삶을 시작해 다른 요소들과 자연스럽게 어울리면서 동시에 그것들을 흡수한다. 그 순간 식물은 뿌리를 내리고, 잎을 펼치고, 호흡을 하고, 서늘한 증기와 상큼한 향기를 내뿜고, 회복의 기운을 되찾는다. 식물은 대기를 먹이로 취하면서 동시에 대기의

먹이가 된다. 보라! 빛의 손길을 받아 식물은 빛과 유사한 공기
를 내뿜는다. 동시에 같은 맥박으로 식물은 비밀스런 성장을
이루며, 전에 팽창시켰던 것을 수축시키려 한다! 보라! 식물은
심원한 전체를 구성하는 부분들의 부단하고 유연한 운동을 지
탱하면서, 잠들어 있거나 초보적인 자연의 모든 생명에게 가시
적인 기관이 된다. 한 극단을 통합하면서 다른 극단의 상징이
된다.[9]

워즈워스와 콜리지가 구사하는 방책은 경험을 가장 먼 의미에서
이해하는 것이다. 그들은 그런 경험이 드물지 않다는 것을 안다. 그들
은 감각 자료의 범주를 재편해 신비로운 분위기를 창출한다. 《서곡》
의 유명한 구절들이 그런 예다. 병풍처럼 둘러싼 산을 배경으로 소년
이 배를 타고 호수를 가로지른다. 새 둥지를 보자 소년은 바람 부는
산기슭을 기어오른다. 또 루시는 바위와 돌과 나무가 있는 대지의 한
낮 속으로 들어간다. 이 모든 장면에서는 운동이 주요한 감각 경험이
다. 워즈워스는 성장과 관련된 그 순간들을 의식 속에 풀어놓는다.
어른의 의식 속에서는 균형감과 방향 상실이 지배적이지만, 유년기
의 강력한 기억 속에서는 역동적이고 현란한 분위기가 지배한다.
　워즈워스와 콜리지가 왜 다윈에게 중요했는지 그 이유를 여기서
알 수 있다. 다윈의 지적 배경에서 볼 수 있는 것은 결론과 확증이 아
니라 성장과 과정의 강조다. 그것은 유기체에게 필수적인 경험이다.

---

9) Samuel Taylor Coleridge, *The Statesman's Manual*, 부록 C, *Lay Sermons*, R. J.
　White 엮음, *Collected Works*, VI(런던, 1972), 72~73쪽.

《서곡》의 부제는 '시인의 정신적 성장'이다. 낭만주의 시인의 첫 세대가 가진 주된 관심은 확증적인 결론이나 선행하는 목적이 아니라 성장 과정이다. 그것은 교양소설도 아니고 종교적 자서전도 아니다. 교양소설은 개인이 사회관계 속으로 완전히 들어가는 것을 강조한다. 이런 소설의 결론은 언제나 축소와 완화의 느낌을 준다. 유아적 전능함이나 사춘기적 오만함은 사라지고 사회 속의 개인이 가지는 위축감을 마지못해 받아들인다. 일반적으로 우리는 그런 결말에 실망한다. 이와 약간 비슷하게, 종교적 자서전은 우회로를 통해 불가피한 구원의 목적지로 향한다.

메리 셸리(Mary Shelley)는 《프랑켄슈타인(*Frankenstein*)》에서 성장의 경험을 부인하는 괴물을 보여준다. 괴물은 기계처럼 제작되었으나 그 재료는 유기체의 일부분들이다. 개념과 재료 사이에는 간극이 있다. 괴물도 인간의 완전한 문화적 발달 과정을 거칠 수 있지만, 인간의 주요 경험, 즉 신체적 성장을 공유하지 못하기 때문에 인간이 되지 못하고 괴물에 머물 수밖에 없다. 그는 지적인 의미를 결코 취할 수 없다. 그는 신체 조각들을 깁고 전기 충격을 가해 만들어진, 외적 노력의 산물일 뿐이다.

이 책에서는 섹스가 배제되어 있다는 점이 두드러진다. 프랑켄슈타인은 자기 누이를 신부로 맞아들일 예정이었다. 그러나 자기가 만든 괴물에게는 짝을 만들어주려 하지 않는다. 자칫 괴물이 자연 질서 속에 들어가 통제하기 어려운 상태가 될까 하는 두려움에서다. 괴물의 미완성된 짝은 이 작품의 결정적인 부재를 이룬다. 프랑켄슈타인은 괴물이 짝짓기와 생식을 통해 자연 질서 속에 들어가는 것을 거부한다. 그러자 복수심에 불탄 괴물이 프랑켄슈타인의 결혼

공포문학의 선구자 메리 셸리

여성운동가인 메리 울스턴크래프트의 딸이자 낭만주의 시인 셸리의 아내였다. 남편이 사고로 죽자 글을 쓰기 시작했다.

식 날 밤, 그가 방에 들어오기 전에 그의 신부인 엘리자베스를 살해한다. 이 이야기의 가장 감동적인 장면은 괴물이 자신의 인지력과 문화가 발달하는 과정을 스스로 설명하는 대목이다. 그는 인간적인 감정을 표현하려 하지만, 상호성의 여지가 없기 때문에 그것은 불가능한 일이다.

메리 셸리는 채 열아홉 살도 되기 전에 아이를 낳았다. 그녀는 임신이라는 게 뭔지 잘 알았다. 《프랑켄슈타인》에서 그녀는 창조성을 향한 정신의 과도한 의지를 탐구했다.[10] 창조성은 자연적인 한계가 없으나 정신은 그 한계를 자주 뛰어넘고자 했으며, 낭만주의 시대에는 더욱 그러했다. 인간의 창조적 노력이 자연세계의 절차와 동등하다고 주장하는 은유가 그 점을 말해준다. 문학과 문학적 상상력에는 자연 질서와 동등한 내재적 요소가 없다.

프랑켄슈타인과 그가 만든 괴물의 관계를 통해 지은이는 인위적 선택의 나쁜 사례를 보여준다. 《프랑켄슈타인》은 유기적 형태를 넘어서는 경우가 어떤 것인지를 냉정한 시선으로 보여주는 작품이다. 심지어 인간의 신체를 재료로 해서 인간처럼 보이도록 만든 괴물의 형상은, 비밀스럽고 의식을 넘어서는 성장의 경험, 즉 창조성의 완벽한 조건을 제대로 구현하지 않은 '유기체'란 가짜 생명체에 불과하다는 사실을 암시한다. 발달의 개념은 우리의 문화와 성숙한 경험에

---

10) Ellen Moers는 *Literary Women*(런던, 1978)에서 이 작품을 출산의 악몽으로 해석한다. 내가 보기에는 오히려 남성이 주장하는, 창조적 글과 신체적 생산의 등가성을 반박하는 것으로 생각된다. Mary Shelley는 1817년 서문의 도입부에서 에라스무스 다윈에게 감사를 표한다. "이 소설의 기반이 되는 사건은 다윈 박사와 독일의 생리학자들이 상상했는데, 이것은 불가능한 일이 아니다."

워낙 근본적인 의미를 지니는 탓에 오히려 우리는 그 개념의 **학습**을 빠뜨리기 쉽다. 되돌릴 수 없는 변화를 전제하는 진화론은 개별적 성장에 관한 우리의 관찰을 강화한다. 여기서 유리한 것은 마침 두 개념이 불가분하게 연관되진 않는다는 점이다. 세 돌도 지나지 않은 막내 아이가 이렇게 말한다고 상상해보자. "내가 다시 아기가 된다면" "할머니는 곧 소녀가 돼" "엄마가 클 때까지 아빠가 나를 데리고 다녀" "엄마가 아기라면 나는 이러저러한 일들을 할 텐데." 되돌릴 수 없이 전진하는 성장과, 성장의 정지라는 관념은 아직 확고하지 않았다. 아마 프랑켄슈타인은 그것을 알아내고 검증하려 했을 것이다. 하지만 그가 보는 자연 질서에서는 성장이 가변적이고, 되돌릴 수 있고, 돌발적이었다. 그의 질서에는 죽음이 없었다.

"모든 것은 변하고 아무것도 죽지 않는다(Omnia mutantur, nihil interit)." 《변신》에 나오는 오비디우스의 이 말은 변태의 관념과 다윈의 진화론 사이에서 중대한 분기점을 이룬다. 다윈의 이론에서는 소멸이 필요했다. 죽음은 개별 유기체에서 종 전체로 확장되었다. 그러나 변태는 죽음을 회피한다. 이 개념은 지속성과 생존을 나타내며, 본질적 자아가 변형에 의해 제거되지 않고 치환되는 것을 표현한다. 어떤 면에서 진화론은 시간을 통해 연장된 변태, 꾸밈과 장식보다 잡아 늘려진 변형을 말하는 듯하다. 이 두 관념은 다양한 수단을 통해 변화를 합리화하고자 한다.

변태는 생리학, 지질학, 식물학, 나아가 신화에서 중요한 개념이 된다(린네는 1755년에 《식물의 변태(*Metamorphosis Plantarum*)》를 출간했고, 괴테의 《식물의 변태에 관한 실험(*Versuch die Metamorphose der Pflanzen zu Erklären*)》은 1790년에 간행되었다). 그러나 변태와 변형의 개념이 19세기 사유에 편입된 것은 또 다른 중요한 용어, 이 장의 앞부분에 인용된 구절에서 헉슬리가 대문자의 명예를 부여한 발달(Development)이라는 용어 덕분이었다. 폰 베어(Von Baer)는 1828년에 펴낸 《동물발생에 관하여(*Ueber Entwickelungsgeschichte der Thiere*)》에서 스펜서의 진화론을 위한 토대를 놓는다.

C. H. 워딩턴(Waddington)은 〈생물학적 형태의 성격(The Character of Biological Form)〉에서 '시간의 흐름'이 유기체의 구성 요소라고 말한다.

> 과학은 인과 관계를 기본으로 하는데, 인과 관계를 표현하려면 변화가 필요하다. 그러므로 생물학자는—개체의 발달, 진화, 기능의 영향력 속에서 이루어지는—형태의 변화에 깊이 관심을 갖는다.[11]

이와 같은 변화에 대한 강조를 이야기의 법칙으로 연장할 수도 있다. 변태와 발달은 이야기를 위한 두 가지 근본적인 질서를 제공한다. 이 두 질서와 양자를 일치시키려는 시도 사이의 긴장은 빅토리아 시대 여러 소설의 구성에서 찾아볼 수 있다.

인과 관계는 소설가에게나 생물학자에게나 매우 중요하다. 특히 디킨스는 그 문제를 두 가지 방식으로 예시한다. 하나는 그의 이야기 체계의 특징을 이루는 숨겨진 상호연관의 에너지를 보여주는 것이고, 다른 하나는 다음의 《돔비 부자(*Dombey and Son*)》에서 보이

---

11) *Aspects of Form*, Lancelot Law Whyte 엮음(런던, 1968), 41쪽.

는 것처럼 장난스러운 대화를 위협하는 것이다.

"루이자, 너는 감기를 조심해야 해." 톡스 양이 말했다.

치크 부인이 말을 받았다. "괜찮아. 그냥 날씨가 변한 것뿐인 걸. 우리는 변화를 예상해야 해."

"날씨라고?" 톡스 양이 천진스럽게 물었다.

"모든 걸 예상해야지. 변화는 늘 있어. 누구 때문에 크게 놀랄 일은 언제나 있는 거야, 루크레티아. 다른 사람의 말 때문에 내 생각이 크게 달라질 수도 있지. 내가 아주 명백하다고 믿었던 것과 다른 사람의 견해가 상충할 때 특히 그렇잖아. 바로 그럴 때 변화가 일어나는 거야!"

치크 부인은 엄숙한 철학자라도 되는 듯한 표정으로 소리쳤다.

"변하지 않는 게 뭐가 있어! 변화 같은 일에 신경도 쓰지 않을 법한 누에 같은 벌레조차도 예기치 않은 온갖 변화를 끊임없이 만들어내지."

"루이자는 늘 자기 설명에 기쁨을 느끼지." 톡스 양이 부드럽게 말했다.

변형은 돌연한 단절, 과거와 현재의 균열을 강조한다. 《언어와 신화(*Language and Myth*)》에서 카시러는 이렇게 말한다.

신화의 의식은 인간의 인격을 고정불변의 것으로 보지 않고, 삶의 모든 단계를 새로운 인격, 새로운 자아로 간주한다. 이런

변형은 무엇보다 인간의 이름이 거치는 변화 속에서 뚜렷이 나
타난다.[12]

이름과 서술을 바꾸면 변화를 확증하는 동시에 시작할 수 있다. 그
러나 이렇게 새로운 것을 강조할 경우, 인간이나 식물, 바위의 변형
은 동일성의 관념을 따른다. 이름은 달라지지만 요소들은 불변한다.

아무것도 자체의 형태를 갖고 있지 않다. 그러나 모든 것을
쇄신하는 자연은 끊임없이 형태를 가지고 형태를 만든다. 전
우주에서 소멸하는 것은 없다는 점을 명심하라. 단지 형태의
변화와 쇄신만이 있을 따름이다. 우리가 탄생이라고 부르는 것
은 그저 과거와 다른 게 되었다는 것을 뜻한다. 죽음은 예전 상
태의 중단을 의미할 뿐이다. 어쩌다가 사물이 여기서 저기로,
저기서 여기로 이동할 때가 있으나, 그럴 경우에도 사물의 총
계는 불변한다.[13]

변형의 운동은 방계적이고 발생적이며, 진화론에서의 운동은 유
전적이다. 실증주의, 마르크스주의의 낡은 종류(자본주의가 이전의
봉건적·부족적 사회에서 생겨난다는 학설), 프로이트에서도 진화론
과 같은 유전적 설명 양식을 찾아볼 수 있다.

---

12) Ernst Cassirer, *Language and Myth*, S. K. Langer 옮김(뉴욕, 1946), 51쪽.

13) Ovid, *Metamorphoses*, 15권, II. 252~258쪽, Frank Justus Miller 옮김, *The Loeb,
Classical Library*(케임브리지, 매사추세츠 및 런던, 1916), 383쪽.

이렇게 되돌릴 수 없는 성장과 연속을 강조하는 관점에서 생각하면, 빅토리아 시대에 인기를 끌었던 어느 판타지 작품을 이해할 수 있다. 필연적인 성장의 연속성을 부정하는 《이상한 나라의 앨리스(*Alice's Adventures in Wonderland*)》에서 앨리스는 버섯의 어느 부위를 먹느냐에 따라 몸이 작아지는 '성장'을 하는가 하면, 신체 전체나 일부의 크기가 불편할 정도로 변하는 경험을 한다.

진화의 복수성

콩트는 발달의 관점에서 역사를 체계화했다. 그에 따르면, 인간의 문화는 출범할 때 '신화적' 경향이 있었으나 이 단계는 시간이 지나면서 이내 뒤처졌다. 그 반대로 조지 엘리엇은 《미들마치》에서 신화화는 반드시 필요하며 이는 인간의 설명과 경험의 지속적인 방법이라고 주장한다.[14] 빅토리아 시대의 많은 인류학자들, 그중에서도 특히 타일러는 신화의 주된 기능이 원시과학적 문제 해결에 있다고 보았다. 그러나 신화화는 문제를 해결하지 않은 채 계속 놔둘 수도 있다. 신화화는 서로 화해할 수 없는 대립물을 숙고할 수 있게 해준다. 휴얼은 서로 대립하는 두 이론을 동시에 고찰하는, 불가능에 가까운 일을 언급했다.[15] 다윈의 이론은 과거의 체계화를 부정할 뿐 아니라 자체 안에 대립적인 이야기들을 포함하고 있다. 그의 발견 과

---

14) Joseph Wiesenfarth, *George Eliot's Mythmaking*(하이델베르크, 1977).

15) 'On the Fundamental Antithesis of Philosophy', *Transactions of the Cambridge Philosophical Society*, 8(1850), 170~181쪽.

이상한 나라의 앨리스

아이들과 지내길 좋아하는 캐럴은 어느 날 어린 여자 아이들과 함께 강변으로 놀러갔다가 처음으로 앨리스 이야기를 들려주었다고 한다. 《이상한 나라의 앨리스》는 이 이야기를 토대로 살을 붙이고 캐럴 자신이 직접 삽화를 그렸다.

정은 반대 방향으로 나아갔다. 그의 이론은 우연과 무질서한 힘들의 작용을 가리키는 것으로 해석될 수 있고, 되돌릴 수 없는 일방향의 성장을 보장할 수 있다(그가 제시하는 **계보**의 이미지에서는 수직성이 강조된다).

노스롭 프라이는 〈신화, 허구, 치환(Myth, Fiction, and Displacement)〉에서 신화의 '묘한 경향'에 관해 이렇게 이야기한다. "신화는 서로 달라붙어 더 큰 구조를 형성하는 경향이 있다. 창조 신화, 타락과 홍수의 신화, 변신하고 죽음을 맞는 신이 등장하는 신화, 신성한 결혼과 영웅 조상의 신화, 인과적 신화, 종말론 신화 등이 그런 예다."[16] 다윈의 이론은 한편으론 신화적 요소들을 끌어들이는가 하면, 다른 한편으론 또 많은 요소들을 거부한다. 예를 들어, 다윈은 '신성한 결혼, 영웅 조상, 타락과 홍수' 등을 다룰 때 '전도된 승화(umgekehrte Erhabene)'를 보여준다. 즉 그의 신화 이야기는 높은 신에게서 내려오는 것이 아니라 늪지에 사는 미지의 조상에게서 올라오는 과정을 말하면서도 고결함을 주장한다. 따라서 진화론에서는 새로운 방식으로 신화를 추구할 수 있고, 과거에서 현재까지의 낙원을 여러 가지로 상정할 수 있다. 과거는 몇 가지 단순한 형태로 구성되며, 현재는 항상 진행 중이고 다양하다.

진화에 내재하는 이야기의 복수성은 그 자체로 문화적 상상력을 지배하는 강력한 요소였다. 중요한 것은 진화가 말해주는 특정한 이야기가 아니라 진화가 많고 다양한 이야기들을 말해준다는 사실이

---

16) *Fables of Identity*(뉴욕, 1963), 19~20쪽. 인식론과 진화론에 관해서는 내 책의 174~179쪽을 참조하라.

었다. 풍부함과 선택은 진화론에 내재할 뿐 아니라 진화론을 수용하는 절차이기도 했다. 이처럼 수용과 이론의 조화는 분석의 아래 차원에서 확증을 만들어냈다.

예를 들어, 인간과 다른 종들이 친족 관계에 있다는 이야기는 평등주의적 자극을 주었으나, 발달에 관한 이야기는 사회적 위계를 복원하는 결과를 빚었고, 인간 일반보다 우리가 속한 현대 유럽인이라는 특수한 인간, 바로 빅토리아 시대 사람들을 정점에 올려놓았다(그런 의미에서 나는 빅토리아 시대, 나아가 지금 우리 사회에도 성적 지배가 있다고 생각한다).

이 위계는 개체의 수명과 성장 유형의 모델—신체적인 동시에 지성적이며, 유년기에서 성년기까지 아우르는 모델—을 재도입함으로써 이루어진다. 발달은 진보의 관념으로 연장되며, 그에 따라 완전히 성숙한 것에 맞추어 통제가 가능하다는 가정, 문화적 변화는 곧 개선이라는 가정, 원숭이에서 인간으로의 변화를 다양한 종족의 발달 정도로 파악할 수 있다는 가정이 성립한다.

진화론의 다산성과 풍부함은 서로 비슷하면서도 대조적인 이야기들의 원천이 된다. 여기서도 중요한 것은 다양성과 공인된 규준으로부터의 일탈이다. 그와 더불어 선택에서 유용성(나아가 공리성)이 강조됨에 따라 순응의 개념이 부각된다. 유기체는 환경의 요구에 부응해야 하기 때문이다. 다윈은 변태를 검증한다. 그는 타락의 관념을 거부하는 새로운 창조 신화를 제안하며, 생명의 나무와 지식의 나무를 하나로 만들어 의미의 중심으로 삼는다. 나아가 그가 말하는 자연 질서는 낙관적 해석과 비관적 해석 사이에서 동요한다. 즉 희극적이면서도 비극적이다. 프라이의 범주를 인용하면 "희극적으로 볼 때 동물계는 사육된 동물들의 세계 공동체다"(인위적 선택이 낳은 비둘기). "비극적으로 볼 때 동물계는 맹수와 맹금의 세계다."

우리는 유쾌하게 빛나는 자연의 얼굴을 바라본다. 먹을 것이 지나칠 만큼 풍부한 상황을 보기도 한다. 그러나 우리 주변에서 한가롭게 지저귀는 새들이 주로 벌레나 씨앗을 먹고 살며, 따라서 늘 다른 생명을 파괴하고 있다는 사실을 우리는 보지 못하거나 잊고 있다. 우리는 노래하는 새, 그 새의 알과 둥지가 다른 짐승들에 의해 대량으로 파괴된다는 것을 잊는다. 우리는 설령 지금 먹을 것이 지나칠 만큼 풍부하다 해도 매년 모든 계절이 그렇지 않다는 것을 항상 염두에 두지는 않는다(116쪽).

희극적으로 보면 "식물의 세계는 정원, 과수원, 공원, 생명의 나무, 장미다."

수나무에서 50미터 떨어진 암나무를 발견했을 때, 나는 가지의 여기저기에서 꽃 스무 송이에 해당하는 암술을 모아 현미경으로 관찰했다. 거기에는 예외없이 꽃가루가 있었고, 때로는 지나칠 만큼 많았다. 며칠 동안 바람이 암나무에서 수나무 쪽으로 불자 꽃가루가 수정되었다. 날씨가 춥고 사나워 벌들이 활동하기에 알맞지 않았는데도 내가 검토한 암꽃들은 모두 벌에 의해 수정이 이루어졌다. 벌이 꽃가루를 묻힌 채 이 나무 저 나무를 돌며 꿀을 모으러 다니다가 우연히 수정된 것이다(140~141쪽).

비극적으로 보면 "그것은 사악한 숲, 황야, 죽음의 나무다."[17]

기나긴 세월 동안 몇 종류의 나무들 사이에서 얼마나 극심한 투쟁이 벌어졌던가. 나무들은 저마다 매년 무수한 씨앗을 뿌렸을 것이다. 곤충과 곤충, 그리고 곤충, 달팽이, 각종 포식동물들은 또 얼마나 격렬한 전쟁을 벌였던가. 모두들 수를 늘리기 위해 애썼다. 모두들 서로 다투고, 나무들과 씨앗들과 묘목들이 싸우고, 먼저 땅바닥을 덮어 다른 나무들의 성장을 저지하기 위해 몸부림쳤다!(126쪽)

다윈은 자연세계에서 수많은 모순, 삶과 죽음의 상호작용을 보았다. 그러나 그는 그것들을 '인위적 선택'과 '자연선택'이라는 대립물의 통제력으로 조직하여, 힘이 셀수록 유리한 상황을 설명했다. 그가 그리스도교의 문화적 유산을 존중한 것은 여기까지였다.

생명의 다양성에 기쁨을 느낀 다윈은 편지에서 행복한 순간을 꿈에서처럼 토로한다. 어렴풋한 꿈결에서 그는 숲속의 생명체들이 벌이는 삶의 약동을 지켜본다. 그 순간 지식이나 기원 따위는 전혀 신경 쓸 필요가 없다.[18] 그저 순수한 희극의 순간이다. 하지만 때로는 약탈당한 삶의 고통스러운 감각이 밀어닥치며, 고통의 기원을 찾아 생명에게 고통을 내리는 신의 사디즘적 이미지를 도덕적으로 회피

---

17) *Fables of Identity*, 19~20쪽.

18) 다윈에게 보낸 1858년 4월의 편지. F. Darwin, *Autobiography and Selected Letters*(뉴욕, 1892, 재인쇄 1958), 194~195쪽.

해야 한다는 생각에 사로잡히기도 한다.

마침내, 논리적 추론은 아닐지 몰라도 나의 상상력으로 훨씬 만족스러운 설명을 얻을 수 있었다. 새끼 뻐꾸기가 같이 자라는 형제들을 몰아내는 본능, 개미가 다른 생물을 노예로 삼는 본능, 맵시벌의 애벌레가 다른 애벌레의 산 몸뚱이를 파먹으며 살아가는 본능 등을, 특별히 부여되거나 창조된 본능으로 보지 않고 하나의 일반 법칙이 낳은 작은 결과라고 보게 되었다(263쪽).

이런 생각을 우화처럼 간주하는 태도는 《종의 기원》보다 《인간의 유래》가 더 철저하다. 《인간의 유래》에서는 인간의 계보학을 말하는 제목에서부터 이중적이고 모순적인 이야기가 드러난다. 제목에 들어 있는 'Descent'라는 단어는 유래를 뜻하기도 하지만, 원래는 '전락' '하강'이라는 뜻이다. 그렇다면 그 단어는 인간이 아담 신화로부터 전락했거나 영장류 조상으로부터 유전적으로 '하강(상승)'했다는 것을 의미한다. 《종의 기원》에서 인간은 텍스트의 틈에 숨어 관심의 대상에서 벗어났다. 독자는 인간이 배제된 텍스트를 은밀한 방식으로 독해함으로써 인간 중심적 의미를 찾아내야 했다. 달리 보면, 《종의 기원》에서 인간은 환유적인 방식으로, 단순히 다른 종들을 이해하기 위한 도구로 사용되었다고 볼 수도 있다.

'적자생존'은 언뜻 보면 진화적 사유에서 보기 드문 단일한 방향의 이야기로 여겨진다. 그러나 그 동어반복적 구조로 인해 그것은 유기체론의 풍자가 된다. 콜리지의 악의적인 표현에 따르면, 뱀이 자기 꼬리를 입에 문 이야기가 되는 것이다. 적자생존은 단지 생존하기에 가장 적합한 것이 생존한다는 의미다. 여기에는 아무런 구별도 없고 완전한 발달도 없다. 다만, 현재 환경의 요구에 적합하다는 것뿐이다. 환경의 요구는 책략일 수도 있고, 몸의 빛깔일 수도 있으며, 공격적인 태도, 수동적인 자세, 긴 팔, 그밖에 다른 우연한 성질일 수도 있다. 결국 결정론적 구성으로 흐를 수 있는 진화론의 이야기에 다시 우연이 도입되는 것이다.

그러나 다윈은 공통성을 다시금 강조하고자 했다. 이런 태도는, 모든 종은 연관되어 있고 인류의 조상은 단일하다는 인류일원설의 입장이다. 여기에는 정치적 의도가 있다. 인류일원설은 다윈이 멈추고자 한 곳에서 다윈과 합류하며, '코카서스 인종'과 기타 인종들이 다르다고 보는 입장에 단호히 반대한다.

공통의 조상이라는 관념은 발달 이론에 평등주의라는 토대를 제공했다. 이는 인간의 경우든 다른 생물의 경우든 마찬가지다. 그 결과, 신화의 영역을 벗어나 과학의 언어로 넘어갈 수 있게 된다.

신화적 열망

가장 위대한 초기 인류학자로 꼽히는 에드워드 타일러는 《원시 문화(*Primitive Culture*)》(1871)에서 다음과 같이 말한다.

인간과 하등 포유류가 관련이 있다는 이론이 고급한 과학에서만 발견된다고 생각하면 큰 오산이다. 낮은 차원의 문화에서

도 사색적인 철학에 몰두하는 사람은 원숭이와 자신의 유사성
에 관해 만족스러운 설명을 찾을 수 있다. 그러나 우리는 그것
을 철학적 신화로 규정해야 한다. 그 가운데 원숭이에서 인간
으로 상승하는 변화의 사유를 표현하는 이야기, 지난 세기에
성행했던 발달 이론과 다소 닮은 데가 있는 이야기는, 그 반대
로 원숭이가 인간의 상태였다가 타락했다는 식의 설명과 다를
바 없다.

　　타일러는 진화의 개념을 수용해 다양한 문화권이 주변 환경과 심
리를 이해하는 단계들을 설명하면서도 다윈이나 스펜서와는 다른
독자적인 면모를 보였다.[19] 그에 따르면, 진보와 타락이라는 이념은
둘 다 발달 이론의 일부분이다. 그는 신화가 현 상태의 과학 지식을
바탕으로 '설명적 이야기'를 만들어내며, 그 배경에는 "인류를 둘러
싼 여러 가지 원인과 근거를 알고자 하는 열망"(354쪽)이 자리 잡고
있다고 생각한다. 타일러는 신화와 전설에 요약된 과학적 문제의 사
례로, 화석과 조개껍질과 산호가 어떻게 높은 산꼭대기에서 발견될
수 있는지를 든다. 설명적 이야기는 그럴듯한 해결책처럼 보이는 반
면, 과학 이론은 우리 감각의 관습적 증거에 어긋나는 것처럼 보이

---

19) George Stocking, Jr, *Race, Culture, and Evolution: Essays in the History of Anthropology*(뉴욕, 1968) ; J. S. Haller, *Outcasts from Evolution: Scientific Attitudes to Racial Inferiority, 1859~1900*(런던, 1971). 다윈은 타일러를 읽었고 그의 저작을 좋아했다. 1840년대 이론 형성기에 다윈은 그의 인종 이론을 폭넓게 공부했다. 예를 들면, 'Smith Varieties of the Human Race', 'White Regular Gradations of Man', 'Blumenbach' 등이다(공책 119). 그의 장서 중에는 1860년대에 출간된 인류학 문헌이 아주 많았는데, 이것이 《인간의 유래》의 모태가 되었다.

는 것도 그런 경우다.

사실 과학 논증이나 신화나 그럴듯해 보이지 않기는 마찬가지다. 일찍이 볼테르(Voltaire)는 산꼭대기의 조개껍질이 대홍수의 증거라기보다 십자군이 성지로 가는 도중에 떨어뜨린 것이라고 풍자한 바 있었다. 타일러에 의하면, 설명적 이야기가 신화로 간주되는 경우는 "그것을 믿는 우리의 관념과 어긋날 때"(355쪽)뿐이다. 그런 상대주의적 독해에서 신화는 이야기를 말하는 사람과 듣는 사람 사이의 틈새에 존재한다.

타일러는 신화의 기능, '그 힘과 생명력'을 다음과 같이 요약한다.

> 자연을 활성화하고 의인화한다. 과장과 왜곡으로 전설을 구성한다. 단어를 잘못 이해함으로써 은유를 고형화(固形化)한다. 추측에 입각한 이론을 사실로 전환시킨다. 허구를 역사적 사건인 것처럼 위장한다. 신화의 구절을 기적 같은 전설에 인용한다. 근거 없는 상상에 명칭과 장소를 부여한다. 신화적 사건을 도덕적 사례로 이용한다. 이야기를 역사로 끊임없이 구체화한다(375쪽).

계속해서 타일러는 진화의 개념에 맞춰 허구의 여러 유형을 분석한다.

> 전설은 규모가 커지면 규칙적인 발달 과정을 보인다. 근거없는 환상의 관념으로는 그것을 설명할 수 없으므로 구성 법칙을 동원해야 한다(376쪽).

그는 신화의 발전에서 가장 최초의 단계가 물활론(animism)이라고 본다.

그는 비록 발달의 전제에 묶여 '저열한 민족'이라든가 '야만인' 같은 빅토리아 시대의 관습적인 표현을 사용했지만, 세계와 역사 전반에 걸쳐 많은 민족들의 '진정한 문화'와 상상력의 에너지를 찾고자 했다. 그는 토착 원주민을 원숭이로 신화화해 그들을 쫓아내고 학살하는 만행을 용인하는, 이른바 선진 민족의 끔찍한 무지를 통렬하게 까발렸다.

> 야만인들을 원숭이로 간주하고 숲 속의 들짐승처럼 마구 사냥하는 심리는 지극히 이해하기 쉽다. 그런 사람들은 야만인들의 언어를 그저 꿀꿀대고 짖어대는 소리로만 여기며, 아무리 야만적인 부족이라 해도 이해하는 시선으로 보면 진정한 문화를 발견할 수 있다는 점을 전혀 알지 못한다(343쪽).

타일러가 《물의 아이들(*The Water Babies*)》을 현대의 신화로 보았다는 사실을 상기하라.

이 구절은 킹즐리가 쓴 타락 우화의 오싹한 결론, 마지막 남은 '뜻대로하세요(Doasyoulikes, 지은이가 고릴라족에게 붙인 이름: 옮긴이)'가 뒤 셸뤼(Du Chaillu, 그는 1861년 영국학술협회의 회의에 참석해 '고릴라의 나라와 습성'을 설명함으로써 많은 사람들의 관심을 불러일으켰다)의 총에 맞아 죽는 장면을 연상케 한다.[20]

> 그뒤 500년 동안 고릴라들은 먹이 부족에 시달리고 사나운

짐승과 사냥꾼 들의 공격을 받아 모두 죽었다. 나이가 아주 많고 강인한 턱을 가진데다 키가 2미터가 넘는 단 한 마리만 살아남았다. 뒤 셸뤼가 그에게 다가가 총으로 쏘자 그는 벌떡 일어나서 으르렁거리며 자기 가슴을 탕탕 두드렸다. 그는 자기 조상들이 과거에 인간이었다는 것을 알고 있었으므로, "나는 인간이고 형제가 아니냐?" 하고 말하려 했다. 그러나 그는 혀를 어떻게 사용해서 말해야 하는지를 이미 잊어버렸다. 그는 의사를 부르려 했으나 그 말도 잊었다. 결국 그는 "어버버!" 하는 소리만 남기고 죽었다(275쪽).

"나는 인간이고 형제가 아니냐?"라는 말은 노예제 폐지운동 중에 웨지우드(Wedgwood)가 만든 메달에 새겨진 문구였다.

언어의 상실은 타락의 마지막 단계다. 킹즐리의 전설은 인류가 원시성으로, 따라서 동물성으로 퇴행한 것을 보여주는 반면, 타일러는 살육을 당한 부족이 온전한 언어를 가졌는데도 백인들이 알아듣지 못했다는 점을 강조한다.

발달의 관념은 과거에는 오로지 인간의 경우에만 발달이 가능했다는 온정주의적 전제에 뿌리를 두고 있다. 관찰자가 발달의 정점에

---

20) 다윈주의의 의인화적 함의를 논의한 가장 널리 알려진 저작은 Winwood Reade, *The Martyrdom of Man*(1872)이다. 이 저작을 낳은 계기는 뒤 셸뤼가 영국과학연구소와 영국학술협회를 방문한 일이었다. 당시 젊은이였던 Reade는 직접 고릴라의 나라로 가서 뒤 셸뤼의 이론을 검증하고자 했다. 타일러는 타락 신화에 관해 이렇게 언급한다. "킹즐리 씨가 말하는 '뜻대로하세요들'은 자연선택에 의해 고릴라로 타락했으며, 이 야만 신화의 문명화된 대응체다"(*Primitive Culture*, 1:377쪽).

서서, 현재의 높은 위치에 도달하기 위해 애썼던 과거를 되돌아본다고 가정하기 때문이다. 이런 구도에서는 유럽인이 최고의 발달을 이룩한 것으로 간주되고, 다른 종족들은 성장의 도표에서 뒤처진 것으로 간주된다. 성장의 이미지는 또다시 개체의 수명으로부터 이탈하게 된다. 그리하여 모든 종족이 '인간의 유년기'에 속하는 것처럼, 어린이와 같이 보호·인도·교정을 받아야 하는 대상으로 취급된다.

그러나 유럽인을 성인 보호자로 보고 다른 종족들을 유년기와 성장기 사이에 있는 것으로 보는 은유는, 이따금씩 미래에는 제2세대가 지배하리라는 것을 넌지시 암시했다.

언어와 신화

타락의 관념과 발달의 관념 사이에서 벌어진 투쟁은 1850년대부터 1870년대까지 언어와 신화에 관한 논쟁에 스며들었다.

신화학자들과 인류학자들은 진화와 자연선택의 사상이 언어와 직접적인 관련이 있다고 생각했다. 언어는 인간과 동물을 가름하는 중대하고 현저한 특징으로 간주되었기 때문이다. 이 논쟁에서도 다윈은 분리주의를 거부하고, 동물의 소통 능력을 강조했다. 타일러 같은 저자들과 막스 밀러 같은 저자들에게 나타난 방법의 주된 차이는, 타일러가 민족학적 증거를 이용해 신화 만들기를 평가한 반면, 밀러는 전적으로 언어학적 증거만을 사용했다는 점이다. 대체로 사회적 소재를 해석하는 입장에서 볼 때 밀러는 타락론자였고, 타일러는 진화론자였다. 밀러는 뛰어난 산스크리트어 학자였고, 신화의 분석과 유기체와 언어의 뿌리에 관한 논의에서 영향력이 컸다. 타일러의 신화 분류에서 가장 두드러진 범주는 "단어를 잘못 이해함으로써 은유를 고형화한다"라는 대목이다. 이 범주는 명백히 뮐러가 설정한 신화와 사유의 관계에 바탕을 둔 것으로 보인다.

1877년의 《콘힐 매거진(*The Cornhill Magazine*)》에서 헨리 휼렛(Henry Hewlett)은 신화의 의미와 본성에 관한 당시의 이론들을 여섯 가지로 정리했다. 첫째는 원인론(신화는 설명적 이야기다), 둘째는 어원학(신화는 오해된 언어에 기초한다), 셋째는 에우헤메로스(신화는 회고적으로 허구화된, 실존하는 사람들에 관한 이야기다), 넷째는 시(신화는 순전히 공상적인 이야기다), 다섯째는 '물리'(신화는 현상의 합리화다), 여섯째는 우화(신화는 고대인들의 지혜가 암호화된 것이다)다. 로버트 애커먼(Robert Ackerman)[21]은 휼렛이 E. B. 타일러의 1871년 저작 《원시 문화》에 소개된 물활론을 빠뜨렸다고 지적했다(신화는 고대인들이 생명을 모든 사물에 귀속시키던 습관에서 나온다).

R. A. 프록터(Proctor)는 《천문학의 신화와 경이(*Myths and Marvels of Astronomy*)》(런던, 1884)에서 이렇게 썼다.

최근 프랑스어에서 번역한 어느 책의 제목에는 '천문학적 신화'라는 표현이 잘못된 천문학 체계와 같은 뜻으로 사용되었다. 여기서 나는 그 말을 그런 뜻으로 사용하지 않는다. 천문학의 역사는 때로 당혹스러운 관찰 결과를 보여준다. 후대의 연구와

---

21) Robert Ackerman, 'Writing about Writing about Myth', *Journal of the History of Ideas,* 34(1973), 147~155쪽; Janet Burstein, 'Victorian Mythography and the Progress of the Intellect', *Victorian Studies,* 18(1975), 309~324쪽.

맞지 않지만, 그렇다고 해서 쉽게 설명할 수도 없다. 그런 관찰을 가리켜 훔볼트는 무비판적인 시대의 신화라고 규정했다. 이 글에서 나는 '천문학적 신화'라는 말을 그런 의미로 사용한다.

문제를 해결하기는커녕 문제를 낳는 관찰. 이것이 바로 프록터가 생각하는 신화의 원천이다. 빅토리아 시대의 신화학자들은 대부분 신화의 문제 해결 기능에 비중을 두었다. 그러나 프록터는 현명하게도 신화에는 설명을 거부하는 성질이 있다는 것을 알았다. 다윈의 이론에 대한 빅토리아식 상상력은 그 거부와 설명 사이의 까다로운 지점에 위치한다.

뮐러는 다윈처럼 공통의 기원을 찾고자 했다. 그가 연구한 공통의 기원은 인도게르만어의 '뿌리'였다. 그가 언어 연구에서 전제로 삼은 것은 두 가지다. 첫째는 "짐승과 인간을 가르는 커다란 장벽은 언어"(340쪽)라는 것이고, 둘째는 "언어에는 공통의 기원이 있다"는 것이다. 다윈과 마찬가지로 뮐러도, 전 세계 모든 인종이 공통의 조상을 가졌다는 인류일원설을 취했다.

나는 편견을 가지고 연구했다는 비난을 받았다. 인류가 공통의 기원을 가졌다고 암묵적으로 믿었다는 것이다. 그 믿음을 부인할 생각은 없다. 증명이 필요하다면 다윈의 책《종의 기원》에서 얻을 수 있다. …… 하지만 나를 비판하는 사람들이 내가 과학 논증과 신학 논증을 뒤섞은 단 한 가지 구절만 지적하는 데는 반대한다.

그가 자신의 법칙을 다윈의 생각에 접근시킨 것은 특기할 만한 일이다. 그는 '자연선택'을 완전히 믿지 않고 '자연 제거(Natural Elimination)'라는 말로 바꾸기까지 했기 때문이다. 이 말은 약자나 생존에 부적합한 자의 실패, 소멸과 상실에 더 초점이 맞춰져 있다. 때로 그는 자연선택의 법칙을 보편적으로 응용할 수 있다고 높이 평가하는가 하면, 그것을 완전히 부인하기도 한다. "자연이 진보되거나 개선될 수 없다는 것은 최근의 연구를 통해 잘 알려진 사실이다. ……벌집의 육각형 세포는 19세기나 그 이전 시대에나 달라진 바가 없다"(31쪽). 그는 다윈의 저작이 가진 중요성에 관한 강연 원고를 쓰면서 그 내용에 자신의 연구를 맞춰가다가 점차 마음을 바꾼 듯하다. 그는 다윈이 새로운 '사유의 도구'를 제공했고, 지금까지 제기되지 않았던 사유의 자원에 대해 언어적 접근을 새로이 가능케 해주었다고 믿게 되었다.[22]

우리는 필연성만이 아니라 우연성도 배제하는 관념을 원한다. 이를 위해서는 일반적인 협력만이 아니라 개별적 노력도 필요하다. 이 관념은 벌의 무의식적 집짓기나 인간의 의식적 건축, 어느 하나에만 들어맞는다기보다 두 가지 활동을 자체 내에서 결합해 새롭고 더 높은 구상으로 끌어올린다. 화석 분야의 소멸과 새로운 종의 기원에 관한 설명이라고 말한다면, 여러분은 그 사상과 용어가 뭔지 추측할 수 있을 것이다. 필요한 것은 **자연선택**의 관념이다. 필요한 것은 찾아지고, 찾아진

---

22) *Lectures on the Science of Language*(1차 시리즈)(런던, 1861), 327쪽.

것은 이름이 붙는다. 그것은 새로운 범주이며 새로운 사유의
동력이다. 박물학자들이 새로 발견한 종에 자신의 이름을 붙이
면서 자부심을 가진다면 다윈 씨는 더 큰 자부심을 가질 자격
이 충분하다. 그의 이름은 새로운 사상, 새로운 종류의 사유에
영원히 남을 테니까.[23]

'자연선택'은 그 의미가 충분히 성숙하지 않은 용어다. 밀러에게
이것은 대단히 중요하다. 그의 이론에 따르면, 신화가 곧바로 언어
에 개입하여 언어를 타락시키기 때문이다. 언어는 은유와 신화 때문
에 타락한다.

신화가 언어와 사유의 관계를 더럽힌다고 보는 밀러의 견해는 그
시대의 상상력을 사로잡았고 밀러 자신의 신화 분석, 태양 신화의
체계에 내재해 있었다. 그는 언어가 마치 독자적인 실체인 것처럼
정신의 영역을 침해하는 경향을 가진다고 보았다.

성질이 실체로 변한다는 입장에서 나온 에테르는 신화이고
추상이지만, 물리적 추론을 위해서는 분명히 유용하다. 그러나
그 유용성은 우리의 감각이나 이성으로 이해할 수 있는 것을
제시하는 데 있는 게 아니라 현재 우리 지식의 지평을 확정하
는 데 있다. 그런 의미에서 그 용어를 사용한다면, 마치 대수에
서 X를 미지수로 사용하는 것처럼 아무런 문제도 없다. 새벽을
에리니에스(그리스 신화에서 복수의 여신: 옮긴이)로 말하거나

---

23) *Lectures on the Science of Language*(2차 시리즈)(런던, 1864), 309~310쪽.

천국을 제우스로 말하는 것이 그런 경우다. 문제가 생기기 시작하는 것은 언어가 자체의 본분을 망각하고 잘못된 사물을 가리키게 될 때다. 이를테면 성질이 실체를 가리키고 이름(Nomen)이 정령(Numen)으로 사용되는 경우다(579쪽).

뮐러는 신화를 '언어의 질병'으로 보고 적대시하는데, 이런 태도는 그가 스스로 개탄하는 원칙에 의거해 무의식적으로 신화를 강력한 적으로 바꾸었음을 뜻한다. 그는 관념의 역사를 사유와 언어의 거대한 싸움으로 바라본다. 여기서 은유는 해체 인자로 작용한다.

어떤 단어든 …… 원래 형태에서 은유적 의미에 이르기까지, 여러 계단을 명확히 밝히지 않고 사용할 경우에는 신화의 위험성이 있다. 이 계단들을 버리고 그 자리에 인공 계단들을 놓으면 그것은 곧 신화, 달리 말하면 병든 언어가 된다. …… 하지만 아무리 신화적 문구가 부패하고 유해한 증식을 한다 해도, 우리는 그것이 꿈틀거리며 기어 다니는 주변에서 언제나 원래의 줄기를 찾아낼 수 있다(358쪽).

뮐러가 보기에 현존하는 민담, 동화, 전설은 사라진 귀중한 신화 체계의 잔해다. 그는 인도게르만어의 뿌리에서 고정된 언어의 토대를 찾아내, 그것에 기원의 가치를 부여했다. 다윈과 마찬가지로 그는 '몇 가지 혹은 한 가지 형태'의 흡인력을 느끼면서도 그런 형태가 유발한 수많은 변형들을 중시했다.

엄청난 풍부함과 극단적 다산성을 강조하는 다윈의 이론은 이상한 방향으로 나아갔다. 자연은 절약이 아니라 사치를 즐기는 것으로 보였다. 초생산성은 공상을 비준했다. 다음 논증에서 나는 빅토리아 시대의 판타지 작품들이 다윈의 사상에 **포함**된 문제 혹은 낡은 세계질서와의 관계에서 진화론이 **드러낸** 문제에 천착하는 과정을 설명할 것이다. 작가들은 판타지의 일시성에 안주하면서 난관의 영역을 확장할 수 있었다.

초생산성

《올랜도(*Orlando*)》(1928)에서 버지니아 울프는 빅토리아 시대를 엄청난 풍부함, 막대한 성장과 아울러 천둥을 머금은 구름으로 특징짓는다. 그녀는 화려한 구절로 그 억압적인 풍부함을 포착한다.

과장을 모방하기 위해 과장을 사용하면서 그녀는 활기와 좌절이 엇갈리는 빅토리아 문화의 우울한 낭만주의를 드러낸다. 그녀의 회고록 작가인 '유세비우스 처브(Eusebius Chubb)'는 그 풍부함에 압도당한다.

그의 머리 위에서 수많은 이파리들이 서걱거리며 빛났다. 발밑에서 무수한 형태들이 짓밟히는 듯한 기분이었다. 정원 끝에 있는 축축한 모닥불에서 짙은 연기가 연신 피어올랐다. 지구상의 어떤 불로도 이 방대하고 성가신 식물들을 몽땅 태워버릴 수는 없으리라는 생각이 들었다. 어디를 봐도 식물들이 우거져 있었다. 오이는 풀밭을 가로질러 그의 발에까지 넝쿨을 뻗고 있었다. 커다란 꽃양배추는 층층이 솟아, 그의 혼란스런 상상에 의하면 느릅나무만큼이나 높아졌다. 암탉들은 엷은 색깔의 달걀을 부지런히 낳았다. 자신의 왕성한 생식력을 생각하니 이내 한숨이 나왔다. 딱한 아내 제인은 이제 열다섯 번째 해산을 앞두고 있었다. 내가 닭을 탓할 자격이 어디 있겠어?

그래서 그녀는 '이 엄청난 생산력'을 통해 대영제국은 '쌍둥이가 넘치는' 나라가 되었다고 말한다. "문장이 길어지고, 형용사가 증가하고, 서정시는 서사시가 되고, 한 단짜리 사소한 글이 열 권이나 스무 권 분량의 백과사전이 되었다."[1] 이런 관점에서 보면, 다윈의 300쪽짜리 《종의 기원》은 더 긴 저작의 '축약본'이자 압축의 개가로 보

---

1) Woolf, *Orlando*(런던, 1928), 208쪽.

인다.

지구와 생명체의 무성하고 위협적인 초다산성은 안심과 더불어 섬뜩함을 안겨준다. 절제된 것과 무절제한 것에 관한 논증은 빅토리아적 감수성에 무척 중요하다.

R. H. 허턴(Hutton)은 아널드의 《비평집(*Essays in Criticism*)》을 검토하면서 아널드가 절제된 것을 좋아했다고 말하고, 그것을 "지성과 어울리지 않는, 사납고 탐욕스럽고 무절제한 동경"과 대비한다. 다윈의 발달 이론은 "사납고 탐욕스럽고 무절제한 동경", 거센 성적 열정, 생존의 활력, 풍부한 생산, 폭풍처럼 몰아닥치는 성장에 크게 의존했다. 그런 점에서 그의 이론은 사악하며, 충동과 일탈, 권력의지를 지향한다. 절제나 이성 같은 관념과는 쉽게 조화를 이룰 수 없는 이론이다.

테니슨(Tennyson) 역시 당혹스런 태도를 보였다.

> 전능하신 조물주께서 고통스러운 세계를 만드실 수도 있다는 사실은, 이따금 마치 모든 일에 흑막이 있다는 것처럼 믿기 어려운 일이다. 열대 숲의 성장에서 인간의 증식력, 그 엄청난 출산율까지 자연세계의 온갖 풍부함도 내게는 섬뜩함으로 다가온다.[2]

그와 달리 다윈이 보기에 열대 숲은 자연미의 완벽한 형태였으며, 엄청난 출산율은 자연 질서가 지닌 전반적 생식력의 일부에 불

---

2) Hallam Tennyson, *Alfred Lord Tennyson*(런던, 1897), 1:314쪽.

과했다.

맬서스는 인간의 초생산성을 억제하고 위축시켜야 한다고 생각했으나 다윈은 '천천히 번식하는 인간'을 이야기한다. 킹즐리의 《물의 아이들》에 나오는 아이들은 버림받고, 방치되고, 불필요하며, 사회가 사랑하거나 사용하지 않는 존재들이다. 아이들은 바다에서 태어나 바다의 풍부함을 즐기고 살아가며, 도덕적인 두 자매, 즉 관능적 모성을 지닌 '마음대로하세요(Doasyouwouldbedoneby)' 부인과 고지식하고 까다로운 '멋대로하세요(Bedonebyasyoudid)' 부인에게서 교육을 받는다.

킹즐리는 대양의 완전함, 쓸모나 숫자를 넘어 삶의 유희 자체를 강조한다.[3] 그가 비유에 사용하는 용어들은, 다윈의 이론에도 나타나는 묘한 문제를 암암리에 제기한다. 삶의 질서에 성적 구분이 개입된 것은 언제였을까?

다윈이 최초의 조상을 설명할 때는 언제나 '하나의 부모', 즉 '자연'과 거의 비슷한 무성(無性)의 조상이 등장한다. 그는 (생명의 만개와 연속성, 나아가 생명의 소멸에 관한) 변화와 발달을 생식 에너지로

---

3) Kingsley, *Glaucus: or, The Wonders of the Shore*(런던, 1855)를 보라. 해양생물학의 유행은 G. H. Lewes의 *Seaside Studies*(런던, 1859)에 기록되었다. 조지 엘리엇의 일프라컴(Ilfracombe) 일기는 박물학자 Philip Gosse의 연구에 힘입은 바 크다. 예를 들어, *The Romance of Natural History*(1차 및 2차 시리즈)(런던, 1860~1861)에는 이런 구절이 나온다. "인간의 감정—놀람, 감탄, 공포, 혐오, 존경, 사랑, 욕망 등—은 주변 생물들을 잘 관찰함으로써 힘을 얻는다." *Omphalos: An Attempt to Untie the Geological Knot*(런던, 1857)는 Gosse와 Kingsley가 상충하는 부분을 다룬다. Edmund Gosse, *Father and Son*(런던, 1907)에서는 지질학과 생물학, 신학의 관계를 정평 있게 논의하고 있다.

설명한다. 실제로 진화 과정은 성적 구분에 의존한다. 그러나《인간의 유래》이전까지는 다윈도 성적 충동과 선택을 강조하지 않았다. 《종의 기원》의 4장에도 성적 선택에 관한 논의가 나오는데, 여기서는 성적 선택이 "암컷을 차지하기 위한 수컷의 싸움"이며, (밴텀닭의 경우에서 보듯이) 암컷이 "수많은 세대 중에서 가장 목청이 좋거나 외모가 아름다운 수컷을 선택하는" 과정으로 규정된다(136~137쪽). 그러나 이 논의는 자연선택에 관한 주요한 설명 가운데 겨우 두 쪽 분량에 불과하며, 이때까지는 다윈의 사유에서 그다지 중시되지 않았다. 다윈의 이론에서 초점은 언제나 짝짓기보다 생산성에, 성적 욕구보다 생식에 있었다. 그는 자연의 경제에서 생산이 여러 가지 형태를 취하는 점에 주목했으며, 할아버지의 저작《식물의 사랑(*The Loves of the Plants*)》의 서정적 낭만주의를 그대로 물려받았다.[4] 그럼에도 그의 문체와 이론 모두가 회의적이거나 압축적이라기보다 서정적이고 정서에 가득 차 있다.

그의 글은 혼란과 풍부함을 강조한다. 그가 말하는 자연은 극도의 다산성을 향해 저돌적으로 전진하며, 인간과의 관계에서는 초연하면서도 관능적인 체계다. 유기체―혹은 신체―는 변형의 매체이고, 생식은 변화를 야기하는 수단이다. 신체는 생식을 통해 연장된다. 다윈이 제기한 삶의 방법론에서는 지구에서 생명이 지속하는 데

---

4) Erasmus Darwin, *The Loves of the Plants*(리치필드, 1789~1790). *The Temple of Nature*(런던, 1803)의 부제목은 'The Origin of Society'다. 다윈 책의 제목은 할아버지의 노골적인 의인화에서 영향을 받았음이 거의 확실하다. 그는 풍부함과 파괴를 모두 강조한다. "식물 전쟁에 참여한 수많은 병사들"(41쪽), "부모가 죽을 때까지의 무수한 출산/매시간 낭비되는 유쾌한 생명의 공급"(341쪽).

생산, 성장, 사멸이 모두 같은 정도로 필요하다.

　유기체와 생명이 죽으면 생명의 잔해가 흙 속에 흔적을 남긴다는 깨달음은, 에라스무스 다윈에게 그랬듯이, 빅토리아 시대 많은 작가들의 마음을 움직였다. 17세기 해골의 메멘토 모리(memento mori, 죽음의 상징. 17세기 화가들은 삶의 덧없음을 나타내기 위해 작품에 해골, 촛불, 비누거품 등을 자주 그려 넣었다: 옮긴이) 대신 19세기에는 지질학자의 망치가, 남아 있는 과거의 잔해를 발굴했다. G. H. 루이스는 《동물생활 연구(*Studies in Animal Life*)》(런던, 1862)에서 그 점을 확인하고자 한다.

　　우리의 대지는 생명의 잔해로 이루어져 있다. 지금까지 살았던 식물들과 동물들이 단단한 토대를 놓았다. 오래전에 이 조그만 건축가들은 한때 자신의 궁궐이었던 조그만 껍데기들을 숨겼다. 이 궁궐의 잔해에서 우리의 파르테논 신전, 성 베드로 대성당, 루브르 박물관이 세워졌다. 생명의 빛나는 원은 이렇게 돌고 돈다! 세대와 세대가 이어진다. 과거가 현재를 이루었듯이 현재는 미래의 모태가 된다. 한 시대의 생명은 더 높은 생명을 위한 서곡이 된다.[5]

　죽음의 순환에 대한 이 거창한 해석은 비코(Vico)가 제시하는 나선형 주기의 이미지, 상승하는 혁명의 연속을 강화한다.

　개체의 생존, 종의 지속, 나아가 새로운 환경에 대한 적응을 위해

---

5) G. H. Lewes, *Studies in Animal Life*(런던, 1862).

서는 정확한 대응과 임기응변이 꼭 필요하다. 그러나 극한의 풍부함과 낭비는 생존의 주요한 조건이며, 다양성은 발달의 매체다. 다윈은 밀(Mill)처럼 다양성의 창조성을 강조한다. 밀은 《자유론(On Liberty)》의 서두에서 다윈이 무척 좋아한 빌헬름 폰 훔볼트(Wilhelm von Humboldt)를 인용한다. "지도적인 대원칙은 …… 인간이 극도로 다양하게 발달하는 데 절대적이고 필수적이다."[6] 여기서 '인간'이라는 말을 빼면 바로 다윈의 강조점이 된다.

다양성의 가치는 다윈의 사유에서 강화된 내용을 다시 강조한 부분이다. 초생산성을 찬양한 역사는 꽤 멀리 거슬러올라간다. 12세기에 간행된 베르나르두스 실베스트리스(Bernardus Silvestris)의 《코스모그라피아(Cosmographia)》에는 다음과 같은 구절이 나온다.

> 생식의 무적 군단은 죽음과 싸우고
> 자연을 소생시키고 종을 영속화한다.
> 죽어가는 것이 죽도록, 실패하는 것이 실패하도록 놔두지
> 않고
> 인간이 그 계보에서 사라지는 것을 허락하지 않는다.[7]

스펜서는 《요정 여왕(The Faerie Queene)》의 3권에서 아도니스의

---

6) "케임브리지의 마지막 해에 나는 훔볼트의 개인적 이야기를 읽고 깊은 관심을 가졌다. 여기서 나는 큰 힘을 얻어 자연생물학의 고결한 구조에 미력하게나마 기여하겠다는 열정을 불태웠다"(*Autobiography*, 38쪽).

7) Brian Stock, *Myth and Science in the Twelfth Century: A Study of Bernard Silvester*(프린스턴, 1972), 217~218쪽; *Cosmographia*, 2:14:162~165쪽.

정원을 묘사할 때 순환과 무한한 소생의 세계를 제시한다. 여기서 모든 식물, 꽃, 생물 들은 정원에서 나갔다가 뒷문으로 돌아와 다산성의 새로운 순환에 참여한다.

> 생물들은 극히 다양한 모습으로 자라고
> 아직 알지 못한 낯선 형태도 있으니
> 각양각색의 온갖 종류가
> 저마다 생겨나 알맞게 살아간다.
> 어떤 것은 적당한 영혼을 얻고
> 어떤 것은 길짐승으로, 어떤 것은 날짐승으로 태어난다.
> 수많은 종류의 물고기 알들이
> 무수히 들끓어 마침내 대양은
> 그들을 모두 수용할 수 없는 듯했다.[8]

하지만 그 종류는 줄어들지 않는다. "처음에 창조되었던 그대로/ 영원히 변치 않는다."

자연의 삶은 순환하지만 스펜서의 시간은 허무주의적 파멸을 포함한다. 개체의 파멸을 포함하기 때문이다. 그러나 그는 《요정 여왕》의 무상여신(無常女神) 편에서 문제의 핵심에 다가간다. 아도니스는 "변화 속에서 영원하며" "연속성을 통해 영구함을 얻는다." 자연은 이렇게 말한다.

---

8) Edmund Spenser, *The Faerie Queene*, J. C. Smith 엮음(1~3권)(옥스퍼드, 1909), 428쪽. 초판은 1590년.

만물은 변화에 의해 그 존재가 확장된다.
결국에는 자신에게로 돌아와
운명적으로 자신을 완성한다.[9]

새로운 형태의 신화

사물은 변화하려는 욕구를 통해 자신의 완성된 형태를 끊임없이 찾는다.

견딜 수 있는 변화는 되돌릴 수 없는 변이의 관념을 포함하지 않아야 한다. 그것은 자연선택으로 강화된 새로운 두려움이다. 사물은 순환과 흐름 속에서 지속적인 형태를 얻지만, 변이 속에서는 그렇지 못하다. 인간적 관점에서 진화론을 독해할 경우, 개체주의는 다윈의 가변성이 가져오는 새롭고 무거운 긴장에 휩싸이게 된다. 모든 일탈, 각각의 개체는 변이와 변화의 가능성을 가졌다는 점에서 잠재적인 가치를 지닌다. 하지만 많은 것들이 흔적도 결과도 없이 사라지고 낭비되어야 한다. 기껏해야 비역사적 과거의 일부로 복원될 뿐이다. "그래도 우리에게 사태가 그렇게 끔찍하지 않은 이유는, 비록 상당수가 아무도 찾지 않는 무덤 속에 있다 해도 충실하게 숨겨진 삶을 살아가는 다수가 있기 때문이다"(《미들마치》, 끝부분).

진화론은 과거의 새로운 신화를 함축한다. 태초의 에덴 동산 대신 바다와 늪지가 있다. 인간 대신 공허가, 혹은 연체동물의 세계가 있다. 과거의 낙원으로 돌아갈 길은 없다. 태초의 것은 위안을 주지 못

---

9) Spenser, *The Faerie Queene*, Smith 엮음(4~7권), 455쪽.

한다. 형태들은 고정되고 완성된 종이 아니라 흐름 속에 존재한다. 세계는 부단히 운동하고 대륙들은 모이고 흩어진다. 이렇게 물리적 세계를 흐르는 것으로, 끝없는 전진 과정으로 이해하면, 인간 역시 멈출 수 없는 운동과 변형 속에 존재하는 미미한 요소에 불과하다는 쓰라린 인식을 얻게 된다. 향수 따위는 용인되지 않는다. 인간의 역사에 앞서 되돌릴 수 없는 완성이 존재하지 않기 때문이다. 향상은 또한 원시와 야만으로부터 도피하는 것을 의미하기도 한다. 하지만 그렇다고 해서 원시와 야만이 모조리 뒤에 남겨지는 것은 아니다.

다윈의 이론에서는 다양성의 배후에 약간 먼 조상의 형상이 은근슬쩍 보인다. 이것은 역사에 앞서거나 의식에 선행하기 때문에 되돌릴 수 없다. '단일한 형태'의 관념은 그 자체로 향수의 새롭고 강력한 근원이 된다. 이 시기에서 우리는 과학과 철학을 기원의 관념으로부터, 궁극적 원인의 탐구로부터 해방시킬 방책을 찾을 수 있다. 그러나 역사는 우주론과 달리 전형적인 이야기 형식을 취하지만, 그래도 그 방향은 언제나 뒤를 향한다. 발달을 서술하는 행위는 역사가 될 수 있으나, 그 결과는 언제나 과거로 소급해가며 위안을 주는 출발점으로 거슬러올라간다. 프로이트의 기획은 이런 강박증에 사로잡혀 개인을 대상으로 삼는 분석 방식을 보여준다. 하지만 그 이전에도 (언어나 종의) '뿌리'에 천착하는 경향을 찾아볼 수 있다.[10] 그래서 다윈의 이론은 이질성에 관한 탐구였음에도 일원론적인 관념을 지니고 있었다. 이 점은 에드워드 카펜터(Edward Carpenter)의 《문명: 그 원인과 치유책(*Civilisation: Its Cause and Cure*)》(1889)에 수록된 〈미래의 과학: 예측(The Science of the Future: A Forcast)〉 이라는 글에서 확인할 수 있다.

진화 학설은 인간을 포함한 유기체 전체에 적용된다. 이파리 변형의 학설처럼 그것은 차이를 제거한다. …… 연체동물에서 인간까지의 변이는 연속적이다. 모든 구분선들이 모호하고, 종류와 종이 더는 존재하지 않으며, 과학은 여러 가지가 아니라 한 가지만을 본다. 그렇다면 그 한 가지란 무엇인가? 연체동물인가, 인간인가? 아니면 다른 무엇인가? 인간이 연체동물이나 아메바의 변종일 수도 있다고 보아야 하는가? …… 그 답은 없다. 그러므로 **진화론의 출현은 과학이 파멸하리라는 조짐이다**(말 그대로의 의미다). 진화는 과학을 **구성**하는 임의적인 구분과 지표를 모조리 제거하기 때문이다. 진화가 무기적 자연과 유기적 자연의 모든 토양을 덮으면(머지않아 그렇게 될 것이다), 자연 전체가 과학의 눈앞에서 모호해지면서, 과학은 모든 구분이 임의적이라는 것을 깨닫고 스스로 파멸의 길을 걷게 된다.[11]

카펜터는 진화론에 내재하는 형태의 동시성을 이해하지만, 이러한 이해는 일반적인 독해라기보다 기원으로부터 떨어진 거리를 강조하는 것이다. 기원이 없고 시간의 범위가 엄청나다는 점을 감안하

---

10) Max Müller, *Lectures on the Science of Language*, 2차 시리즈(런던, 1864). "뿌리는 모든 언어의 구성요소를 형성한다. …… 성숙한 정신에게는 …… 단순성이 복잡성보다 더 훌륭하게 여겨진다. …… 뿌리에는 세계 모든 서정시에서 볼 수 없는 더 훌륭한 것이 있다"(306~307쪽). 루이스는 뮐러의 이미지를 다윈의 '큰 나무' 은유로 바꾸었다. "서로 대단히 유사하지만 …… 그럼에도 서로 다른 뿌리에서 큰 나무의 다양한 줄기가 개발되었다." 'Mr Darwin's Hypotheses', *Fortnightly Review*, 4 NS(1868), 80쪽.

11) Edward Carpenter, *Civilisation: Its Cause and Cure*(런던, 1889), 136~137쪽.

면, 다윈을 처음 읽은 많은 독자들이 진화론적 신화의 반대 형태, 즉 성장, 향상, 복잡성을 향한 발달을 선호한 것은 당연하다. 그런 관점에서 볼 때 진화론은 새로운 형태의 신화 추구가 될 수 있으며, 지속적인 탐구를 보장하고 미래를 목표로 만든다. 미래는 이제 자연 질서 내의 변화 속에서만 존재하기 때문이다.

다윈 이전에도 지질학적 시간의 인식은 이미 의식을 변화시키고 있었으며, 바다와 해양 생물에 새로운 힘을 주고 있었다. 라이엘은 《지질학 원리》의 첫째 권에서 바다를 보면 시간적으로만이 아니라 공간적으로도 인간의 영역이 얼마나 협소한지 실감할 수 있다고 말한다.

> 지금도 생명으로 가득한 호수, 바다, 대양의 물은 인류와 직접적인 관계가 없다고 할 수 있다. 인간은 육상동물에 속하지만 육상세계를 소유하지 못했고 소유할 수도 없다. 생물이 거주하는 지표면의 대부분은 여전히 우리의 존재를 느끼지 못한다. 어떤 섬이나 대륙도 우리의 거주지가 되기 전까지는 마찬가지 상태다.[12]

바다에 충만한 생명은 인간과 무관할 뿐 아니라, 에라스무스 다윈에 의하면 인간의 원천이기도 하다. 'Omnia ex Conchis(옴니아 엑스 콘키스, 모든 것은 굴에서)'라는 에라스무스 다윈의 문구는 후대 사람들에게 분노와 혼란을 안겨주었다. 사람들은 인간이 굴이나 조개

---

12) Charles Lyell, *The Principles of Geology*(런던, 1830), 1:158쪽.

같은 보잘것없는 유기체의 후손이라는 생각에 불쾌함을 보였다. 다윈은 몇 년 동안 "전 세계의 바위 표면을 무수히 뒤덮고 있는"(298쪽) 만각류(蔓脚類, 따개비류: 옮긴이)와 기생 갑각류를 집중적으로 연구한 결과, 그런 오만을 버릴 수 있었다.

1850년대와 1860년대 초에 특히 성행한 해양생물학과 바다생물에 대한 관심은 자연의 혜택과 낭비적인 창조의 관념을 강조했다. 고스(Gosse), 킹즐리, 루이스 등은 해안 연구를 통해 그 점을 확증했다.

마음의 변화를 진화의 관념에 비추어 분석할 때 흔히 겪는 일이지만, 새로운 이론을 창조론의 언어로 해석하려는 경향이 있다. 이럴 때는 혼란이 드러난다. 킹즐리의 경우, 자연의 시혜와 혼란은 발생 반복 관념에 의거한다. 멸종은 우화처럼 이루어진다. 기품 있게 늙은 북극 펭귄이 새로 유행하는 날개를 거부하고 엉뚱하게도 홀로 바위 위에서 당당한 죽음을 선택하는 식이다.

톰은 아주 조심스러운 태도로 그녀에게 다가와 절을 했다. 그러자 그녀가 톰에게 말했다.

"너는 날개가 있느냐? 날 수 있어?"

"아뇨, 마님. 그런 일은 생각할 수도 없지요." 작고 약삭빠른 톰이 대답했다.

"하지만 꼭 드리고 싶은 말씀이 있습니다. 요즘은 날개가 없는 것을 보면 매우 기분이 좋아진답니다. 정말이지, 지금은 꼴같잖은 새들도 모조리 날개를 달고 설치고 다닙니다. 그런데 날 수 있다고 해서 뭐가 좋겠어요? 삶에서 정해진 위치를 벗어난다고 해서 얻는 게 뭐겠어요? 조상님들이 살던 시절에는 어

떤 새도 날개를 꿈꾸지 못했습니다. 날개 없이도 잘 살았죠. 이
제는 모두들 제가 유행에 뒤졌다고 놀려댄답니다"(287쪽).[13]

"기존의 원인들이 서서히 작용함으로써 종이 탄생하고 소멸한다"
(《종의 기원》, 457쪽)는 게 사실이라 해도 '멋대로하세요' 부인은 이
렇게 지적한다.

> 요즘 사람들은 환경, 선택, 경쟁 따위로 짐승을 인간으로 만
> 들 수 있다고 말하지. …… 하지만 이런 걸 생각해보라고. 모
> 든 문제는 양면적이야. 올라가는 길이 있으면 내려가는 길도
> 있게 마련이잖아. 만약 짐승을 인간으로 만들 수 있다면 환경,
> 선택, 경쟁의 법칙에 의해 인간을 짐승으로 만들 수도 있어야
> 겠지(276~277쪽).

킹즐리의 판타지는 어떤 측면에선 다윈의 연구에 내재한 사회적
모델을 지속적으로 드러내고 있다. 다윈의 이론에서 말하는 자연 질
서는 빅토리아 사회의 여러 형태—분업, 경쟁, 가족구조 등—를 반
영한다. 그러나 다윈이 제시하는 사회적 모델에 관해서는 비판의 여
지가 있다. 다윈처럼 킹즐리도 친족의 확대를 받아들인다. 인간의
관점에서 보면 대가족은 굴뚝 청소부와 과학자를 포함하며, 식물,
동물, 인간의 삶을 도덕적으로 연관시킨다.

---

13) Charles Kingsley, *The Water Babies*(런던, 1863). 페이지 인용은 1888년판에 의
    거한다.

나아가 킹즐리는 다윈이 맬서스의 사상을 수용하는 데 따르는 어려움을 지적한다. 다윈의 이론적 저작은 대부분 확대와 평준화를 지향하기 때문에 인간의 과잉을 강조하는 맬서스의 이론과 맞지 않는 부분이 있다. 그래서 다윈은 초생산성이 창조적 필요성을 가진다고 봄으로써 맬서스의 이론을 수정했다. 킹즐리도 다윈처럼 과잉을 위협이 아니라 혜택으로 간주했다. 그는 톰을 사회적으로 강요된 가난과 소외에서 벗어나게 함으로써, 맬서스의 사회 이론을 거부하고 새로운 진화의 흐름에 뛰어든다. 강물의 흐름은 바다로 이어지고, 톰은 생명의 기원으로 되돌아가 심해의 과잉 속에서 살아간다.

페일리, 다윈, 킹즐리는 모두 변화 과정을 적극적으로 환영했으나 사상적 유형은 서로 크게 달랐다.

> 동물이 자신의 닮은꼴을 낳는다는 것은 무엇을 의미하는가? 입 대신 주둥이, 넉 장의 날개와 여섯 개의 다리가 달린 나비는 털이 많고 턱과 이빨, 열네 개의 다리를 가진 애벌레를 낳는다. 개구리는 올챙이를 낳는다. 얇은 날개와 단단한 껍질을 지닌 바퀴벌레는 희고 부드러운 애벌레를 낳으며, 하루살이는 대구 낚시의 미끼가 되는 구더기를 낳는다. 이들은 삶의 여러 단계를 거치는 진보에 의해 행동하고 향유하며(각 단계마다 일시적으로 자연에 적응하도록 해주는 도구와 기관이 생겨난다), 최종적으로 어미 동물의 형태를 갖추게 된다.[14]

---

14) William Paley, *Natural Theology*(에든버러, 1849), 238쪽. 같은 책 182쪽도 참조하라.

페일리가 설명하는 생명의 순환에는 두 가지 두드러진 점이 있다. 하나는 향유에 대한 강조이고, 다른 하나는 변화와 상이(相異)가 복제를 목표로 하는 과정 속의 단계라는 주장이다. 어미의 형태와 닮는 것은 두 가지 의미에서 삶의 종말이다. 몇 가지 변형을 거쳐 독자성으로 향하는 진보는 어미와의 **일체화**를 포함한다. 상이가 아니라 유사성의 실현이 목적이다. "그것은 우리의 미감을 만족시키는 데 기여하도록 계산된 결과가 아니라, 위대한 창조자가 애초에 규정한 창조의 질서로부터 너무 멀어지지 않기 위해서다." 이것은 매우 중요한 전통적 모델이다. 여기서 순환은 독자성을 지향하며, 다양한 삶의 단계마다 생겨나는 다양한 욕구는 최종적인 성숙한 형태에 이르는 순환의 일부가 된다. 이 모델은 단일한 개체의 수명에 의존하지만, 연속성도 변화보다는 복제와 유사성을 목적으로 한다고 본다. 교양소설 역시 성장하는 자아가 적응하는 법을 배우고 사회의 유형을 내면화하는 과정을 다룬다.

페일리는 감각적인 직접성을 통한 변형에서 얻는 **쾌락**을 표현한다. 특히 "얇은 날개와 단단한 껍질을 지닌 바퀴벌레는 희고 부드러운 애벌레를 낳는다"는 구체적인 대조에서 그 점이 잘 드러난다. 구조들이 나란히 병치되어 위계나 물리적 거부감을 끌어들이지 않고도 구체적인 반응을 유도한다. 그 앞 문장에서 그는 나비와 애벌레의 차이를 동화처럼 이야기한다. 예를 들면, 여섯 개의 다리가 열네 개의 다리로 바뀐다는 식이다. 페일리의 담론에서 드러난 유희와 찬탄의 요소는 다윈의 서술에서도 보인다. 그는 생명의 순환에서 이루어지는 모든 발달이 복잡성을 향한다고 논증하면서, 다음과 같이 쓴다.

발달 과정에서 배아는 대체로 유기체에서 생겨난다. 나는 이 말을 사용하지만, 유기체가 고등하다거나 하등하다는 말이 무슨 뜻인지 정확히 정의하기란 거의 불가능하다. 그래도 나비가 애벌레보다 고등하다는 생각은 아무도 반박하지 않을 것이다. 하지만 기생 갑각류 중에는 성숙한 동물이 애벌레보다 하등한 사례도 있다. 또다시 만각류의 경우를 보면, 첫째 단계의 애벌레는 다리가 세 쌍이고, 아주 단순한 한 개의 눈과 주둥이 모양의 입을 가지고 있다. 이 입은 크게 늘어나므로 먹이를 먹기에 적합하다. 둘째 단계는 나비로 치면 번데기 단계에 해당하는데, 헤엄치기에 좋은 아름다운 모양의 다리 여섯 쌍, 훌륭한 겹눈 한 쌍, 대단히 복잡한 더듬이가 생겨난다. 하지만 입이 막혀 있고 불완전한 탓에 먹이를 먹지 못한다. 이 단계의 목표는 잘 발달한 감각기관과 뛰어난 수영 능력을 이용해 마지막 변태를 하기에 적합한 곳을 찾는 데 있다. 이 과정이 끝나면 생물의 형태가 완성된다. 다리의 모양이 명확해지고, 제 기능을 하는 입이 생긴다. 그러나 더듬이는 없어지고, 두 눈은 다시 작고 단순한 한 개의 안점(眼點)으로 바뀐다. 이 마지막 상태의 만각류는 애벌레 상태에 비해 더 고등하다고 할 수도 있고 하등하다고 할 수도 있다(420~421쪽).

"헤엄치기에 좋은 아름다운 모양의 다리 여섯 쌍, 훌륭한 겹눈 한 쌍, 대단히 복잡한 더듬이." 다윈의 자식들은 이런 열정적인 서술을 비웃었고 다윈에게 마치 광고 문구 같다고 말했다. 실제로 이 대목에서 다윈은 무심결에 낡은 설계와 고안의 언어를 사용하고 있다.

"헤엄치기에 좋은 아름다운 모양의 다리 여섯 쌍"이라는 표현이 그 점을 잘 보여준다. 하지만 삶의 상태에서 "일시적으로 자연에 적응"하는 것을 강조한 페일리와 달리, 다윈은 위 인용문 앞에 있는 구절에서 "애벌레가 환경에 적응하는 방식은 성숙한 동물에 못지않게 완벽하고 아름답다"고 주장한다.

그러므로 다윈의 분석에서 '활동 시기'란 반드시 성숙한 형태에 도달하지 않더라도 가장 고등하고 아름다운 유기체 형태에 도달한 시기를 가리킨다. 탐험 시기는 생애의 어느 때에 해당하더라도 가장 중요한 비중이 주어진다. 다른 극단으로 그는 '아첨하는 수컷'이 된 애벌레의 예를 든다. "후자의 경우는 분명히 퇴보다. 수컷은 단지 봉지에 불과하기 때문이다. 수컷은 수명도 짧을뿐더러 입이나 위, 기타 중요한 기관이 없고 오로지 생식에 필요한 기관만 가지고 있다." 다윈의 설명에서 만각류가 '삶에 적합해진 뒤' 거치는 '마지막 변태'는 수축과 상실의 운동이다. "두 눈은 다시 작고 단순한 한 개의 안점으로 바뀐다." 다윈이 서술하는 변형 운동은 증대만이 아니라 상실도, 성취만이 아니라 퇴화도 포함한다.

《물의 아이들》, 진화론의 흡수

다윈의 담론은 새로운 지식과 이론이 낡은 담론 속에 숨어 있다가 '새 옷'으로 갈아입고 나오는 것과 같은 속성을 지니고 있다. 찰스 킹즐리나 마거릿 개티(Margaret Gatty) 같은 작가들은 그의 분석을 활용하고 응용해 진화의 관념, 사회 이론, 그리스도교의 가르침을 적절히 연관지을 수 있었다. 킹즐리는 변태를 사회적 희극이라고 말한다. 다윈의 '아첨하는 수컷'의 분석을 무대로 삼아 더러운 파리가 고상한 척하면서 흥청거리는 격이다. 으레 그렇듯이, 킹즐리는 예리한 관찰과 겸양이 뒤섞인 쾌활한 태도를 보이며, 긴급한 판단이 필요한 때도 늘 유쾌함을 잃지 않는다.

"그러면 네 아내는 어떻게 되니?"

"그녀는 아주 멍청한 생물이야. 사실이야. 그저 알 낳는 것밖에 생각할 줄 몰라. 따라온다면 좋아. 안 오면 나 혼자 가지, 뭐. 지금 간다."

이렇게 말하는 동안 그의 몸 색깔이 엷어지더니 이내 하얗게 변했다.

"너 어디 아픈가봐!" 톰이 말했으나 그는 대답하지 않았다.

"죽었구나." 톰은 자기 무릎 위에서 유령처럼 변한 그의 모습을 지켜보았다.

"아냐, 안 죽었어!" 머리 위로 약간 새된 목소리로 대답이 들렸다. "이 위에 있는 게 바로 나야. 야회복을 입은 것 같지? 이게 내 껍질이야……."

…… 그 껍질 안에서 작은 개구쟁이 같은 생물이 뛰쳐나왔다. 톰의 무릎 위에 남겨진 껍질은 눈, 날개, 다리, 꼬리가 그대로 있어 생생히 살아 있는 것처럼 보였다.

"하하!" 그는 소리치며 깡충깡충 뛰어 보였다. 잠시도 가만히 있지 않는 게 마치 무도병(舞蹈病)에 걸린 듯했다. "이제 내 모습이 예뻐지지 않았어?"

사실이었다. 몸은 희고, 꼬리는 오렌지색에다 눈의 빛깔은

공작의 꼬리처럼 화려했다. 가장 묘한 것은 꼬리 끝의 털 다발
이 전보다 다섯 배는 더 길어졌다는 점이다.

　"아! 이제 유쾌한 세상을 구경해야지. 사는 게 힘들 것도 없
어. 보다시피 난 입도 없고 속도 없거든. 그러니까 배고프지도
않고 복통 따위도 없다고"(115~116쪽).

　그러나 다윈과 마찬가지로 킹즐리도 새끼가 온갖 변형을 통해 **퇴
보**해서 어미가 되려 한다는 페일리의 모델을 거부한다. 그 대신 그는
변화, 변이, 새로운 시작의 중요성을 역설한다. 이는 그가 다윈의 이
론과 사회주의 사상을 모두 받아들였음을 말해준다.

　《물의 아이들》에서 킹즐리는 판타지를 가지고 사회실재론을 비판
한다. 사회실재론으로 보면, 톰은 사회가 재빠르게 받아들였다가 이
내 버리는 맬서스식 집단에 속한다. 그는 인정머리 없는 주인에게서
학대를 당하는 굴뚝 청소부 소년이다. 킹즐리는 《앨턴 로크(*Alton
Locke*)》에서처럼 여기서도 이중 구조를 구사한다. 소년은 물에 빠져
죽은 뒤 오히려 창조의 순환에서 출발점으로 돌아간다. 여기서 물
활론적 세계관을 가진 소년은 진화적 성장의 초기 단계로 들어가는
데 비해, 그의 이전 작품에서는 진화의 경험이 몽환적인 꿈으로 표
현된다.[15]

---

15) Alton Locke는 이렇게 꿈꾼다. "나는 창조된 생명의 최저점에 있었다. 암석에 뿌
　　리를 둔 녹석(綠石)은 기준점 이하를 측정한다. 최악은 나의 개별성이 사라졌다
　　는 것이다." 체임버스의 '발달 척도'를 이용하여 그는 꿈속에서 연속적으로 물고
　　기, 새, 짐승, 원숭이, 인간이 된다.

그보다 10여 년 전에 《프레이저스 매거진(*Fraser's Magazine*)》에서 킹즐리는 상상력으로 가득한 아이들의 욕구가 부정되는 세태를 비난한 바 있다.

> 안타깝게도 모든 천진한 아이들이 가진 공상, 호기심, 대담성에 대한 사랑은 거의 고려되지 않고 있다. …… 개신교는 상상력과 아무런 관계가 없다. 단지 분별 있는 사람들이 과연 상상력을 가지고 있느냐, 원래 악마가 남자, 여자, 아이에게 그 골치 아픈 재능을 만들어준 게 아니냐 하는 것만 따질 뿐이다.[16]

그는 어린이가 가진 변형을 이해하는 시선으로, 모든 것을 놀라워하면서도 당연하다고 여기는 시선으로 세계를 독해하고자 한다.[17] 《물의 아이들》에서 과학자는 한 시간 동안 온전한 의식을 가진 채로 다시 어린이가 되기를 꿈꾼다. 모든 것을 알고 영면(永眠)하기 위해서다. 해설자는 물의 아이들의 자연사를 설명하면서 이렇게 말한다. "나는 과연 진지한가? 아니다! 이것이 동화라는 걸 모르는가? 모든 것은 그저 재미이고 허식이니, 한마디도 믿으면 안 된다. 설사 그것이 사실일지라도."

그 원초적 동화는 지극히 자연스럽다. 굴뚝 청소부인 흑인 소년 톰

---

16) *Fraser's Magazine*(1849). *Literary and General Essays*(런던, 1880), 191쪽에 수록되어 있다.

17) *The Water Babies*는 야생 소년의 이야기에서도 영향을 받았을 것이다. Harlan Lane, *The Wild Boy of Aveyron*(런던, 1977)을 보라.

은 촉각, 시각, 후각이 모두 예민한 세계에서 자라며 시련을 겪는다.

그들은 온통 적막으로 가득한 광부들의 마을을 지나고 큰 도로를 거쳐 시골로 나갔다. 검은 화산암재로 된 벽들 사이로 흙먼지가 날리는 길을 따라 터벅터벅 걸었다. 이웃한 밭에서 신음소리와 갱도를 파는 기계의 쿵쿵거리는 소리 외에는 아무 소리도 들리지 않았다. 그러나 이내 길과 벽이 조금씩 흰색으로 변하기 시작했다. 벽의 발치에는 기다란 풀과 화려한 꽃 들이 이슬을 머금은 채 자라고 있었다(11쪽).

또 이런 구절도 있다.

석회암으로 된 산기슭의 야트막한 바위 동굴 바깥으로 샘이 쿨쿨 솟아나왔다. 물의 흐름이 워낙 거센지라 어디서 끝날지 알 수 없을 정도였다. 길 밑으로 흘러든 샘물은 방아를 돌리기에 충분할 만큼 수량이 풍부했다. 그 주변에는 파란 제라늄, 황금빛 금매화, 야생 딸기, 버찌가 술처럼 눈을 얹은 채 자라고 있었다(14~15쪽).

톰은 늘 '아일랜드 여인'의 감시를 받으면서 숯검댕이 같은 모습을 하고 대저택에서부터 어린 소녀의 침실까지, 한 마리 짐승처럼 고장난 굴뚝을 찾아 누비고 다닌다. 높은 절벽을 미끄러져 내려가기도 하고 노부인의 공부방에도 드나든다. 그는 열병과 환각으로 들떠 영지를 배회하며, 아무 데서나 잠을 자고 '나는 깨끗해야 한다'는 욕구에 사로잡혀 있다. 그는 강가로 내려간다.

시내의 둑으로 올라간 그는 풀 위에 엎드려 맑디맑은 석회암 물을 들여다보았다. 바닥의 자갈들이 희고 깨끗하다. 작은 은빛 송어들이 그의 검은 얼굴을 보고 놀라 이리저리 도망쳤다. 물에 손을 담그니 차갑고 서늘하다. "난 물고기가 될 거야. 물에서 헤엄칠 테야. 나는 깨끗해야 돼. 깨끗해야 한다고."
갑자기 그는 옷을 벗었다. 너무 서두른 탓에 옷자락이 약간 찢겨 나갔지만 워낙 누더기 옷인지라 상관없었다. 그는 부풀어 오른 발을 물속에 집어넣었다. 물속을 몇 걸음 걸어갔을 때 머릿속에서 교회 종소리가 점점 크게 울렸다(63쪽).

물론 그는 물에 빠져 죽는다. 내가 어른으로서 그 책을 읽었을 때는 그 맑은 이야기에서 단지 시원하고 푸른 잠을 원하는 소년의 소망과 그 실현을 보았을 뿐이다.[18] 그러나 중요한 것은 그가 물에 빠져 죽은 게 아니라 삶의 일상적 순환으로부터 벗어나 새로운 성장을 맞는다는 사실이다. 이제 그는 아가미를 얻는다. 물의 아이가 되어 물속을 마음껏 헤엄치며 다닌다. 태아의 이미지가 열린다. 이 작품은 프로이트 이전 시대의 이야기에서 흔히 보이는 대양의 풍부함을

---

18) Rosemary Jackson은 *Fantasy: The Literature of Subversion*(런던, 1981)에서 청결함의 강조를 억압적으로 보지만(151쪽), 이것은 톰이 지닌 더러움의 억압적 본성을 무시하는 시각이다. 톰의 까매진 피부는 그에게 가해진 사회적 억압을 나타낸다. 이 감각적·이데올로기적 모순은 작품에 힘을 부여한다. C. N. Manlove, *Modern Fantasy: Five Studies*(케임브리지, 1975).

담고 있다. 거기에는 모든 원초적 경험의 요소들이 아무런 해석 없이 등장한다.

이 작품은 비탄과 증오가 뒤섞인 흥미로운 요소를 담고 있다. 그시대의 모든 문제들을 드러내는, 지적이면서도 종교적이고 정치적인 작품이다. 일부 에피소드는 야만적인 잔인함을 보여주기도 한다. 바다가재와 수달의 싸움, 채식주의자이고 퀘이커 교도인 까마귀를 다른 까마귀들이 쪼아 죽이는 장면 등이 그런 예다. 또한 날도래가 변태를 마치기 전에 톰이 고치를 열어보는 장면을 보면 표정이 찌푸려진다. "그러나 톰이 말을 걸었을 때 날도래는 대답을 할 수 없었다. 입과 얼굴이 분홍색의 예쁜 껍질로 단단히 감싸여 있었기 때문이다." 이 작품에서는 모든 것이 강력한 감각 경험을 통해 제시된다. 킹즐리는 특히 촉감과 미감을 강조한다.

킹즐리는 어린 굴뚝 청소부만이 아니라 모든 아이들을 열렬히 옹호한다. 이 작품의 출판은 아동들을 그런 식으로 부리는 것을 방지하기 위한 해묵은 싸움을 더욱 재촉했다. 그는 그라임스를 우둔하고 어리석은 인물로 묘사하며, 상상력의 훼손을 어른 세계의 거의 모든 영역으로 끌고 간다. '이단, 자발성, 정신주의, 사이비'에는 특히 무거운 부담을 얹어준다. 작품에서 상당한 존경과 애정을 보이는 과학자들도 과학 지식의 한계를 인정하려 들지 않는다. 작품에 등장하는 교수는 엘리에게 물의 아이 같은 존재는 없다고 말한 뒤, 톰을 재빨리 바다로 돌려보낸다. 그러나 킹즐리는 어린이 독자들에게 다음과 같은 사실을 일깨운다.

여러분은 주변의 이 멋진 세계를 이야기할 때 '아냐', '안

돼' 하고 말하면 안 된다. 아무리 현명한 어른이라도 세계의 아
주 작은 한구석밖에 알지 못한다. 위대한 아이작 뉴턴이 말했
듯이, 우리는 단지 이 드넓은 바다의 해변에서 조약돌을 주워
든 아이일 뿐이다(78~79쪽).

잔인함과 아름다움이 공존하는 세계에서 종교적 의미를 보존하는
방법을 찾고자 했던 킹즐리는 진화론이 제시하고 보증하는 변형이
라는 관념에서 해답을 얻었다. 킹즐리는 찰스 라이엘과 친구 사이였
고, 다윈, 헉슬리와도 서신을 주고받았다. 진화론 논쟁에서 그는 그
들의 편을 들었으며, 화석은 신이 우리의 신앙심을 시험하기 위한
것이라고 본 다른 친구 필립 고스에 반대했다. 하지만 처음 다윈의
이론을 받아들였을 때 킹즐리는 혼란에 휩싸였다. 그 혼란에서 자연
스럽게 《물의 아이들》이라는 작품이 나왔다.

우연한 변이를 내세우는 다윈의 이론은 상식이나 겉보기와 어긋
났다. 그래서 다윈 자신도 눈과 같은 정밀한 기관이 우연한 변이에
의해 진화된다는 사실을 믿기 어려웠다. 그러나 킹즐리는 다윈의 이
론에서 경이를 살려내며 말했다. "너무나 경이로워서 사실일 수 없다
는 공상 따위는 하지 말라." 1863년 그는 모리스(Maurice)에게 보낸
편지에 이렇게 썼다. "과학자들은 이제 신의 개입을 제거할 수 있게
되었다네. 신은 위대한 마법사일 뿐이야. 과학자들은 우연성의 절대
적 제국과, 신이 끊임없이 간섭하고 작용하는 세계 사이에서 선택을
해야 하네."[19]

---

19) *Letters*, F. Darwin 엮음, 2:171쪽.

킹즐리는 도롱뇽, 날도래, 연어, 잠자리의 경우를 예로 들며 개체
의 수명 안에서 변형이 이루어진다는 독특한 진화론을 전개했다.

…… 둑 아래에서 그는 아주 추하고 더러운 생물을 보았다.
몸의 크기는 그의 절반쯤 되고, 다리가 여섯 개이며, 배가 불룩
나온 생물이었다. 우스꽝스럽게 생긴 머리에는 커다란 눈 두
개가 있었고, 얼굴은 당나귀를 닮았다(106~107쪽).

그 생물이 변형된 결과는 이렇다.

그것은 강하고 튼튼하게 성장했다. 몸에 예쁜 색깔이 나타나
기 시작하면서 파란색, 노란색, 검은색 반점과 줄무늬와 고리
가 생겨났다. 등에서는 밝은 연갈색의 커다란 날개 넉 장이 솟
아났다. 눈이 머리를 온통 채울 만큼 커지더니 수많은 다이아
몬드를 박아 넣은 것처럼 빛났다(108~109쪽).

킹즐리는 진화의 관념을 사회적 우화처럼 제시한다. 심미안을 지
닌 '뜻대로하세요'들이 자연선택에 의해 점차 고상한 여가 문화에서
퇴보하여 고릴라가 된 경우가 그런 예다. 하지만 이 개별적 이야기
들에 관철되고 있는 것은 창조의 풍부함, 심해의 번성이다. 이 풍부
한 창조력을 바탕으로 개체는 자기 자신을 변형시켜야 할 책무를 느
낀다. 톰은 선한 고래들이 찾는 웅덩이 속에서 흰 대리석 옥좌에 앉
아 생각에 잠겨 있다가, 작품의 여러 군데에서 아일랜드 여인의 풍
모로 등장하는 케리 어머니, '마음대로하세요' 부인과 '멋대로하세

요' 부인을 발견한다.

옥좌의 발치에서, 인간이 꿈꾸지도 못한 온갖 모양과 색깔을
지닌 갓 태어난 수많은 생물이 바다를 향해 헤엄쳐 갔다. 그들
은 케리 어머니가 하루 종일 바닷물로 만들어낸 자식들이었다.
물론 그는 똑똑한 어른들이 그렇듯이 그녀가 베고, 꿰고, 맞
추고, 꿰매고, 깁고, 시치고, 묶고, 깎고, 두드리고, 돌리고, 닦
고, 빚고, 재고, 파고, 자르는 등 뭔가를 만들 때면 으레 해야
하는 행동을 하리라고 예상했다.
하지만 그녀는 그저 손으로 턱을 괴고 가만히 앉은 채 크고
파란 아름다운 두 눈으로, 그 눈처럼 파란 바다를 내려다보고
만 있었다(313쪽).

어떻게 된 걸까?

"듣자니 마님께선 늘 옛것으로 새 동물들을 만드신다더군요."
"사람들은 그렇게 생각하지. 하지만 굳이 애써 만들려 하지
않는단다, 애야. 그냥 여기 앉아서 동물들이 스스로 자신을 만
들도록 하는 거야."

남성적 신이 개입하는 대신 그녀는 전적으로 '여성적인' 창조의
원리를 제시한다. 앞에 나서지 않고 뒤에서 가만히 떠받치면서 다산
성을 통해 신성을 표현한다.
킹즐리가 보았듯이, 다윈이 우연의 창조성, 비현실적이면서도 현

실적인 변태(다윈은 '소박한 의미화'라고 말했다)를 강조한 결과, 사유의 전 영역이 동화를 벗어나 현실성을 지니게 되었다. 작품의 끝부분에서 톰은 새 삶을 얻어 "자신이 좋아하지 않던 일을 하고" 탐구를 마친다.

> 그는 위대한 과학자로 성장해 철도와 증기기관, 전신, 소총 등을 개발할 수 있다. 그는 모든 것을 낱낱이 알지만, 달걀에서 왜 악어가 부화되지 않는지는 알지 못한다. 그밖에 두세 가지 사소한 일들은 코크시그루(Cocqcigrue, 상상 속의 바다괴물: 옮긴이)가 오기 전까지는 아무도 모를 것이다. 이 모든 것은 그가 바다 속에서 물의 아이로 지내던 시절에 배웠다(385쪽).

부모가 없는 톰은 자궁으로 돌아가 아가미로 바다에서 헤엄치다가 일정한 발달 지점에 이르러 다시 태어나서, 빅토리아 영국의 소년 청소부에게 허용된 것과는 전혀 다른 미래를 맞게 된다. 그것은 킹즐리의 이야기 구성에서 드러난 풍자적이면서 진화적인 요소다.

킹즐리는 멸종, 타락, 반복과 발달에 관한 이미지에서 탁월한 통찰력으로 다윈의 이론을 신화화한다. 《물의 아이들》의 초기 평론 중에는 당시 창간된 《인류학 평론(*Anthropological Review*)》(1863)의 3판에 실린 것이 있다. 킹즐리는 런던 인류학협회의 명예회원이었다.[20] 그 평론에서는 "인간 사유의 중대한 변화는 종종 시나 풍자를

---

20) *Anthropological Review*:1(1863), 472쪽. 이 평론은 특히 킹즐리가 "다윈의 법칙을 인간이 원숭이로 '타락'시켰다는 가정"을 응용한 점에 주목한다.

통해 드러난다"는 대목이 있다. 다윈의 사상과 수사를 분석하지 않고 그대로 수용한 킹즐리의 작품은 진화론을 흡수하는 첫 단계를 보여준다. 그는 다윈의 사상에 있는 신선한 요소를 대부분 이해하면서 동시에 창조론적 경험관도 버리지 않았다.

발달, 퇴보, 타락, 소멸

다윈은 《종의 기원》 제3판(1861)에서 킹즐리의 서신을 인용했다.

> 어느 저명하고 신앙심이 깊은 저자가 내게 이런 편지를 보내왔다. "신께서 법칙의 작용을 통해 허공을 채우는 창조 행위를 필요로 하셨다는 생각에 못지않게, 신께서 다른 유용한 형태로 자기 발달이 가능한 몇 가지 원초적 형태를 창조하셨다는 생각도 고결한 것임을 알게 되었습니다."[21]

다윈은 몰리(Morley)나 마이바트 같은 소신 있는 비평가들에게서 의인화를 잘못 사용했다는 비난을 받았다. 헉슬리는 〈자연에서 인간이 차지하는 위치(Man's Place in Nature)〉라는 글의 첫 대목에서 전설, 전통, 신화가 선견지명의 기능을 가진다고 주장했다.

> 고대의 전설은 현대의 엄밀한 연구를 거치면 대부분 단순한 꿈처럼 의미를 잃는다. 그러나 그 꿈이 어느 정도 유의미해지

---

21) Peckham, 478쪽.

고 현실의 전조가 되는 경우도 있다. 오비디우스는 지질학자의 발견을 예견했다. 아틀란티스는 상상이지만 콜럼버스는 서쪽 세계를 발견했다. 켄타우로스와 사티로스의 기이한 형태는 예술 영역에서만 존재하지만, 기본 구조에서 그것들보다 더 인간을 닮았으면서도 신화에 나오는 반인반수처럼 짐승에 가까운 생명체들이 현재 널리 알려져 있다.[22]

킹즐리의 작품(첫 세 권이 출간된 것은 1863년 1월이다)과 시대를 같이하는 이런 글들은 ‘인간과 하등 동물의 관계’에 큰 관심을 보였다. 헉슬리가 연구한 ‘인간 원숭이’는 킹즐리의 작품에 나오는 퇴화된 ‘뜻대로하세요’와 유사하다. 이 족속은 나중에 인간과 ‘야수’로 분리되어 언어 능력을 잃고, “어두운 숲에서 우울하게 어슬렁거리며 점차 서로의 목소리를 알아듣지 못하다가 마침내 언어가 뭔지 거의 잊는다.”

헉슬리는 뮐러 같은 작가들에게 동의하면서 인간과 짐승 사이에는 언어가 루비콘 강과 같은 역할을 한다고 말한다.[23]

인간이 본질과 구조에서 짐승과 같다고 해서 인간의 고귀함을 존중하는 태도가 약해져서는 안 된다. 인간만이 지적이고 이성적인 언어 능력을 소유하고 있기 때문이다. 다른 동물은 개체의 삶이 중단되면 거의 모든 경험이 사라지지만, 인간은 존재하는 오랜 동안 언어 덕분에 조금씩 경험을 축적하고 구성

---

22) *Evidence as to Man's Place in Nature*(런던, 1863), 1쪽.

한다.[24]

인간의 언어와 인간이 자연에서 차지하는 위치는 1860년대와 1870년대에 신화학과 인류학의 두 가지 중심 주제였다. 이들은 타락론과 진화론의 갈등과 뒤섞였다. 《종의 기원》에서 인간을 배제함으로써 생겨난 공백을 메운 것이 바로 그 논쟁이다.

발달과 퇴보, 혹은 타락의 관념은 여러 가지 면에서 상호 보완적이었다. 다윈의 논증은 개별화와 분기를 향한 추세를 강조함으로써 복제의 힘을 약화시켰지만, 유기체가 예정된 완성을 향해 운동한다는 것은 인정하지 않았다. 그것은 인위적인 방식이지 자연선택이 아니었다. "인간의 체계적인 선택에서 양육자는 확고한 목적을 위해 선택한다. 자유로운 교배는 그의 작업과 아무런 상관도 없다"(《종의 기원》, 148쪽). 폰 베어, 훔볼트, 콩트, 스펜서, 다윈 등 많은 학자들이 공유한 전제는 발달을 복합성의 증대로 보는 것이었다(그러나 다

---

23) "그렇다면 짐승과 인간의 차이는 어디에 있는가? 짐승의 세계에서 인간은 무엇을 할 수 있으며, 어떤 징후나 조짐을 찾을 수 있는가? …… 짐승과 인간의 한 가지 커다란 장벽은 언어다. …… 언어는 우리의 루비콘 강이다. 어떤 짐승도 그 강을 건널 수 없다." *Lectures on the Science of Language*(1차 시리즈), 340쪽. 동물 언어에 관한 많은 논쟁의 배후에는 James Burnett, 즉 Monbodo 경이라는 인물이 있다. *Of the Origin and Progress of Language*(에든버러, 1773~1792)에서 헉슬리는 오랑우탄에게 언어 능력이 있다고 주장했다. "오랑우탄은 안으로 보나 밖으로 보나 인간 형태를 가진 동물이다. …… 예의나 예술이 없이 살아가는 동물에게서 기대할 수 있는 최고 수준의 지성을 가지고 있다"(1:289쪽, 2판, 1774). Peacock은 풍자적인 글 'Sir Oran Haut-Ton', *Melincourt*에서 Monbodo의 이론을 칭찬했다.

24) *Man's Place in Nature*, 112쪽.

원은 발달이 언제나 똑같은 복합성을 유발하지는 않는다는 입장이었다). 복합성은 예견하기 어렵고 통제하기는 더 어렵다. 스펜서는《심리학 원리(*Principles of Psychology*)》에서 이렇게 썼다.

> 나의 논증은 발달 가설을 암묵적으로 지지한다. 즉 생명은 무한히 많고 다양한 형태를 취하며, 최하층에 있는 가장 단순한 것에서 출발하여 동질적인 미세한 세균을 거쳐 점차 복잡한 유기체로 진화했다.[25]

《인류학 평론》에서 말했듯이 "인간 사유의 중대한 변화는 종종 시나 풍자를 통해 드러난다." 마거릿 개티의《자연에서 나온 우화(*Parables from Nature*)》[26](둘째 시리즈)는 발달과 타락의 관념을 재치 있게 풍자하며, 다윈의 어법에서 사변적이고 조건적인 요소를 예민하게 포착한다. 그중 〈열등한 동물(Inferior Animals)〉은 까마귀의 관점에서 글이 진행된다. 까마귀 연구자가 보기에 인간은 당연히 타락한 까마귀다.[27] 이 까마귀는 기원에 관한 연구를 인류학적 주제로 채택한다.

---

25) Spencer, *Principles of Psychology*(런던, 1855), 532쪽.

26) Mrs Gatty, *Parables from Nature*, 1차 시리즈(런던, 1855); 2차 시리즈(런던, 1865).

27) Gatty, 1865, 67쪽. Gatty의 까마귀는 타락론적 논증을 인간에게 향하게 한다. 인간은 "우리의 언어를 전부 잃어버렸다. …… 그가 부리 없는 입으로 발음하는 소리는 사실 무의미한 지저귐에 불과하다"(80쪽).

"그러므로 우리가 두려워하면서 싫어하는 이 생물체들—인
간—의 기원은 분명히 가장 유용한 연구 주제입니다. …… 그
들이 우리를 어떻게 취급하고, 우리가 그들에게 어떤 감정을
품는지 확실히 이해하려면 인간의 본성에 관해 어느 정도 알아
야 합니다."

그런 다음에 까마귀는 다윈식의 조건적 어법을 사용한다.

"친구들이여, 인간은 우리보다 우월하지 않고 과거에도 마찬
가지였습니다. 인간은 우리 종족의 더도 덜도 아닌 타락한 형
제이기 때문입니다! 그렇습니다. 자신 있게 말하건대 수천 수
만 세대 이전으로 거슬러올라가면, 인간도 까마귀였습니다! 우
리처럼 인간도 온몸이 깃털로 뒤덮였고, 나무에서 살았고, 걷
는 대신 날아다녔고, 돌무더기 위에 앉지 않고 나뭇가지에 앉
았고, 지금 우리처럼 행복과 만족 속에서 살았습니다!

이것은 워낙 대담한 주장이므로 저는 여러분에게 즉각 동의
해달라고 요구하지 않겠습니다. 그러나 여러 가지 방식으로 조
사해보면, 여러분은 지금까지 설명되지 않던 것들을 설명할 수
있게 되었다고 인정할 수밖에 없을 것입니다. 비록 시각 증거
는 댈 수 없지만, 저의 해답을 부인하려면 그 대신 더 나은 해
답을 제시해야 할 것입니다. 다른 설명이 어떻게 가능하겠습니까?
제가 주장하는 바는 이것입니다. 우리는 이미 모든 것이 마땅
히 설명되어야 하고 설명될 수 있다는 좌우명을 얻었습니다."

《종의 기원》에도 비슷한 내용이 있다.

> 자연선택은 곤충의 애벌레를 성충의 경우와는 전혀 다른 수많은 우연적인 상황에 맞도록 변형시키고 적응시킬 것이다. 이런 변형은 상호관계의 법칙에 따라 성충의 구조에는 **분명히 영향을** 주지 않을 것이다. …… 거꾸로 성충의 변형이 애벌레의 구조에 종종 영향을 줄 것이다. …… 동물의 전 생애 동안 단 한 번밖에 사용되지 않는 구조는 아무리 중요한 것이라 해도 자연선택에 의해 어느 정도 **변형될 것이다**(135쪽)〔강조는 필자〕.

개티의 비판은, 자연 질서에서 어떻게 추측에 기반해 완전한 설명을 할 수 있느냐, 그렇게 시간 척도를 무한히 연장한다면 모든 게 가능하지 않느냐는 것이다. "세대에 세대를 얹고, 또 다른 세대를 덧쌓으면 우리 조상들이 살았던 수백 년도 짧은 시간에 불과해질 것이다. 그래서 어떻게 하겠다는 건가? 그런 시간 척도라면 무슨 일이든 가능하다."[28] 페일리도 욕망에 관한 논증에서 비슷한 반대 의견을 제시한 바 있다. 나아가 개티는《종의 기원》의 배후에 증거로 사용되지 않은 무수한 사실들이 있다는 다윈의 주장을 일축하고, 그가 친구들의 연구 결과를 수용한 것을 비판한다. 개티는 이중주를 연주하고 있는 셈이다. 한편으로는 다윈의 논증 방식을 비판하면서, 다른 한편으로는 대부분의 발달 이론에 숨겨진 인간 중심주의를 비판한다. 사실 다윈의 인간 중심주의를 비판하는 입장도 역시 인간 중심

---

28) *Natural Theology*, 242쪽; 이 책 201~203쪽 참조.

주의를 기반으로 하는 경우가 많다. 그러나 헉슬리가 말하듯이, "닭이 모성을 가지고 있다고 해서 모성이 나쁜 것인가? 개가 충직하다고 해서 충직함이 천한가?"[29]

많은 빅토리아 사람들은 변형의 관념과 변태의 한계에 매료되었다. 개티는 대표적으로 〈변형(Transformation)〉이라는 이야기를 꼽았는데, 이 작품은 자신이 나중에 나비가 되리라는 것을 믿지 않는 애벌레에 관한 이야기다. 가장 잘 알려진 옹딘(Ondine, 지로두의 희곡에 등장하는 물의 요정: 옮긴이)과 미운 오리새끼 이야기는 특히 조지 엘리엇의 관심을 끌었다. 결정론의 믿음이 강해짐에 따라 변환, 변형, 변태, 전환 등으로 표현될 수 있는, 여러 가지 복잡한 가능성에 관한 인식도 강화되었다.

다윈이 자연선택과 멸종을 주장하기 전까지는 선사시대의 더 넓은 세계로 돌아가는 상상도 가능했다. 라이엘은 후대의 버클(Buckle)처럼 기후의 변화가 종의 변화에 기인하는 것으로 간주했으며, 그에 따라 '플라톤년(지구 자전축의 세차운동이 한 바퀴 도는 해. 약 2만 5800년에 한 번씩 온다: 옮긴이)'의 여름이 어땠을지 추측할 수 있었다.

그때가 되면 동물들의 종류가 복원된다. 우리 대륙의 고대 바위들에는 그 흔적이 보존되어 있다. 거대한 이구아노돈이 숲

---

29) 폰 베어는 일찍이 개체발생의 인간 중심주의를 조롱했다. 그는 만약 새가 자신의 발달을 연구하고 그 결론을 인간에게 적용한다면 어떻게 될까를 상상했다. "우리는 둥지에서 갓 부화한 새끼에 불과하지만, 인간이 앞으로 이룰 수 있는 것보다 더 진보한 상태다." S. J. Gould, *Ontogeny and Phylogeny*(프린스턴, 1977), 54쪽.

에 다시 등장할 것이고, 바다에는 어룡이 살 것이다. 무성한 양치류 숲 상공을 익수룡이 날아다닐 것이다. 산호초가 극지까지 연장되고, 극지에는 수많은 고래와 일각고래가 산다. 거북은 해변의 모래밭에 알을 낳고, 해변에서는 해마가 잠자고 물개가 부빙(浮氷) 위를 뛰어다닌다.[30]

라이엘의 사상에서 이 전환의 감각과 병행하는 것은 인간의 일시성과 현존하는 세계 질서의 감각이다. 하지만 변화를 상상하면서 그는 그것을 복원이나 복귀로 여기는 경향이 있었다. "복원은 오래전 사물의 상태에서 일어난다. 예를 들어, 사육된 동물이 몇 세대 만에 야생의 본능을 회복하거나, 정원수나 과수가 조상과 유사해지는 것을 뜻한다." 복원은 예전의 유사성으로 되돌아가는 것이므로 단순화를 포함한다.

그로부터 50년 뒤 《런던 이후(*After London*)》(1885)에서 리처드 제프리스(Richard Jefferies)는 자연 질서의 단순화를 시도한다. 동식물을 몇 가지로만 설명함으로써 학문과 종교에 두루 맞는 담론을 만들려 한 것이다. 제1부의 제목인 '야만으로의 복귀'는 안락한 구술 전설에 의지하는 첫 문단의 전원주의에서부터 거짓임이 드러난다. "옛날 사람들이 조상들의 말을 전하건대," 그 내용은 타락 이전의 봄("런던이 멸망한 뒤 첫 봄에는 모든 곳이 푸르렀고")과 단순화("전국이 어디나 똑같아 보였다")다.[31]

---

30) *Principles of Geology*, 1:123쪽.

위대한 숲

옛날 사람들이 조상들의 말을 전하건대, 들판이 그대로 남
겨진 뒤 곧바로 눈에 띄는 변화가 시작되었다. 런던이 멸망한
뒤 첫봄에는 모든 곳이 푸르렀고 전국이 어디나 똑같아 보였
다(1쪽).

'어디나 똑같아 보였다'는 위협은 이후의 장들에서 현실화된다.
우선 가시나무가 무성해진다. "도처에서 순식간에 가시나무가 솟아
나더니 약 20년에 걸쳐 널따란 들판을 가득 메웠다." 고양이도 나온
다. "얼마 뒤에 몇 가지 변종이 사라지고 단 한 종만 남았다." 그밖에
소는 두 종, 야생 돼지는 네 종, 양은 세 종, 말은 두 종이다. 각각의
종들은 우아하고 깔끔하게 서술되며, 냉정하고 침착한 분류학을 따
른다. 인간이 등장하지만 않는다면 질서의 느낌이 역연하다. 사라진
역사가 범주적인 서술과 뒤섞인다.

고대인들이 기르던 말들 가운데 두 야생종의 혈통이 현재까
지 전해 내려오고 있다. 이 사실은 지금 우리가 기르는 말들과
그들이 명백히 유사하다는 점에서 확증된다. 가장 몸집이 큰
야생마는 거의 검은색이거나 짙은 색이며, 현재 우리가 부리는
짐마차용 말보다 약간 작지만 몸무게는 비슷하다. 그러나 오랫
동안 자유를 누려왔기 때문에 속도는 더 빠르다.

---

31) *After London: Or Wild England*(런던, 1855). 페이지 인용은 John Fowles가 서
문을 쓴 옥스퍼드 판(1980)에 의거한다.

…… 전설에 따르면, 옛날 말들은 체형이 날씬하고 바람보다 빨랐다고 한다. 그러나 이 유명한 경주마의 혈통은 지금 한 종도 남지 않았다. 너무 섬세한 성격이라 남의 눈에 띄는 것을 견디지 못했는지, 아니면 야생 들개들에게 사냥을 당했는지는 확실치 않지만, 어쨌든 그 말들은 완전히 사라졌다(12~13쪽).

이 저작에는 멸종이 자주 등장하고, 몇 가지 지배적인 종이 압도적인 힘을 발휘하며, 야생 상태에서 변종이 사라졌다는 사실이 강조된다. 《종의 기원》의 서두에서 다윈은 야생 상태의 동물에 비해 사육되는 동물이 개체들 사이의 차이가 더 크다는 점을 환기시킨 바 있다.

예전부터 인간이 사육해온 같은 변종 혹은 아(亞)변종에 속하는 개체들을 잘 살펴보면 한 가지 놀라운 사실을 알 수 있다. 자연 상태의 종, 혹은 변종에 속하는 개체들과 달리 사육되는 개체들은 서로 간의 차이가 더 크다. 지금까지 사육된 동식물들의 커다란 다양성을 고찰하면, 또한 기후와 사육법의 차이로 인해 더욱 다양해졌다는 점을 고려하면, 이 엄청난 다양성이 생겨난 이유는 우리의 사육 방식이 자연 상태에서 어미 종들이 살았던 방식과 다르기 때문이라는 결론을 내리지 않을 수 없다(71쪽).

'야생의 영국'으로 돌아가려면 몇 가지 번성하는 생물들의 전제적인 힘으로 수많은 변종과 종 들을 말살해야 한다. 이와 마찬가지로 사회도 독재, 억압, 예속을 특징으로 한다. 나라의 중심에는 '방대한 늪지'가 런던을 제외한 전 지역을 뒤덮고 있다.

　　그러므로 거대한 도시 런던의 저지대는 늪지가 되었고, 고지대는 관목 숲으로 변했다. 대형 건물들이 무너졌고, 온통 보이는 것이라곤 높은 곳에는 각종 나무, 산사나무, 낮은 곳에는 버드나무, 창포, 갈대, 골풀뿐이었다. 이런 잔해가 시내를 메워 물이 거의 흐르지 못하는 상태가 되었다. 설령 과거에는 물이 조금씩 새어 나갔다고 해도 바다까지 연결해줄 수로가 없다. 이 방대한 늪지에서는 죽음이 불가피한 운명이기 때문에 아무도 감히 들어가려 하지 않는다.

　　이 습한 늪지에서 어떤 동물도 견뎌낼 수 없는 유독한 기체가 발산된다. 검은 물에는 더러운 녹조가 떠 있고, 썩은 진흙 바닥에서 끊임없이 거품이 솟아오른다. 바람이 불면 날려간 독소가 상공에 낮은 구름처럼 드리운다. 이 구름은 마치 보이지 않는 인력이 잡아끄는 것처럼 그곳에서 멈춘 채 늪지 너머로 이동하지 않는다. 우리에게는 불행이다. 유독한 기체가 몹시 두터워지면 새들도 독소를 피해 갈대숲에서 날아가기 때문이다. 물고기도 없고, 뱀장어도 진흙 속에서는 살 수 없고, 도롱뇽조차 없다. 모두 죽었다(37쪽).

　　제프리가 제시하는 암울한 판타지의 진짜 주제는 소멸이다. 자연의 부활은 풍부한 창조 대신 생명을 말살한다. 호수의 유독한 기체 때문에 새들은 철에 맞지 않게 둥지에 알과 새끼를 남긴 채 떠나버린다. 늪지의 썩은 물과 토양은 "도시가 존재하는 수백 년 동안 죽어간 수백만 인구의 시신들"로 이루어졌다. 펠릭스를 따라다니는 대량의 회전파는 '방대한 도관, 하수도, 터널'에 고여 있던 유독한 기체가 '상승 기류'를 만나면서 생긴 결과물이다. 여기서 물은 썩어 악취가 나며, 문명 전체가 붕괴하여 사라졌다. 바로 그 소멸, 약탈, 일부 거친 종들에 의한 난폭한 식민화라는 주제는 부시맨, 집시, 유목민이 벌이는 대규모 살육 전쟁, 탐욕과 배신으로 가득한 봉건 궁정의 분위기에서 흔히 볼 수 있다. 이 저작은 매우 직접적이고 대단히 암울하다. 《종의 기원》에서 볼 수 있는 완성의 미래, 복잡성을 향한 지속적 성장의 전망은 여기서 완전히 자취를 감춘다. 과거 지식에 관한 다윈의 예언은 사뭇 풍자적이다.

> 우리가 여러 가지 이동 수단을 더 잘 알게 되고, 현재와 미래의 지질학적 연구 성과에 힘입어 과거에 기후와 육지의 고도가 어떻게 변화했는지 알게 되면, 우리는 분명히 과거의 거주자들이 전 세계를 이동한 경로를 더 바람직스러운 방식으로 추적할 수 있을 것이다(《종의 기원》, 457쪽).

제프리의 저작에서는 추측과 전설을 통해 암울하고 어렴풋하게 묘사되어 있지만, 육지의 고도는 실제로 변했고 이동도 분명히 일어났다.

> 사람들은 굶주림을 피하려고 배로 몰려들었다. 많은 배들이 떠났으나 그들에 관한 소식을 더는 들을 수 없었다.
> 일설에 따르면, 우주 공간에서 거대한 암흑 천체가 지나가면

서 그 인력 때문에 지구의 축이 궤도 면에 비해 전보다 더 기울
어졌다고 한다. 이 과정이 앞으로도 지속되어 장차 자기(磁氣)
의 흐름이 감지할 수 없을 만큼 미세하게 달라지고, 이것이 인
간의 정신에 영향을 줄 것이다. 지금까지 인간의 삶이 흐르는
방향은 서쪽을 향했지만, 자기의 흐름이 역전되었을 때 동쪽으
로 돌아가려는 전반적인 욕구가 일어났다(16쪽).

이러한 아리아적 근원의 부름은 뮐러의 신화학에서 뚜렷이 드러
난다. 《런던 이후》는 인류 최초의 고향, 잃어버린 고등 문화를 찾으
려는 노력이 자칫하면 미망으로 변해 현존하는 세계의 타락을 빚을
수도 있다는 점을 일깨워준다.[32] 제프리의 저작은 1870년대와 1880
년대에 다윈 논쟁의 여파로 심화된 두려움을 압축적으로 보여준다.
그것은 바로 타락도 발달에 못지않게 강력한 에너지이며, 소멸이 진
보보다 더 가능성이 큰 운명일 수도 있다는 두려움이다.

---

32) 이와 관련한 두 가지 영향력 있는 저작은 Ray Lankester, *Degeneration. A
Chapter in Darwinism*(런던, 1880)과 Max Nordau, *Degeneration*, 2판의 번역
(런던, 1913)이다. Allon White, *The Uses of Obscurity: The Fiction of Early
Modernism*(런던, 1981)은 다윈의 함의에 대한 이 특별한 해석이 뜻하는 바를
잘 설명한다.

4장

문학과 진화 사상

Darwin's Plots

　조지 엘리엇은 당대의 비평가들에게서 작품 속에 과학적 암시를 포함시켰다는 평가를 자주 받았다. 심지어 헨리 제임스(Henry James)는 "《미들마치》에는 다윈과 헉슬리 씨의 영향이 너무 강하다"고 불평했다.[1] 또한 R. H. 허턴은 그녀가 《다니엘 데론다(*Daniel Deronda*)》의 첫 대목에서 쓴 '동태적(dynamic)'이라는 말이 과학적으로 지나치게 현학적이라고 비판했다. "그녀가 아름답다는 이야긴가, 그렇지 않다는 이야긴가? 그녀의 시선에 역동적인 성질을 부여할 수 있는 형태, 혹은 표현의 비밀은 무엇인가?"[2] 허턴의 비판에 현대의 독자들은 놀랄 것이다.

---

1) Henry James, *Galaxy*, 15(1873), 424~428쪽.
2) R. H. Hutton, *Spectator*, 49(1876), 1131~1133쪽.

필수적인 영향

지금은 과학적 의미를 잃은 단어가 조지 엘리엇의 시대에는 그렇게 큰 논란을 불렀다. 제임스의 관점에서 《미들마치》의 서문을 본다면, 지금은 평범한 일반론으로 여겨지는 구절이 새로이 쟁점으로 부각될 수도 있었을 것이다.[3] 그런데 결론 부분은 역설적으로 여성의 사회적 처지에 관한 문제를 다루고 있다.

> 셋 이상을 셀 수 있는 능력처럼 정확하게 여성의 무능함을
> 말해주는 기준이 있다 해도, 여성의 사회적 처지는 과학적으로
> 확실하게 따져볼 필요가 있다. 사실 그 문제는 불명확하다. 아
> 무리 여성의 머리 모양이 늘 똑같고 산문과 운문에서 그저 그
> 런 연애담만 좋아한다고 해도 변이의 폭은 생각보다 훨씬 크다
> (1:1:2~3쪽).

이 구절에는 몇 가지 주목할 단어들이 있는데, 그중 하나가 '변이'다. '변이의 폭'은 종에 관한 논쟁에 속하며, 이는 종의 특성을 통해 종을 설명하는 것이 어느 정도까지 가능한가 하는 문제와 연관된다. 또한 그것은 외양의 유사성과 용도가 '진정한 친화성' 또는 '유

---

3) *Middlemarch. A Study in Provincial Life*(런던, 1872). 모든 페이지 인용은 캐비닛판(런던, 1878)에 의거한다. 권, 장, 페이지 순서다. 과학과 철학에서 나온 모든 자료는 John Clark Pratt와 Victor A. Neufeldt 엮음, *George Eliot's Middlemarch Notebooks, A Transcription*(버클리와 로스앤젤레스, 1979)에 수록되어 있다.

조지 엘리엇

엘리엇은 남자 이름을 필명으로 쓰면서 영국의 시골과 소도시의 생활을 현실감 있게 묘사했다. 그의 작품은 표현의 생생함과 주제의 진지함을 동시에 지닌다.

비적이거나 적응적인 유사성'인가 아닌가 하는 논증과도 연관된다. 유사성은 환경의 압력에 대한 공통의 반응에 의해 생겨난다. 다윈이 사용하는 사례는 조지 엘리엇의 사례와 무관하지만 논증의 경로는 같다. "후피동물인 듀공과 고래 그리고 이 두 포유류와 물고기 사이에 신체 형태상의 유사성이 있고 발과 지느러미가 닮았다는 점은 분석적으로 밝혀진 사실이다"(410쪽). 환경에 대한 반응은 서로 다른 생물들의 외양과 행동을 비슷하게 만들 수 있다. "아무리 여성의 머리 모양이 늘 똑같고 산문과 운문에서 그저 그런 연애담만 좋아한다고 해도 변이의 폭은 생각보다 훨씬 크다."

다윈의 논증에서는 종 내부의 변이가 진화적 발달의 핵심이다. 정해진 유형과 무관한 다양화는 창조적 원리가 된다. 다윈은 '사육 상황에서의 변이'라는 제목을 단《종의 기원》의 첫 장 전반에 걸쳐 그 점을 강조한다. 엘리엇은 당시 열띤 논란의 대상이던 '변이'라는 말을 취해 '여성의 사회적 처지'에 적용한다. '사육 상황에서의 변이'는 여성에게 어려운 일이다. 그러므로 그녀가 사용한 '변이의 폭'이라는 문구는, 그녀가 제시하고자 하는 '사육의 서사시'를 예고하는 논쟁의 신호탄이 된다.

엘리엇의 비판자들은 그녀가 당대 최고의 관심사를 끌어들인 것에 주목했다. 더구나 그것은 감성과 지성이 분리되지 않고 한데 뒤얽힌 뜨거운 사안이었다. 콜빈(Colvin)은 이런 관점에 서서 그녀가《미들마치》에서 의학 지식과 비유를 사용하는 것에 관해 언급했다.[4] 특히 에드워드 다우든(Edward Dowden)은 그 시기 과학 사상과 가

---

4) Sidney Colvin, *Fortnightly Review*, N. S. 13(1873), 142~147쪽.

설의 혼란스러운 언어에 관해 다음과 같이 말했다.

> 그녀는 실제로 소설 작품에 '동태적'이라든가 '자연선택' 같
> 은 용어들을 즐겨 사용한다. 비평가들은 그것을 섬세하게 살펴
> 보고 망설이게 된다. …… 문학예술의 도구인 언어는 끊임없
> 이 영역을 확장해간다. 과학 사상이 충만해 있는 시대에 진정
> 한 현학성이란 그 시대에 특별히 성행하는 언어의 사용을 거부
> 하는 데 있다. 당대의 과학적 사조에 무관심한 것은 그 자체로
> 비문학적인 태도다. …… 교양 있는 상상력은 과학의 영향을
> 받게 마련이다. 스펜서 시대의 상상력이 그가 사용한 신고전주
> 의적 르네상스 신화학의 영향을 받은 것과 마찬가지다.[5]

여기서 조지 엘리엇을 스펜서와 비교한 것은 지극히 온당하다. 신고전주의의 비유에서 보듯이, 과학 언어를 문화로 내면화하면 작가와 일급 독자들이 공유하는 통제된 범위의 상상력을 보여줄 수 있다.[6] 단어를 장식하는 상상력이 달라지고, 새로운 경험의 영역을 언어가 반영하고, 특정한 종류의 어휘가 인증되고, 멋진 재담과 말장난이 증대함으로써 의식의 감독 아래 다양한 의미들이 균형을 유지할 수 있다. 그 결과, 특정한 담론이 최고도로 발달하게 된다. 그러면 예전엔 서로 전혀 별개로 보였던 경험들이 새로운 의미를 띠게 된다.[7] 그런 전환의 순간에 감성은 언어의 가장 깊은 곳까지 스며든다.

당시 과학적 글쓰기의 구체적인 원천을 우리는 《미들마치》의 유

---

5) Edward Dowden, *Contemporary Review*, 29(1877), 348~369쪽.

명한 구절에서 찾을 수 있다. 예를 들어, 리드게이트(Lydgate)의 과학 탐구가 지닌 상상력의 범위는 다음과 같다.

리드게이트는 이런 종류의 영감이, 어떤 렌즈로도 꿰뚫어볼 수 없는 미묘한 작용을 드러내는 상상력에 비해서는 다소 통속적이라고 여겼다. 그래서 그는 기다란 필연적 순서를 거쳐 내부의 빛으로 외부의 어둠을 끌어들였는데, 그 내부의 빛은 무형의 원자까지도 이상적으로 조명된 공간에 가둘 수 있는 극히 정교한 에너지다(1:16:249쪽).

G. H. 루이스는 존 틴들의 《생명과 정신의 문제(*Problems of Life and Mind*)》에서 한 대목을 인용한다.

---

6) 조지 엘리엇의 작품에 나오는 과학적 사상의 중요성에 관한 논의는 다음 문헌들을 참고하라. U. C. Knoepflmacher, *Religious Humanism and the Victorian Novel: George Eliot, Walter Pater, Samuel Butler*(프린스턴, 1965); Bernard Paris, *Experiments in Life*(런던, 1965); W. J. Harvey, 'The Intellectual Background of the Novel: Casaubon and Lydgate', *Middlemarch: Critical Approaches*, B. Hardy 엮음(런던, 1967); Michael York Mason, '*Middlemarch* and Science: Problems of Life and Mind', *Review of English Studies*, 22 N. S.(1971), 151~169쪽; J. Hillis Miller, 'Optic and Semiotic in *Middlemarch*', *The Worlds of Victorian Fiction*, J. H. Buckley 엮음(케임브리지, 매사추세츠, 1975), 124~145쪽; Rosemary Ashton, *The German Idea*(케임브리지, 1980); George Levine, 'George Eliot's Hypothesis of Reality', *Nineteenth Century Fiction*(1980), 1~28쪽.

7) 개념-교환에 관한 상세한 논의는 나의 글 'Anxiety and Interchange: *Daniel Deronda* and the Implications of Darwin's Writing', *Journal for the History of the Behavioural Sciences*, 19(1983), 31~44쪽을 참조하라.

자연에서 감각이 미치는 영역은 그 너머의 사유가 접근할 수 있는 방대한 영역에 비하면 지극히 좁다. 천문학자는 혜성이 망원경의 범위 안으로 들어왔을 때 몇 차례 관측한 결과를 가지고 망원경이 미치지 못하는 영역에서 혜성이 이동하는 경로를 계산할 수 있다. 이와 마찬가지로, 협소한 감각 세계의 자료만으로도 우리는 더 넓은 다른 세계들을 충분히 이해할 수 있다. 그것은 바로 지성의 힘 덕분이다.[8]

두 작가는 여러 가지 복잡한 관념(지성이 도구를 능가한다든가, 열과 에너지가 생산과 변형의 힘을 지닌 것으로 간주한다든가, 세계의 방대함과 다양성이 인간 감각의 범위를 넘어선다는 관념)을 공유한다.

틴들처럼 조지 엘리엇도 상상력의 수많은 과정이 조화를 이룬다는 것을 강조한다. 소설가의 작업과 과학자의 작업은 똑같은 선견지명에 의해 발동되며, 도구나 감각으로 접근할 수 없는 의미를 탐구하고자 한다. 또한 증거를 사용하고 넘어서려는 의지도 같다. 리드 강의(Rede lecture, 16세기의 판사 로버트 리드의 이름을 딴 케임브리지 대학교의 강의: 옮긴이)의 끝부분에서 틴들은 다음과 같이 이야기한다.

어떤 이들은 자연과학이 상상력에 지대한 영향을 주었다고 생각한다. …… 하지만 궁극적으로 설득력을 지닌 것은 경험이다. 자연과학 연구는 상상력의 문화와 보조를 같이한다. 과학적 담론은 대부분 상상력의 기능을 바탕으로 한다. 우리가 머리에

---

8) John Tyndall, *Problems of Life and Mind*(런던, 1874), 261쪽. 초판은 1873년.

그리는 원자와 분자, 파동과 파장은 눈으로 볼 수 없고 귀로 들을 수 없으며 오직 상상력을 발동해야만 식별할 수 있다.[9]

물론 조지 엘리엇도 초월과 비가시적 세계의 심상을 가지고 있었다. 현미경과 망원경은 우리의 구체적 경험 조직을 넘어서는 세계, 규모, 존재의 다양성을 이해할 수 있게 해줌으로써, 눈에 보이는 세계 이외의 가능성을 인정하지 않으려는 실증주의를 공격하는 강력한 무기가 되었다. 그것들은 그 시기의 과학적 글쓰기와 문학에서 지배적이었던 낭만적 유물론—물질적 세계의 미스터리가 뭉쳐 있다는 느낌—의 극심한 중압감 속에서 여유를 주는 요소였다. 신비화를 피하기는커녕 과학적 도구와 과학적 가설 확립을 통해 가능성을 확장하는 것은, 실제로 당시의 추측적인 것, 나아가 허구적인 것에 새로운 권위를 부여했다. 계획은 현재에만 머물 수 없고 확장과 미래에 의존한다.

조지 엘리엇의 '과학적' 담론을 잘 보여주는 사례는 아마도 제20장에서 감각의 한계를 지적한 유명한 문구와, T. H. 헉슬리의 글 〈생명의 물리적 기초(The Physical Basis of Life)〉 사이의 밀접한 유사성일 것이다. 1869년 2월 《격주 평론(*The Fortnightly Review*)》에 발표된 헉슬리의 글은 인간 감각의 무딘 측면을 다음과 같이 설명한다.

---

9) 틴들의 모든 연구는 '상상력의 과학적 이용'(1870년 B. A. A. S. 수학 및 물리학 분과에서 한 연설의 제목)을 강조했다. 그는 《종의 기원》을 열렬히 옹호했으며, 1874년 그의 회장 취임 연설은 불가지론의 성격 때문에 큰 논란을 빚었다. Rede Lecture: *On Radiation*(런던, 1865), 60~61쪽.

한가로운 한낮의 열대 숲은 단지 우리 청각이 둔하기 때문에 침묵하는 것처럼 느껴질 뿐이다. 만약 나무 한 그루 한 그루마다 살아 있는 무수한 세포들에서 나오는 미세한 중얼거림을 우리의 귀가 감지할 수 있다면, 우리는 대도시의 소음을 듣는 것처럼 깜짝 놀라고 말 것이다.[10]

《미들마치》에는 이런 구절이 나온다.

비극이 바로 빈도수에 있다는 사실은 아직 인간의 조잡한 정서에 포착되지 않았다. 우리의 신체는 그것을 거의 견뎌내지 못할 것이다. 만약 우리가 일상생활의 모든 측면에 대해 예민한 시각과 느낌을 갖고 있다면, 풀이 자라는 소리나 다람쥐의 심장 박동 소리까지도 감지될 것이므로, 침묵의 다른 측면에 놓인 소음 때문에 우리는 살아갈 수 없을 것이다(1:20:297~298쪽).

같은 글에서 헉슬리는 물질적 설명이 필요할 때 많은 사람들이 경험하는 종교적 공황에 주목하면서, 그것을 막스 뮐러가 말하는 '태양 신화'와 비교한다.

요즘 최고의 지성들에게 이 중대한 진실의 깨달음은 곧 악몽과 같다. 그들은 유물론이 전진하는 사태를 지켜보면서, 마치 일식이 일어날 때 거대한 그림자가 태양 앞을 지나가는 것을

---

10) *Fortnightly Review*, 5 N. S.(1869), 132쪽.

보고 야만인이 느끼는 것과 같은 공포와 무기력한 분노를 경험
한다. 물질의 거센 흐름이 그들의 정신을 위협하고, 법칙의 엄
격한 작용이 그들의 자유를 방해한다. 그들은 인간의 지혜가
증대하면서 도덕적 본성이 타락할까봐 두려워한다.[11]

그는 과학적 유물론이 비록 '정신성과 자발성'을 저해하기는 하지
만, 세계를 타락시키기는커녕 자연 질서 내의 연관성을 **확장**한다고
주장한다.

본질에 더 접근하기 위해(그리고 우선순위의 문제를 변화시키기
위해), G. H. 루이스[12]가 1868년 《격주 평론》에 게재한 시리즈 논문
〈다윈 씨의 가설(Mr Darwin's Hypotheses)〉에 나오는 구절을 고찰
해보자.

잠시 모든 유기체에서 드러나는 유사성과 다양성을 훑어보
자. 모두 **공통의 기반**을 가지고 있으며, 똑같은 근본 요소들—
탄소, 수소, 질소, 산소 등—로 구성되어 있다. 이런 **물질적 공
통성**과 더불어 우리는 **역사적 공통성**도 고려해야 한다.[13]

---

11) 같은 책, 143쪽.

12) 루이스는 1865년 *Pall Mall Gazette*에 처음으로 다윈에 관해 상세하게 썼다. *The
Variation of Plants and Animals*에 관한 그의 평가에 다윈은 기뻐했다. *The
Fortnightly Review*, 3호와 4호 N. S.(1868), 353~373쪽; 611~628쪽; 61~80
쪽; 492~509쪽에 실린 글들은 조지 엘리엇이 다윈의 사상을 이해하는 데 분수
령이 되었다. *The Physical Basis of Mind*(런던, 1877), 특히 '진화'에 관한 장,
79~136쪽을 참조하라.

13) 'Mr Darwin's Hypotheses', 494쪽.

루이스의 주장은 특히 비샤(Bichat, 리드게이트의 스승)를 계승한 클로드 베르나르의 연구에 의존한다.

> 그 위대한 프랑스인은, 근본적으로 고찰할 경우 생물체는 각 기관들을 따로따로 떼어서 연구한 뒤 그 결과를 합치는 방식으로 이해되지 않는다는 발상을 처음으로 한 사람이다. 생물체는 일차적으로 특정한 구조 혹은 조직 자체로 이해해야 하며, 그것을 바탕으로 다양한 기관들—두뇌, 심장, 폐 등—을 바라보아야 한다. …… 이 위대한 선각자는 살아 있는 유기체의 조직을 궁극적인 사실로 간주하지 않았다. 그것은 해부적 분석의 한계였다. 하지만 달리 보면 이런 의문을 품을 수도 있다. 천연의 고치에서 거즈, 직물, 공단, 우단이 나온 것처럼 그 조직들도 공통의 기반에서 출발한 게 아닐까?(《미들마치》, 1:15:223~224쪽).

루이스가 강조하는 **공통의 기반**이라는 문구는 《미들마치》에서도 아주 비슷한 문맥에서 사용된다. 몇 가지 기관에 대한 루이스의 분석을 토대로 삼으면, 우리는 리드게이트가 제기한 "원시 조직이란 무엇인가?"라는 의문에 '준비된 대답'을 기대할 수 없는 이유를 정확히 알 수 있다.

'원시 조직'은 하나가 아니다. 이는 "모든 신화를 이해하는 열쇠"가 단 하나가 아닌 것과 마찬가지다. 루이스는 한 가지 중요한 점에서 다윈의 역사로부터 이탈했다. 그것은 바로 단일한 조상이라는 관념이다. 그는 "생명의 여명기에 지구는 모든 분기점이 저마다 생명의 형태를 산출하는 방대한 배아의 막(膜)과 같았다"고 가정한다. 이렇게 단일성보다 복수성을 강조하는 것은 《미들마치》에서 전개되는 논증에서 매우 중요하다. 이 작품은 겉으로는 분류학의 질서에 따르는 것처럼 보여도, 그 유형—"산문과 운문에서 그저 그런 연애담만 좋아한다고 해도"—의 배후에서는 개별적 다양성의 확립을 지향하고 있기 때문이다.

《미들마치》는 독자적인 구성이 관심을 끄는 작품이다. 이 작품집에 수록된 각 편들의 제목은 분류적인 성격을 지닌다('죽음을 기다리며', '두 가지 유혹', '사랑의 세 문제'). 그러나 읽는 도중에 독자는 다양성과 가변성 속으로 끌려 들어간다. 인물들이 사건의 분류에 밀접하게 부응하지만, 느끼고 생각하는 것은 저마다 다르다. 도로시아와 커저번이 죽음을 기다리는 것은 메리 가스와 페더스턴의 경우와는 사뭇 다르다. 관계들도 각기 다르고 사람들 간의 간격도 다르다. 책을 쓸 계획을 가진 인물로 등장하는 리드게이트는 "살아 있는 구조의 더 친근한 관계를 증명하고자 애썼다"(1:15:225쪽). 이렇게 일치성과 가변성을 모두 강조하면서 조지 엘리엇은 최신의 과학 이론을 통해 낡은 문학적 구성을 보강한다. 다윈의 이론에서 가변성은 창조적 원리이지만, 유형은 공통의 조상과 친족을 추적할 수 있는 가능성을 열어준다. 우리는 또한 공통의 환경이 서로 다른 생물들을 얼마나 닮게 만드는지도 파악할 수 있게 된다.

빅토리아 시대에는 '단일한 생명'에 관한 낭만적 탐구가 퇴조하고 기원에 관한 탐구가 그 자리를 차지했다. 《미들마치》에서 '관계'와 '기원'은 특정한 역사적 맥락 속에 놓인다. "이런 물질적 공통성과 더불어 우리는 역사적 공통성도 고려해야 한다." 나중에 발표된 조지 엘리엇의 작품들에서 우리는 과학적 사상과 추론이 스며든 상상력, 즉 워즈워스가 《서정 민요집(*Lyrical Ballads*)》의 제2판 서문에서 기대한 것을 실현할 수 있는 상상력을 보게 된다.[14] 조지 엘리엇에 게 가장 어렵고 소설가로서 가장 큰 성취감을 준 것은 실체화로 요 약할 수 있다. 다우든이 말하듯이, 조지 엘리엇은 당시 과학적 발견 과 성과가 그녀의 교양에 실어준 상상적이고 정서적인 함의를 표현 하고 확장했다. 그녀는 '그 시대의 필수적인 영향'에 따라 공유된 염 원에 반응하고 공유된 논쟁의 범위 안에 머문다. 그리고 독자에게 일상 언어의 과학적 잠재력과 과학 용어의 일상적 잠재력을 환기시 킨다. '동태적'이라는 용어나, 다우든이 말한 '필수적인 영향'에 내 재하는 거의 삭제된 과학적 전거에서 이런 사실을 볼 수 있다. 이런 공통성, 새로운 체계와 탐구의 새로움은 그녀의 계획에서 핵심을 이 룬다.

과학자들의 글에 내재하는 구체적인 유사성과 원천을 드러내기 위해서는, 그것이 단지 조지 엘리엇의 관심을 일깨운 이러저러한 구 절의 문제가 아니라는 점을 강조해야 한다(그런 구절이 분명히 있겠 지만). 구절 자체보다는 그 텍스트와 관련된 논쟁과 탐구에 참여해 야 한다는 말이다. 이런 논쟁에는 반드시 두 가지 교훈이 제시되고, 비판되고, 찬미된다. 하나는 "자연의 힘은 운동의 힘"이라는 것이고,

---

14) "지금 과학이라 불리는 인간에게 친숙한 학문이 장차 …… 살과 피의 형태를 취 하는 때가 온다면, 시인은 자신의 비범한 영혼을 동원해 변형을 지원할 것이다." *The Lyrical Ballads, 1798~1805*, G. Sampson 엮음(런던, 1940), 26쪽. 이런 맥락에 관한 논의를 보려면 나의 글 'Darwin's Reading and the Fictions of Development', *The Darwinian Heritage*, D. Kohn 엮음(프린스턴, 1985)을 참 조하라.

다른 하나는 "진화는 보편적 과정"이라는 것이다. 이 두 원칙은 상호 연장적이다. 두 법칙이 보편적이고, 복제가 아니라 변화와 관련된다는 사실은 그 둘이 서로 확증하는 관계임을 말해준다. 두 법칙은 이야기의 방식으로 표현되는 많은 속성들을 내재하고 있다. 이를테면 시간의 연장, 순서, 전위 관계, 한 단계에서 다른 단계로의 복잡한 운동 등이 그것이다. 두 법칙은 한 가지 중요한 측면에서 갈라진다. 즉 운동은 반드시 변형이나 변화를 포함하지 않지만, 진화는 다르다는 것이다.[15] 《미들마치》에서는 두 법칙의 역사적 측면이 드러난다. 개체들은 연이은 역사적 계기들의 확정된 속도에 갇혀 있다. 특히 《다니엘 데론다》에서 조지 엘리엇은 갑자기 변형되지 않는 확장과 되돌릴 수 없는 변화, 발달 사이의 모순에 관한 논의를 제기한다.

《다니엘 데론다》와 같은 해(1876)에 출판된 《로더릭 허드슨(*Roderick Hudson*)》의 서문에서 헨리 제임스는 예술가가 처한 문제를 이렇게 인정한다. "관계는 진정으로, 보편적으로 어디서도 멈추지 않는다." 하지만 그는 이 과정을 재현하는 대신, '자신만의 기하학으로' 그것을 가로막고 '자신에게 무엇보다 중요한' '사물의 연속성'을 보호하는 만족스러운 수단을 찾는 것을 자신의 의무로 삼는다.

관계는 진정으로, 보편적으로 어디서도 멈추지 않는다. 그

---

15) *Time and Science and Philosophy*, J. Ziman 엮음(프라하, 1971), 특히 I. Prirogind, 'Time, Structure, and Entropy', 89~99쪽; Stephen Toulmin과 June Goodfield, *The Discovery of Time*(런던, 1965). 《다니엘 데론다》에 나오는, 이 문제에 관한 논의는 이 책의 '10 조지 엘리엇의 《다니엘 데론다》와 미래 삶의 관념'을 보라.

예민한 문제 때문에 예술가는 늘 자신만의 기하학으로 원을 그려, 관계가 그 안에서 기꺼이 모습을 드러내도록 해야 한다. 그는 사물의 연속성이 자신에게 무엇보다 중요한 상황에 영원히 처해 있다.

제임스의 어휘에도 과학적 측면이 지속적인 현실성을 표현한다는 전제가 내재해 있다. "진정으로, 보편적으로" 같은 문구가 그런 예다. 예술가는 진정으로 담을 것을 담는 역(逆)허구를 이용하여 창조 활동을 해야 한다. 원 또는 현미경이나 망원경의 둥근 렌즈 같은 기하학적 이미지를 통해 판독할 수 있는 초점이 얻어지며, 탐구의 출발점과 결론이 모두 가능해진다.[16]

《미들마치》에서 조지 엘리엇은 자신의 과제를, '위대한 역사가'인 필딩(Fielding)이 제시하는, '풍부한 설명과 주제로부터의 이탈'과 구분했다.

우리 뒤늦은 역사가들은 그의 본보기를 따르지 말아야 한다. 나는 적어도 인간의 운명이 어떻게 꼬이고 뒤틀렸는지 알아내서 풀어내야 할 의무가 있다. 그러므로 내가 조종할 수 있는 모든 빛은 그 얽힌 그물에 집중되어야 하며, 우주라고 불리는 연관된 영역의 유혹에 넘어가 분산되지 말아야 한다(1:15:214쪽).

---

16) 생명과 이야기 구조에 관한 비유클리드적 견해는 Strother B. Purdy, *The Hole in the Fabric: Science, Contemporary Literature, and Henry James*(피츠버그, 1977)를 참조하라.

지질학자 허턴이 말하듯이, "기원의 흔적도 …… 목적의 전망도 전혀 없는" 사유 체계의 문제점은 19세기 중반 이후의 작가들에게서 볼 수 있다. 1861년 작품인 《플로스 강의 물방앗간(*The Mill on the Floss*)》에서 조지 엘리엇은 이렇게 말한다. "자연과학을 통해 나는 폭넓은 관계의 시야를 가진 사람에게는 사소한 것이 없음을 알았다. 모든 개별 대상이 모여 방대한 조건을 이루기 때문이다. 인간의 삶을 관찰할 경우에도 마찬가지다."[17] 하지만 최근의 소설들에서 이 무한한 함의, 혹은 무한한 확장은 유혹적이면서도 예술적으로나 실존적으로는 위협적으로 인식된다.

다우든의 논평은 조지 엘리엇의 작품 전체를 겨냥하고 쓴 것이지만, 엘리엇이 과학 이론, 특히 다윈의 사상을 흡수한 과정은 점진적이었고 때로는 난항도 있었다.

조지 엘리엇은 1859년 11월 다윈의 《종의 기원》이 처음 나오자마자 읽기 시작했다. 그녀는 자신의 일기에 이렇게 썼다. "우리는 종의 기원을 다룬 다윈의 저작을 오늘밤에 읽기 시작했다. 잘된 책 같지는 않다. 흥미로운 내용은 많지만 명석하고 정연한 주장이 없어 그다지 인상적이지는 않다." 하지만 이틀 뒤 그녀는 어느 편지에서 "발달 이론을 지지하는 증거를 정교하게 제시해 신기원을 이루었다"고 썼다.[18]

---

17) George Eliot, *The Mill on the Floss*, G. Haight 엮음(옥스퍼드, 1980), 238쪽.

18) *The George Eliot Letters*, G. Haight 엮음(9권, 옥스퍼드, 1954~1978), 3:214쪽. 이후 *Letters*로 표기함.

언뜻 보기에는, 인간에게 특별한 장소를 할당해주지도 않고 자연 세계의 싸움판 속을 헤매고 다니도록 놔둔 이론을 다룬 책에 관한 반응치고는 부적절하게 여겨진다. 물론 조지 엘리엇의 반응은 곧 바뀌었으나 그런 첫인상은 계속 남아 있었다. 처음에 그녀는 자신에게 아주 익숙한 당대의 논쟁 때문에 오해를 빚었다. 그전에 이미 그녀는 라마르크를 읽었고 1850년대 초반에는 《웨스트민스터 평론》에 그의 저작에 관한 기사를 의뢰한 바 있었다. 라마르크는 학습에 의한 발달 이론을 주장했다. 각 세대는 환경에 대처하는 법을 배우고, 그 학습의 성과로 획득한 형질을 후손에게 물려준다는 것이다. 또한 엘리엇은, 내용은 잘못되었으나 대중적 영향력이 큰 진화 관념을 소개한 체임버스의 《창조의 흔적》도 읽었다. 그녀는 특히, 지질학적 시간의 확장이 진화 관념의 필수적인 전제조건을 제공했다고 주장하는 라이엘의 저작을 높이 평가했다. 그녀는 1850년대 허버트 스펜서의 진화 사상에도 해박했다. 처음에 그녀는 다윈이 단지 그런 사상들을 요약하고 자신의 과학적 관점을 추가한 것에 불과하다고 보았다. 다윈의 새로운 면모를 감지하지 못한 것이다. 그녀는 진화적 변화의 주요한 메커니즘, 즉 자연선택에 관한 다윈의 통찰을 이해하지 못했다. 개체는 개별적인 노력을 통해 환경의 요구에 부응하여 살아남고, 미세하고 우연적인 변이를 통해 자신과 후손을 세계에 적합하도록 바꾼다. 그 결과, 세계가 변화하고 그 장점이 사방으로 전파된다. 이런 사상은 조지 엘리엇의 도덕관과 너무도 달랐으므로 그녀가 그 의미를 즉각 이해하지 못한 것도 무리는 아니다.

자연선택의 관념을 직접 언급할 때면 약간 우스꽝스럽고 과장된 그 양태에 그녀는 언제나 깊은 불안을 뿌리치지 못했다.

바라건대, 사랑에 빠졌다면 먼저 사랑하는 상대에게 아무런 방해물이 없는지부터 확인하라. 그가 상심과 좌절에 빠져 아무런 희망도 없는 불쌍한 가정교사를 찾으려 하지는 않는지 살펴보라. 늘 여성의 동정심을 사려 애쓸 뿐, 진정으로 버려진 여성에게는 결코 동정심을 품지 않는 홀아비는 정말 짜증나는 사람이다. 버려진 여성은 반드시 최고의 위안을 받아야 하며, 그럴 자격이 충분하다. 이것이 흔히 말하는 자연선택이라는 훌륭한 원칙이다. 나도 인정한다. 그러나 그것은 또한 자부심을 지닌 신사의 선택이기도 하다.[19]

이런 거칠고 생경한 어조는《다니엘 데론다》에서도 나온다.

줄리엣 펜을 부러워하는 일은 불가능했다. 그녀는 궁술과 소박함 외에는 모든 면에서 평범하기 그지없는 소녀였을 뿐 아니라 자기 아버지를 쏙 빼닮았다. 아래턱이 나오고 이마가 들어간 용모는 영락없이 똑똑한 물고기였다. (그런 재난을 자기 딸에게 물려줄 수 있다는 점을 감안한다면, 결혼 적령기의 남자, 요즘 하는 말로 '신랑감'은 냉철한 시선으로 거울을 들여다봐야 할 것이다. 자기보다 용모가 나은 배우자를 자연선택한다고 해서 자신의 못난 용모가 후손에게 전해지지 않는다는 보장은 없으니까.)[20]

---

19) 스튜어트 부인에게 보내는 편지, 1874: *Letters*, 6:81쪽.
20) *Daniel Deronda*, 캐비닛판, 1:11:166~167쪽.

더 섬뜩한 것은 그녀의 후기 저작인 〈미래 종족의 전조(Shadows of the Coming Race)〉라는 글이다. 1879년 《테오프라스투스의 인상(The Impressions of Theophrastus Such)》에 수록된 이 글에서 그녀는 혼돈에 찬 예언적 미래상을 보여준다.

> …… 인류가 장차 기계로 진화해 결국에는 고장이 나고 말리라는 무시무시한 전망이 제기되고 있다. …… 자연선택의 작용으로 인간이 완전히 쫓겨나게 될 것이라는 전망이다. …… 그리하여 덜 적응한 과거의 생물들이 모두 그랬듯이, 신체적 적응의 여파로 생겨난 광기의 의식에 사로잡혀 그것에 따라 움직이는 나약한 종족은 사라질 것이다. …… 결국 이 행성은 바위처럼 눈이 멀고 귀가 먹은 생물들로 가득 차게 될 것이다. 하지만 그들은 인간의 언어 그리고 언어가 낳은 모든 관계의 그물에 못지않게 섬세하고 복잡한 변화를 이루어낸다. 여기에는 감각적 인상도 없고 감각적 충동도 없다. 말하자면 침묵의 연설, 침묵의 랩소디, 침묵의 토론만 있을 뿐이다. 심지어 그 침묵을 향유하는 의식조차 존재하지 않는다.[21]

"인간의 언어 그리고 언어가 낳은 모든 관계의 그물에 못지않게 섬세하고 복잡한 변화." 이 변화는 바로 인간의 언어와 그 효과로 요약된다.

다윈의 논증이 비교와 서술을 통한 이야기로 표현된다는 사실은

---

21) *Theophrastus Such*, 캐비닛판, 248~255쪽.

돌이켜보아야만 비로소 명백해진다. 다윈의 저작에 '명석하고 정연한 주장'이 없다고 여겼던 초기에 조지 엘리엇은 아직 그 점을 깨닫지 못했다.[22]

더 나중인 1860년대와 1870년대에 집필된 조지 엘리엇의 두 걸작 《미들마치》와 《다니엘 데론다》에서 다윈의 통찰력과 그것이 제기한 어려움은 소설 기획의 본질 속에 포함되었다. 그 무렵 엘리엇은 진화론의 함의를 완전히 흡수했다. 루이스는 1868년에 쓴 글에서 다윈을 촉매라고 표현했다.

구조와 가설

1873년의 서신에서 조지 엘리엇은 자신의 소설에서 의미가 형식을 통해 표현된다는 점을 강조했다. 그녀의 저작에서 '지혜롭고 재치 있는 대목'을 뽑아내고 싶어한 어느 편집자에게 보낸 답신에서 그녀는 이렇게 썼다.

나의 독자들이 내 작품에서 추구하는 목적에 대해 부분들을 꿰맞추는 게 아니라 통째로 마음이 기울지 않는다면, 내 글은

---

22) 다윈에 대한 조지 엘리엇의 첫 반응에서는 은밀한 비교를 볼 수 있다. 루이스의 *The Physiology of Common Life*가 출간된 직후였다. Barbara Bodichon에게 보낸 편지에서 그녀는 이렇게 말한다. "이것은 분명히 유용한 책이 될 겁니다. 특히 교육자에게 도움이 될 거예요. 그 안에 있는 구체적인 지식과 무관하게 그럴 겁니다. 철학적 맥락에서 논의되는 문제들을 다루고 있는데, 자연과학 서적으로는 아주 드문 경우죠. 우리는 '종의 기원'을 다룬 다윈의 책을 방금 읽었어요." *Letters*, 3:227쪽.

잘못된 것입니다. 나는 항상 설교라고 불릴 만한 것을 무척 경계했습니다. 만약 내가 논술이나 담화에서 내 작품의 **구조**에 속하지 않는 것을 다룬다면, 나는 나 자신의 법칙을 어기는 것입니다.[23]

구조를 의미의 담지체로 간주하고 의미론과 형식의 일치를 주장하는 그녀의 입장은, 당시의 과학적 절차와 더불어 콜리지가 말한 '유의미한 형식'의 개념에 의존하고 있다. 조지 엘리엇은 《미들마치》의 앞부분에서 '인간의 역사'를 연구하기 위한 일련의 실험들을 제안하며 이렇게 말한다. "그 불가해한 혼합은 시간에 관한 여러 가지 실험 속에서 어떻게 작용하는가?" 클로드 베르나르는 '실험'과 관찰은 다르다고 지적한다. 실험은 관찰보다 더 능동적이고, 조직적이며, 나아가 더 파괴적이다. 실험은 관찰의 조건을 교란시킨다.

그렇다면 관찰자와 실험자의 차이는 어디에 있는가? 관찰자는 자신이 변화시키지 않는 현상을 연구하는 데 단순하거나 복잡한 탐구 방법을 응용하므로 자연이 주는 것을 그대로 받아들인다. 반면 실험자는 자연 현상을 변화시키기 위해, 혹은 이러저러한 목적에서 변화를 유발하기 위해 단순하거나 복잡한 탐구 방법을 응용하며, 스스로 자연이 보여주지 않는 상황에 처하게 된다.[24]

---

23) *Letters*, 5:458~459쪽.

《미들마치》의 구성에서 조지 엘리엇은 구조적인 비교를 시도한다. 이는 유사성과 더불어 가능한 상이성을 예리하게 포착하기 위한 비교다. 그러나 그녀는 상호연관의 방대한 다수성을 인정했기에, 다양한 조건에서 인간 행동을 단일하게 설명하려는 시도를 비판한다.

지금 우리에게 '실험'이라는 말은 예술과 관련시켜 볼 때(예컨대 실험 소설, 실험극) 주로 자유롭고 모험적이고 혁신적이면서, 확고한 결론은 없거나 회피하는 기획을 가리킨다. 빅토리아 시대 작가들에게 '실험' 과학(실험을 기초로 한 과학)의 새로운 방법론은 세심한 통제, 차이의 정밀한 구분, 형이상학적이지 않고 경험론적으로 증거에 접근하는 것을 의미했다. 그것이 바로 졸라(Zola)가 《실험소설론(*Le roman expérimental*)》에서 의도한 목적이며, 클로드 베르나르가 《실험의학 연구 입문》에서 제기한 발상이다. 《미들마치》에서 우리는 과학적·의학적 관심이 주제, 인물, 견해에서만이 아니라 구조적 질서에서도 표현된 것을 볼 수 있다. 그 작품에 동조하든 반대하든, 우리는 과학적 절차의 본질적인 유비를 발견하게 된다.

이런 상황에서 소설과 과학의 유사성은 상충하는 두 방향으로 작용할 수 있다. 한 방향은 미스터리와 확장으로 향한다. 《미들마치》에

---

24) Claude Bernard, *An Introduction to the Study of Experimental Medicine*(뉴욕, 1957), 15쪽. 초판은 1865년. G. H. 루이스는 베르나르의 저작에서 영향을 많이 받았다. 더 상세한 논의는 Paul Q. Hirst, *Bernard, Durkheim, and Epistemology*(런던, 1975); Frederic L. Holmes, *Claude Bernard and Animal Chemistry*(케임브리지, 매사추세츠, 1974); Gillian Beer, 'Plot and the Analogy with Science in Later Nineteenth-Century Novelists', *Comparative Criticism II*, E. S. Shaffer 엮음(케임브리지, 1980).

나오는 브루크 부인은 간결하면서도 모순적으로 말한다. "나도 한때는 과학에 심취했다오. 하지만 아무 소용도 없다는 걸 알았지. 과학은 모든 방향으로 갈 수 있거든"(1:2:21쪽)〔강조는 필자〕. 또 다른 방향은 안정과 증명으로 향한다. 여기서는 플롯과 과학적 가설의 유사성이 중요하게 부각된다.

19세기 후반의 소설이 주안점을 둔 것은 종교적 화자에게 신과 같은 전지전능한 요소를 전해줄 수 있는 권위를 가진 구성이었다. 이 시기의 초기에 과학은 존 디(John Dee) 같은 르네상스 과학자들의 연구를 통해 소설과 가까워진 주술과 비학(秘學)의 세계에서 잠시 벗어났다. 생물학과 생리학의 실험적 방법은 객관성을 요구했다. (《미들마치》에서 리드게이트가 추종했던) 비샤 그리고 더 후대의 베르나르 같은 연구자들은 반복, 검증, 기록을 강조했다. 이 요소들은 과학의 방식과, 전적으로 반복의 검증에 의존할 수 없는 소설의 방식을 구분했다.

하지만 소설의 구성에서도 반복과 비교 같은 과학적 요소들이 강조된 결과, 분류학에 가까운 체계화가 도입되었다. 예를 들어, 《인간야수(La Bête humaine)》나 《미들마치》는 관련된 사례를 이용해 종의 형성과 가변성을 강조한다. 그러나 두 작품은 분류학을 넘어 과정과 관계의 연구로 들어간다. 다시 말해, 퀴비에(Cuvier)와 비샤의 모델에서 벗어나 다윈과 베르나르의 모델로, 구조에서 벗어나 기능과 역사로 이행한다. 과학적 사유도 서술에서 이야기로 이행한다. 시간은 이론의 내재적인 부분이 된다. 이는 과학자의 객관적인 통찰력을 소설가의 방식과 일치시키며, 또 다른 종류의 인증을 제공한다.

　라이엘이 《지질학 원리》 초판에 수록한 제사(題詞)는 플레이페어
(Playfair)의 《허턴 이론의 도해(*Illustrations of the Huttonian The-
ory*)》에서 따온 것인데, 이렇게 시작한다. "지구상의 모든 혁명에서
자연의 이치는 균일하게 작용하며, 자연의 법칙만이 전반적 운동을
거부한다."[25] 영구불변하지만 숨겨진 자연의 법칙에 대한 믿음은 조
지 엘리엇과 졸라의 작품에서 발견을 향한 동력이 된다. 그들은 자
연 법칙을 찾아내고자 했다. 이 노력은 그들 작품의 플롯에서 가장
깊은 층위에 속한다. 게다가 발견된 법칙의 불변성은 그 법칙을 드
러낸 소설을 확증하는 역할을 한다.
　그러나 법칙이 철저히 밝혀지는 것과 더불어 인간 존재의 풀 수
없는 강렬한 욕구도 커진다. 개별성에 완전히 매료된 그들은 그 두
가지 흐름이 빚어내는 고통스러운 역관계에 시달린다. 작가의 권위
는 이렇게 자연의 근원적인 불변의 법칙—그의 작품도 그 법칙에
따르고자 한다—을 추적하고 밝혀내는 데서 나오지만, 그의 창조성
은 사람들 속에 흡수되어버린다. 불변의 법칙을 강조하는 것이 그토
록 중요한 이유는 그 법칙이 바로 '반복되는 변화'의 무대에 남아 있
는 마지막 불변의 것이기 때문이다. 그러므로 소설가는 인간과 무관
한 법칙이 인간의 경험을 저해하는 구성을 새로이 탐구해야 한다.
그렇다면 작가들은, 인간의 이성이 자연 법칙을 **발견**할 수 있기 때문
에 자연 법칙은 인간을 중심으로 하는 합리성의 체계에 속한다는 전
제를 의문시할 수밖에 없다. 조지 엘리엇 같은 작가는 현재의 과학
적 사유가 내세우는 체계를 의식적으로 이용한다. 과학자들의 **방법**

---

25) *Principles of Geology*, 1:73쪽.

은 창조가 아니라 사용이 되고, 과학 이론은 소설의 새로운 구성을 제안한다.

19세기 후반에 들어와, 문학의 해묵은 주제인 자연 법칙과 개인적 욕구 사이의 부조화가 새로이 대두된 이유는 그것이 당시의 첨단 과학의 명제와 일치했기 때문이다. 과학과 소설에서 플롯의 결정론적 구성은 언제나 개인의 희생을 필요로 했지만, 이제는 그런 현상을 묵인하기보다 위반하려는 경향이 커졌다. 이리하여 개체성과 플롯의 간극은 점점 더 넓어지기 시작했다.

플롯은 단일한 정신, 혹은 지식의 통제 뒤에 숨은 구성과 등가성을 가지는 것처럼 보여야 한다. 그러므로 플롯은 개인 주체에게서만 생겨날 수는 없다. 설사 편집증의 플롯이라 해도 편집증 환자는 '타자'가 플롯을 만들었다고 믿는다. 아무리 독자가 반대 해석을 하려 애쓴다 해도 상황은 마찬가지다. 편집증 환자는 자기인 동시에 타자다. 19세기 소설의 플롯은 급진적인 해석의 형식을 취하며, 현상들의 관계를 고정시킨다. 먼저 미래를 예측한 다음, 그 예측에 현실의 형식을 부여하는 식이다. 자기검증이 가능하려면 플롯의 해결은 제기된 단서들의 타당성을 확증해야 한다.

이러한 플롯은 숨겨진 것이 드러날 수 있다는 사실을 전제로 한다. 플롯이 완료되면 현재 지식의 경계 너머에 있는 것이 설명의 영역 안으로 들어와야 한다. 이런 특별한 의미에서 플롯은 가설의 성격을 지닌다. 인과적 이야기를 통해, 궁극적으로 가설이 관념의 지위에서 진실의 지위로 옮겨가는 것이다. 이를 위해 플롯은 독자에게 여러 가지 가설을 생각하도록 자극한다. 그 가설 중에서 단서들이 제기한 문제에 완전한 해답을 제공하는 확증 절차가 선택되는 것이

다. 이 시대에 과학적 가설을 확증하는 방식은, 베르나르처럼 실험
이거나 다윈처럼 유비와 역사였다.

《미들마치》의 서두에서 조지 엘리엇은 역사와 실험의 이미지를
이용했다. "누가 인간의 역사를 상세히 알고자 하는가? 그 불가해한
덩어리는 시간의 다양한 실험 속에서 어떻게 작용하는가?" '인간의
역사'에는 그와 유사한 '자연의 역사'가 내재해 있다. 그 다음 구절에
서 그녀는 소설가가 시간을 장악하면 특별한 실험 도구를 이용할 수
있다고 말한다. 베르나르가 말했듯이, 그것은 맨눈으로 관찰하는 한
계를 넘어서게 해주는 도구다.

실험에서 시간은 엄격히 통제된다. 증거와 관찰은 **시간 속에서 수
렴한다**. 가설과 가능성은 실험 과정의 앞과 뒤에 있지만, 베르나르
가 주장하듯이 실험 시기에는 무시되어야 한다. G. H. 루이스는 《생
명과 정신의 문제(*Problems of Life and Mind*)》에서 확실성을 향한
추측의 충동을 통제하는 문제에 관해 언급했다.

> 설명을 간절히 바라는 마음에서 우리는 추측을 진실로 선뜻
> 받아들인다. 사유는 성급히 속성을 예상하고 결과를 예견한다. 우
> 리는 우리의 기대가 사실과 일치하는지 여부를 확인하지 않은
> 채 논증을 진행하고 마치 그 상상이 최종적인 것처럼 믿고 행
> 동한다.[26] [강조는 필자]

《미들마치》에서 조지 엘리엇은 추측을 통제하고 추측에 내재하는

---

26) *Problems of Life and Mind*(런던, 1874~1879), 1:471~472쪽.

결론을 향한 충동을 억제하기 위해 끝까지 **함께 가는** 방법을 구사한다. 이것은 곧 인과관계만이 아니라 방계적 관계도 강조하는 방법이다. 그녀는 해결을 향한 움직임을 중단하기 위해 서로 가까운 관계에 있지 않은 인물들 사이에 벌어지는 사건과 감정의 친화성을 계속 밝혀나간다. 그렇게 발견이 계속 이루어지는 과정에서, 비슷해 보이는 사건과 인물의 질서 속에 존재하는 폭넓은 다양성이 드러난다.

루이스는 다윈을 좇아 이렇게 말했다. "종은 존재하지 않는다는 것을 결코 잊지 말자. 존재하는 것은 개체들이며, 이들은 서로 조금씩 다르다."[27] 계속해서 그는 생명의 나무에 관한 다윈의 구절을 인용한다. 다윈은 종의 관념을 보여주는 특별히 보편적인 전거를 찾는 것은 헛된 일이라고 말한 바 있다. 일반 언어는 흔히 분류학자들이 너무 쉽게 간과하는 개체성의 진정한 차이를 드러내는 경우가 있다. "현재 일반적으로 변종이라고 인정되는 형태들도 앞으로는 얼마든지 구체적인 명칭을 얻을 가능성이 있다. 달맞이꽃과 앵초가 그런 예다. 이 경우, 과학적 언어와 일반 언어는 일치하게 될 것이다." 다윈은 그런 '일치'를 언제나 환영했다. 구체적인 것과 특수한 것을 강조하면 본질주의에서 벗어나는 길이 열리기 때문이다.

> 요컨대 우리는 종을, 박물학자들이 속(屬)을 취급하는 것과
> 똑같은 방식으로 취급해야 할 것이다. 그들은 속이 단지 편의
> 를 위한 인위적인 분류에 불과하다는 점을 인정한다. 이것은
> 그다지 밝은 전망이라고 할 수 없다. 하지만 우리는 적어도 발

---

27) *Studies in Animal Life*(런던, 1862), 155쪽.

견되지 않았고 발견될 수도 없는 종이라는 용어의 본질을 찾는 헛된 노력에서 벗어날 수 있다(456쪽).

《미들마치》에서 분류학과 형태학에 관한 논증, 표본의 다양성과 구조적 계통학에 관한 논증은 리드게이트와 페어브러더 사이에서 공개적이고 단순한 형태로 벌어지지만 섣불리 단정해서는 안 된다. 리드게이트는 페어브러더가 수집한 곤충들과 '새로운 종'의 가치를 인정하지 않는다.

> 페어브러더가 말한다. "나는 이 지역의 곤충학을 완전히 연구했다고 생각하네. 다음에는 동물군과 식물군을 연구할 거야. 적어도 곤충은 다 됐다고 할 수 있네. 특히 메뚜기 종류가 많더군. 어느 정도나 되는지는 모르겠어. 아! 자네가 그 풀단지를 들고 있군. 내 서랍 대신 그걸 자세히 들여다보게. 정말 흥미롭지 않은가?"
> "이 두뇌도 없는 귀여운 괴물은 싫어. 난 자연사 연구에 허비할 시간이 없네. 이미 구조 연구에 몰두하고 있어서 말이야. 내 직업과 직접적으로 연관된 일이거든"(1:17:261~262쪽).

자연사는 변종을 중시하고 생리학은 구조를 중시한다는 뜻으로 보인다. 그러나 이 작품의 구성에서는 유형의 공통성에 관한 똑같은 문제를 볼 수 있다. "모든 신화를 이해하는 열쇠"를 찾는 커저번의 연구에서도 마찬가지다. 그 열쇠는 체험된 세계에 접근하는 길을 열어주지 않는다. 커저번의 계통학은 힘을 잃는다. 소설 작품은 유형학의 유혹을 피해야 한다.

1865년의 《실험의학 연구 입문》에서 베르나르가 소개한 실험 방법을 계기로 생리학은 처음으로 의학 이론과 실천의 토대가 되었다. 그는 생기론(vitalism, 모든 것을 생명 활동으로 설명하는 이론: 옮긴이)에 반대하는 입장을 취했으며, 주로 탐구 방식을 서술하고 확립하는 데 주력했다. 그의 주장에 따르면, "실험 과학은 어떤 현상을 고찰할 때 그 현상의 발생에 필요한 구체적 조건에만 주목한다"(II:I:VI절).[28] G. H. 루이스가 소장한 베르나르의 저서에는 이 구절에 밑줄이 그어져 있다. 베르나르는 과학의 특별한 두 가지 위험을 적시한다. 그것은 특수성의 과잉과 일반성의 과잉인데, 특히 후자는 과학을 현실로부터 떼어내 관념화할 우려가 있다. 이 위험들은 개별 사례를 중시하는 의학에서 더욱 두드러진다. 그는 의사의 일이 '우주적 환경(milieu cosmique)'에 관심을 두는 사상가의 일과는 다르다고 주장한다. 의사이자 생리학자로서 베르나르는 '내부적 환경(milieu intérieur)'―그가 만든 용어다―을 강조한다.

《미들마치》를 쓸 때 조지 엘리엇은 그 시대의 지적·정서적 문제에 가장 깊숙이 관련된 인물로, 연구와 진료에 종사하는 리드게이트라는 젊은 의사를 설정했다. 비샤를 추종하고 1820년대 말에 활동한 리드게이트는 물질의 다양성에 내재하는 통일성을 추구한다. 진료할 때도 그는 브롬화합물(19세기에 진정제를 비롯해 다양한 용도의 약품으로 쓰였다: 옮긴이)과 권위를 거부하고 실험을 통한 진단을 선호

---

28) Introduction à l'étude de la médecine expérimentale. 루이스의 책은 런던에 있는 Williams 박사의 장서에 들어 있다.

한다. 소설에서 리드게이트는 '사랑과 결혼의 복합성'을 연구하면
서, 병리학을 연구할 때처럼 상상력을 충분히 사용하지 못한 탓에
방향을 잃고 헤맨다.

　　많은 사람들은 평범한 그림이나 시시한 이야기로도, 단지 풍
　　부한 힘을 가졌다는 이유로 상상력이 뛰어나다는 칭찬을 받는
　　다. 먼 데 있는 천체에 관한 빈약한 이야기, 악마가 덩치 크고
　　못생긴 남자의 형상을 한 채 박쥐 날개를 달고 인광을 번득이
　　며 사악한 목적을 품고 지상으로 내려오는 그림, 병든 꿈속의
　　삶을 표현하는 것처럼 보이는 과장된 방종 등이 그렇다. 하지
　　만 리드게이트는 이런 종류의 영감이 어떤 렌즈로도 꿰뚫어볼
　　수 없는 미묘한 작용을 드러내는 상상력에 비하면 다소 통속적
　　이라고 여겼다. 그래서 그는 기다란 필연적 연쇄를 거쳐 내부
　　의 빛으로 외부의 어둠을 끌어들였다. 그 내부의 빛은 무형의
　　원자까지도 이상적으로 조명된 공간에 가둘 수 있는 극히 정교
　　한 에너지다(1:16:249쪽).

'필연적 연쇄'는 이성적 상상력으로 통제되는데, 이를 위해서는 이
성의 자유가 필요하다. 이성은 먼저 관찰을 이용한 뒤 그것을 넘어서
야 한다. 여기서 조지 엘리엇의 어휘는 초월적인 것('무형의 원자' '이
상적으로 조명된 공간')을 향하지만, 의미가 크게 확장된 접속사들은
전방과 내부로 향하면서 더 완전한 관계망을 찾으려는 사유를 표현
한다. 이 문단은 처음에 이야기의 전거를 밝히면서 시작한다. 그러나
끝에서는 리드게이트의 명상이라는 형식을 취해, 과학자의 작업과

소설가의 작업에 똑같이 적용할 수 있는 서술로 옮겨감으로써 과학적 상상력, 의사의 상상력, 소설가의 상상력을 일치시킨다.

그는 무지가 편안하게 자리 잡을 만한 온갖 싸구려 발명들을 팽개쳐버렸다. 그가 매력을 느낀 발명은 연구의 핵심을 이루며, 잠정적으로 연구 대상을 형성하고 수정하여 관계의 정확성을 기할 수 있게 해주는 까다로운 발명이었다. 그는 인간의 고통과 즐거움을 이루는 그 사소한 과정들의 모호함을 꿰뚫고 보이지 않는 통로를 찾고자 했다. 그리하여 먼저 번민, 광기, 범죄가 숨어 있는 곳을 찾아내고, 나아가 행복과 불행의 의식을 결정하는 그 섬세한 균형과 변이를 알아내고자 했다(1:16:249~250쪽)〔강조는 필자〕.

'관계'라는 말은 그녀에게 그 의미의 마디가 되는 것—이야기와 관계—을 일시적으로 표현할 수 있다.

다양한 유비는 《미들마치》에서 상호연관의 그물을 만든다. 조지 엘리엇의 지적 인물들은 '원시 조직' '모든 신화를 이해하는 열쇠' 등 근원에 몰두하지만, 작품 자체는 가변성의 관점에서 구성되어 있다. 《미들마치》는 구조적 유비와 '임시적인 틀 짜기'를 통해 실험적 상황을 만들어낸다. 그러면서 작가는 점점 더 선명하게 변천에 초점을 맞추고, 필요한 경우 다양한 의식들을 통해 상황을 다시금 검증하며, 단일한 관점의 주관성을 거부한다. 작품을 구성하는 각 편들의 제목에 보이는 현상적인 조화(죽음을 기다리며, 사랑의 세 문제, 죽음의 손, 두 가지 유혹)는 우리를 구조에서 기능으로 데려가는 차이점을 감춘다. 더는 고정불변의 종으로 구성되지 않는 세계에서 이제 외부 형식과 잠재된 의미 사이의 갈등이 드러나기 시작한다. 엘리엇은 도로시아에 관해 이렇게 쓴다. "그녀는 변태를 겪는 중이었다. 그 와중에서 기억은 새로운 기관의 꿈틀거림에 적응하지 못하고 있었다." 관계는 모든 삶을 구성하는 원리가 되었다. 《미들마치》에서 이 점은 기원의 탐구나 계승을 거부하는 것으로 강조된다. 《미들마치》는 '친화성의 그물'에 천착하는 작품이며, 특별한 시공간 속에서의 관계를 설명한다. 이로써 모든 것은 인식할 수 있고 궁극적으로 알 수 있다는 견해가 도출된다.

G. H. 루이스는 자연선택과 단일한 조상을 주장하는 다윈의 보편주의적 경향에 관해서는 다소 유보하는 입장을 취했다. 1868년에 그는 다윈에게 이런 편지를 보냈다. "이성이 퇴화되지 않은, 편견 없는 박물학자라면 누구나 선생의 원칙을 인정해야겠지만, 나는 많은 유기체들의 세부가 유기적 조합의 단순한 결과이며 장점과는 무관하다고 생각하고 싶습니다." 여기서 루이스는 다윈의 분석에 (사회화된) 목적성이 내재한다는 것을 지적한다. 마찬가지로 그는 '단일한 조상'의 관념에 신학적 뿌리가 내재해 있음을 인식한다. 《생명과 정신의 문제》에서 '지식의 한계'를 논의하면서 그 자신이 유일하게 인정한 '보편성'은, 사물을 낳은 조건이 변하지 않는 한 사물은 불변한다는 것이었다. 그는 '자연의 초경험적 균일성'을 비난한다(6:39쪽).

독자들도 《미들마치》를 읽는 과정에서 사건, 결과, 감정의 '초경험적 균일성'을 조심해야 한다는 것을 깨닫게 된다. 인식론적으로 볼 때 이런 경험은 비슷해 보이는 사건들이 체계적으로 병치될 경우에 생겨난다. 마찬가지로, 성격 구조 내의 변화도 (로저먼드의 경우에서 보듯이) 전환이나 변형을 의미하지 않는 것으로 드러난다. 피날레의 첫 문단에는 모순이 강조되어 있다. 그 대목은 섬유 조직의 매끄러운 이미지를 거부한다. "삶의 단편은 아무리 전형적이라 해도 균일한 직물의 견본이 아니다. 약속은 지켜지지 않을 수 있고, 열렬한 출발도 결국 탈선할 수 있다. 반면 잠재된 힘이 오래 기다렸던 기회를 맞을 수도 있고, 과거의 실수가 웅장한 복구를 재촉할 수도 있다"(3:455쪽).

일탈과 노출, 잠재력의 발산과 쇠퇴, 이 모두는 시간 속에서, 즉 역사를 매개로 해서 일어난다. 현재의 폭은 과거의 요약으로 축소되며, 이 작품에서 독자는 중층결정의 매체가 된다. 정해진 미래가 인물들의 시간-경험과, 40년 뒤(지금으로 치면 150년 뒤)의 유리한 시점에서 본 해석 사이의 간극을 메운다. 유형들이 도드라졌다가 사라진다. '개선'이라는 주장은 시험 속에 놓인다. 우리 시대와 그들의 시대를 병치하면 또 다른 통제가 가능하며, 그것을 통해 우리는 공통의 요소와 상이점을 '실험적으로' 인식할 수 있다. 상호연관과 필연적 연쇄의 이미지는 상이와 불일치의 이미지와 분명히 상충한다. 그러나 조지 엘리엇은 당대의 다른 작가들과 마찬가지로, 이 상충하는 모델을 수용할 수 있는 은유와 은유적 형태를 사용했다. 그것은 바로 커다란 긴장과 갈등의 산물이자, 유연한 상호연관의 산물인 그물이다.

친화성의 그물

다윈이 제기하고 조지 엘리엇이 큰 관심을 보인 두 가지 중대한 문제가 있다. 그것은 관계와 기원인데, 이 둘은 상호연관된 문제이기도 하다. 이 두 문제는 그녀의 후기 작품들에서 주제이자 구조가 된다. 두 관념의 상호의존성은 《종의 기원》에서 '뒤엉킨 친화성의 그물'이라는 은유로 표현된다. 다윈은 전승과 형태학에 관한 논의에서 이렇게 쓴다.

> 우리는 살아 있거나 사멸한 모든 형태가 하나의 커다란 체계 안에 분류되고, 각 종류에 속한 몇몇 구성원들은 사방으로 뻗는 복잡한 친화성의 선들에 의해 연관된다는 것을 명확히 알고 있다. 우리는 아마 어느 한 종류의 구성원들 사이에 존재하는 뒤엉킨 친화성의 그물을 결코 풀어내지 못할 것이다. 하지만 각 대상을 구분해서 주목할 때, 미지의 창조 계획에 의지하지 않을 때는 비록 느리게나마 진보를 꿈꿀 수도 있다(415쪽).

다윈의 은유가 놀라운 이유는 새로움 때문이 아니다. 빅토리아 시대의 고유한 방식으로 '그물'의 두 모델을 결합하고, 여기에 또 다른 모델을 추가해 설명적이고 상상적인 이미지의 가능성을 더 복잡하게 만들기 때문이다. "각 종류에 속한 몇몇 구성원들은 사방으로 뻗는 복잡한 친화성의 선들을 통해 연결된다." 이런 공간적 유형은 거미줄을 연상시킨다. "우리는 어느 한 종류의 구성원들 사이에 존재하는 뒤엉킨 친화성의 그물을 영원히 풀어내지 못할 것이다." 여기서 연상되는 것은 직조된 직물이다. 또한 공간과 무관한 화학적 친화성의 연상도 있는데, 이것을 채택하면 공간에 묶인 그물의 체계가 흔들린다. 관계성의 정도는 친족 간의 성관계를 금기시하는 '친화성의 도표'를 나타낸다. 하지만 이렇게 가족적 연관을 도입하는 문제에 관해서는 별도의 논의가 필요하다.

지금 우리에게는 '그물'이라고 하면 자연스럽게 거미줄이 연상된다. 그러나 빅토리아 시대 사람들에게는 그보다 직물이 더 익숙한 이미지였다. 그물 이미지는 빅토리아 시대의 글 어디서나 발견된다. 과학자들과 철학자들만이 아니라 시인들과 소설가들도 그것을 친근하게 여겼다. 밀은 《논리학 체계(*System of Logic*)》에서 "자연에 존재하는 규칙성은 별개의 실들로 구성된 그물"이라고 썼고, G. H. 루이스는 《신조의 토대(*Foundations of a Creed*)》에서 다음과 같이 말했다.

> 존재의 일반적인 그물에서 몇몇 실들을 떼어내 특별한 집단 — '주체' —을 짤 수도 있다. 이 감각 집단은 더 큰 집단인 '대상'과는 많이 다르다. 그러나 그 실들이 아무리 다른 배열을 이룬다 해도 원래의 그물을 구성하던 실임은 틀림없다. 즉 다른 실은 아니다.[29]

앞의 두 인용 부분에서 중요한 것은 변형의 부재다. 실들은 전체 직물의 일부분이면서도 독립적이다. 틴들은 영원한 운동을 표현하는 방법을 찾을 때, 파동과 그물의 개념을 이용한 내재적인 은유에서 힌트를 얻었다. 여기서는 완성된 직조물보다 직조 과정이 부각된다.

---

29) *The Foundations of a Creed*(런던, 1873~1875), 1:26쪽. 《종의 기원》에 관한 헉슬리의 평론은 *The Westminster Review*, 73(1860), 541~570쪽에 실렸는데, 장밋빛 은유를 보여준다. "영구히 지속되는 진보를 관철하는 조화로운 질서, 물질과 힘을 이루는 그물과 직물은 느린 속도로 직조된다. 그 실은 끊어지지 않으며, 우리와 무한성 사이에는 막이 있다"[*Darwiniana*에 재수록(런던, 1893), 59쪽].

어둠은 흔히 에테르(18세기까지 빛을 전달하는 매질로 가정되
었던 가상의 물질: 옮긴이)의 휴식으로 정의된다. 그러나 실제
로 에테르는 휴식하는 적이 없다. 빛의 파동이 없으면 언제나
열의 파동이 그 자리를 메운다. 우주 공간에서 그 두 종류의 파
동은 부단히 뒤섞인다. 파동은 수많은 중심에서 나와 서로 교
차하고 일치하고 충돌하면서도 혼란을 빚거나 궁극적으로 소
멸하지 않는다. 하늘의 중심에서 나온 파동은 지평선에서 나온
파동과 부딪쳐 소멸하는 법이 없으며, 모든 별은 다른 별들에
서 나온 파동 운동과 뒤얽히는 것에서 영향을 받지 않는다. 별
들 사이에 있는 에테르의 파동이 우주 공간에서 뒤섞여도 혼란
은 없다. 하나만 있으면 보편적인 평온 상태를 교란하지만, 여
럿이 공존할 경우 각자 확고한 개별성을 유지한다.[30]

거미, 직물, 인간의 신체 조직. 앨릭잰더 베인(Alexander Bain)은
《정신과 신체(*Mind and Body*)》에서 신경에 관해 다음과 같이 설명
한다. "신경은 가느다란 실이나 다양한 굵기의 끈으로 구성되며, 중
심에서부터 감각 표면이나 근육 등 신체의 각 부분으로 분화되어 나
간다."[31] 신체 조직의 그물—혈관, 신경, 세포 조직—은 그물의 은
유를 통해 생명체의 내밀한 체계에 적용된다. 신체 조직과 직물의
구조는 연속적인 이미지이며, '실'과 '분화'에서 보듯이 그물과 나무
도 그렇다. 그물은 '내부적 환경', 즉 신체적 경험과 정신적 경험의

---

30) John Tyndall, *On Radiation*(런던, 1865), 9~10쪽.
31) Alexander Bain, *Mind and Body: The Theories of their Relation*(런던, 1873), 27쪽.

관계와 더불어 사회의 상호연관성을 나타낼 수 있다.

예를 들어, 하디는 1886년 3월 4일 일기에 이렇게 썼다. "인간은 거대한 그물 조직처럼 구성되어 있으므로 거미줄을 만질 때처럼 한 곳이 흔들리면 모든 부분이 진동한다."

그물의 직조는 또한 지식으로 가는 과정을 표현한다. 일찍이 데카르트는 그물을 발견적 학습법의 비유로 사용한 바 있다.[32] 테니슨의 샬럿 아가씨(아서 왕 전설에서 랜슬럿을 짝사랑하는 처녀: 옮긴이)는 강변에서 직조 일을 하는데, 거울을 통해서만 옷감의 무늬를 보다가 점차 그 너머의 세상도 보게 된다. 이 이미지의 이야기적 요소는 조지 엘리엇에게 각별히 유용했다. 그물은 공간 속에서의 상호연관만이 아니라 시간적 연속의 의미도 가진다. 이는 다윈이 계보학 체계에서 강조한 이미지의 측면이었다.

빅토리아식 비유를 이해하는 데 내재된 몇 가지 연관성 중에는 지금 우리에게는 그다지 자명하지 않은 것들이 있다. 하나는 가족과 친족이고, 다른 하나는 기원의 관념이다.

로버트 체임버스는 천체를 말할 때 허셜을 인용한다. 여기서 '진정한 친화성'은 (앞서 인용한 다윈의 구절에서처럼) 그물 이미지에 의거하는 단순한 유비와 구분된다. 허셜의 말을 들어보자.

관계를 토대로 하는 이 관점에서 행성 체계의 구성 요소들을 살펴보면, 이것들이 더는 단순한 유비가 아님을 알게 된다. 행

---

32) I. J. Beck, *The Method of Descartes*(옥스퍼드, 1952), 특히 제11장. *The Web of Belief*(뉴욕, 1970)에서 Willard van Quine과 Joseph Ullian을 비교해보라.

성들 간의 전반적 유사성은 없다. 각각의 행성들은 서로 독립적인 개체로서 태양의 둘레를 회전하며, 각자 나름의 본성에 따르고 나름의 연계로 연결되어 있다. 이제 유사성은 진정한 가족적 유사성으로 인식된다. 행성들은 하나의 사슬로 묶이고 하나의 그물로 엮여 상호관계와 조화로운 일치를 이룬다.[33]

'상호관계의 그물.' 허셜이 말하는 우주적 질서의 가족은 다윈이 말하는 혈통의 연쇄다. 허셜이 말하는 가족적 조화의 의미에 다윈은 발생적 현실을 부여한다. 가장 높은 차원의 분류에서 '친화성의 그물'은 친족의 상호연관과 아울러 혈통의 에너지를 표현한다. 다윈은 그 바로 앞 구절에서 나무의 이미지에 호소한다. "나무에서 우리는 이 가지나 저 가지를 적시할 수 있다." 또한 가족적 혈통의 이미지도 끌어낸다. "하나의 지배적인 어미 종에서 나온 수많은 자손들." "나는 이 혈통의 요소가, 박물학자들이 자연 체계라는 용어로 추구했던 숨겨진 연결의 유대라고 믿는다."

그물은 사슬과 모양부터 다르다. 이 이미지의 형태적 속성은 다윈에게 무척 중요하다. "어떤 종류든 일부 하위 그룹들은 **한 가지 방식으로 배열될 수 없고** 여러 지점에서 뭉친다"(171쪽)〔강조는 필자〕. 연쇄는 구분되고, 분기되고, 우회되므로, 일방적으로 전진하는 형태가 아니라 그물이나 고리 형태로 나타난다.

다윈이 그물과의 관계에서 '뒤엉킴'의 이미지를 전개하는 대목은

---

33) Robert Chambers, *Vestiges of the Natural History of Creation*(런던, 1844), 11~12쪽.

두 군데다. "식물과 동물은 자연의 척도에서는 아주 멀지만 복잡한 관계의 그물에 의해 서로 묶인다." 그 다음 구절에서 그는 이렇게 쓴다. "뒤엉킨 강둑을 덮은 식물들을 보면, 그 수와 종류의 조화로운 균형을 우연이라고 규정하고 싶은 유혹이 든다." 하지만 그렇지 않다. "서로 다른 종류의 나무들이나 곤충들이 벌이는 다툼이 그런 균형을 낳지 않았을까?"(125~126쪽) '뒤엉킨 강둑'을 말하는 다윈의 첫째 구절에서는 혼동과 다툼이 강조되며, 닮은 것과 다른 것이 밀실공포적인 상호연관을 보인다. 그러나 결론 부분에서 그 이미지를 다시 언급할 때는 다툼 대신 풍부함과 조화로운 일치가 부각된다.

> 뒤엉킨 강둑을 보면 흥미롭다. 온갖 종류의 수많은 식물들이 자라고, 관목 숲에서는 새들이 지저귀고, 다양한 곤충들이 뛰어 다니고, 축축한 지면을 벌레들이 기어 다닌다. 이 정교하게 구성된 형태들, 서로 다르고 서로 복잡한 방식으로 의존하는 생명체들은 모두 우리 주변에서 작용하는 법칙의 산물이다(459쪽).

이 최종적으로 확정된 대목에서는 생명의 섬세한 풍부함과 다양성, 복합적인 상호의존성, 미학적인 완성을 직조하는 생태학적 해석을 강조한다.

공통적이고 연속적인 은유의 덩어리(나무, 가족, 그물, 미로)는 그의 이론에 의해 새로운 의미를 지니게 되었다. 어떤 은유도 다윈에게 고유한 것은 없다. 하지만 그의 논증에서는 은유와 실제의 간극이 사라졌고, 허구는 실체가 되었다. 허구적 통찰력이 물리적 사건처럼 확증된 것이다. 그물은 위계적 모델이 아니다. 그물은 수평성과 연장성을 표현할 수 있지만, 사다리의 계단이나 '서류철'처럼 위치가 고정되지는 않는다. 그래도 그물의 관념에서 유형이 고정되고 경계에 도달한 것은 중요하다.[34] 다윈은 형태학을 논의하는 부분에서 '풀어내지 못할 친화성의 그물'을 서술한 뒤 곧바로 그와 같은 이미지의 경향을 다룬다.

> 인간의 손만큼 흥미로운 게 또 있을까? 물건을 잡기에도 알맞고, 두더지처럼 땅을 팔 수도 있고, 말의 다리나 거북의 발, 박쥐의 날개와 같은 구실도 한다. 이 모든 기능을 하는 기관이 같은 유형, 같은 뼈로 구성되어 있고, 같은 위치에 있지 않은가?(415쪽)

일정한 유형과 다양한 용도는 소설가의 영역에 속하는 문제를 제기한다. 조지 엘리엇이 이해하는 그물 이미지의 여러 가지 힘은《미들마치》제15장에서 연속적이고 다양한 방식으로 표현된다. 그 장의 첫 부분, 잘 알려진 구절에서 그녀는 자신의 작업을, "스스로 위대한 역사가라고 자칭했던 사람"인 필딩의 작업과 비교한다.

---

34) 그물의 이데올로기적 기능에 관한 흥미로운 논의는 Terry Eagleton, *Criticism and Ideology*(런던, 1977)를 보라. 그는 내가 생각하는 것보다 더 그물과 유기체가 서로 가깝다고 생각한다. 조지 엘리엇에게서 드러난 직조에 관한 재치 있고 도발적인 논의를 보려면, Sandra H. Gilbert와 Susan Gubar, *The Madwoman in the Attic: The Woman Writer and the Nineteenth Century Literary Imagination*(뉴헤이븐과 런던, 1979), 특히 519~528쪽을 참고하라.

우리 뒤늦은 역사가들은 그의 본보기를 따르지 말아야 한다. 나는 적어도 인간의 운명이 어떻게 꼬이고 뒤틀렸는지 알아내서 풀어내야 할 의무가 있다. 그러므로 내가 조종할 수 있는 모든 빛은 그 얽힌 그물에 집중되어야 하며, 우주라고 불리는 연관된 영역의 유혹에 넘어가 분산되지 말아야 한다(1:15:214쪽).

그물은 우주의 연장선상에 있지 않다. 직조공이 직물을 꼼꼼히 들여다보려면 빛을 집중시켜야 한다. (현미경의 둥근 렌즈처럼) 전체성의 효과를 집중시키고 창조하는 것은 빛이다.

또한 이야기는 인체와 그 연속적인 이미지의 그물, 나중에 《미들마치》에서 매우 중요해지는 미로를 암시한다. 진화론과 미로의 연관은 이미 확립된 바 있다. 예를 들어, 다윈의 조카딸[35]인 줄리아 웨지우드(Julia Wedgwood)가 1861년 《맥밀런스 매거진(*Macmillan's Magazine*)》에 게재한 아래 글을 보자.

모형으로부터 작은 일탈이 무수하게 나올 수 있다는 것은 …… 조물주가 만든 미로로 간주할 수 있다. 조물주는 그 미로를 더 높은 단계의 존재로 가는 단서로 설정한다. 이 원칙에서 올바른 방향을 향한 모든 발걸음은 보상을 얻는다.

---

35) 다윈은 Julia Wedgwood가 자신의 저작을 완벽하게 이해한 몇 사람 가운데 한 명이라고 말했다. 'The Boundaries of Science: A Second Dialogue', *Macmillan's Magazine*, 4(1861), 241쪽.

《미들마치》에 나오는 다음 구절은 리드게이트가 과학적 관심에
눈을 뜨는 과정을 묘사한 부분이다.

그가 펼친 곳에는 해부학이라는 제목이 달려 있었다. 처음
그의 눈길이 간 구절은 심장 판막에 관한 내용이었다. 그는 판
막 따위는 잘 알지 못했으나 판막이 여닫이문과 같은 뜻이라는
것은 알고 있었다(둘 다 valve로 표기한다: 옮긴이). 이 틈을 통
해 갑자기 빛이 쏟아져 들어왔을 때 그는 인체의 잘 조정된 메
커니즘을 처음으로 생생하게 경험했다. 학교의 교양 수업 시간
에 상스러운 글을 읽었을 때도 그는 자신의 내부 구조와 관련
된 은밀하고 외설적인 느낌은 가졌으나 상상력은 전혀 제약하
지 않았다. 그의 두뇌는 자신이 아는 모든 것을, 자신의 사원에
있는 조그만 주머니 안에 보관했다. 그는 혈액이 어떻게 순환
하는지를, 금 대신 종이를 사용할 수 없다는 것만큼이나 제대
로 알지 못했다. 하지만 신의 소명이 전해진 순간, 그가 의자에
서 내려오기도 전에 세상이 달리 보였다. 무한한 과정들이, 그
의 시야에 둘러싸인 언어의 무지—그전까지 그는 그것을 지식
이라고 여겼다—가 지배하는 넓은 공간을 메우고 있다는 예감
이 들었다. 그 순간부터 리드게이트는 지적 열정이 솟아나는
것을 느꼈다(1:15:217~218쪽).

"무한한 과정들이 …… 넓은 공간을 메우고 있다는 예감", 혈액의
순환, 갑자기 빛이 쏟아져 들어오는 판막(여닫이문), 이러한 상호침
투적인 은유들은 지식으로 향하는 과정을 표현한다. 이 이미지는 비

샤가 정립한 '주요한 그물 또는 조직'이라는 개념에서도 보인다
(1:15:128쪽). 리드게이트의 추론은 조직을 고찰하는 데 또다시 기
원을 추가한다. '성숙하지 않은 고치'의 '모종의 공통적 기반'이 그것
이다.

> 리드게이트는 이미 유럽 지성의 추세에 따르고 있는 비샤의
> 저작에 매료되었다. 그는 살아 있는 구조의 더 깊은 관계를 증
> 명하고자 애썼으며, 인간의 사고를 진정한 체계에 따라 더 정확
> 하게 정의하려 했다. …… 원시 조직이란 무엇인가? 리드게이
> 트는 이런 식으로 문제를 제기했다. 준비된 대답을 요구하는 방
> 식이 전혀 아니었다. 그러나 그렇게 올바른 단어를 찾지 못한
> 것은 많은 연구자들에게 공통된 상황이었다(1:15:225쪽).

'거즈, 직물, 공단, 우단'으로 직조된 여러 실은 공통의 토대를 가
진다. 거미줄의 이미지는 "추세에 따르고 있는" 분위기에서 다시 흔
들린다. 리드게이트의 작업은, "살아 있는 구조의 더 깊은 관계를 증
명"하는 일이다. 관계와 기원은 모두 하나의 은유 속에 내재한다. 책
자체가 이런 구성을 취하고 있으므로, 그 기획의 핵심은 형태론적
유사성과 변이다.

《미들마치》에서 조지 엘리엇은 단일한 의식을 넘어서는 방식을
찾고자 한다. 그녀는 포괄성과 연장의 감각을 만들어낸다. 아무것도
결말은 없다. 화자와 독자 사이에 창출된 열린 관계를 통해 내재적
인 타자들의 세계에 참여함으로써, 관념들의 무한한 세계를 통해 다
양성이 개발된다. 《미들마치》에서 그녀는 현미경의 이미지를 사용하

지만, 그렇다고 해서 더 작은 크기에 동의하는 기색은 없다. 오히려 그녀는 우리를 둘러싼 보이지 않는 다양한 세계를 인정하고, 다양성의 사실에 내재하는 불가사의를 위축시키지 않으면서, 새로운 인식 방법으로 그 세계를 드러내고자 한다. 그 방법은 곧 경험의 동시성이다. 《미들마치》는 잠재적 관계가 잠재된 상태 그대로 남아 있는 모습을 잘 보여준다.

의미 있는 반복과 변화는 《미들마치》의 구조에서 본질적인 원칙이다. 이 작품에서 과학과 신화는 단일함을 넘어 공유적이고 익명적인, 따라서 더 창조적인 지식으로 향하는 길을 열어준다. 특히 신화는 단독 인식자의 아노미를 극복하는 집단적 통찰력의 연속성을 제공한다. 이후의 논증에서 내가 주되게 관심을 가지는 것은 '관계'의 개념을 풍부하게 하는 수단으로 신화를 이용하는 경우다.

책으로서의 《미들마치》는 소도시로서의 미들마치와 다르다. 이 간단하고 기본적인 차이를 강조하는 이유는, 책 안에서 미들마치의 주민들이, 미들마치는 단순히 중부 지방(Midlands)이 아니라 세계의 중심부(Middle)라는 자부심을 가지고 있기 때문이다. 책의 팽창력은 소도시에 규모의 효과를 만들어낸다. 파리, 로마, 런던조차 여기에 비교하면 작고 초라해 보인다. 그러나 독자로서 우리는 또한 그 평범함을 인정하게 된다. 조지 엘리엇 혹은 매리언 에번스(Marian Evans, 조지 엘리엇의 본명: 옮긴이)는 결국 미들마치를 벗어났다. 소설 속에서 화자의 일은 우리에게 그곳에서 자생적으로 발달하지 않는 지적·미학적·영적 세계를 일깨워주는 것이다. 개별적 자아뿐 아니라 미들마치의 집단적·사회적 자아도 생겨난다. 소설에서 그녀는 이중적 시간을 만든다. 그것은 그녀 자신과 최초 독자들의 '지금'

과 1820년대 후반의 '지금-당시'다. 소설에 등장하는 사람들과 시대의 지적 관심은 그녀 자신의 시간을 고려해 세심하게 설정되어 있다. 이 시간 관계는 풍자적일 때도 있고(선거법 개정안을 다룰 때), 예언적일 때도 있으며(현미경의 발달에서 끌어낸 이미지), 몇 개 시간의 가치가 합쳐질 때도 있다(도로시아를 충직한 라파엘 전파로 만드는 제1장의 첫 문장).

작품에 등장하는 지적 인물들의 일반적인 관심은 통일의 꿈이다. 이 통일은 세계의 엄청난 다양성을 단일한 대답으로 해소하려는 것을 가리킨다. 모든 신화를 이해하는 열쇠, 원시 조직, 비유를 담은 회화 등이 그 결과다[래디슬로는 나우만을 이렇게 빈정거린다. "우주 전체가 자네 그림의 모호한 의미를 향한다고 생각하지는 않네"(1:19:290쪽)]. 커저번과 도로시아는 다른 이유로 로마의 잡다함에 실망한다. 로마에서는 다양한 문화의 잔해들이 서로 뒤섞여 있으며, 의미의 위계도 전혀 없다.

> 그녀는 최고의 화랑들을 두루 돌아보았고, 주요 관광지를 다 구경했고, 웅장한 유적과 화려한 교회도 보았다. 마지막으로 그녀는 캄파니아로 가서 홀로 땅과 하늘을 느꼈다. 로마의 억압적인 가면무도회에서는 자신의 삶이 괴상한 옷과 가면이 되는 것 같았다(1:20:295쪽).

책의 한참 후반부에서 그녀의 삶에 큰 위기가 닥친다. 땅과 하늘에 사람인지 뭔지 모를 항구적인 형상들이 나타난다. 일상성과 불가사의에 놓인 인간 운명의 특징이다. "길에는 등짐을 진 남자와 아기를 안은 여자가 있었다. 여자는 들판에서 몇몇 형상들이 움직이는 것을 볼 수 있었다. 아마 양치기와 개이리라"(3:80:392쪽). 그 가족 (그들이 가족인지는 확실치 않지만)과 양치기의 이미지에는 그리스도 교 신학의 흔적이 보이지만 여기서 그것은 분산되고 현실화된다. 이 것이 귀중한 형상인 이유는 각자 나름의 관심을 추구하는 인간 형상 이기 때문이다. "그녀는 세상이 넓다는 것과, 인간이 여러 차례의 깨 어남을 통해 노력과 인내에 도달한다는 것을 느꼈다." 이 책에서 신 비는 인간을 통해서만 나타난다.

신화—다른 문화에 대한 종교적이고 원시 과학적인 인식—가 살 아남은 이유는 회상의 욕구를 충족시키는 인간 혹은 인간과 유사한 형상에 관한 이야기를 말해주기 때문이다. 문화는 신화로 정의되지 만, 신화는 그것을 낳은 문화보다 오래 존속한다. 커저번이 신화를 '시대'에 따라 무미건조하게 배열한 것은, 조지 엘리엇이 그 책에서 여러 신화를 풍부하고 다채롭고 자유롭게 원용한 것과는 대조를 이 룬다. 커저번은 신화의 변화무쌍한 본성을 받아들일 수 없다. 쇄신 과 체현이 그의 상상력으로 이해할 수 있는 범위를 넘어서기 때문이 다. 도로시아는 래디슬로에게 시나 마찬가지며, 어떤 의미에서도 커 저번에게 신화는 아니다.

커저번은 어떤 의미에서 신화로 간주된다. (17세기에 실제 이름이 커저번이었던 사람은, 우주의 비밀을 푸는 열쇠를 발견했다고 믿었던 엘리자베스 시대의 강신술사이자 과학자인 존 디를 반대하는 논문을 쓴 바 있다.) 탐욕적인 감성은 도표화하고, 수집하고, 환원하며, 창 조적인 감성은 연관을 인식하고 만드는 책무를 지닌다. 도로시아에 게 지식과 감정은 서로가 서로를 유발하는 능동적인 관계에 있다.

그래서 그녀는 배울 수 있고, 그는 학습을 포기해야 한다. 이 점은 예술과 그리스도교 전설에 관한 그들의 태도에서 특히 명확하게 드러난다.

조지 엘리엇은 낭만적 자아, 혹은 신고전주의의 도덕적 유형에 내포된 고독한 사적 비밀 대신 공통적 통찰력을 추구한다. 《미들마치》에서 화자는 논평, 대화, 은유, 암시를 직조하여 수많은 신화 체계에 대한 암시를 만들어낸다. 고전 신화, 민담과 연극, 트루바두르(Troubadour, 중세 서정시인: 옮긴이) 이야기와 궁정 연애, 천일야화, 성인전(聖人傳), 신화예술, 그림 형제의 동화, 그리스도교 전설과 순교사 등이 그런 사례들이다. 그들 대부분은 모호한 형태를 취하며, 독자들에게 맥락을 세심하게 살피라고 요구한다. 맥락을 탐구하면 그 암시는 언제나, 개인의 경험과 타자들의 체험된 세계 사이의 일치로 향하는 통찰력을 낳는다.

예를 들어, 래디슬로와 도로시아가 나오는 장면을 보자. 래디슬로는 도로시아에게 그녀가 곧 시라고 말하면서 순교자가 되려 한다고 비난한다.

난 당신이 불행한 처지 때문에 잘못된 믿음을 가졌다고 생각합니다. 순교를 바라는 것도 그 때문이에요. …… 당신은 마치 젊음을 전혀 알지 못하는 것처럼 말하죠. 전설에 나오는 소년처럼 어린 시절에 하데스의 환영을 보았다면 그건 정말 무시무시한 일이에요. 당신은 아름다운 여인을 잡아먹는 미노타우로스와 같은 끔찍한 생각을 하면서 자랐어요(1:22:336~337쪽).

래디슬로의 언어 구사력은 죽은 은유를 쉽게 신화로 바꾼다(무시무시한 것은 곧 미노타우로스다). 관념과 신념의 미로에는 괴물이 숨어 있다. 하지만 미노타우로스를 살펴보기 전에 먼저 그보다 덜 낯익은 다른 암시를 숙고해볼 필요가 있다. 전설에 나오는 소년이란 누구인가? 그 소년은 어떻게 해서 순교의 관념과 결부되는가? 그는 9세기에 스칸디나비아로 가서 전도 사업을 펼친 안스카리우스일 것이다. 소년 시절에 그는 훗날 순교할 것이라는 꿈을 꾸었다고 한다. 하지만 그는 신의 의도를 완전히 믿으면서 수명만큼 살다가 죽었다. 즉 그는 **순교한 게 아니었다.**[36] 래디슬로의 암시에는 이렇게 묘하게 제임스가 한 것과 비슷한 이야기가 깔려 있다. 그것은 도로시아가 가진 문제와 운명에 딱 들어맞지만 겉으로 보이지는 않는다. 이것은 《미들마치》에 기록된 '풀어내지 못할 친화성'의 특별한 사례이며, 표면으로 떠오르지 않은 암시의 미로와 같은 서브텍스트를 보여주는 사례다.

조지 엘리엇은 여러 가지 신화 구조, 특히 성인들의 생애와 고전 신화들을 동시에 사용한다. 그녀는 애너 제임슨(Anna Jameson)에게 별다른 신세를 지지 않고도 '그리스도교 전설이나 동화'의 가치를 충분히 이해했다. 조지 엘리엇은 제임슨 부인을 개인적으로 알고 지냈다. 《로몰라(Romola)》를 쓸 때는 제임슨의 《수도원의 전설(Legends of the Monastic Orders)》(1850)과 《성모 마리아의 전설(Legends of the Madonna)》(1852)을 이용했다. 또한 《종교와 전설의 예술

---

36) 안스카리우스의 1천 번째 기일을 맞은 1865년, 그의 생애를 담은 L. Dreves의 *Leben des heiligen Ansgar*(파더보른, 1864)가 간행되었다.

(*Sacred and Legendary Art*)》(1848)은 《미들마치》와 밀접한 연관을 가진다. 그 책에서 애너 제임슨이 주장하는 내용은, 성인들의 신화가 고전 신화와 맞먹을 만큼 복잡하고 강렬한 시각적 · 상징적 체계를 가지고 있다는 것이다. 그녀는 고전 신화에 대한 지식과, 중세 그리스도교 전설에 대한 무지를 대비하면서 현대의 독자들에게 경종을 울린다.

비너스와 미네르바, 혹은 베스타의 처녀와 아마존 여인을 혼동할 사람이 누가 있을까? 주름옷을 입지 않은 유노나 턱수염이 없는 유피테르를 누가 용납할까? …… 우리는 성 프란체스코가 갈색 수도복과 짧은 관모를 쓰고, 피로한 안색이지만 강렬한 용모를 가졌다는 사실을 배운다. 하지만 그와 성 안토니우스나 성 도미니쿠스를 어떻게 구분할까?[37]

조지 엘리엇은 제19장의 첫 부분에서 제임슨 부인의 논점을 그대로 취한다. 거기서 그녀는 낭만주의의 도래를 논의하고, 나사렛파(예술사가들이 라파엘 전파의 선구로 간주하는 미술 집단)의 종교적 · 상징적 예술을 다룬다.

여행자들은 머릿속에나 주머니 속에나 그리스도교 예술에 관한 온전한 정보를 별로 가지고 다니지 않았다. 심지어 당대 영국의 가장 명민한 비평가(해즐릿)는 승천한 성모의, 꽃이 만

---

37) *Sacred and Legendary Art*(런던, 1848), xxii쪽.

발한 무덤을, 화가가 상상으로 만들어낸 장식 꽃병으로 착각하
기도 했다(1:19:287쪽).

그녀는 1870년대의 독자들이 당시의 감성에 매우 중요한 상징주
의의 문을 연 사조를 기억해주기를 바란다. 무지한 눈에 장식적이고
분리된 것으로 보인 건 사실 광범위하고 암묵적인 의미 체계였다.
이것이 제임슨 부인의 핵심 논점이었다.

바로 그 다음 문단에서 조지 엘리엇은 "바티칸 궁전 회화관에서
막 등을 돌린 …… 숱이 많은 곱슬머리를 가진 청년"을 등장시킨다.
아폴론을 연상시키는 이 인물은 물론 윌 래디슬로다. 그리고 "당시
클레오파트라라고 불렸던 비스듬히 누운 아리아드네" 옆에서 두 사
람은 "퀘이커 교도처럼 회색 주름옷을 입은, 아리아드네에게 뒤지지
않을 만큼 꽃다운 소녀"를 본다(1:19:288쪽). 도로시아를 묘사할 때
는 이중 시간 체계가 개입된다. 그 인물이 미로에서 나오는 수단을
주는 아리아드네라는 사실은 역사적으로 그 인물들이 알고 있는 범
위를 넘어서지만, 조지 엘리엇은 이를 자신과 독자가 공유하는 일반
지식이라고 간주한다. 문화적 조류를 가져오는 래디슬로는 흔히 그
렇듯이 중간 위치에 있다. 그는 나중에 두 개 장에 걸쳐, "아름다운
여인을 잡아먹는 미노타우로스와 같은 끔찍한 생각을 하면서 자란"
도로시아의 생각을 공개하는 역할을 한다. 나우만에게 그녀는, "그
리스도교의 감성, 종교적 열정에 사로잡힌 감각적 힘으로 깨어난 고
풍스런 형태(일종의 그리스도교적 안티고네)"다(1:19:290쪽). 그러나
그녀를 고전 신화의 관점에서 아리아드네에 비유한다면, 거꾸로 아
리아드네를 도로시아라고 할 수도 있다. 그녀는 성 테레사가 될 수

는 없다. 그렇다면 성 도로테아(도로시아)는 누굴까? 그 답은 제임슨 부인의 둘째 저작에서 찾을 수 있다. 성 도로테아는 순교자인 동시에 종교적 신부(新婦)다.

그녀는 죽음으로 끌려갔다. 그녀가 가는 길에 변호사인 테오필루스라는 젊은이가 조롱하듯 소리쳤다. 그녀가 처음 장관 앞에 불려 나갔을 때 그 자리에 있었던 사람이다. "이봐! 아름다운 아가씨가 신랑을 만나러 가시나? 바라건대 그대가 말한 그 정원에서 과일과 꽃을 내게 보내주시길. 그 맛을 보고 싶어 미칠 지경이라오!" 도로시아는 고개를 기울여 그를 바라보며 부드러운 미소를 지었다. "테오필루스, 그대의 소청을 들어드리리다!" 그러자 젊은이는 친구들과 함께 너털웃음을 터뜨렸다. 하지만 그녀는 즐겁게 죽음을 향해 발길을 옮겼다. 처형장에 도착하자 그녀는 무릎을 꿇고 기도했다. 갑자기 그녀의 옆에 햇살처럼 밝은 머리털을 가진 아름다운 소년이 나타났다.

사랑스런 얼굴의 거룩한 소년이여,

그의 눈에서는 수천의 축복이 춤을 춘다.

그의 손에 있는 양동이에는 사과 세 개와 방금 딴 향기로운 장미 세 송이가 담겨 있었다. 그녀가 소년에게 말했다. "이것을 테오필루스에게 가져다주시오. 도로시아가 보냈다고 하시오. 사람들이 떠나온 정원에 내가 먼저 가서 그를 기다리겠다고 전해주시오." 말을 마치고 그녀는 목을 내밀고 죽음의 칼을 받았다.

한편 천사(그 소년은 천사였다)는 테오필루스를 찾아갔다. 그

는 선물을 받는다는 생각에 기쁜 마음으로 여전히 웃고 있었
다. 천사는 그의 앞에 천상의 과일과 꽃을 내려놓으며, "도로시
아가 이것을 그대에게 보냈소"라고 말하고는 사라졌다. 테오필
루스가 어떤 말로 그 기적을 표현할 수 있으랴.[38]

과일과 꽃을 가져온, "햇살처럼 밝은 머리털을 가진 아름다운 소
년"은 낯익은 인물로 보인다. 소설에서 래디슬로는 간헐적으로 햇빛
의 이미지를 차용한다. 그 빛은 아폴론만이 아니라 성 도로테아가
본, "사랑스런 얼굴의 거룩한" 천사에게서도 나올 것이다. 뮐러의 태
양 신화와 제임슨의 성인 이야기는 래디슬로의 밝은 햇빛, 변형을
준비하는 코앞의 잔물결을 강화한다. 그의 머리털이 빛을 발산하는
것은 사투르누스와 같은 커저번의 이미지와 눈에 띄게 대조를 이룬
다. 하지만 책의 서두에서 커저번은 자신에 관한 이상화된 묘사를
보여준다. "내 마음은 과거의 잔해와 혼란스러운 변화에도 개의치
않고 정신적으로 과거와 같은 세상을 만들기 위해 세상을 떠돌며 애
쓰는 고대인의 망령과 같다"(1:2:23쪽).

이 도피적인 언급은 인간의 완성을 보장하지는 않지만, 래디슬로
가 대변하는 오류에 찬 현재를 언급할 수 있는 범위를 확대해준다.
커저번은 현재의 경험이나 지식의 본성을 이해하지 못한다. 이집트
의 수수께끼를 다루는 자신의 논문 속에 갇혀 있는 탓에 그는 현재
세계와 자기 작업의 관계를 전혀 인식할 수 없다. 그는 신화에 관한
독일 학계의 연구를 알지 못할 뿐 아니라(그 가운데는 민속 신화와 언

---

38) *Sacred and Legendary Art*, 2:184~189쪽.

어학에 관한 그림 형제의 연구도 있다). 그리스도교 도상학의 의미도
알지 못한다.

　　도로시아는 완전히 새로운 견해를 구성하고 있다는 느낌이
들었다. 소박한 시골 풍경을 배경으로 괴상한 닫집이 달린 옥
좌에 앉아 있는 성모, 건축 모형을 손에 들거나 두개골에 단도
가 박힌 기이한 모습의 성인들이 새로운 의미로 다가오기 시작
했다. 그전까지 무시무시하게 여겨졌던 것들이 이해되었으며,
본연의 의미도 알 수 있을 듯했다. 하지만 이 모든 것은 커저
번 씨가 관심을 가지지 않았던 분야의 지식이었다(1:22:327~
328쪽).

커저번은 신화의 문제에 관심을 두지 않았다. 다른 곳에서 그는
큐피드와 프시케의 신화를, "동화 …… 아마도 문학적 시대의 낭만
적 발명"으로 치부했으며, "나는 그것이 진정한 신화의 산물이라고
생각할 수 없다"고 말한다(1:20:302쪽). 날갯짓, 갑옷의 성, 밤의 육
체, 사랑을 되찾으려는 프시케의 노력, 이 모든 것은 그의 상상적 경
험 바깥에 있다. 그는 신화를 도표화할 뿐 금지하지는 않는다. 그의
방법은 획득을 꾀할 뿐 발산하지 않는다. 그는 "세계의 각 시대가 상
자처럼 구획되어 있어 필수적인 연관이 없다"고 본다(1:22:325쪽).
그는 신화의 다양성에 불안을 느낀다. 상이한 체계들이 의미를 여러
각도로 굴절시키는 현상, 계시는 있으나 관련성이 불완전한 측면이
그를 괴롭힌다. 반면 신화적 유비에 대한 경험을 충분히 가진 조지
엘리엇은 그런 신화를 적극적으로 탐구한다. 그녀의 유비는 검증 가

능성을 강조하면서도 공통 유형의 형태적 '영혼'을 인정한다.

"무형의 원자까지도 이상적으로 조명된 공간에 가둘 수 있는" 과학적 혹은 예술적 상상력과 대조적으로, 커저번은 조지 엘리엇이 연관성과 관계를 부여한 신비의 감각을 잃었다. "좁은 벽장과 구불구불한 계단에 갇혀" 그는 아리아드네가 자신을 햇빛 속으로 이끌어줄 수 있다는 것을 인정하지 못한다. 그는 "태양신에 관한 다른 사람들의 관념을 논평하는 암울한 원고에 매몰되어 햇빛에 무관심해졌다"(1:20:303쪽).

1870년대 초반에 막스 뮐러가 태양을 상징으로 삼아 신화를 해석한 것은 지성계에 지대한 영향을 미쳤다. 조지 엘리엇은 소설 속에서 그 체계를 바탕으로 래디슬로를 설명하고 커저번을 평가하지만, 자신이 창조한 세계가 그것의 지배를 받도록 놔두지는 않는다. 과학적 이미지는 리드게이트가 도달할 수 있는 어떤 탐구의 범위도 훌쩍 넘어서 나아간다. 신화와 전설의 다양성은 책 안에서, 커저번의 인식을 넘어서는 의미의 광범위한 바깥 세계를 그러안는다. 무엇보다 중요한 것은 그녀가 이 내재적인 세계들을 이용해 경험에 대한 단일한 해석이 잘못임을 보여준다는 것이다. 자아는 타당성을 얻기 위해 개체를 위한 전체가 되어야 한다. 단일한 초점은 모든 것을 포괄하며, 한 자루의 촛불은 자기성찰적인 시야를 준다.

전신 거울, 혹은 매끄럽고 넓은 강철 표면은 하녀가 닦을 때마다 조금씩 무리를 지어 사방으로 긁힐 것이다. 그러나 그 앞에 조명의 중심점으로 촛불을 켜놓으면 긁힌 자국들은 놀랍게도 그 작은 태양을 중심으로 멋진 동심원들을 그리게 된다. 자

국들이 사방으로 고르게 퍼져나가는 것은 명백하다. 이때 동심
원적 배열의 그럴듯한 착각을 만들어내는 것은 바로 촛불이다.
촛불의 빛은 오로지 광학적 선택으로만 작용한다. 이런 현상은
하나의 우화다(1:27:403쪽).

중요한 것은 미로다. 반복되는 그물의 이미지는 뒤엉킴과 더불어
창조적 질서를 나타낸다. 그 너머에 인간의 혈관과 조직의 그물, 인
간 존재가 있다.

미로, 그물, 나무, 현미경.《미들마치》에서는 이런 개념들의 조화
가 중요하다. 그러나 조지 엘리엇에게는 그런 수단들로 표현할 수
없는 불균형과 무관함의 감각도 필요하다.《미들마치》를 쓰기 훨씬
전에 어느 편지에서 그녀는 그물을, 자신이 벗어나야 하는 무감각한
균일성과 불변의 과정을 나타내는 비유로 사용한 적이 있다. "가변
적으로 펼쳐지는 자신의 자아로부터 탈출해 자유로이 글을 쓰기 위
해서는, 언제나 똑같은 재료를 갈거나 똑같은 직물을 짜는 기계의
처지에서 벗어나기 위해서는 똑같은 독자들을 위해 글을 쓰지 말아
야 합니다."[39]《미들마치》의 피날레에서 그녀는 직물의 균일함이 인
간의 삶에 내포된 여러 가지 가능성을 포괄하는 이미지가 될 수 있
다는 발상을 거부한다. "삶의 단편은 아무리 전형적이라 해도 균일
한 직물의 견본이 아니다."

그물 또는 직물은 삶과 겹치지 않으며, 유기체론과도 동일하지 않
다. 오래된 은유에는 실을 잣는 것뿐만 아니라 털을 깎는 것도 자주

---

[39] *Letters*, 4:49쪽.

나온다. 책의 마지막 부분에서는 그물의 이미지가 여러 차례 등장하지만 그대로 반복되지는 않는다. 끝부분의 처음에서 그물의 힘은 잠시 다시 모였다가 흩어진다.

> 그녀의 섬세하게 다듬어진 영혼은 여전히 섬세한 모습을 취하고 있었지만, 확연히 드러나지는 않았다. 그녀의 충실한 본성은 키루스가 힘을 무너뜨린 강처럼 지상에서 중요한 이름을 가지지 않은 많은 수로들을 통해 흘렀다(3:피날레:465쪽).

"섬세하게 다듬어진(finely-touched)"이라는 문구는 거미줄의 떨림만이 아니라 악기를 나타낸다. "섬세하게 다듬어진" "섬세한 모습(fine issues)"은 그 앞에서 네 차례나 't'가 연속 사용된 것과 더불어 '조직(tissues)'의 의미를 끌어냄으로써 유사성을 확장한다. 그러면 이미지는 이름 없는 강의 이미지로 바뀌고 많은 수로들로 흘러간다. 미로가 물의 이미지로 바뀐 셈이다.

《다니엘 데론다(*Daniel Deronda*)》는 미래와 관련된 작품이므로 가장 순수하면서도 가장 부담스러운 소설의 영역에 속한다. 조지 엘리엇의 작품에서 처음으로 미래가 과거에 의존한다는 것이 문제로 제기되었다. 그전까지 그녀는 '보편적 연쇄의 중대한 관념' 속에서 종교를 초월한 안전을 찾았다. 그리하여 "모든 현상을 확립된 법칙의 영역으로 끌어들임으로써 기적을 거부할 수 있었다."[1] 인과적 연쇄는 그녀가 가진 도덕성의 원칙이자, 소설가로서의 활동 원칙이 되었다.

---

1) *Essays of George Eliot*, T. Pinney 엮음(런던, 1963), 413쪽 이하. 여기서 조지 엘리엇은 밀처럼 궁극적이거나 존재론적인 사물의 원인'이 있는 게 아니라 현상들 사이에 '불변의 계승 순서'가 있다고 주장한다. John Stuart Mill, *A System of Logic*(런던, 1841), 제3권, 제5장, 주 2, *Collected Works of John Stuart Mill*, F. E. L. Priestley 엮음(토론토, 1963), 7:326쪽.

종족의 전승과 발달

《다니엘 데론다》에서 인과적 연쇄는 부활, 동시성, 기적, 해석학, 충족되지 않는 인간의 욕구에 의해 교란되고 압박을 받는다. 《미들마치》의 동일과정설적 구성에서 사건들은 아무리 재앙처럼 보여도 초기의 미약한 운동, 붕괴, 압력, 침식, 침니화 같은 것 때문에 생겨난다. 이런 변화들은 무한한 인내의 시선으로 보면 관찰할 수 있다. 그 시선은 (《미들마치》에서처럼) 하늘에서 "행성이 변천하는 역사를 지켜보는" 천사 우리엘의 시선일 수도 있고, 작중 인물들의 편파성과 주관성으로부터 자유로운 소설가의 시선일 수도 있다. 그 결과는 비록 우울한 분위기지만, 독자에게 완전히 알 수 있는 세계를 창출한다는 안심을 준다. 우리의 발견에 따라, 작품이 말해주는 관계와 연관에 관한 통찰력은 더욱 깊어진다. 하지만 《미들마치》의 결론은 인간의 향상을 준비하는 발달의 낙관주의적 의미를 가지지 않는다. 이 점은 그녀가 초창기에 쓴 다음과 같은 글과 비교된다. "인간이 발달해온 과거의 모든 단계는 우리가 공유하는 종족적인 교육의 일부다. 부족한 인간 본성이 저지른 모든 실수와 어리석은 짓은 수확을 거두기 위한 실험이라고 간주할 수 있다." 실험적 발견의 진보적 성격은 지질학적 이미지를 전개한 1851년의 은유에도 깔려 있다. "올바른 일반화는 작은 세부에까지 의미를 부여한다. 지질학의 중요한 추론들은 지구가 인간의 거주에 알맞도록 적응해온 모든 세세한 법칙을 통해 그 점을 보여준다."[2]

---

2) Pinney, 31쪽.

《미들마치》에서 일반화가 여전히 위안을 주는 이유는 그것이 의미를 증대하고 경계를 정하기 때문이다. 책의 구성은 인물들 사이의 변화만이 아니라 조화도 강조한다. 연쇄와 유비는 인간적 운명의 친족 감각을 풍부하게 하면서도 무엇이 운명을 구성하고 결정하는지 드러낸다.[3] 그 결과, 소설은 분기하지만 무질서해지지는 않는다. 혼돈이나 과잉의 느낌은 없다. 모든 소음은 정보로 돌아온다.

《다니엘 데론다》에서는 전승과 연장이 질서의 원칙이자 풀 수 없는 난제다. 1871년에 다윈의 《인간의 유래와 성에 관한 선택(*The Descent of Man and Selection in Relation to Sex*)》이 출간되면서 진화 논쟁의 초점은 인간의 구체적인 계승과 미래로 옮겨갔다. 다윈은 자신의 연구 대상을 이렇게 설정한다. "첫째, 인간이 다른 종들처럼 그전에 존재하던 형태에서 이어졌는지 고찰한다. 둘째는 인간이 발달해온 방식이고, 셋째는 이른바 인간 종족들 사이의 차이가 가지는 의미다."[4] 전승, 발달, 종족은 《다니엘 데론다》에서도 핵심을 이룬다. 성적 선택, 유전적 선택을 결정하는 사회경제적 요소가 이 작품의 쟁점이다.

　　　　이봐요, 신사분. 여자는 어때야 합니까?
　　　　결혼 적령기 남자의 취향을 고려하세요.

---

3) George Levine의 탁월한 논문 'Determination and Responsibility in the Works of George Eliot', *P. M. L. A.*, 77(1962), 268~279쪽.

4) Charles Darwin, *The Descent of Man and Selection in Relation to Sex*(런던, 1901), 3쪽. 초판은 1871년.

이 행성이 간직한 쇠, 솜, 털, 각종 화학물질,

이 모두는 우리의 성형 솜씨로

원하는 형체로 만들 수 있죠.

다만, 시장의 변동이 수요의 눈금을 올리거나 내리죠.

숭고한 법칙에 따라 우리 딸들은 아내가 되어야 합니다.

또한 아내가 되는 것은 남자가 선택할 사항이죠.

남자의 취향은 여자의 기준. 이 문구에 밑줄을 그으시겠습

니까?

괜찮지 않나요? 사뿐히 날아가

t와 s 속에서 균형을 잡는 감각.

(제10장의 제사)[5]

성적 선택의 압박은 다윈에게도 쟁점이었다. 그는 기원전 550년 '테오그니스(Theognis)라는 그리스 시인'을 선뜻 인용한다. "재산은 흔히 올바른 성적 선택 행위를 제약한다." 그러고는 존 후컴(John Hookham)의 번역문을 소개한다.

하지만 흔히 하는 결혼에도

모든 것은 돈, 돈을 위해

남자는 결혼하고 여자는 결혼을 당한다.[6]

---

5) *Daniel Deronda*, 캐비닛판, 1:10:144쪽. 모든 인용 출처는 캐비닛판이며, 권, 장, 페이지 순서를 취한다.

6) *Descent*, 43쪽.

두 편의 글에서 공통적으로 다루는 결혼 시장이라는 주제는 소설가들도 다루었다. 리처드슨(Richardson)의 《클라리사(*Clarissa*)》가 그런 예다. 하지만 《다니엘 데론다》에서는 양성 간의 짝짓기나 관계 같은 문제가 오로지 유전적이거나 우생학적인 의미만을 가지지는 않는다. 데론다는 이렇게 말한다. "내가 조상이 되고 싶어 하는지 확신하지 못하겠어. 그것은 가장 드문 종류의 창조가 아닌가 싶어"(1:15:242쪽).

미래의 삶

조지 엘리엇의 첫 번째 작품은 원래 '미래의 삶에 대한 이해(The Idea of a Future Life)'라는 제목이 정해졌으나 끝내 집필되지는 않았다.[7] 그때의 관심은 완전히 사라지지 않았지만, 개체적 불멸성의 해결책은 일찌감치 포기되었다. 1842년 버틀러의 《유비(*Analogy*)》를 대상으로 그녀는 신랄하면서도 향수 어린 논평을 선보였다.

생명과 불멸성이 밝혀졌다는 믿음을 버리는 것은 결코 작은 희생이 아니다. 그것은 동경 어린 시선으로 자신이 쌓아온 폭넓은 경력을 바라보며 그 너머에 무엇이 있을까 궁금해 하는 노인의 위대한 정신 상태로 돌아가는 것과 같다. 나는 불멸성이 고상하고 용감한 미덕이며 무엇보다 숭고한 체념을 낳는 데 반드시 필요한 인간의 운명이라는 신념을 고수할 수 없다.

---

7) 이것은 *The Leader* 1853년 6월 18일자 광고를 통해 알려졌다.

그전에 그녀는 아이작 테일러(Isaac Taylor)의 《또 다른 삶의 물리 이론(*The Physical Theory of Another Life*)》(1836)에서 깊은 인상을 받았고 환희의 탈출구를 찾았다. "이 귀중한 책이 내게 가져다준 기쁨은 마치 학창 시절에 처음으로 소설을 읽었을 때처럼 강렬했다."[8] 테일러가 전하는 화해, 개체적 확장과 지식의 이미지는 그녀에게 처음 소설에 입문할 때와 같은 황홀한 해방의 경험을 가져다주었다. 실제로 '미래의 삶'은 절대적인 허구의 형식이다. 개인적 불멸성의 관념이든, 일상생활에 관한 가설적이고 복잡한 예측이든, 진화론이 심화시킨 미래성의 감각이든, 모두 미래의 삶과 밀접하게 연관되어 있는 것은 마찬가지다.

'미래의 삶'을 다루는 책이라면 언제나 시기상조일 수밖에 없다. 그 주제는 조지 엘리엇의 작품 전체를 가로질러 마침내《다니엘 데론다》에서 가장 강렬해졌다. 그녀는 '미래의 삶'과 정면으로 씨름했지만, 그녀가 처음으로 읽은 책들 중에는 윌리엄 워버턴(William Warburton)의《종교적 이신론의 원칙에 따라 유대 율법에 나오는 미래 국가의 보상과 징벌의 태만으로 증명된 하느님의 모세 파견(*The Divine Legation of Moses Demonstrated on the Principles of a Religious Deist, from the Omission of the Doctrine of a Future State of Rewards and Punishments in the Jewish Dispensation*)》(1738~1741)[9]이 있다.

아마 그녀는 개체적 생존에 대한 믿음을 상실했기 때문에 종족, 문

---

8) *Letters*, 1:136쪽; 1:93쪽.
9) *Letters*, 8:52쪽(1832년 7월 8일[?]).

화, 정신의 생존과 발달에 더욱 집착했을 것이다. 정신의 진화는 특히 1870년대에 일반적인 연구 대상이었다. 조지 엘리엇은 미래의 삶이라는 관념을 아주 일찍부터 물질적으로 간주했다. 그 결과 전승, 필연적 연쇄(일반 법칙의 구체적 적용), 변화와 변형(문화의 연속을 통한 것만이 아니라 개체적인 것도 포함한다) 같은 개념들이 모두 강렬한 정서적 · 지적 힘을 가지게 되었다. 게다가 지구의 미래에 관한 문제—생존이냐 쇠락이냐—는 당시 천문학자들과 물리학자들에게 열띤 논의 주제였다.

그러나 현역 소설가들을 짓누르는 미래성에는 또 다른 종류가 있었다. 조지 엘리엇에게는 늘 그렇듯이 기술적인 문제가 정서적 · 지적 문제와 결합되었고 똑같은 지적 강도를 가지고 있었다. 따라서 소설 속에서의 미래도 상당히 복잡한 양상을 띠었다. 조지 헨리 루이스(George Henry Lewes)는 진화 과정이 "함축적인 것을 명시적인 것으로 만든다"고 말했다. 그렇다면 진화 과정이 드러내는 세계의 다양한 잠재성이 전부 실현될 수는 없다. 변형과 과잉을 모두 강조하면—이 경우, 한편으로는 발달과 누적의 연쇄가 일어나지만, 다른 한편으로는 가능성이 사라지고 에너지가 낭비된다—미래가 중시된다. 그와 동시에 진화론은 미래의 형성을 책임지게 된다. 이점은 프랜시스 골턴(Francis Galton)의 저작에 의해 널리 알려졌고, 우생학과 사회공학으로 나타났다.[10] 나중에 다윈이 성적 선택을 강조한 것은, 미래를 형성하는 새로운 힘이 자연선택의 현상적인 우연

---

10) 다윈의 사촌인 Francis Galton은 *Hereditary Genius*(런던, 1865)와 *Natural Inheritance*(런던, 1889)를 통해 우생학 이론을 어렴풋이 제시했다.

성과 대립하고, 관념이나 가치관, 개인적이거나 공통적인 의지의 작용과 일치함을 뜻했다. '세계의 복수성'에 관한 논쟁—17세기 이래 중요해진 논증—에서는 다시 "미래의 삶은 미래에 속하는가?"라는 문제가 전면에 부각되었다. 거주할 수 있는 세계가 여럿이라는 문제는 퐁타넬(Fontanelle)이 우주론적으로 제시한 바 있지만, 이것은 개인적 정체성의 문제로 이해될 수도 있다.[11] "우리만이 존재하는가?"라는 문제는 복수의 개인 경험에 적용될 경우 "아니다"라는 명확한 답이 있었다.《미들마치》에서 보았듯이, 후기의 작품에서 조지 엘리엇은 동시성과 복수성에 점점 더 관심을 보였다.

형식으로서의 소설이 재미를 갖추려면 미래에 의존해야 한다. 즉 독자가 계속 읽어나갈 수 있어야 한다. 무한한 복제와 구성적 확장으로 재미를 담아낼 수 있는 소설은 많지 않다〔마르케스(Marquez)의 《족장의 가을(*El otoño del patriaca*)》이 그런 예다〕. 소설은 대체로 불안과 희망의 동력, 예측과 가설의 즐거움에 의존한다. 하지만 텍스트 내에서 미래는 암암리에 회상으로 바뀐다. 우리가 읽고자 하는 미래는 이미 저자가 설정한 것이고 등장인물들이 경험한 것이다. 언어는 책처럼 구체화된다.《미들마치》까지 조지 엘리엇이 쓴 작품에서 회상은 작품 주제의 일부였다. 미래 관념은 결정론의 불충분함을 넘어선다. 우리는 완전히 알 수 없고 확실하게 예측할 수 없다. 현재

---

11) John Hedley Brooke, 'Natural Theology and the Plurality of Worlds: Observations on the Brewster-Whewell Debate', *Annals of Science*, 34(1977), 221~286쪽 ; William C. Heffernan, 'The Singularity of Our Inhabited World : William Whewell and A. R. Wallace in Dissent', *Journal of the History of Ideas*, 39(1978), 81~100쪽.

와 과거를 합쳐도 충분한 권위를 가지지는 못한다. 해석은 언제나 확실성이 의심된다. 조지 엘리엇이 직면한 문제(초기에 실증주의에 경사되었고 이후에도 결정론의 흔적을 버리지 않았기에 특히 예민했던 문제)는 이것이다. 미래를 본래의 불확정적인 상태로 해방시키면서도 이야기의 일부분이 되도록 만드는 방법은 무엇일까?

미래는 본래 **형용할 수 없지만** 책의 범위 안에 있기 때문에 소설에서는 암묵적으로 통제가 가능해진다. 그러나 과거와 미래는 '상자형 구획'이 아니다. 따라서 다른 사람들의 과거가 우리의 미래가 될 수도 있는 전환점이 존재한다. 《다니엘 데론다》에서는 과거와 미래가 모호하게 혼입(混入)되어 있다. 이야기의 순서와 경험의 순서가 뒤섞여 있어 일관적으로 재배열할 수가 없다. 이 작품은 미래의 삶이라는 관념을 관심의 중심에 가져다놓는다.

조지 엘리엇의 이전 소설들은 모두 결말이 있다. 미래는 결과를 통해 시사된다. 《애덤 비드(*Adam Bede*)》의 결말에서 보이는 다이나와 애덤, 문 밖에 있는 그들의 자식들, 《로몰라》에 나오는 테사의 아이들, 《미들마치》에서 어렴풋이 보이는 도로시아는 우리에게 풍속화의 이미지를 보여준다. 다니엘은 모디케이의 꿈을 계승하며, 종족과 문화의 계승자이자 후손이다. 그웬돌린은 아이가 없다. 《미들마치》는 개인을 넘어 연속되는 생명의 힘을 강조한다. 개인으로서는 사건을 용의주도하게 통제하려는 의지를 거부하기가 어려울 수밖에 없다. 이 점은 유언과 유산에 대한 집착, 미래를 우리의 목적 아래 종속시키려는 덧없고 헛된 노력으로 표현된다. 커저번과 페더스턴은 과거를 이용해 미래를 장악하려 한다. 하지만 그 시도는 미래의 다형성(多形性)을 모두 포괄하지 못하기 때문에 실패할 수밖에 없다.

조지 엘리엇의 후기 작품에서는 의지와 성적 선택의 작용이 주요한 주제다. 예측의 관념도 마찬가지다. '예측'은 1870년대 과학 작가들이 몰두한 주제였다. W. K. 클리퍼드는 1872년 영국학술협회 연설 〈과학적 사고의 목적과 수단에 관하여(Of the Aims and Instruments of Scientific Thought)〉에서 우리가 예측과 더불어 과거의 균일성에 얼마나 의존하는지를 강조했다. 클리퍼드는 생물학에서 사회학에 이르기까지 과학에서의 새로운 추론은 모두 과학적 진화의 법칙에 의거해야 한다고 말한다. 그러나 다른 한편으로 그는, "우리에게는 …… 사건들의 순서가 언제나 설명 가능하다는 결론을 내릴 권리가 없다"고 주장한다.[12]

《다니엘 데론다》에서 핵심적인 관심사는 원인과 결과와 예측이다. (예전 작품에서와는 달리) 재료와 저자 사이에 언급되지 않은 중대한 시간적 간극은 이제 없다. 과거의 소설들 가운데 조지 엘리엇의 성인 시기를 다룬 작품이 없다는 것은 눈여겨볼 만하지만, 《다니엘 데론다》에서 그녀는 암울하게 뒷궁리에 안주하지 않고 역사 속으로 재진입한다. 이 작품의 시간적 배경은 가까운 현재다. 따라서 이미 알고 있는 독자를 위해 남겨진 공간은 없다. 결정론은 이제 회상 구조에 의해 쉽게 확증되지 않는다.

이 작품은 과연 **전승**이 경험의 질서로서 충분한지 묻는다. 이전의

---

12) Alexander Welsh, 'Theories of Science and Romance, 1870~1920', *Victorian Studies*, 18(1973), 134~154쪽; George Levine, 'George Eliot's Hypothesis of Reality', *Nineteenth Century Fiction*, 35(1980), 1~28쪽; W. K. Clifford, *Lectures and Essays*, L. Stephen과 F. Pollock 엮음(런던, 1879), 1:149쪽.

《미들마치》와 달리 여기서는 전승이 일차적 독자-텍스트 관계 속에 드러나지 않는다. 우리에게는 역사 속의 특권적 관점이 없다. 이것은 다음과 같은 《미들마치》의 견해와는 다른 '시간적 경험'이다. "아무리 엄격한 과학이라 해도 사전의 발견과 예상은 흥분과 열정을 가져다주며, 선입관에 대한 믿음은 수많은 실험의 실패를 극복할 수 있게 해준다"(2:41:358쪽).

조지 엘리엇이 공책 707에서 '인과성의 환상'이라는 콩트의 말이 인용된 것은 좀 의외다. 《다니엘 데론다》에서 행위는 대부분, 현상적인 원인과 결과의 새로운 관계를 확립하는 데 할애된다. 조지 엘리엇은 한곳에 머물지 않는 행위의 감각을 잃지 않는다. 행위들은 음파처럼 떠돈다. 그러나 여기서 그녀는 행해지지 않은 행위, 예컨대 표현되지 않은 충동, 봉인된 생각, 몰수된 열정의 영향력도 탐구한다. 이 실행되지 않은 반(半)의식적 힘도 미래를 형성할까? 판타지는 비록 현실화되지 않더라도 늘 현재적인 자기존재감의 방계적 제국 또는 감옥을 만들어낸다. 소통되지 않은 타인의 삶에 관한 우리의 추측—해석과 짐작—은 우리 자신이 미래에 수행할 행동의 일부분이 된다. "어떠한 화학적 과정도 타인에게서 진행되는 일을 상상하는 사유의 변형시키는 힘보다 더 멋진 행위를 보여주지는 못한다"(2:35:222쪽).

이 작품에서 제기된 많은 문제들은 대부분 미래를 끌어들이는 발언의 형식을 취한다. 실제로 그 문제들은 완전한 의미를 실현하기 위해 미래—대답의 이행—를 필요로 한다. 의문은 가정, 가능성, 내재적 변화의 감각을 낳는다. 해석과 예측은 우리가 (습관적으로 행위를 일깨우지 않고) 깨어 있는 삶의 대부분을 투입하는 행위다. 이 작품은 인물만이 아니라 독자도 불가사의한 과정을 통해 우리가 습관적으로 예언에 의존한다는 사실을 자각하게 한다. 여기서 반복적으로 등장하는 단어들 중에는 이런 것이 있다. 예측, 예감, 예상, 준비, 전조, 예기, 예비, 예지, 불안, '미래의 유령', '추한 환상', '암시', 추측, 계산, 두려움.

《미들마치》는 독자들을 역사화되고 해석된 세계 속으로 줄기차게 인도한다. 이 세계에서는 원인과 결과가 확연히 구별되고 연속적이며, 공감적이고 신빙성 있는 안목을 통해 유사성과 차이가 구분된다. 또 궁극적으로 모든 것은 인식과 설명이 가능하다. 반면 《다니엘 데론다》는 미래에 관해 복잡하고 어지러운 관계를 설정한다. 원인과 사건이 신빙성 있게 맺어지지도 않는다. 텍스트는 복수의 가능성과 예측을 제시하며, 우리는 선택으로 안내되기보다 여러 가지 가능성 앞에서 좌충우돌하기 십상이다. 여기서는 미지의 감각이 매우 강력하다. 시간의 타원형 속에서, 또 각 장들 사이의 여백에서 연속성이 관철되지 않고 단절된다. 그랜코트의 과거에 관한 정보가 부재한 것이 그런 예다. 예감과 예상, 의식이, 예기된 결과에서 엉뚱한 방향으로 현상학적이고 무책임하게 비약하는 과정이 독자에게 전이된다. 우리의 정신이 습관적으로 흥분하거나 선택하면서 순간순간 긍정하고 부정하는 행위들이 의식과 의도의 표면으로 나온다. 독자는 악의 이미지가 흘러가는 통로가 막힌 곳에 이를 때마다 자신의 두려움을 먹이로 내주어야 한다. 이를테면 콜리지의 미완성 작품 《크리스타벨 (Christabel)》과 마찬가지다. 조지 엘리엇은 이제 더는 자체의 기원과 결론을 가진, 안정적이고 자립적인 소설을 쓰지 않는다.[13] 동시성과 인과성이 현란하게 교호하지만 양자를 구분하기란 쉽지 않다.

《다니엘 데론다》는 행위로 이어지는 길을 찾을 수 없는 열정적인 사유들로 채워져 있다. 발생과 실체화 같은 생물학적 모델은 부분적인 해답만 제시할 뿐이다. 이와 같이 격리된 경험의 은밀한 정신세계에서는 물리학, 천문학, 음향학과의 유비가 중요하다. 공책 711에서 그녀는 클러크 맥스웰(Clerk Maxwell)이 1870년 영국학술협회의 고등과학회의 수학 및 물리학 분과에서 한 연설을 인용한다.

> 와륜(渦輪): 균일하고 마찰이 없고 압축이 불가능한 액체에서 생성된 와륜은 영원히 진행할 것이며, 처음에 흐르기 시작한 액체의 모양을 그대로 유지할 것이다. 이 와륜은 신축성이 있어 만져도 원래대로 되돌아가기 때문에 분할될 수도, 파괴될 수도 없다(f. 67).[14]

---

13) 《다니엘 데론다》에서 기원의 문제를 다르게 해석한 경우는 Cynthia Chase, 'The Decomposition of Elephants: Double-Reading *Daniel Deronda*', *P. M. L. A.*, 93(1978), 215~227쪽을 보라. 또한 Thomas Pinney, 'More Leaves from George Eliot's Notebook', *Huntington Library Quarterly*, 29(1965~1966), 353~376쪽 및 K. K. Collins, 'Questions of Method: Some Unpublished Late Essays', *Nineteenth Century Fiction*, 35(1980), 385~405쪽도 참조하라. 이 두 논문은 기원과 사회 진화 같은 주제들을 다룬 조지 엘리엇의 공책과 논문의 모태가 되며, Pinney, Baker, Pratt 등의 연구를 보완한다.

14) Baker, 3:75쪽. 이 시기인 1875년 3월 23일에 토머스 하디와 Leslie Stephen은 서로 처음 만나 토론을 벌였다. "그들은 부패하고 사멸한 신학, 사물의 기원, 물질의 구성, 시간의 비현실성에 관해 논의했다. …… 스티븐은 새로운 와륜 이론에 대단히 매력을 느꼈다고 말했다." Florence Emily Hardy, *The Early Life of Thomas Hardy*(런던, 1928), 139쪽.

무한성의 관념, 변형의 부재는 이 작품의 격렬한 정서적·지적 흐름을 형성한다.

《다니엘 데론다》에 수록된 제사는 과학소설을 시와 병치시키며, 양자의 결함을 강조한다. 또한 소설의 도입부는 시작을 구성하면서도 시작의 개념을 묻는다. "인간은 시작을 가장하지 않고는 아무것도 할 수 없다." 시작을 기원과 동일시할 수 있을까? 기원과 연관된 최초의 평온을 찾는 게 가능할까? 근원의 관념과 발달의 관념 사이에는 필연적인 연관이 있을까? 그것은 관념적이고 논쟁적일 수밖에 없는 습관적인 연관이 아닐까? 이런 질문들은 첫 부분의 내용에 내재할 뿐 아니라 작품 전체를 통틀어 드러난다. 또한 그 질문들은 1870년대에 중대한 쟁점이었으며, 다윈의 사상과 그것이 야기한 대응으로 인해 정서적·지적으로 두드러졌다.

인간은 시작을 가장하지 않고는 아무것도 할 수 없다. 엄밀한 과학이라 해도 가공의 단위를 출발점으로 삼을 수밖에 없다. 이를테면 별들이 끊임없는 이동하는 경로의 어느 한 점을 고정시켜, 여기서 마치 항성시계가 0인 것처럼 가정해야 한다. 과학보다 정밀도가 떨어지는 과학의 할머니인 시는 언제나 한가운데에서 시작하는 것으로 알려졌다. 그러나 곰곰이 생각해 보면 시의 진행도 과학과 그다지 다르지 않다는 것을 알 수 있다. 과학 역시 앞으로만이 아니라 뒤로도 가며, 자신의 단위를 무수하게 분할하고, 시계바늘을 0에 놓아 한복판(in medias res)에서 출발한다. 회상으로는 참된 시작을 알 수 없다. 우리의 머리말은 천상에 있든 지상에 있든, 우리 이야기의 출발점을 이루는 모든 것을 전제하는 사실의 일부분일 뿐이다(제사).

1874년 12월 R. A. 프록터는 《컨템포러리 리뷰(*The Contemporary Review*)》에 〈우리 지구의 과거와 미래(The Past and Future of Our Earth)〉라는 논문을 발표했다. 여기서 그는 주로 천문학과 진화론의 증거를 통해 세계의 가능한 출발점과 미래를 고찰했다.[15] 조지 엘리엇은 이미 프록터의 이전 논문인 〈도박하는 미신(Gambling Superstitions)〉을 읽고 메모를 해두었다. 거기서 얻은 견해와 정보는 소설의 도입부에 이용되었다. 그녀의 제사는 그녀가 이 두 번째 논문의 의미를 읽고 흡수했음을 분명히 보여준다. 프록터는 과학이 "공간이나 시간의 어떤 한계도 생각할 수 없다는 것을 보여준다"고 주장한다. "굳이 인간의 무한함을 우리 모두에게 제시해야 한다면 과학은 그것을 …… 다른 생각할 수 없는 무한함처럼 생각할 수 없는 것으로 제시한다." "비록 과학적으로는 인격신의 관념을 생각할 수 없지만, 과학은 무한한 인격적 힘이나 지혜의 존재를 부정하지 못한다. 이는 무한한 물질적 에너지를 부정하지 못하는 것(반대로 그것은 가능하다고 생각해야 한다), 또는 무한한 공간이나 시간의 존재를 부정하지 못하는 것(오히려 그것은 확실하다고 생각해야 한다)과 마찬가지

---

15) R. A. Proctor, 'The Past and Future of Our Earth', *Contemporary Review*, 25(1874), 74~99쪽. 조지 엘리엇과 G. H. 루이스는 *Contemporary Review*를 구독했고 Proctor를 개인적으로 알고 있었다. Haight는 이렇게 쓴다. "《다니엘 데론다》의 씨앗은 1872년 9월 조지 엘리엇이 홈부르크의 룰렛 테이블에서 Leigh 양을 지켜보면서 뿌려져 곧바로 싹텄다. 그녀는 *Cornhill*에 게재한 글에서 '도박 미신'에 관해 썼다"[R. A. Proctor, *Cornhill*, 25(1872), 704~717쪽].

다"(74~75쪽).

계속해서 프록터는 태양계의 기원과 '진화 과정'을 논의한다. 모든 단계마다 그의 논증은 과거와 미래의 무한한 방대함을 강조한다. 태양계가 거쳐온 단계들에 관한 논의를 마치면서 그는 현재 우리가 "추측이 별로 도움이 되지 않는 시점"에 이르렀다고 말한다. "마치 생물의 진화를 추적하려 할 때, 생명의 맨 처음 형태와, 지구상에서 생명 자체가 탄생한 기원 사이의 틈을 건너야 하는 것과 같다." "우리는 지구 역사의 진정한 출발점을 확정하기를 기대할 수 없다"(76쪽). 이것은 다윈의 논점이었다.

그는 다음과 같은 결론을 내린다.

> 흔히 진보에는 반드시 시작과 끝이 있어야 한다고 말한다. 하지만 진보가 절대적 공간이나 시간과 관련될 경우에는 그렇지 않다. …… 진보는 단지 상대적인 시간과 상대적인 끝만 포함할 뿐이다. …… 우리 지구의 끝은 아주 멀고, 태양계의 끝은 훨씬 더 멀다. 나아가 우리 은하, 우리 은하단에도 끝이 있다. 이 모든 끝(그것들은 한데 모여 우주의 끝이라는 관념을 제시한다)은 그 차원에 맞먹는 시대들의 시작일 따름이다. 우리는 우리 행성의 역사, 행성계의 역사, 은하의 역사를 나름대로 추적하지만, 거기서 얻어지는 시작들도 이전 상태의 끝에 불과하다. 이렇게 시작과 끝은 무한히 연속된다(91~92쪽).

《다니엘 데론다》는 조지 엘리엇이 공책 707에서 제시한 견해를 공유한다. 예를 들어, 그녀는 C. D. 긴즈버그(Ginsburg)의 《카발라

(*The Kabbalah*)》(1865)를 받아들여, "인간이 등장하지 않은 수많은 초기 세계들이 멸망한 뒤에 현재의 세계가 탄생했다"(f.19)고 주장한다. 또한 "천문학의 여러 단계가 사상의 발달에 미친 영향"(f.75)에 관한 콩트의 설명을 주해하고, 우리 태양계의 발달과 예상되는 열사(熱死) 상태에 관해 논의한다. 나중에 《다니엘 데론다》에서 그녀는 "인간도 행성과 마찬가지로 가시적인 역사와 비가시적인 역사를 모두 가지고 있다"고 쓴다.

프록터에 따르면, '진정한 시작'은 추적이 불가능하다. "회상으로는 참된 시작을 알 수 없다"(제사). 책 앞의 제사에서 조지 엘리엇은 프록터가 강조한 시작과 끝의 상대성, 양자가 맞물리는 관계를 암시적이고 응축된 형태로 제시한다. 그녀는 과학이 "가공의 단위를 출발점으로 삼을 수밖에 없다"고 하면서, "과학보다 정밀도가 떨어지는 과학의 할머니인 시는 언제나 한가운데에서 시작하는 것으로 알려졌다"고 말한다.

클로드 베르나르의 말을 들어보자.

> 과학자는 현상들의 관계를 파악하면 될 뿐 절대적 진리를 중시하지 않는다. 실제로 우리의 정신은 제한되어 있으므로 사물의 시작도 끝도 알지 못한다. 우리는 가운데, 즉 우리 주변의 가까운 것만을 알 수 있을 뿐이다.[16]

---

16) Claude Bernard, *An Introduction to the Study of Experimental Medicine*, H. C. Greene 옮김(뉴욕, 1949), 50쪽.

"우리 주변의 가까운 것", 즉 베르나르는 시간과 공간을 모두 강조하는 입장이다. 우리는 '한복판'에 있지만 그렇다고 해서 절대적인 해석이나 앎의 힘을 가진 것은 아니다. 그러나 '한복판'이라는 문학적 개념은 주체의 중심성을 전제한다. 주체는 완벽한 관점에 자리 잡은 채 과거의 일부분을 미래와 연관시킨다. '한복판'의 위치를 이용해 주체는 자체의 과거를 포괄하고 미래를 규정할 수 있다. 그러나 조지 엘리엇의 제사는 우리가 과거와 미래를 온전하게 나타낼 수 없다는 점을 분명히 한다. 설정할 수 있는 것은 '가공'일 뿐이며, 시간이 '0'인 것처럼 가장할 수 있을 따름이다.[17] 볼프강 이저(Wolfgang Iser)는 《독서의 행위(*Der Akt des Lesens*)》에서 이렇게 말한다. "정신적 이미지를 구성하는 모든 자료가 주어졌음에도, 현실성의 외양을 갖추는 데 필요한 일관성을 확립하는 것은 허구적 요소다. 일관성은 현실에 주어진 속성이 아니기 때문이다."[18]

《다니엘 데론다》의 처음부터 조지 엘리엇은 일관성의 불확실한 본성을 지적하면서 허구의 복수성을 인정하라고 촉구한다. 《종의 기원》에서 다윈은 변이의 우연성, 목적론을 배제한 가능성의 복수성을 강조했다. 에른스트 마이어(Ernst Mayr)에 따르면, 자연선택은 "과거의 사건들을 감안해 유전자의 성공적인 재조합을 산출하지만 미래를 계획하지는 않는다."[19] 프랜시스 골턴의 우생학 이론은 진화론을 미래에 적용하려는 시도였다. 《인간의 유래》에서 다윈이 성적 선

---

17) Hans Vaihinger, *The Philosophy of 'As If'*(런던, 1924; 2판은 1968년). 초판은 베를린, 1911년.

18) Wolfgang Iser, *The Act of Reading*(런던, 1978), 225쪽.

택에서 결정과 의지의 행위를 강조한 것은(비록 사회의 압력으로 제약을 받지만) 유전의 문제를 전면에 부각시켰다. 이런 문제들은 그 작품에서 중요한 부분을 이루며, 유대인과 영국인 등장인물들을 한데 묶어준다. 또한 그밖에 다양한 가능성, 우연의 창조적 능력, 미래에 대한 예측 불가능성의 완화도 강조되고 있다.

예언과 예측은 옳다고 확증될 경우 우리에게 커다란 **놀라움**을 주지만, 기본적으로는 미래의 통제할 수 없는 다형성에 기반을 두고 있다. 이 소설에서 조지 엘리엇은 선견지명의 범위를 고찰한다. 처음에 그웬돌린이 도박을 하는 장면에서 행운이나 '체계'에 의존하는 것이라든가, 모디케이가 예기된 이미지의 실현에 커다란 자신감을 보이는 것이 그런 예다. 소설은 다윈 이론의 핵심을 이루는 문제로 돌입한다. 거기에 미리 예정된 궁극적인 계획이 있을까? 목적론 자체가 허구일까? 우리는 자기방어적인 관점에서 우연을 섭리로 해석하는 걸까? 이 문제는 특히, 과거와 미래에 몰두하는 이야기 작가에게 까다로운 의미를 가진다. 또한 선견지명을 가진 소설가가 자신의 전지함을 감출 때는 전능함을 없애기가 어려워진다. 저자가 기원이 되는 데 따르는 문제는 《미들마치》에서도 만족스럽게 해결되지 않았고, 《다니엘 데론다》에서도 첨예하게 제기된다.

---

19) Ernst Mayr, 'Teleolgical and Teleonomic, A New Analysis', *Methodological and Historical Essays*, R. S. Cohen과 M. W. Wartofsky 엮음(도르트레흐트와 보스턴, 1974), 96쪽. August Weismann은 *Studies in the Theory of Descent*(독일 첫 출판, 1875)(런던, 1882), 694쪽에서 폰 베어의 말을 다음과 같이 인용했다. "다윈의 지지자들이 주장하는 다윈의 가설은 언제나, 자연의 과정에서 미래와의 관계, 목적이나 설계의 관계를 송두리째 부정하는 것으로 끝난다."

소설의 첫 부분은 문제를 은밀히 숨기고 있다. 엘리엇은 제사를 빌려 작품이 내세우는 주장을 예시한다. 제사에서 화자를 소개하는 대신 그녀는 그것을 주변화해 독자가 은근슬쩍 건너뛰어도 좋다는 뜻을 풍긴다. 하지만 그것을 건너뛰고 주요 텍스트로 넘어갈 경우, 우리는 도입부도 없이 곧장 도발적인 의문문을 접하게 된다. "그녀는 아름다웠던가, 아니었던가?" 여기에는 주체도, 생각하는 사람도 없다. 제사는 또 다른 시작이지만, 제사가 존재한다는 것은 주요 텍스트의 도입부를, 단지 문제를 내포한 시작으로 만들 뿐이다. 물론 이 예비 구절은 텍스트의 의미를 제시하기 위해 필요한 머리말이며, 텍스트에서 다루는 문제들을 요약하는 기능을 한다. 우리는 그것을 읽어야 하고, 처음을 가장해야 한다. 이 첫 구절의 공식적 관계에 딴죽을 걸기 위해 조지 엘리엇은 처음부터 공식적 진술의 근원이 문제를 내포한다는 것을 암시한다. 제사에서는 화자의 노골적인 공식성이 물러나고, 그 대신 근원이 없는 비인격성이 가정된다. 텍스트의 첫 부분에서 화자와 인물의 의식 사이, 완전한 의식과 아직 대상에 완전히 초점을 맞추지 못한 세심한 성찰 사이에는 의문문이 모호하게 자리 잡고 있다.

균일적인 연쇄의 일관성 대신 실패와 누락, 해석의 어려움, 지식의 불가피한 불완전성이 강조된다. 기원, 즉 의식이나 사건, 세계의 되돌릴 수 없는 시작이 이 도입부의 주제다. 에드워드 사이드가 《시작》에서 '의도의 시작'이라고 부른 것—지속하려는 희망 또는 적어도 계획—은 소설의 논증과 전개에서 주요한 힘으로 작용한다.[20] 작품

---

20) Edward Said, *Beginnings*(뉴욕, 1975), 특히 'The Novel as Beginning Intention'.

은 시작으로 끝난다. 그렇다면 작가나 첫 독자가 시작을 허구나 역사로 규정하는 것도 가능하지 않을까? 시오니즘 국가는 신기루일까?

앞에서 보았듯이, 《미들마치》의 인물들은 뿌리, 열쇠, 기원이 될 수 있는 것을 추구한다. 이는 현재와 과거의 다양성을 통합하는 단일한 근원으로의 복귀를 의미한다. 하지만 이야기의 행동은 관계에 사로잡혀 있으며, 플라톤적인 절박함에 놓인 인물들이 단일성과 이데아로 회귀하기 위해 추구하는 다양성을 강조한다. 《다니엘 데론다》에서 이 논쟁은 작품의 정서와 이야기 체계 속으로 파고든다.

시작이라는 관념에 내재하는 고착과 안정은 운동과 진화의 법칙에 위배된다. 콩트는 운동을 존재와 동일시했다. 조지 엘리엇은 《다니엘 데론다》를 위해 작성한 공책에서 콩트의 '일반 입문'에 나오는 구절을 인용했다. 사생활과 공적 영역, 상속 등 소설에서와 같은 문제들을 다루는 내용인데, 콩트는 회상에 지나친 권위를 부여하는 것을 반대한다.

> 역사적 정신이 보여주는 자연스러운 추세에 따르면, 의도를 고려하지 않고 늘 결과에만 의지하는 견해는 경멸받아 마땅하다. 그럴 경우, 공적 영역의 중요성을 과장하기 위해 사생활을 위축시켜야 한다고 생각하는 유해한 타락자들에게 체계적인 제재를 가하는 것이 진정한 임무라는 오해가 생겨날 수 있다. 하지만 그런 지적 위험은 사회역학이 그 진정한 본성과 일치하게 되면, 다시 말해 다른 과학들에서처럼 운동이 균일하게 존재에 종속되면 금세 사라져버린다(f.84).

전승의 문제—유형학의 문제

소설의 제11장 끝부분에는 두 개의 결론적인 문단이 있다. 사생활을 눈에 띄는 공적 사건들 속에 풀어내야 한다는 소설의 주장을 정당화하는 내용이다.

> 인류 역사를 통틀어, 어떻게든 자신의 삶을 즐겁게 만드는 방법을 찾기 위해 부산한 여인의 의식보다 더 빈약하고 하찮은 줄거리가 또 있을까? 더구나 지금은 관념이 활기차게 자체의 군대를 만들고 보편적 친족관계가 맹위를 떨치는 때이며, 세계의 한쪽 편에서는 여성들이 공통의 대의를 위해 용감히 죽어간 남편과 아들을 위해 애도하지 않고 세계의 이쪽 편에서는 빵을 얻지 못한 남성들이 기꺼이 그 고통을 참고 견디는 때이며, 남성의 영혼이 수백 년 동안 소리 없이 자신의 내부에서 고동치고 있던 맥박을 이제야 느끼고 깨어 일어나, 마침내 공포나 환희의 새로운 삶을 건설하는 때다.
>
> 이 힘찬 드라마의 한복판에서 여인들의 분별없는 꿈이란 웬 말인가. 그들은 남성들이 목숨으로 수호하려는 대의에 찬성하거나 반대한다. 이 섬세한 공간에서 시대를 헤쳐나가는 고귀한 인간의 정서가 배태된다(1:11:181~182쪽).

그웬돌린의 이야기는 시오니즘 국가처럼 아직 오지 않은 앞날, 허구의 기반에 관한 것이며, 역사의 회상에 의해 고정되거나 제한되지 않는다. 이 시대에 콩트, 에딩턴(Eddington), 클러크 맥스웰, 클라우시우스(Clausius), 다윈, 헬름홀츠 등은 사회학, 물리학, 진화론, 유전학, 음향학, 천문학의 여러 분야에서, 불안정하고 끊임없이 확장되는 모든 현상의 운동을 강조했다. 이 운동은 연속, 음파, 별들의 부단한 운행, 이야기의 전승, 열기, 종의 불안정성 등으로 다양하게 표현된다.

하지만 운동은 일방향적이지 않으며, 구심력이나 원심력 어느 하나만을 뜻하지도 않는다. 이런 점에서 운동은 과거에서 현재를 거쳐 미래로 향하는 통상적인 시간 개념과는 다르다. 되돌릴 수 없는 시간의 개념은 《종의 기원》이 강조하는 변형과 사멸에서 힘을 얻었다. 《다니엘 데론다》의 주제, 구성, 대화는 계보학적 시간관을 전승과 계승으로 간주하고 탐구하며, 그것이 완벽한 설명으로 적합한가를 논의한다.

공책 707에서 조지 엘리엇은 콩트를 좇아 인간을 "**수렴의 본성에 의해 형성되는 연속적 전체**"(f.82)로 정의한다. 수렴이 만들어내는 개체성의 형태는 반드시 시작의 탐구를 필요로 하지 않으며, 자체의 형이상학을 유발하는 소설의 중요한 구성 원리다. 특히 데론다는 다른 사람들이 필요로 하는 순간에 그들과 만나는 수렴의 능력을 가지고 있다. 그러나 수렴은 또한 소설의 구성에서 더 불길한 특질도 보인다. '만남의 시내'는 데론다와 미라만이 아니라 그랜코트와 그웬돌린도 만나게 한다.

시내들이 만나면 근원으로 거슬러올라가는 것이 아니라 함께 바다로 흐른다. 하지만 소설의 도입부에서 보듯이, 인간에게는 시작의 관념이 필요하다. 이 소설에서도 많은 인물들이 자신의 기원을 찾고 있다. 다니엘 데론다와 미라는 둘 다 잃어버린 자신의 어머니를 찾는데, 이 과정에서 유대교의 모계적 전통이 특별한 의미를 가진다. 다니엘의 경우, 어머니를 되찾으면 자신의 앞날이 보장되는데, 어머니의 냉대는 그가 밝혀진 근원으로 돌아가지 못하게 한다. 이 점에서 그들은 가능성과 미래에 열중하는 그웬돌린과 대조를 이룬다. 그녀에게는 어머니가 있으며, 메이릭 부부를 비롯한 다른 주요 인물들처럼 그녀의 어머니는 정서의 원천이다.

소설에는 당대의 선입관에서 비롯된 암시적인 불안이 농축되어 있다. 1870년대에는 기원을 찾고 기원의 본성 및 기원과 발달의 관계를 탐구하는 것이 지적 유행을 이루었다. 콩트와 다윈은 이미 그 이전에 절대적 기원 대신 과정과 변형 연구를 택했다. 《종의 기원》의 제6장 '이론에 관한 어려움'에서 다윈은 "신경이 어떻게 빛에 감응하게 되는가 하는 문제보다 생명 자체가 처음에 어떻게 탄생했는가 하는 문제가 우리의 관심을 더 끈다"(217쪽)고 말한다. 그런 주장은 지구상에 생명이 발달해온 역사에서 종의 발달을 비교적 후대에 배치하기 때문에 논란거리가 되었다. 그러나 출발점을 가리키는 다윈의 책 제목('종의 기원')과, 시초의 기원에 관한 논의를 회피하는 그의 주장이 드러내는 역설적 관계는, 우주발생론을 역사로 대체함으로써 과정에 관한 관심만이 아니라 기록되지 않은, 되돌릴 수 없는 시작에 관한 관심도 일깨웠다.

소설의 시간적 배경과 집필된 시기 사이의 20년 동안 '기원'이라는 단어가 도처에서 나온다. 《다니엘 데론다》가 출간된 해인 1876년에 창간된 심리학과 철학 잡지인 《마인드(Mind)》는 그 단어가 주장을 판단하는 수단으로 자주 사용되었다는 것을 보여준다. 7월에 나온 제3호에는 헬름홀츠의 〈기하학적 공리의 기원과 의미(The Origin and Meaning of Geometrical Axioms)〉, 플린트(Flint)의 〈연상과 도덕 사상의 기원(Associationism and the Origin of Moral Ideas)〉, 막스 뮐러의 〈집합명사와 추상명사의 기원적 의도(The Original Intention of Collective and Abstract Terms)〉 등이 수록되었다. 기원이라는 단어는 지적 토론의 필수불가결한 것이 되었으며, 우리가 연구해야 할 것이 우주발생론—사물들이 어떻게 탄생했는가—인지, 아니면 전승—사물들이 어떻게 지금의 상태가 되었는가—인지를 놓고 내밀한 논쟁이 벌어졌다. 그 논쟁은 또한 사물들이 장차 어떻게 될 것인가 하는 추측을 유발했다. 당시 조지 엘리엇은 연소와 열기의 소멸을 논의한 크롤(Croll)의 논문 〈태양의 기원과 나이에 관한 추측(The Probable Origin and Age of the Sun)〉, 혹은 픽테(Pictet)의 《아리아 민족의 기원(*Origines des races aryennes*)》을 읽으면서 상호연관된 복잡한 의문과 쟁점에 빠져 있었다. 아리아 민족의 기원에 관한 그녀의 관심은, 단지 흔히 말하는, 《다니엘 데론다》에 포함된 유대적 측면의 '배경'에 관한 연구에 그치지 않았다. 유대인과 영국인을 이원론적 관점에서만 보면, 소설에서 그녀가 탐구하는 것이 양극성이 아니라 공통적 근원이라는 점을 놓치게 된다. 유대인과 영국인은 공통의 문화, 이야기, 유전적 계승의 두 가지 특수한, 강력하게 상호연관된 표현이다. 이는 전승의 문제를 제기한다.

이 소설의 주요 쟁점은 유형학의 문제다. 새로운 운동, 새로운 이야기가 있을 수 있는가? 전승의 고리를 끊고 새로이 출발하는 것이 가능한가? (다니엘 데론다의 어머니가 시도했다.) 아니면 우리를 주로 결정한 것은 유전적 계승인가? (다니엘의 이야기가 말해준다.) 허구는 새로운 가능성을 제시할 수 있는가? 그렇지 않다면 억지스런 새로움을 회피하기 위해 낡은 이야기들을 되풀이할 수밖에 없을 것이다. 작품에서 그 억지스런 새로움은 그웬돌린의 고집스러운 처녀 시절의 꿈(비행 탐험과 지배의 꿈), 심원한 욕구의 지극히 일시적인 표현으로 나타난다.

"뭘 하고 싶어?" 렉스가 천진난만하면서도 걱정하는 기색으로 물었다.

"나도 몰라! 북극에 갈까? 장애물 경주에 나갈까? 헤스터 스탠호프(Hester Stanhope, 19세기 초의 여성 여행가: 옮긴이)처럼 동방에 가서 여왕이나 될까?" 그웬돌린이 되는 대로 대답했다. 말은 그렇게 했지만 더 깊은 곳에 기원을 둔 대답을 할 자신은 없었다.

"결혼하지 않겠다는 말은 아니네."

"그럼, 그런 말은 아니야. 다만, 나는 결혼한다 해도 다른 여자들처럼 하진 않겠어"(1:7:99쪽).

소설을 읽는 과정에서 강렬하게 제기되는 한 가지 의문은, 여성에 관한 이야기에서 새로운 플롯이 있을 수 있느냐 하는 것이다. 이것은 제31장의 제사에 나온다.

그대 자신을 송두리째 바쳐라
길 없는 물에, 꿈꾸지 않은 해변에―셰익스피어

공책 707은 그웬돌린에 관한 초기의 이야기를 전해준다.

그웬(Gwen)은 영국의 비너스로 불린다. …… 그웬돌린 (Gwendolen), 혹은 활의 여인은 아마 그웬들(Gwendal)이라는 이름에서 나왔을 것이다. 그웬들은 흰 눈썹을 가진 고대 영국의 여신인데, 달의 여신으로 추측된다.

요컨대 그녀는 활과 달의 여신이자, 순결을 상징하는 디아나의 영국판이다.

그웬돌린은 브루트(Brut)를 모델로 한 인물이다. 몬머스의 제프리에 의하면, 그녀는 콘월 공작 코리네우스의 딸이며, 영국의 전설적 시조인 브루투스의 아들 로크린의 아내다. 로크린은 그녀를 버리고 아름다운 게르만 포로인 에스트릴드에게 갔다. 그러자 그녀는 그와 전쟁을 벌였고 그 과정에서 그가 죽고 에스트릴드와 그녀의 딸 사브레, 혹은 아베른은 포로가 되었다. 그 뒤 질투와 복수심에 눈이 먼 여왕은 두 모녀를 강물에 빠뜨려 죽였는데, 이 때문에 강의 이름이 사브리나, 혹은 세베른으로 불리게 되었다. 이 강은 웨일스의 해변에 있다.(ff.10~11쪽).

그웬돌린의 이야기에도 물에 빠뜨려 복수하는 내용이 있지만, 버림받은 여인의 파괴적인 힘에는 미치지 못한다. 그러나 이름에서 드러나는 아서 왕의 전거(그녀는 "카라독 브레익프라스, 훌륭한 원탁의 기사인 크라독의 어머니"였고 "아서의 궁정에서 손꼽히는 미녀"였다)는 묻힌 역사, 즉 절반은 신화이고 절반은 민족적 회상이 텍스트의 표면 아래에 있다는 것을 암시한다. 《로몰라》에서는 작품의 표면에 백과사전식 지식이 망라되어 있는 데 비해, 《다니엘 데론다》에서는 신화 체계, 언어, 민족 등이 암시되어 있으며, 거의 구조와 의미론을 통해 은밀하게 진행되는 논증의 일부분을 형성한다. 그것은 진화론에 의해 전혀 새로운 관계로 설정된 재료에 의존하는 논증이다. 다윈의 영향으로 이전의 분석들도 다르게 독해된다.

인종과 문화―동질성과 이질성

민족 연구에서 드러나는 동질성과 이질성에 관한 논쟁은 언어와 신화 연구에서도 나타난다. 18세기 후반에 헤르더(Herder)는 《언어의 기원에 관한 소론(*Abhandlung über den Ursprung der Sprache*)》에서 기원의 언어는 원래 풍부하고 복잡했으나 발달 과정에서 단순해졌다고 주장했다. 이런 견해는 그림 형제를 좇아 어원의 아름다움을 강조한 막스 뮐러와 선명하게 대비된다.[21] 그의 신화 이론은 단일한 전거 체계를 주장했다. 즉 모든 신화는 '태양' 신화이며 기후 현상의 해석과 관계가 있다는 것이다. 신화에서 태양을 내세우는 것은

---

21) J. G. Herder, *Abhandlung über den Ursprung der Sprache*(베를린, 1772). Helene M. Kastinger Riley, 'Some German Theories on the Origin of Language from Herder to Wagner', *Modern Language Review*, 74(1979), 617~632쪽을 보라. 또 다음 문헌들도 참고하라. Morris Swadesh, *The Origin and Diversification of Language*(시카고, 1971); Richard Dorson, *The British Folklorists, A History* (시카고, 1968); Burton Feldman과 Robert D. Richardson, *The Rise of Modern Mythology 1680~1860*(인디애나, 1972).

당시의 천문학에서도 흔히 볼 수 있다. 1870년대에 다윈을 제외한 많은 사람들은 장차 태양이 냉각되어 소멸하리라는 헬름홀츠의 이론에 당혹감을 느꼈다.[22] 태양 신화는 단지 과거의 범주화를 넘어 1860년대와 1870년대에 사람들의 불안에 영향을 미쳤다. 이는 프록터가 지구의 수명이 무척 길다면서 사람들을 안심시킨 데서 확인할 수 있다. 그것과 똑같은 문제가 《다니엘 데론다》에서는 천문학적 비유와 설계적 구성으로 나타난다. 이 작품은 과거와 미래를 우리에게 익숙한 하강의 견지에서 제시하려 애쓰면서도, 미지의 영역에 속하는 미래의 우연과 우연성을 일관적으로 제시한다.

조지 엘리엇이 《다니엘 데론다》를 구상하고 집필하던 시기에 신화 체계의 상호연관성은 열띤 논쟁의 대상이었다. 그 상호연관은 전승의 결과인가? 아니면 (이 가능성은 서서히 자각되지만) 인간의 상상력이 지닌 유형학적 욕구의 소산인가? 물리적 유기체의 무의식처럼 단단한, 아직 발견되지 않은 무의식의 형태학이 있는가? "움켜쥐기 좋도록 만들어진 인간의 손, 흙을 파기에 적합한 두더지의 앞발, 말의 다리, 돌고래의 지느러미, 박쥐의 날개보다 더 흥미로운 것은 모든 기관이 같은 유형에 따라 만들어졌고, 같은 뼈를 포함하며, 신체와의 관계에서 같은 위치에 있다는 점이다." 다윈은 《종의 기원》 가운데 형태학을 다룬 절과 분류를 다룬 장에서 이렇게 말한다. 또

---

22) 1866년 William Thomson은 헬름홀츠의 와류 이론을 받아들였다. 조지 엘리엇의 크롤 공책에는 헬름홀츠의 모순 이론이 상세히 기록되어 있다. 거기에는 태양이 결국 냉각될 수밖에 없다는 내용도 포함된다. 다윈은 *Autobiography*에서 "태양이 모든 행성들과 더불어 장차 냉각되어 생명이 살 수 없게 되리라는, 현재 대다수 물리학자들의 견해"에 좌절감을 나타냈다(53~54쪽).

조지 엘리엇은 공책에서 고대 이집트판 신데렐라 이야기를 말한다.

다윈식으로 경험을 조직하는 것은 여러 구조주의적 분석과 일치한다. 예를 들어, 1928년에 블라디미르 프로프(Vladímir Propp)는 《민담의 형태론(*Morphology of the Folk-Tale*)》을 다음과 같은 구절로 시작한다.

> '형태학'이라는 단어는 형태 연구를 뜻한다. 식물학의 경우, '형태학'이라는 용어는 식물의 구성 부분, 부분들의 관계 및 부분들과 전체의 관계에 관한 연구를 뜻한다. 바꿔 말해 식물의 구조에 관한 연구다.
>
> 하지만 '민담의 형태학'이라면 무슨 뜻일까? 지금까지 그런 개념이 가능한지는 거의 누구도 생각하지 않았다.
>
> 하지만 민담의 형태를 유기적 구성의 형태학에 못지않게 정확히 조사하는 것은 가능하다. ……
>
> 나는 민담을 애호하는 사람이라면 누구나 그런 연구를 할 수 있다고 본다. 작가를 따라 민담의 다형적인 미로 속에 들어갈 의지만 있다면 말이다. 그렇게 하면 놀라운 균일성을 보게 될 것이다.

무의식의 확고한 상징들을 다루는 유형학은 《다니엘 데론다》가 발표된 직후에 프로이트가 연구했다.

《다니엘 데론다》를 집필할 당시 조지 엘리엇은 다양한 문헌들을 연구하고 있었는데, 그 모두가 문화적 진화와 인종 문제를 다루었고, 인간성을 국민성이나 인종적 기원과 무관한 것으로 간주했다. 그녀는 1870년대 초반에 프레더릭 해리슨(Frederic Harrison) 등이 처음 번역한 콩트의 《실증 정치 체계(*Système de politique positive*)》에 반대하는 입장을 취했다. 그녀가 콩트에게서 인용한 대목에는 다음과 같은 내용이 있다.

> 조국이라는 개념은 한때 고향과 같은 의미였지만 지금은 인간성의 개념 속에 파묻힐 위기에 처해 있다(f:96). 콩트는 《실증 정치 체계》에서 이렇게 말한다(I:333쪽). "우리는 인간성이 기본적으로 죽은 것으로 구성된다고 본다. 이것만이 우리의 판단에 완전히 부합한다. …… 만약 살아 있는 것이 용인된다면, 드문 경우를 제외하고는 잠정적으로만 그러할 뿐이다."

조지 엘리엇은 "만약 우리가 '인간성'에 대해 의무를 가진다면 살아 있는 것과 앞으로 다가올 것이 어떻게 배제되는가?" 하고 묻는다. 인간성을 현재만이 아니라 '앞으로 다가올 것'으로 보는 것이 《다니엘 데론다》의 핵심 개념이다.

> 인간은 가난과 곤궁에 찌들고, 병으로 약해지고, 다가오는 죽음의 그림자를 알고 있지만, 보이지 않는 과거와 미래 속에서 열정적인 삶을 살아간다. 개인적 운명에 관해서는, 그것이 짧은 상상을 제외하고는 결코 얻을 수 없는 선을 구현하는 데 방해가 되지 않는다면, 아랑곳하지 않는다. 저쪽 멀리 낮의 태양은 그의 몸을 덥혀주지 않지만 인간은 그 속에 영혼의 욕구

를 던진다. 건강한 젊음의 개인적 동기가 결여된 열정으로, 절망스러운 자살의 유혹을 애써 뿌리치고 끈기 있게 저항하는 것은 단지 어버이의 사랑의 숭고한 변형만이 아니다. 그 이유는 사소한 것들의 미래도 열망과 동경의 시선으로 보면 현재가 되기 때문이다(2:42:388~389쪽).

이 준비 공책의 주요 주제는 음악, 신비주의, 신화, 어원, 정신의 진화다. 그녀는 중세 음악, 특히 브루크너를 비롯해 이 시기 종교음악가들에게 큰 영향을 준 인물인 팔레스트리나(Palestrina)의 음악과 그레고리안 성가를 언급하고, 훌라(Hullah)의 음악사를 길게 설명한다. 초기 음악에 관한 지식도 해박할뿐더러 그녀가 인용하는 중세 문헌 가운데는 초서(Chaucer)의 저작만이 아니라 놀랍게도《인위트의 아엔바이트(*Ayenbite of Inwit*)》, 즉 '양심의 가책'도 있는데, 이 문헌은《다니엘 데론다》의 정서적 클라이맥스와 밀접한 관련이 있다. 그랜코트가 죽은 뒤 그웬돌린이 겪은 고통이라든가, 자신의 경력을 위해 모든 것을 희생한 위대한 음악가인 다니엘의 어머니가 느낄 수밖에 없었던 크나큰 가책이 그런 예다. 조지 엘리엇은 공책에서 그노시스파 신비주의와 토마스 아 켐피스(Thomas à Kempis)를 나란히 인용하고, 성배 전설에 상당하는 불교의 내용을 설명한다. "이 파트라는 불교의 성배다. 독일 학자들은 성배 이야기에서 동양적 기원의 뚜렷한 암시를 찾아냈다." 그녀는 율(Yule)의《마르코 폴로(*Marco Polo*)》를 인용함으로써 성배의 인도적 근원과 의미를 보여준다. "성배가 지상에서 사라지자 율법이 점차 약해졌고 폭력과 악이 점점 더 만연했다." 그레고리안 성가가 유대회당의 고대 성가나

베다 성가와 관련이 있듯이, 《브리튼 이야기(*Matter of Britain*)》도 불교나 아시아 전통과 관련이 있다. 이것은 공책에 나오는 아서 왕이나 켈트 이야기와 밀접한 연관이 있다. 그녀가 전하는 그웬돌린이라는 이름의 기원과 어두운 이야기는 아서 왕 이야기와 연관될 뿐 아니라 카발리즘(Cabbalism, 유대교의 신비 철학: 옮긴이)처럼 노르만, 유대, 아라비아, 인도를 포함한 다양한 전설들의 연관 체계를 시사한다. "알렉산드리아 철학은 인도에서 파생되었다."

조지 엘리엇은 해리엇 비처 스토(Harriet Beecher Stowe)의 '오만하고 전횡적인 태도'에 관해 논평한다. 영국인들은 유대인을 포함하여 자신들이 접촉한 모든 '동양 민족들'을 그렇게 대했다.

무엇보다 중요한 일은, 사람들의 상상력을 일깨워 관습과 가치관이 다른 민족들의 인간적인 권리를 인정하게 하는 것이다. 그러나 그리스도교의 환경에서 사는 우리 서구인들은 히브리인에게 특별한 빚이 있으며, 인정하든 인정하지 않든 종교적으로나 도덕적으로 독특한 동료 의식을 가지고 있다. 이른바 '배운 사람들'이 햄을 먹는 것을 두고 가볍게 조롱한다든가, 자신의 사회와 종교가 자신이 익살맞게 모욕하는 사람들의 역사와 밀접한 관계가 있다는 것을 전혀 알지 못한다면 그것처럼 꼴불견도 없다. 그런 사람들은 그리스도가 유대인이었다는 사실도 제대로 알지 못한다. 나는 럭비를 하는 사람들 중에 그리스도가 그리스어를 썼다고 생각하는 사람들을 본 적이 있다. 이렇게 우리 세계의 절반을 책임지는 역사를 전혀 알지 못하고 우리와 다른 관습을 가진 생활방식에 관심을 가지지 못하는 것은 최악의 종교를 가까이하는 것과 같다. 그런 태도는 좋게 말해야 지적 편협성의 징후이며, 일상적으로 말하면 어리석은 짓이다. 그런데 지금 우리 문화에는 그런 현상이 만연해 있다.[23]

이 구절은 조지 엘리엇이 유대인을 지지했다는 증거로 자주 인용된다. 하지만 영국인, 유대인, 동양 민족의 문화가 역사적으로 관련되어 있다는 그녀의 주장은 흔히 간과된다. 영국은 섬인 탓에 민족 문화가 빈약하다. 그녀의 작품은 영국인들이 다른 민족, 문화와의 관련성을 알지 못한다는 것을 전반적으로 강조하고 있다.

우리 영국인들은 혼합 민족이다. 우리 중에 무작위로 50명을 골라보면 신체 구조나 용모가 얼마나 다양한지 알 수 있다. 그러나 대체로 우리는 기본적으로 표정이 활기차고 열정적인 민족은 아니라는 것을 인정해야 한다. 우리는 이념에 사로잡혀 현실을 가볍게 보는 민족이 아니다(1:10:149쪽).

영국인의 탐험 정신과 디아스포라(diaspora, 고대에 일어난 유대인의 분산과 이주: 옮긴이)는 늘 식민지와 제국을 통한 지배 형식을 취한다. 그들의 탐험은 언제나 환영받지 못하며, 그들이 어디에 안주하는 것은 일종의 소멸이다.

이 잘생긴 백인 영국인들은 그들 국가의 통상적인 특성을 드

---

23) *Letters*, 6:301~302쪽.

러내면서 자랑스럽고 침착하게, 얼굴에 웃음 하나 띠지 않고
마치 초자연적인 운명을 실현하는 생명체처럼 움직인다(3:54:
207쪽).

이런 특성은 삼촌의 재산을 물려받은 그랜코트를 통해 직접적으
로 형상화된다.

데론다 씨는 흔히 보는 친근한 인물이었다. 그러나 만약 그
가 상속자였다면 그의 얼굴이 휴고 경처럼 전형적인 영국인의
얼굴이 아니라는 사실이 유감이었을 것이다.
맬린저 부인과 함께 나타난 그랜코트를 외국인 같은 풍모라
고 말할 수는 없었으나 그래도 썩 만족할 만한 모습은 아니었
다. 두 가문의 재산을 물려받은 행운아가 머리털이 더 많고, 안
색이 더 좋고, 활기에 넘쳤다면 아주 좋았을 것이다. 그러나 그
두 가문이 여자들만 남게 되어 거칠거칠한 용모의 사내에게로
재산이 상속되었다는 사실은 사물을 겉으로만 판단해서는 안
된다는 것을 말해준다. 그랜코트 씨는 겉보기와는 전혀 딴판으
로 훌륭한 신사였으며, 상속자에 어울리는 인물이었다(2:36:
251~252쪽).

영국의 쇠락하는 힘은 남성 측의 혈통을 강조하는 데서 직접적으
로 드러난다. 그웬돌린의 어머니 문제도 마찬가지로 딸들만 둔 가정
에서 비롯된다. 이 상황에서 유일한 구원의 희망은 결혼을 잘하는
것뿐이다. 그랜코트의 정부였다가 그에게서 버림받은 글레이셔 부

인은 아들이 하나 있으나 서출이므로 상속이 금지되어 있다. 이 작품에서 조지 엘리엇은 '양육'의 의미를 확대함으로써 영국 신사라는 낡은 주제를 크게 확장된 지적 관계로 만든다. 휴고 맬린저 경의 양육 덕분에 영국 신사로 자라난 다니엘은 자신의 유대적 혈통을 통해 상속의 기회를 얻는다. 유대 문화는 모계 승계를 인정하기 때문이다. 그러나 그는 늘 영국인이 되기 위해 노력한다. "독일인, 슬라브인, 유대인의 알맞은 조합"(1:5:65쪽)인 클레스머처럼 데론다는 유전적으로나 문화적으로 복잡한 과거 덕분에 부자가 되었다. 여기서 과거란 지역 공동체의 한두 세대를 가리키는 게 아니라 생명의 원초적 형태부터 시작된 변형의 문제, 특히 전승의 문제를 가리킨다. 인종과 문화는 어떻게 상호연관되고 어떻게 변화하는가? 변형은 반드시 향상을 낳는가? 과거, 현재, 미래는 안정된 연속선상에 있는가? 연구에는 확고한 한계가 있는가?

　정신의 일반적인 운동으로 볼 때, 그녀의 공책과 〈합리주의의 영향(The Influence of Rationalism)〉 같은 초기 논문에서 추상적으로 표현된 이 문제들은, 이 작품에 나오는 '웨식스의 변두리'에 사는 사람들의 개인적 운명에서 구체적인 형태를 취하며, 관념보다는 정서로서 자주 소통된다.

　　심리학의 기능이나 유전의 수수께끼에 관한 깊은 연구가 없고, 인간의 역사적 발달과 한 시대가 다른 시대에 의존하는 현상에 관한 포괄적인 견해가 없는 상황에서, 적어도 감수성이 풍부한 정신이라면 전통의 강압적인 영향력이 무차별하게 공격을 받을 때 막연한 불편함을 느끼게 된다.[24]

유전의 수수께끼

《다니엘 데론다》에서 엘리엇은 '유전의 수수께끼'와, 전통의 강압적이면서도 해방적인 영향력을 탐구한다. 그녀의 탐구는, 핸드와 배너(Hand and Banner)에서의 폭넓은 토론에서 보듯이 때로는 노골적으로, 다이아몬드의 상속에서 보듯이 때로는 사건을 통해, 그웬돌린이 구혼에 강력하게 저항하고 할름-에버슈타인 왕녀가 어머니에게 반대하는 데서 보듯이 때로는 감정을 통해, 원인과 결과의 권위를 이끌어가는 두드러진 시간 순서를 회피하는 데서 보듯이 때로는 이야기 질서를 통해 전개된다.

공책에서 그녀는 어원을 통해, '유전의 수수께끼'를 설명하는 인용과 관찰을 규정한다. 의미는 은유로 변했다가 그 다음에는 실체가 된다. 그리하여 한 단어의 뜻을 나타내는 측면을 선택하고, 관념의 계승과 변형을 설명한다. 생존과 변형의 원리인 언어는 《다니엘 데론다》의 카발리즘 전통에 중요한 역할을 한다. 그 전통에 힘입어 모디케이는 글로 된 예언을 자신과 다니엘의 현재 관계로 해석한다. 데론다와 그웬돌린의 열정적인 대화에서 에너지는 직접적 발화로 전환된다. 문자 언어, 대화, 이야기, 나아가 사유의 발화는 대부분이 무언의 불가해한 수수께끼 상황에서 이루어지는 소통 행위다. 그러나 조지 엘리엇은 이제 그 형용하려는 노력을 '어리석다'고 규정한다. 명백히 드러나는 '차이'의 난점 때문이다. 그녀는 공책에서 다음과 같은 오스틴(Austin)의 말에 밑줄을 쳤다. "진리는 언제나 특수하지

---

24) Pinney, 409쪽.

만 언어는 대체로 일반적이다"(f.107). 말은 특수한 것을 지워버린다. 한 단어의 전승이든, 이야기의 전승이든, 개체의 전승이든, 전승은 단순한 직선적 진보를 보여주지 않는다. 변형과 분리는 공통성만큼 강력한 언어의 에너지이므로 이야기와 유전 질서 속에 있다. 그녀가 《다니엘 데론다》에서 모호하게 제기하는 중요한 발견은, 인간이 "동쪽으로 가서 새로운 인종의 이야기를 말해주는 새로운 언어의 열쇠를 발견할 수도 있다"는 것이다.

빅토리아 시대 작가들에게 종족에 대한 관심은 본질적으로 종류에 대한 관심이다[여기서 종족(race)과 종류(class)는 생물학적으로 '유(類)'와 '강(綱)'이지만, 지은이는 그 의미를 생물학에 국한하지 않으므로 일반적인 용어를 사용하기로 한다: 옮긴이]. 종족과 종류는 둘 다 혈통, 계보학, 이동성, 발달과 변형의 가능성을 제기한다.《종의 기원》에서 다윈은 계보학적 은유를 선언적인 관점에서 채택한 바 있다. 새커리(Thackeray)는 초기 논문에서 종족과 종류의 관념이 하나로 응축되는 것을 보여준다. "우리나라에서 서식하는 생물들은 먼 나라의 생물들보다 더 고립적이고 덜 알려져 있다." 디킨스는 《황량한 집》에 나오는 젤러비 부인을 통해 이국적이고 원시적인 것에 비해 가까운 이웃에게 공감을 느끼지 못하는 상태를 분노로 표출한다.

린네가 연구한 종의 분류와 불변성은 종족 연구에도 암묵적인 영향을 미쳤다. 그동안 '잡종'에 관해 많은 글이 발표되었는데, 간간이 이종은 있어도 종족은 기본적으로 지속적이라는 견해가 일반적이었다. 물론 아변종의 분석도 가능하지만, 다양한 종족이 위계를 이루고 있고 그 위계는 환경적 조건보다 물리적 특성에 의거하기 때문에 변하지 않는다고 보는 게 보통이었다.

종족에 관한 논의에서 유대인은 특별한 어려움을 야기했다. 이들은 분명히 아시아의 유목민이지만, 그렇다고 해서 유전적으로 독자적이고 수많은 변천에도 본래의 문화를 간직한 '호모 아시아티쿠스(Homo asiaticus)'라고 할 만한 특성에 완전히 들어맞지는 않는다. 어떤 면에서 유대인은 확고한 인종 집단의 개념에 대한 관념적인 표상이다. 그래서 폴 브로카(Paul Broca)는 초기 인류학협회의 어느 간행물에서, 진화론에 반대하여 여러 인종이 독자적으로 발생했다는 다원발생론의 증거로 유대인을 들었다.

일원발생론은 외딴 곳에까지 인간이 거주하게 된 것이 비교적 최근의 일이라는 주장에 반대한다. 관찰 결과, 인간의 유형들이 항구적으로 확립된 시기가 불과 2~3세기라는 것에도 반대하며, 이 정도의 기간은 종족의 변형을 유발하기에 충분하지 않다고 생각한다. 종족의 변형이 일부는 인간의 창조에서부터, 또 일부는 대홍수 이후 오랜 기간에 걸쳐 서서히 이루어졌다는 주장에도 동의하지 않는다.

그러나 이집트의 그림을 조사해보면, 인간의 주요 유형들은 예수 그리스도가 탄생하기 2500년 전에도 지금과 같은 상태로 존재했다는 것을 알 수 있다.

유대인은 지금까지 1800여 년 동안 다양한 기후대에 살고 있지만, 파라오가 지배하던 고대 이집트와 모든 면에서 똑같다.[25]

유대인은 다윈의 이론만이 아니라 《성경》의 관점에서도 증거가 될 수 있다. 신의 은총을 받은 종족이 생존경쟁에서 살아남았다고 보면 되기 때문이다. 유대인이 고향을 잃은 것은 국가와 민족의 관계, 종족과 문화의 관계를 예리한 형태로 제기한다. 분명히 유대인이 덜 발달한 종족이라고 볼 수는 없다. 그들은 사멸에 저항했고, 학살과 분산, 다른 종족과의 통혼으로도 말살되지 않았다. 그들은 유서가 깊고 선택받은('은총'을 받은) 민족이며, 문화적으로 변형에 의해서가 아니라 해석학적 과정에 의해—즉 해석과 재해석을 통해—살아남았다.

바로 이런 맥락에서, 이 작품이 제기하는 지적인 문제에 관한 공개적인 논의를 파악해야 한다. 모디케이는 '철학자들'—"사유하도록 되어 있는 불쌍한 사람들"—의 모임이 '위대한 전달자들'과 어느 정도 비슷하다고 말한다. "그들은 부족한 빵을 얻으려 애쓰지만, 우리에게 기억의 유산을 보존하고 확대해주었고, 이스라엘의 영혼이 무덤들 속에서 씨앗으로 살아 있도록 해주었다"(2:42:370쪽). 조지 엘리엇은 구체적인 종족들이 별개로 존재했다는 발상을 조롱한다. "[거머리나 첨두창(尖頭窓)이 정확한 증거가 되겠지만] 순수한 영국의

---

25) Paul Broca, *On the Phenomenon of Hybridity in the Genus Homo*, C. Carter Blake 엮음(런던, 1864), 62쪽. 다윈은 1840~1850년대 인종 이론에 관한 책들을 읽었다고 기록한다. *Anthropological Review*의 초기에는 '종'에 대한 관심이 새로이 형성되면서 인종 이론의 다양한 측면을 다룬 글들이 많이 실렸다. 빅토리아 시대 인종 이론에 관해서는 John Haller, *Outcasts from Evolution*(어배나, 일리노이, 1971); G. W. Stocking, *Race, Culture and Evolution*(뉴욕, 1978); John Burrow, *Evolution and Society*(케임브리지, 1996)를 보라. Burrow는 영국의 사회적 관점에서 진화론의 수용과 변형을 명쾌하게 분석한다.

피가 두드러진 것은 아니었다"(2:42:372쪽).

그 모임에서 논의의 주제는 변형과 발달이다. 변형과 발달은 혁명적이어야 하는가, 누적적이어야 하는가? 언제나 전진적이고 선(善)을 지향하는가?[26] 이 논의는 셸리의 〈프로메테우스의 해방(Prometheus Unbound)〉에서 눈사태를 설명하는 대목을 인용하는 것으로 시작한다.

> 생각과 생각이 쌓여 거대한 진실을 이루면
> 마침내 무너지며 민족들이 사방에서 메아리친다(2:42:371쪽).

이와 같은 지질학적 과정의 비유는 19세기에 다가오던 과학적 발견과 사회혁명을 묘사할 때 자주 쓰던 유비였다. 어니스트 존스(Ernest Jones)는 자신의 시에서 그것을, 노동자의 혁명적 의미를 나타내는 비유로 사용했고, 밀러는 그것의 과학적 함의를 중시했다. 이렇게 지질학적 비유는 논의의 중심에서 과거와 미래의 특별한 관계, 즉 느리고 누적적인 과거와, 사건에 의해 빠르게 전개되면서 미래로 거칠게 밀려가는 현재를 설명한다.

'핸드와 배너'에서의 대화는 계승, 발달, 진보의 관념들, '사회 변화의 원인들'과 '관념들의 변형력'이 맞물리는 과정에 집중된다. 그

---

26) *The Variation of Plants and Animals under Domestication*(런던, 1868)은 '혼합'과 '전환'을 다루었다. 1864년에 다윈은 Hooker에게 이렇게 썼다. "잡종이 부모 중 한 측으로 회귀하려는 경향은 더 폭넓은 법칙의 일부다. …… 다시 말해 인종과 종의 경계를 넘는 것은 수백, 수천 세대 전의 조상들에게 존재했던 형질을 되살리는 방향으로 나아간다."

들은 관념들이 현실적·과학적·정치적 유비들을 거쳐 자유로이 이동하는 무의식적 전파를 논의한다.

"릴리는 우리가 사회 변화의 대의에서 출발했다고 말했지. 네가 참여했을 때 나는 관념들의 힘이 변형의 주요 원인이라고 간주하고 그것을 밀어붙이고 있었어"(2:42:374쪽).

파시가 말했다. "하지만 네가 기존의 조합을 능력의 기준으로 여긴다면, 가장 실용적이지 못한 관념이 가장 앞서게 되지. 그 관념은 이해되지도 않은 채 확산되고, 사유되지도 않은 채 언어 속으로 들어가게 돼."

마라블스가 말을 이었다. "관념은 마치 기체를 살포하는 것처럼 퍼져나가지. 요즘에는 도구들이 워낙 좋아져서 대기의 변화와 그에 따른 신경의 변화를 관찰하는 것만으로도 이론을 확산시킬 수 있어."

어두웠던 파시의 표정이 장난스럽게 빛났다. "국가의 관념이 그래. 아마 멍청이들이 그 냄새를 맡고 점점 모여들 거야"(2: 42:376쪽).

파시의 익살은 관념과 진화의 변화를 압축적으로 보여준다. 그는 혼자 있던 멍청이들이 국가의 관념이 변화하는 분위기를 알아차리고, 그때까지의 습관을 버리고 라마르크식 의미에서 생존하려는 노력을 하게 된다고 상상한다. 그는 국가의 관념을 억압의 상태, '후진적 국민'과 결부시킨다. 유럽 민족주의는 사라질 수밖에 없다. "진보의 모든 흐름이 그것에 거스르고 있다." 이리하여 논의는 핵심 문제로 접어든다. 변화는 반드시 진보를 뜻하는가?

"변화와 진보는 발달의 관념으로 합쳐지지. 발달의 법칙은 계속 발견되고 있어. 그것에 따라 일어나는 변화는 진보적일 수밖에 없어. 다시 말해, 그 변화에 반대되는 진보나 향상의 관념이 있다면 그것은 잘못된 관념이야."

"변화가 무조건 발달이라고 어떻게 확신하는지 알 수가 없군." 데론다가 말했다. "그 불가피성의 정도는 우리의 의지, 행위, 일을 서둘거나 늦추는 지혜에 따라 다를 거야. 물리쳐야 할 경향을 순응해야 할 불가피한 법칙으로 착각할 위험은 언제나 있게 마련이야"(2:42:377쪽).

그렇다면 의지와 저항의 역할은 뭘까? 여기서 모디케이는 **재발**(recrudescence)이라는 중대한 관념을 도입한다. 재발이란 "유기적 중심을 되살리는 것"을 뜻한다(388쪽).

부활과 쇄신의 힘은, 진화론에선 거의 허용되지 않는 신화적 체계의 요소에 속한다. 사실 다윈은 유년기 변이—성년기에 이르기 전에 죽지만 미래 세대에 재발하는 성질—의 개념을 인정했다. 그는 또한 가장 '고등'하고 전문화된 형태에서 반드시 중대한 진화적 발전이 나오는 것은 아니라고 말했다. 1860년대에 그는, 오랫동안 드러나지 않고 잠복된 특성들이 재등장하는 것도 가능하다고 인정했다. 그러나 부활, 영원히 맛보는 새로운 축제, 영구히 솟아나는 샘물, 새롭지 않은 텍스트의 재해석을 통한 재생이라는 관념은 전진적이고

누적적인 나무 구조를 취하는 진화론의 이미지와는 무관한 신화의
이미지다. "그들은 정체된 민족이야." 모디케이는 그들이 끊임없이
새로이 해석된다는 것에 반대한다.

> 그 정신이 살아 있어. 우리 그것을 장기적인 집으로 삼자. 그
> 것은 움직일 수 있으니까 장기적이야. 그래서 그것은 세대에서
> 세대로 전승되는 일이 가능하지. 아직 태어나지 않은 우리 후
> 손들은 지금까지의 상태에서 풍요로워질 수 있고, 불변의 토대
> 위에 희망을 세울 수 있는 거야(2:42:386쪽).

모디케이가 의지하는 것은 친족의 목적론이다. 다윈의 설명에 따
르면, 그것은 '숨겨진 혈통의 유대'다. "그 유대는 변화를 종속적인
성장으로 끌어안고 봉헌한다. 즉 그것을 친족으로 봉헌한다. 과거는
나의 부모가 되고 미래는 나를 향해 아이들처럼 호소하듯 두 팔을
벌린다." 하지만 밀러는 가족이나 부족의 이미지를 일원발생론의 관
점에서 일반화해 배타적인 유대적 권리를 배격한다. "우리는 모두
아담을 통해 연관되어 있다. …… 백인종, 흑인종, 황인종을 가리지
않고 어느 누구도 부당한 대우를 원하지 않을 것이다"(383쪽). 그는
유대인의 특수한 자격과 권리를 거부한다. 화자는 모디케이가 가족
적 은유를 넘어섰다고 주장하지만 어떻게 그랬는지는 명확히 말하
지 않는다. 논증은 결국 고향으로 돌아가는 문제, 예언을 자구 그대
로 실현하는 문제에 관한 격렬한 토론으로 끝난다. 다른 유대인들
사이에서 벌어진 이성적 논의의 논점은 해석학적 전통에 위배된다.
그들은 팔레스타인을 찾는 일을 믿을 수 없는 미신으로 간주한다.

하지만 데론다는 그것을 이탈리아에서 마치니(Mazzini)가 한 민족주
의 운동과 나란히 놓는다.

모디케이는 성장의 가장 강력한 원칙이 인간의 선택에 있다는 주
장으로 논의를 끝마친다. "우리 종족의 신성한 원칙은 행동, 선택,
분석된 기억이야"(2:42:396쪽).

조지 엘리엇은 이 격렬한 논쟁에 커다란 비중을 부여한다. 데론다
와 그의 어머니 사이에서 벌어졌던 열정적인 논쟁과 비슷한 배분이
다. 이 소설에서 그런 장면들은 드물다. 대부분의 장면들은 내밀한
감정과 관련되고, 인물들은 무언의 어지러운 망상에 빠져 있다. 그
러므로 분량에서나 지적 분위기에서나 매우 열띤 이 논쟁 장면은 이
작품에서 대단히 중요하다. 그 기능은 소설의 다른 곳에서 감정의
움직임으로 은밀하게 추적되고 역추적되는 관념들의 압력을 명시적
으로 확증하는 데 있다. 변화에 대한 의지와 선택의 관계, 변화와 불
가피한 진보의 혼동은 격렬한 논쟁의 대상이다. 진화론을 인간 생활
에 적용할 수 있느냐를 가름하는 시금석이 되기 때문이다.

물론 그런 사상이 다윈에게서만 나온 것은 아니다. 조지 엘리엇은
이미 1840년대에 헤겔을 읽었고, 존 옥슨퍼드(John Oxenford)가 쇼
펜하우어와 피히테에 관해 쓴 논문도 읽었다. 특히 그 논문은 영국
에서 처음으로 쇼펜하우어를 논의의 주제로 만들었고, 조지 엘리엇
이 편집장으로 재직하던 《웨스트민스터 리뷰》에 수록되었다.[27] 또한
그녀는 1850년대에 라마르크와 스펜서도 읽었다. 그러나 1870년대
에 그녀는 인류학적 의미를 가미한 책을 펴냈고, 영국의 국민 생활

---

27) *Westminster Review*, 59, 1853, 388~407쪽.

이 향상될 가능성을 비관적으로 보는 상대주의를 배격하는 한편, 《인간의 유래》로 인해 불붙은, 인종과 문화에 관한 열띤 논쟁에 참여하고 있었다. 다음 장에서 검토할 남성과 여성의 관계는, 다윈의 성적 선택 이론에 대한 그녀의 대응이다.

진화론을 낙관적으로 독해하면, 미래에는 인간의 정신이 발달하고 신체적 진화가 완성된다고 가정하기 쉽다. 이는 통제와 발달이 선택의 행위에 의해 유발될 수 있음을 뜻한다. 그러나 조지 엘리엇의 작품을 보면, 비록 표면상으로는 이런 방향으로 이끄는 많은 논의가 있는 듯 보이지만 그 근저에는 역류가 흐르고 있다.

소설의 내용은 그 모임에서의 논의보다 한층 더 대담하다. 이 작품에는 갑작스러운 운명의 굴절이 자주 등장한다. 이를테면 그웬돌린이 자기 돈을 잃고 가문의 재산마저 잃어 이중 파산하는 것, 글레이서 부인이 그녀에게 보낸 편지(그런 운명의 굴절은 대부분 서신의 형식을 취하는데, 여기서 편지는 그리스 비극에 나오는 전령이나 복수에 불타는 자의 기능을 한다), 다니엘이 출생의 비밀을 알게 되는 것, 그랜코트가 물에 빠져 죽는 것이 그런 예다. 독자는 이 사건들을 어느 정도 예견하고 있으나 완전히 알지는 못한다. 그래서 실제로 일어나는 일들이 예상보다 더 급격하고 충격적이고 압도적이다. 따라서 이 작품에는 혁명에 관한 노골적인 언급이 전혀 없는데도 혁명의 결과는 있다.[28] 플롯은 이제 점진적이고 균일적인 누적이 지배하는 점

---

28) Peter Dale, 'Symbolic Representation and the Means of Revolution in *Daniel Deronda*', *The Victorian Newsletter*(1981), 25~30쪽.

진주의적 세계를 표현하지 않는다. 사건이 예상을 뛰어넘는 방식은 극단적이라는 느낌을 만들어낸다. 이 느낌은 또한, 의식 내부에서 자유로이 돌아다니는 방계적인 소망과 가능성에 의해서도 생겨난다. 비록 실현되지는 않는다 해도, 그런 소망과 가능성이 계속 존재한다는 분위기는 점점 강해진다. 비목적론적인 사건들의 연계는 인물들의 다양한 소망에서 나오지만, 그 소망을 확증하지도 않고 그것과 완전히 일치하지도 않는다. 미래의 복합성에 비해 현재를 늘 하찮게 보이도록 만드는, 이 변덕스럽고 무모하고 상대주의적인 질서를 거스르는 것은 전승의 자연스러운 목적론이다. 개별적인 욕망으로 유전적 전승과 계보학적 시간이 가져다주는 안정적인 계승을 몰아낼 수는 없다. 하지만 이 작품에는, 졸라가 죽음에 대한 답으로 제시한 다산성의 힘이 전혀 없다. 단지 개별적 욕구의 광적인 암울함 또는 유전적 계승의 불가해한 질서만이 있을 뿐이다.

《다니엘 데론다》의 도입부에 나오는 질문, "그녀는 아름다웠던가, 아니었던가?"에 대한 대답은 작품의 대부분을 차지한다. 앞부분에서는 다니엘과 그웬돌린이 전혀 만나지 않는다. 그러나 다니엘이 그웬돌린의 행동과 운명을 세심하게 배려하는 것은 곧 그들 사이의 필연적인 관계가 드러날 것이라는 확신을 준다. 이 확신은 작품의 행위에서 비롯된다. 첫 만남과 우위를 점하기 위한 격렬한 다툼, 그리고 그웬돌린의 목걸이를 되찾으려는 데론다의 노력을 통해 우리는, 두 사람의 관계가 데론다와 미라의 관계보다 우선한다는 것을 알 수 있다. 이야기의 시간에서 그웬돌린은 우선권을 가진다. 전후 관계의 시간에서 다니엘은 이미 한 해 앞서 미라의 운명에 관련되어 있다. 하지만 독자가 보기에 그웬돌린과 데론다의 관계는, 나중의 정보라는 점과 무관하게 우선권을 잃지 않는다. 우리 독자는 그들을 먼저 알았기 때문이다. 텍스트의 전승에서 사건과 사건은 순차적으로 이어질 때도 있고 준비가 되었을 때 맞물리기도 한다. 그래서 독자에게는 그웬돌린과 데론다의 관계가 처음으로 보인다. 게다가 이야기 순서는 그웬돌린과 그랜코트의 관계보다 그들의 관계에 우선권을 부여한다. 이런 이야기의 전거는 전후 관계나 사회적 연고의 전거를 거스르며, 텍스트와 그 체계와 관련된 또 다른 종류의 발생과 전승을 의식 속으로 끌어들인다. 이런 체계는 원인과 결과나 도덕적 구별에 의존하지 않고, 우연과 의도가 교차하는 바로 그 지점에 자리를 잡는다. 우리는 우연히 그들에 관해 먼저 듣게 되는 것이다. 그러나 우리는 우연히 듣지만 실은 저자가 그런 식으로 배치했기 때문에 그런 것이다.

독자가 이야기를 받아들인 이후에는 다니엘과 그웬돌린이 조상처럼 보인다. 그들의 만남에서부터 전체 미래가 나온다. 그러므로 중지, 비약, 시간 역전이 포함되는 이야기 연쇄의 생성 활동은, 전승의 체계 이외에 다른 신뢰할 만한 체계, 즉 원인과 결과의 체계가 있다는 점을 상기시킨다.

아리스토텔레스는 《자연학》에서 시간과 운동을 동일시했다. 그는 시간을 양화(量化) 가능한 운동의 측면으로 간주하고 시간의 부정적이고 덧없는 속성을 강조했다.

시간의 일부는 과거이고 더는 존재하지 않는다. 나머지는 미래이고 아직 존재하지 않는다. 시간은 무한한 것으로 여기든 한계가 있는 것으로 여기든, 더는 없는 부분과 아직 오지 않은 부분으로 나뉜다. 비존재가 존재와 겹치는 것을 우리가 어떻게 알 수 있을까?[29]

이런 시간 개념은 현재의 권위를 박탈하고, 현재를 단지 비존재에서 비존재로 넘어가는 일차원적 통로로 만든다. 《다니엘 데론다》에서 현재는 선례와 과거로 가득하며, 다양한 미래와 얽혀든다. 그러나 여기서 사용된 모델은 유전적 혹은 생물학적 시간 모델만이 아니다. 여러 방향으로 움직일 수 있고 공간과 예언, 부활, 혁명을 포함할 수 있는 상상의 영역에 속하는 모델도 사용되었다. "이런 것도 아가톤(Agathon)의 말에 따르면 충분히 가능하다. '불가능할 것 같은 일이 일어나는 것도 가능성의 일부다'(아리스토텔레스, 《시학》)" (2:61:351쪽). 그래서 제41장의 제사에서 데론다는 모디케이의 예언적 기질에 관해 곰곰이 생각한다.

"이 열광의 상속자들이 보여주는 가족적 유사성의 문제, 예언자든 몽상가든, '인류의 위대한 은인인 구원자'든, 환상적인 발견의 광신도든, 자기 자신의 잠재된 영감을 믿는 자에서부터 영구 운동이 가능한 이상적 기계를 마지막으로 발명한 자에 이르기까지." 인간적 정열의 친족성, 죽을 수밖에 없는 배경의 동일함은 필연적으로 사실을 해학과 풍자로 채운다(2:41: 354쪽).

형태학과 유형학은 우리를 해석학의 길까지만 이끌어준다. 일탈

---

29) *Physics*, 5, 40, 217b35~218a3.

과 새로운 가능성은 단순한 형태와 구조 속에 숨겨져 있다. 그래서 조지 엘리엇은 이 작품에서 전승의 나무 체계만이 아니라 시간의 공간적 모델에도 의존한다. 또한 이 작품에 내포된 커다란 어려움은 그들 중 어느 것이 우세한지를 판단하는 일이다.

1870년대와 1880년대에는 진화론에 내포된 몇 가지 의미들이 더 밝혀졌다. 특히 다윈의 이론이 지닌 사회적·심리적 함의, 남성과 여성의 관계에 관한 의미가 명백해졌다.《종의 기원》에 자주 등장하는 중요한 은유는 대가족의 의전적인 기록이다. "모든 참된 분류는 계보학적이다"(404쪽). 계승과 상속은 자연의 과거와 현재를 묶는 '숨겨진 끈'이며, 사회를 조직하고 지배권을 유지한다. 다윈은 자연 질서 내에서는 계승의 잠재력이 균등하다는 점을 강조했다. "명문화된 가계도 같은 것은 없다. 우리는 모종의 유사성으로 혈통의 공통성을 만들어내야 한다"(408쪽). 자연에서의 변이는 의지가 통제할 수 있는 것이 아니다. 변이는 우연적이고 의지와 무관하며, 특별한 환경에 처한 개체와 자손에게 유리하게 작용할 수도 있고 불리하게 작용할 수도 있다.

여성의 혈통—계보학적 명령

그러나 1870년대의 주요 저작인 《인간의 유래》(1871)와 《인간과 동물의 감정 표현(*The Expression of the Emotions in Man and Animals*)》(1872)에서 다윈은 인간을 공공연히 진화 논쟁으로 끌어들였고, 의지와 무관한 자연선택만이 아니라 성적 선택도 강조했다. 개인의 의지와 공동체의 내면화된 가치는 둘 다 성적 선택 과정에서 제 역할을 한다.

따라서 진화론과 사회학·심리학·의학 이론이 만나는 측면은 새로운 중요성을 얻었다. 생물학과 사회학의 결합은 성적 선택의 개념으로 귀결된다. 이에 따라, 어떤 정서, 가치, 성찰적 행동이 개인과 민족의 생존에 도움이 되는가를 묻기 시작했다. 전승된 성질들이 다양한 문화와 민족의 특수한 성격을 형성했을까? 그렇다면 여성의 역할은 무엇이었을까? 생식력을 통해 민족의 신체적인 전승에 기여한 걸까? 남성과 여성의 관계는 발생과 발달에 어떤 도움을 주었을까?

《인간의 유래》에서 다윈은 쇼펜하우어를 인용하면서 '사랑 술책'이 민족의 미래에 관련된다고 말한다.

인간, 특히 야만인의 경우, 신체에 관한 성적 선택의 작용에는 여러 가지 원인이 개재된다. 문명인은 주로 여성의 정신적 매력, 재산, 특히 사회적 지위에 관심을 가진다. 남성이 하층 여성과 결혼하는 경우는 드물기 때문이다. 아름다운 여성을 얻는 데 성공한 남성은, 장자상속제에 따라 재산을 물려주는 일부를 제외하고는, 평범한 아내를 둔 다른 남성보다 많은 후손을 거느리지 못할 가능성이 크다. 그 반대의 선택, 즉 여성이 매력적인 남성을 선택하는 경우도 있다. 문명국의 여성은 신분이 자유롭고 선택도 자유롭게 할 수 있지만 야만족의 경우에는 그렇지 않다. 이 경우, 여성의 선택은 주로 남성의 사회적 지위와 재산의 영향을 받는다. 남성이 인생에서 성공하느냐의 여부는 지적 능력과 활기, 혹은 자기 조상이 가진 그런 능력의 결실에 달려 있다. 이 주제를 상세히 다루기 위해서는 어떤 변명도 필요하지 않다. 독일 철학자 쇼펜하우어는 이렇게 말한다. "희극적인 사랑이든 비극적인 사랑이든, 모든 사랑 술책의 최종 목표는 인간 생활의 다른 어느 목적보다 더 중요하다. 궁극적인 문제는 바로 다음 세대를 구성하는 일이다. …… 여기서 중요한 것은 어느 개인의 행복과 고통이 아니라 미래 인류의 행복과 고통이다"(893쪽).

다윈은 비록 "문명국의 여성은 신분이 자유롭고 선택도 자유롭게 할 수 있다"고 말하지만, 암컷이 주로 성적 선택권을 가지는 다른 종들과는 대조적으로 인간의 경우는 남성이 선택권을 가진다는 점을 《인간의 유래》의 여러 곳에 명시적으로 밝힌다. 이 차이는 중대한 어려움을 낳는다. "남성은 여성보다 신체적으로나 정신적으로 더 강하다. 야만국의 남성은 다른 동물의 수컷보다도 훨씬 더 비참하게 여성을 속박한다. 그러므로 남성이 선택권을 가지는 것은 당연하다"(911쪽). 남성은 여성의 '정신적 매력'도 존중하지만 아름다움을 더 우선시한다. 이런 주장이 나오는 장의 부제목은 '각 인종마다 다른 미적 기준에 따른 여성의 지속적인 선택의 결과에 관하여'다.

성적 선택에서 **아름다움**에 대한 강조는 미학 분야의 논쟁을 열었다. 그랜트 앨런(Grant Allen)은 《마인드》 5호(1880)에 〈인간의 미학적 진화(Aesthetic Evolution in Man)〉라는 글을 수록했는데, 이는 《인간의 유래》와 성적 선택의 관념에 크게 의존한 글이었다. 여기서 그는 이렇게 주장한다. "성적 선택의 이론은 미학자에게 가장 중요하다. …… 여성과 인간 형태의 아름다움은 모든 인간의 아름다움을 판별하는 핵심 기준이며 앞으로도 그러할 것이다"(449쪽). 그가 생각하는 아름다움의 개념에서는 우생학이 중시된다. "아름다움은 어떤 종류든 다 비슷하다. …… 건강함, 정상성, 강함, 완벽함, 부모로서의 자질을 가리킨다." 이런 것이 없다면 "종족은 곧장 사멸로 향할 수밖에 없다."

그렇듯 "근본적이고 전형적인 아름다움, 정상적인 특수한 유형을 완전히 실현한 아름다움"을 염두에 두면, 하디가 더버빌 가의 테스를 '거의 표준적인 여성'이라며 단조롭게 칭찬한 문구가 실은 얼마나 강렬한 표현인지, 또 《다니엘 데론다》의 도입부에 나오는 "그녀는 아름다웠던가, 아니었던가?"라는 질문이 얼마나 절박한 것인지 잘 이해할 수 있다. 조지 엘리엇의 열정적 인물인 그웬돌린이 성적 구애를 혐오하고 전락의 세계에 들어가기를 겁내는 것은 1870년대의 사유에 내포된 여러 가지 혼란을 말해준다. 그녀는 규범적이지 않고 뚜렷한 극단을 향해 발산되는 또 다른 유형의 아름다움—그랜트 앨런이 말하는 아름다움—을 가지고 있는 것이다.

《정신의 병리학(*Pathology of Mind*)》[1867년에 나온 《정신의 생리학과 병리학(*Physiology and Pathology of Mind*)》의 1879년 개정판]에서 헨리 모즐리(Henry Maudsley)는 광기의 진화론을 이야기한다.

〈비참한 언니〉 존 페이드, 1851년

왼쪽의 여성은 연인이 자신의 동생에게 끌리는 것이 아닌가 의심하고 있다. 심리학자들은 질투심이 적응의 결과라고 주장하기도 한다.

그 맹렬한 진보주의는 비록 다윈에게 경의를 바치고는 있지만 실은 도덕적 생존 적합성과 신체적 생존 적합성의 유사성을 가정하는 스펜서의 입장에 더 가깝다. 하지만 모즐리는 또한 광기를 낳은 특수한 조건을 예민하게 관찰한다. 그는 젊은 남성보다 젊은 여성에게 더 자주 정신적 장애를 유발하는 생물학적·교육적·사회적 결정인자를 분석함으로써, 문화적 기준에 따라 선택되는 여성들이 직면한 문제를 조명한다.

이 시기에 여성은 남성보다 상처를 입기가 더 쉬운데, 그 이유는 이해하기 어렵지 않다. 우선 여성은 남성에 비해 지성보다 정서적 측면이 더 발달했고, 생식에 관련된 기관들이 정신에 더 큰 영향력을 미친다. 둘째, 여성은 활동 범위가 제한되어 있고 삶에서 얻을 수 있는 기회도 현재의 사회 구성에서 남성이 가지는 기회보다 훨씬 더 적으므로, 여러 가지 건전한 목표를 추구하는 과정에서 감정을 대신 배출할 수 있는 방법이 남성처럼 많지 않다. 셋째, 사회적 감정은 암묵적으로 한쪽의 성에게 승인된 것을 다른 성에게는 완전히 금지한다. 마지막으로, 사춘기 여성이 시작하는 월경은 일종의 질병과 같은 정신의 혼란을 주기적으로 초래하며, 그 불규칙성과 억압성 때문에 다양한 정신적·신체적 원인으로 작용해 정신이 어느 때라도 심각한 영향을 받기 쉽다(450쪽).

작품의 전통적인 주제들—구애, 감성, 짝짓기, 여성의 아름다움, 남성의 힘, 모든 형태의 상속—은 《인간의 유래》가 발표된 이후 새로운 어려움에 직면했다. 다윈의 경우에서 자주 보듯이, 그의 글은 오랜 주제들을 심화시키고 뒤흔들어 새로운 문제로 만들었다. 조지 엘리엇에게는 섬세하게, 토머스 하디에게는 더 솔직하게 작용했지만, 남성과 여성의 관계에 내재한 사회적·심리적·생물학적 모순, 그리고 그것을 유전적 계승과 동일시하는 태도는, 전통적인 소설 주제를 재해석하는 데 중대한 역할을 했다. 재해석과 저항은 소설적 에너지를 창출하는 데 흡수에 못지않게 중요하며, 다윈과의 관계는 그 둘 모두에 영향을 주었다. 다윈이 상식적인 질서를 역전시켜 인간을 선택자로 만든 것은 다른 종들의 경우와 달리 인간 혈통의 사회적 구성요소에 관심을 모으게 했다. 《인간의 유래》에서 다윈은 고대 그리스 문학을 이용하여 자신의 주장을 뒷받침했다. 그는 경제적 부가 선택에 영향을 미치는 사태를 개탄하면서, 후컴 프레어(Hookham Frere)가 번역한 테오그니스의 〈소와 말(Kine and Horse)〉이라는 시를 인용한다.

결함과 단점이 없는 훌륭한 혈통이 중요하다지만
우리의 일상적인 결혼에서는
가격이 모든 것이다.
돈을 위해 남자는 결혼하고 여자는 결혼 상대가 된다.

다윈이 보기에 사랑의 음모와 결혼 시장은 인류의 미래와 연관된다. 그런 주제들은 개인의 운명을 넘어선 생성과 소멸을 고찰함으로써 새로운 비중을 얻고 새로운 저항을 부른다. 개체발생에서 계통발생으로의 이전, 개체의 발달과 종의 발달의 비교는 비극적 잠재력이 대단히 풍부한 상상력의 원천이 된다.

조지 엘리엇과 하디는 여성의 개체성과 생식적 역할의 불일치를 강조한다. 《테스》에서 엔젤 클레어를 사모하는 다양한 개체들인 농장 처녀들은 다음과 같이 묘사된다.

> 침실의 분위기는 소녀들의 절망적인 열정으로 고동치는 듯했다. 그들은 잔인한 자연의 법칙이 그들에게 부여한 억압적인 감정, 기대하지도 않았고 바라지도 않았던 그 감정에 짓눌려 미친 듯이 몸부림쳤다. …… 그들을 개인으로서 존립할 수 있게 해주는 차이는 이 열정으로써 제거되었다. 그들은 전부 성(性)이라는 단일한 유기체의 일부분에 불과해졌다(174쪽).

《테스》에서 하디는 격세유전의 개념을 활용한다. 향촌 귀족 가문의 후손인 테스는 조상의 혈통을 어느 정도 이어받았으나, 그녀의 아름다움은 모계인 장원 밖 농부의 혈통에서 왔다. 여기서 다윈의 대가족 이미지가 재평가된다. 그것은 사회적 위계라는 낡은 관념과, 하디의 다윈주의식 주장—테스에게서 보듯이, 신체와 성격의 아름다움이 유일하게 참된 '기준'이다—사이를 오간다.

골동품 애호가인 목사는 테스의 주정뱅이 아버지가 귀족 혈통이라는 사실을 밝히면서 전체 사건들의 연쇄를 불길하게 시작한다. 그 말을 들은 테스의 아버지 더비필드는 자연히 의문을 가질 수밖에 없다. "우리 더버빌 가문이 어디 살고 있죠?" 목사가 대답한다. "아무 데도 살지 않아요. 향촌 가문으로 소멸한 거죠. 그러니까 영락한 거예요." 권력에서 생존하지 못한 사람들은 지배력을 잃는다는 이야기다. 사회적 압력과 인간 사회에 독특한 남성 지배로 왜곡되지 않은 성적 선택의 고유한 작용에 따르면 엔젤과 테스의 결혼이 이루어져야 할 것이다. 하디는 순결의 사회적 강조가 자연스러운 것이 될 수는 없다고 말한다. "그녀는 사회적으로 인정된 법을 위반할 수밖에 없었다. 하지만 그녀가 그러한 변칙을 상상하는 환경 속에는 어떤 법도 존재하지 않았다"(114쪽). 하디가 테스의 순수함과 아름다움을 열렬히 묘사하는 것은, 생존자가 생존에 적합한 존재라고 찬양하는 동어반복의 논리에 정면으로 위배된다. 그는 적어도 여성과 가난한 사람은 그런 생존이 가능하다고 주장한다. 환경에 적응하는 자는 영락한 자보다 덜 완벽할 것이다. 현재 사회의 억압적 기준에 부합하는 성적 선택은, 그랜트 앨런의 말을 빌리면, "곧장 사멸로 향할 수밖에 없다."

패트릭 기디스(Patrick Geddes)와 J. 아서 톰슨(Arthur Thomson)은 《성의 진화(*The Evolution of Sex*)》(런던, 1889)에서 다음과 같이 말했다.

아주 옛날부터 철학자들은 여성이 덜 발달한 인간이라고 주장해왔다. 다윈의 성적 선택 이론은 남성의 우월함과 상속권을 전제한다. 스펜서는 여성의 발달이 출산의 기능 때문에 저해되었다고 본다. 요컨대 다윈의 남성은 진화된 여성이며, 스펜서의 여성은 발달이 저해된 남성이다.

불확정적 미래

성적 선택의 견해는, 생물학적 결정인자와 사회적 결정인자가 계승과 전승, 성 역할 속에서 복잡하게 뒤섞여 있다고 본다. 모즐리는 여성의 성질 가운데 '감정적 요소'와 '생식적 요소'는 남성보다 강할 수밖에 없다고 주장한다. 다윈의 말을 들어보자. "여성은 대체로 직관력, 빠른 지각, 모방의 능력이 남성보다 현저하게 뛰어나다. 그러나 그런 기능들 중 적어도 일부는 저급한 인종의 특성이며, 과거에 있었던 낮은 문명 상태의 특성이다"(858쪽). 하지만 두 사람 모두, 현재 여성이 받는 교육이 자연적 속성을 강화한다는 점을 인정한다.

이리하여 진화론과 심리학 이론의 만남이 새로운 조명을 받게 되었다. 이 점이 중요한 이유는, 어떤 감정과 성찰적 행동이 개인과 종족의 생존에 도움을 주는가 하는 물음이 제기되었기 때문이다. 전승된 성질은 다양한 문화의 특성을 구체화했는가? 제임스 설리(James Sully)는《감각과 직관(*Sensation and Intuition*)》(1874)에서 진화론과 심리학의 상호의존성을 강조했다. 스펜서와 다윈이 옳다면 다음과 같이 말할 수 있다.

이 전승 과정이 무수한 세대를 거쳐 진행되었다면, 세상의 모든 갓난아기는 원시적인 신경 조직과 더불어 확고하고 튼튼한 도덕적 성향을 가지고 있을 것이다. 이것은 특정한 양식의 계획에서 비롯된 성질일 수도 있고, 특별한 방향을 취하는 본능적인 정서적 감응력의 형태일 수도 있다.[1]

설리는 경험이 세대와 종을 거쳐 누적되는 것을 보여주는 감정의 사례로, 스펜서가 말한 유아의 공포, 다윈이 말한 동물의 초보적인 양심을 들고 있다. 나아가 그는 "인간의 행동이 동료들에게 미치는 결과를 결정하는 조건"을 이해해야 한다고 강조하며, "정치적 수단을 완벽하게 설명하려면 전승된 자극이나 습관 같은 현상들을 인정해야 한다"고 주장한다.

《다니엘 데론다》에서 조지 엘리엇은 1870년대의 정서적·지적 문제들을 대단히 압축적으로 제시했으며, 절반쯤 형성된 두려움을 작품 속에 풀어놓았다. 불안은 이 작품의 생성적 정서로 기능한다. 독자들은 평소보다 더 의식적인 태도로 복잡한 예측의 과제를 수행함으로써, 그리고 인물들은 과거와 미래를 통제하려 애씀으로써 그 불안을 공유한다.

독자는 곤경에 처한다. 작품에서 독자의 의례적인 예언과 추측 행위—가설을 만드는 과제—는 그 자체로 소설의 주제가 되며, 그 과정에서 독자는 풍자와 두려움을 느낀다. 독자는 해석의 과제를 떠안게 되는데, 텍스트는 공백이 많아 해석이 어려울뿐더러, (작품 전반에 널리 사용되는 은유를 볼 때) 우리에게 익숙하지 않은 낯선 언어로 되어 있다.[2]

하지만 이런 방식의 의도는 소설의 여러 가지 의미 가운데 정서적

---

1) James Sully, *Sensation and Intuition: Studies in Psychology and Aesthetics*(런던, 1874), 5~6, 9~10쪽. 특히 진화 가설과 인간 심리의 관계를 다룬 글을 보라. Herbert Spencer의 *Principles of Psychology*의 제2판이자 확대판은 1870~1872년에 나왔다.

인 부분에 관심을 집중시키려는 데 있다. 예를 들어, 모디케이는 미래가 머지않아 자신의 죽음을 가져오리라는 것을 알면서도 미래를 지속성으로 이해하고자 애쓴다. 그의 정서는 자신의 꿈을 행동으로 바꿔줄 영적 계승자를 찾아내려는 의지 속에 집중되어 있다. '또 다른 영혼'을 찾는 과정에서 그는 "오랫동안 상상했던 유형을 인식하고자" 한다(2:38:307쪽). 그는 유형을 현실화하고 실체화하는 것을, 성장하는 세계의 일부라고 여긴다. "그가 보기에 …… 마음속의 생각들은 …… 사물의 성장과 밀접하게 얽혀 있어 그 이상의 운명을 가질 수 없는 듯했다"(2:38:299쪽). 여기서는 정신과 신체, 문화와 민족의 틈을 메우기 위해 유기체론의 은유가 사용되고 있다. 우선권은 정신에 있다. 정신은 신체가 실현하는 것을 미리 상상한다.

　소설에서 모디케이와 그웬돌린은 둘 다 또 다른 지평을 경험한다. 조지 엘리엇은 당대에 성행하던 신비주의의 영적 발현을 용납하지 않았다. 그와 루이스는 다윈 가문이 소중히 여겼던 영매를 거부했다. 하지만 조지 엘리엇이 거부한 것은 영적 발현의 간섭주의적 부분뿐이었다. 그녀가 《다니엘 데론다》에 붙인 제사는, 우리가 미래를 현재의 행위로 이해할 때 욕망보다 두려움이 더 큰 역할을 한다는 점을 강조한다. 그리스식 복수 개념은 《펠릭스 홀트(Felix Holt)》에서 가장 분명히 드러나는데, 이에 대한 감정의 근저에는 가차 없이 행

---

2) '낯선' 언어의 이미지는 진화의 담론에서 인식론적 요소와 민족적 요소를 결합한다. 《종의 기원》, 97쪽을 참조하라. "종족은 언어의 방언처럼 확고한 기원을 가질 수 없다." 《다니엘 데론다》의 미지의 언어에 관해서는 Colin MacCabe, *James Joyce and the Revolution of the World*(런던, 1978)를 보라.

위로 이어지는 결과를 인정하는 태도와 더불어 결과의 **우연성**이 깔려 있다. 이런 배경에서 욕구와 두려움은 주마등처럼 현란하게 그 자체의 예측을 확증하는 행위로 이어진다. 이는 더 낮은 정서적 차원에서 보면, "세상에서 유사한 것으로 통하는 거의 대부분은 소망의 반영"이라는 견해와 통한다(1:9:143쪽).[3] 그웬돌린은 모든 이야기를 유형학으로 몰아넣는 결정화를 경멸한다. 그녀는 결혼으로 끝나는 전통적인 이야기에 만족하지 않고 스스로 이야기를 만들어내고자 한다. "투시력은 대개 착각이다. 언제나 가능한 것을 예견할 뿐이다. 가능한 것은 늘 따분하게 마련이므로 내 마음에 들지 않는다. 나는 가능성이 없는 것을 하고 싶다"(1:7:98쪽). 그녀의 욕망은 소설의 언어와 사건에서 벗어나지 못하지만, 그럼에도 작품 자체의 문제의식, 즉 습관, 계승, 새로운 미래와 일치한다.

성취는 이제 그녀에게 특별한 흥분과 희망을 가져다주지 못했다. 매력적인 남성들, 그녀를 간절히 원하며 주변을 맴도는 숭배자들은 있었다. 그들은 신비, 열정, 위험이 뒤섞인 낭만적인 감정으로 결혼 생활을 다채롭게 만드는 사람들이었다. 그녀는 프랑스 문헌을 통해 소녀다운 관점에서 그런 감정들을 이해하고 있었다. 그 남자들은 그녀의 상상 속에서 파멸적인 상황을 빚었다. 그녀에게 매력을 느끼게 하는 대신 권태와 역겨움만을 안겨주었기 때문이다. …… 어떤 경로를 미리 상상하며

---

3) 공책 707은 그런 관념의 변형이 물질에 영향을 미친다고 말한다. Baker, 1:114, 139쪽.

스스로를 위무하려면, 쾌락을 욕구의 형태로 어느 정도 예기하고 있어야 한다. 그런데 그웬돌린은 욕구에 물린 상태였다. 그녀는 불확실한 그림자를 끌고 다니면서 여러 가지 삶의 가능성을 마음대로 헤쳐나가고 싶었다. 그녀의 자신감과 운명에 대한 믿음은 회한과 두려움으로 바뀌었다. 그녀는 자기 자신도, 자신의 미래도 믿지 않았다(2:35:233~234쪽).

새로운 이야기를 쓰는 것은 가능할까? 신화에서 공통의 해석과 신화 체계들 간의 유사성을 강조한다면, 전 세계의 인간 정신은 단지 몇 가지 이야기들만 알 뿐이고 그것들의 피상적인 변화밖에 바랄 수 없게 되지 않을까? 막스 뮐러에서 카시러를 거쳐 레비스트로스까지 이어지는 계통에는, 이야기의 종류가 궁극적으로 불변한다고 생각하는 명확한 방향이 있다.

자신의 마지막 소설에서 조지 엘리엇은 그 불변성을 뛰어넘는 방법을 추구한다. 그녀는 미래의 가장자리, 즉 자신의 죽음 너머에 있는, 통제할 수 없는 시기를 향해 치닫는다. 모디케이에 관해 그녀는 이렇게 말한다. "저쪽 멀리 낮의 태양은 그의 몸을 덥혀주지 않지만 인간은 그 속에 영혼의 욕구를 던진다." 그웬돌린은 젊은 여성에게 사회적으로 적합한 이야기 속에 갇힌다. 그녀의 병적이고 예언적인 환상은 만족스러운 결혼에서 맞게 될 진보적인 측면을 부숴버린다.

《다니엘 데론다》에서 우리는 명확한 해석과 확실성이라는 두 가지 클라이맥스를 접한다. 하나는 그랜코트가 죽었을 때고, 다른 하나는 다니엘 데론다가 동방으로 여행할 때다. 이 두 사례에서 조지 엘리엇은 우리에게 실현된 역사를 제시하려 하지 않고 이야기가 완전한 새로움을 향하도록 한다. 우리는 안으로, 또 앞으로 추측해야 한다. 이것은 제3의 가능한 이야기를 위해 중요하다. 우리가 듣지 못한 이야기, 그것은 바로 그웬돌린이 미래에 누리게 될 삶이다.

여기서 '절대자의 빈약한 신비'에 저항하는 조지 엘리엇의 태도는 역사로부터 벗어나 미지에 속하는 미래의 복합성을 지향하는 형태를 띤다. 이 작품은 정치적으로 점진주의를 취하고 있지만, 그녀는 시간도 공간처럼 한 방향만 향하지 않는다는 점을 고려한다. 작품에 내재하는 욕망의 한 부분은 미지의 것을 향해 달려가며, 때로는 바람직한 것보다 빈약한 것을 전승한다. 나아가 그녀는, 현재의 문화나 민족성을 절대적인 것으로 보지 않으려 하며, 이야기가 아직 밝혀지지 않은 새로운 것을 말할 수 있다고 믿는다. 허구는 다윈이 생각한 것처럼 남성이 빼앗아간 선택 능력을 여성에게 되찾아줄 수 있을까? 여성의 글은 새로운 미래의 이야기를 형성할 수 있을까?

유전적·문화적 상속으로부터, 계보학적 명령으로부터 벗어나는 것은 가능할까? 다니엘의 이야기는 불가능하다고 말해준다. 다니엘처럼 유대인과의 문화적 동일시를 선택하는 경우를 제외하고는 불가능하다. 여기서 혈통은 의지와 결합한다. 그 반면에 그웬돌린은 자신의 결혼을 극복하고, 증오하는 남편에게 자식을 낳아주지 않는다. 개인적 선택을 친족관계로 변형시키고 개인을 혈통과 전승된 가치의 세계에 짜맞추는 계승의 계보학적 세계에 속하기를 거부하는 것이다. 끝부분에서 그녀는 고립되고 예측 불가능한 존재로 남아, 모든 선택이 통제되고 계획되지 않은 불확정적인 미래로 들어간다. 그녀의 세계는 결실과 씨앗의 세계일 수도 있고 아닐 수도 있다. 심지어 성적 선택에 굴복함으로써 변형되지 않는 단일한 정체성의 세계일 수도 있다. 그녀는 자신의 아름다움과 노예제에 대한 거부가 오히려 지배를 원하는 남성에게 매력으로 느껴지는 결혼 시장을 극복한다. 끝 장면에서 그녀는 마지막으로 의지를 표명한다. 데론다를 자유롭게 풀어주고 아직 오지 않은 현실을 혼합된 시제로 상상한다. "당신은 이제 나 때문에 슬퍼하면 안 돼요. 당신을 알았다는 것이 내게는 좋은 일이고 앞으로도 계속 그래야 해요"(3:70:407쪽).

이 쓰라리면서도 짜릿한 그웬돌린의 자유는 소설의 결론 부분에 있었기에 살아남은 것이다. 그녀는 텍스트의 플롯에서 벗어나 그 이후에 전개될 불확실한 플롯으로 들어간다. 그녀의 열정적 삶은 부정적으로 시작했다. 그녀는 고독을 두려워했다. 그녀의 성격에 끈질기게 따라붙은 격렬한 부정성은 마침내 그 확정되지 않은 공간에서 창조적인 형태를 취한다. 거기서 그녀는 고독하고 알려지지 않은 존재다. "나는 살 것이다. 살고자 한다." 여기에는 완성을 향한 운동 대신 독자의 자족적인 소외가 있다.

"익지 않은 포도, 익은 포도, 말린 포도. 만물은 무화하는 게 아니라 현재가 아닌 것으로 변화한다"[마르쿠스 아우렐리우스, 제57장의 제사(3:57:234쪽)]. 이렇게 소설은 "현재가 아닌 것으로"의 변형을 강조하면서 끝난다. 그웬돌린의 히스테리적 공포는 개체의 소멸에 대한 두려움, 죽음, 성과 관련된다. 하지만 그녀는 데론다보다 더 현실적으로 이별의 절대성을 받아들인다. 소설의 결론은 죽음을 포함한다. 모디케이의 당당한 죽음은 다소 편의적인 의도에서 다니엘과 미라가 동방 여행을 출발하기 직전에 배치되어 있다.

끝부분에는 텍스트 전반에 걸쳐 드러나지 않은 에너지로 작용했던, 다가오는 미래에 대한 두려움을 몰아내려는 시도가 나온다. 미래는 자신의 민족에게 정치적 실체를 되찾아주려는 다니엘의 오랜 순례 속에 형상화된다. "영국처럼 사람들에게 나라를 다시 만들어주고 국민적 구심점을 부여하고 싶다. 비록 영국인들도 세계 각지에 흩어져 있기는 하지만"(3:69:398쪽). 이렇게 교묘하게 대영제국을 전거로 삼고 디아스포라를 등치시키는 것은 불안정한 역설이다. 어떤 의미에서 조국에 대한 집착은 자아와 주변 환경의 일치를 강조하는 관점의 연장선상에 있으며, 자아와 주변 환경이 조화를 이루어야 한다는 필요성을 나타낸다.

> 유감스럽게도 오펜딘은 할레스 양의 고향이 아니었고 가족의 기억을 떠올리게 하지도 못했다! 인간의 삶은 고향 어딘가에 뿌리를 내려야 한다. 고향은 인간에게 다정한 친지의 사랑을 주고, 힘써 일할 동기를 부여하며, 친근한 말씨와 억양을 전한다. 나중에 견문이 아무리 넓어져도 어릴 적의 고향은 낯익고 뚜렷한 차이를 보인다(1:3:26쪽).

부분적으로 이것은 환경과 유기체의 관계에 대한 믿음과 관련이 있다. 유기체는 고향에서 추방되면 성장이 저해되거나 왜곡될 수밖에 없다.

데론다의 민족이 문화적 실체로 살아남은 이유는 모계 혈통으로만 완전한 유전적 상속권을 인정할 정도로 배타성과 유전적 순수성을 중시했기 때문이다.

여성 – 연속적 공간

조지 엘리엇이 마지막으로 쓴 세 편의 소설, 즉 《펠릭스 홀트》, 《미들마치》, 《다니엘 데론다》를 지배하는 것은 혈통, 상속, 계승의 문제들이다. 《다니엘 데론다》에서 '전달'은 중요한 개념이다. "우리 종족의 생각을 물려준 스승들, 위대한 전달자들"(2:41:370쪽). 그웬돌린의 개인적 의식과 계승 과정에서 의식이 차지하는 위치는 종족, 친족, 무의식적으로 누적된 자극과 연관된 문제들을 제기한다. "수백 년 동안 소리 없이 자신의 내부에서 고동치고 있던 맥박을 이제야 느끼고 깨어 일어나 마침내 공포나 환희의 새로운 삶을 건설하는 때다." 설리의 말을 빌리면 이렇다. "특정한 양식의 계획에서 비롯된 성질일 수도 있고, 특별한 방향을 취하는 본능적인 정서적 감응력의 형태일 수도 있다."

"이 섬세한 공간에서 시대를 헤쳐 나가는 고귀한 인간의 정서가 배태된다." 여성은 연속성을 담는 공간이며—아이를 낳아 종족의 계승을 담당한다—각 문화에 속한 남성이 욕망하는 것을 대변한다. 여성의 이 두 가지 역할은 다윈이 성적 선택을 새로이 강조함으로써 더욱 부각되었다. 여성은 결혼 시장에서 선택을 받고 아내와 어머니로서 기대되는 지위를 획득하기 위해 남성의 가치관에 스스로 적응해야 한다. 이 때문에 여성은 해당 문화의 비판을 담당한다. 조지 엘리엇은 성적 선택이 가부장적 질서 속에서 손쉽게 억압의 도구가 된다는 것을 알았다.

다만, 시장의 변동이 수요의 눈금을 올리거나 내리죠.

숭고한 법칙에 의해 우리 딸들은 아내가 되어야 합니다.

또한 아내가 되는 것은 남자가 선택할 사항이죠(1:10:44쪽).

이 소설에서 양육은 종류의 의미만이 아니라 종족의 의미도 지닌
다. 헤게모니에서 배제된 것은 서출, 성, 종족 때문일 것이다. 애로
포인트 양의 말에 따르면, 클레스머는 "완전히 외국인 같은 용모 때
문에 영지의 대표자가 되려 하지 않는다." 맬린저 부인의 딸들은,
"딸만 낳은 불행한 아내의 표상"이다. "딸만 둔 것은 그저 자신의 마
음만 달래주고 휴고 경에게만 좋은 일일 뿐, 자식이 아예 없는 것보
다 나을 게 별로 없는 딱한 일이다"(2:36:252쪽). 맬린저 부인에게
아들이 없기 때문에 그랜코트가 영지를 물려받게 될 것이다. 다니엘
데론다는 휴고 경에게 '조카'고 서자라고 알려졌으므로 재산을 물려
받을 수 없다. 그랜코트의 정부인 글레이셔 부인은 "어머니를 쏙 빼
닮은" 자식 넷을 두었는데, 아버지는 끝내 등장하지 않는다. 여기서
서출은 말 그대로 모계를 통한 계승을 강조한다. 그들 중 유일한 남
자아이를 몰아내기 위해 그랜코트는 그웬돌린과의 결혼을 통해 상
속자를 얻고자 한다. 그러므로 아이를 못 낳는 것은 그웬돌린의 승
리가 된다.

어느 편지에서 조지 엘리엇은 이렇게 썼다. "동물학적 진화로만
보면 여성은 열등한 존재라고 할 수 있죠. 하지만 바로 그 이유 때문
에 나는 우리가 도덕적 진화에서 '본성을 고치는 기술'을 가졌다고
주장하고 싶어요."[4]

---

4) *Letters*, 4:364쪽.

그녀의 이 말은 정확히 무슨 뜻일까? 다윈이 《인간의 유래》에서 말한 것처럼, 여성이 발달 정도로 볼 때 덜 발달한 종족과 유사하므로 뒤처진 유럽인일 수밖에 없다는 뜻은 아니다. 그녀가 "동물학적 진화로만"이라고 말한 의도는, 출산 기능과 공간으로서의 여성의 지위를 도덕적 진화와 구분하고자 했던 것으로 보인다. 그녀가 "본성을 고치는 기술"이라고 말하는, 여성의 경험에 특유한 성질들은 무엇일까? 그것들은 그녀의 전체 작품을 통해 명료하게 드러난다. 즉 인내하고, 고통을 견디고, 사랑을 포기하지 않는 능력이다. 그러나 《다니엘 데론다》와 《펠릭스 홀트》에서 그녀는 공포의 힘—두려움을 견디는 능력—이 여성의 경험과 잠재력의 특수한 조건이라고 전제한다. 나아가 그녀는, "상상 속의 두려움에 대한 폭넓은 담론"을, 단순히 두려움을 줄이기 위한 행위가 아니라 해방의 경험으로 제시한다.

두려움은 모든 감정 가운데 미래에서 생명을 얻는 속성이 가장 강한 감정이다. 그 미래가 1년이든, 반평생이든, 1초에 불과하든 상관없다. 두려움은 그웬돌린의 가장 전형적인 감정이며, 지배를 사랑하는 그녀의 마음과도 밀접하게 관련되어 있다. 바로 이 지점에서 내 논증의 세 가지 용어가 합쳐진다. 그것은 바로 전승, 모성 그리고 키르케고르의 책 제목이기도 한 '불안의 개념(Begrebet Angest)'이다. '억압된 경험의 지속적인 침투' '두려움의 유입'은 《다니엘 데론다》에서 여성의 특별한 조건이자 특별한 능력으로 제시된다.

데론다는 미라를 처음 만났을 때 물에 빠져 자살하려는 것을 구해준다. 이 책의 체계를 이루는 역설적인 예고 양식으로 볼 때, 그 장면은 나중에 그랜코트가 물에 빠져 죽는 끔찍한 장면의 온건한 변형이라고 할 수 있다. 이 장의 끝부분에서 그는 어디서 그녀를 만날지 궁금해 한다.

　　그때 그에게 갑자기 플루타르코스가 어딘가에서 델포이의 여인들에 관해 말한 아름다운 이야기가 떠올랐다. 마이나스 (Maenads, 디오니소스의 시녀: 옮긴이)들이 횃불을 들고 헤매다가 지쳐 시장에서 잠이 들었는데, 여인들이 그들을 둘러싸고 말없이 지켜주었다. 여인들은 그들이 잠에서 깨어나자 친절하게 보살펴주고 목적지까지 안전하게 안내해주었다(1:17:291쪽).

　　피곤에 지친 광란의 마이나스들이 잠잘 수 있도록 여자들이 에워싸고 지켜준 것은 여성의 개별성이 온전하다는 것을 말해주는 흥미로운 비유다. 그 다음 장은 다음과 같은 제사로 시작한다.

　　삶은 다채로운 어머니다.
　　그녀는 화려한 깃털을 꽂고 대리석 계단을 오른다.
　　고개를 꼿꼿이 들고
　　종복들에게는 눈길을 전혀 주지 않는다.
　　어둡고 음침한 골목길에서 뜨거운 진을 마시며
　　빈민의 폭동에서 비명을 지른다.
　　하지만 그 뒤에는
　　검소하고 깔끔하고 솜씨 좋은 부인으로 돌아가
　　명랑한 아침의 명민한 지혜로
　　작은 것에서 큰 것을 찾아낸다(1:18:293쪽).

냉담함과 소란스러움, 이것들은 검소한 부인과 마찬가지로 모성의 가능성이다.

그웬돌린은 "어렴풋하지만 자주 찾아오는 모종의 끔찍한 불행에 대한 두려움"에 시달린다. 그 이유는 지배를 꿈꾸면서도 수동성을 강요당한 결과다. 또한 그녀가 가진 사랑의 힘이 오로지 자기 어머니에게만 향한 탓도 있고, 글레이셔 부인과의 약속을 어기고 그랜코트와 결혼함으로써 자신의 서약—단순히 말만의 약속이 아니라 어머니 같은 여성들과의 여성성에 관한 서약—을 깬 탓도 있다. 마이나스와 부인은 불화를 빚는다.

작품의 초반부에서는 행위와 행위의 결과 사이의 괴리가 고도로 양식화되어 있다. 그웬돌린은 어떤 장면에서 입을지를 생각하기도 전에 의상부터 수집한다. 의상들은 극적인 효과를 연출한다(1:6:75쪽). 그녀는 무대에 발을 딛기도 전에 자신이 레이철의 라이벌이라고 상상한다. 또한 그녀는 나중에 부활을 통해 사랑을 되찾고 친족을 결합시키는 역할을 하게 되는, 학대받는 어머니 헤르미오네(Hermione)의 조각상으로 등장하는데, 이야기에서는 그것을 '행위의 모방'이라고 부른다. 장면은 결론 부분에 이르러 파괴되고 해방된다. 그것은 그녀가 새로 얻은 삶 속으로 엄숙하게 들어갔기 때문이 아니라, 문짝이 활짝 열려, 죽은 얼굴과 도망가는 형상이 드러나는 것을 보고 예언적 히스테리를 일으켰기 때문이다. 이 단계에서는 행위의 형태가 가능한 미래의 상징적 형태를 표현하는 예언처럼 보인다.

조지 엘리엇의 후기 소설들에서는 어머니와 모성의 기능이 모호하게 드러난다. 《플로스 강의 물방앗간》이나 《로몰라》 같은 소설들에서 아버지는 감정의 저장소와 같은 역할을 하며, 오랫동안 꿈꾼 기원을 나타낸다(티토와 계부의 관계에서 악몽으로 변하는 꿈).《다니엘 데론다》에서 어머니는 존재의 원천이자 몰두의 대상이며, 아버지는 당연히 나오지 않는다.《다니엘 데론다》의 플롯은 대부분, 미라와 데론다가 각자 잃어버린 어머니를 찾는 과정, 그웬돌린과 어머니의 배타적인 정서적 관계에서 나온다.

루이스가 1868년《격주 평론》에 실은 논문에서 지적했듯이, 다윈이 단일한 조상을 강조한 것은 일신론적이고 가부장적인 관념의 흔적을 나타내고 있었다. 앞에서 보았듯이, 루이스는 방대한 배아의 막이 지구를 뒤덮고 있었다는 견해를 피력했다. 조지 엘리엇의 첫 번째 전기 작가인 마틸드 블라인드(Mathilde Blind)는 이 힌트를 좇아 〈인간의 상승(The Ascent of Man)〉이라는 시에서 생명의 시초를 이렇게 혼란스러운 이미지로 묘사했다. "생명은 스스로 무수한 형태를 만들었다."[5]《다니엘 데론다》는 기원에 집착하면서도 고정된 시초를 불신한다. 여기서 어머니(반쯤 지워져 다시 복원되지 못하지만 강력한 존재)는 곧 모태다.

《다니엘 데론다》를 준비하는 공책에서 조지 엘리엇은 카발라(유대교 신비주의: 옮긴이)로부터 다음의 구절을 인용한다.

원래 상태의 영혼은 자웅동체다. 이것이 지상으로 내려올 때 남성과 여성으로 나뉜다. …… 하지만 때로는 영혼의 분리가 결함의 근원이 되기도 한다. 그런 경우, 영혼은 시련을 극복하

---

5) Mathilde Blind, *The Ascent of Man*(런던, 1889).

기 위해 더 운이 좋거나 힘이 강한 동료 영혼을 선택한다. 둘 중 더 강한 영혼은 어머니와 같은 역할을 한다. 그래서 여성이 아이를 돌보듯이 병든 영혼을 안아주고 보살펴준다(f.112).

아마 데론다와 그웬돌린의 복잡한 관계—치유적이면서도 성적인 관계이며, 데론다의 수동성이 그웬돌린의 에너지를 받아들이고 격려한다—는 가부장적이지 않은 본성에서 비롯되었을 것이다. 데론다는 스승의 역할을 맡고 있음에도 그웬돌린과 거의 모성적 관계를 맺는다.

그 반면에 그랜코트는 자연 세계에서 아무런 감정도 표현하지 않는 주민, 다윈의 《인간과 동물의 감정 표현》(조지 엘리엇은 《다니엘 데론다》를 집필할 때 이 책을 참고했다)의 연구 범위를 넘어서는 주민으로 비유할 수 있다.

그녀에게는 반평생 같았지만 불과 7주 만에 그녀의 남편은 그녀를 지배하게 되었다. 그녀는 마치 어뢰를 만졌을 때 몸이 마비되는 효과에 저항할 수 없는 것처럼 그 지배에 저항하지 못했다. 비록 소녀 같은 미약한 지배력이었으나 그웬돌린의 의지도 나름대로 절박해 보였다. 그러나 그것은 상상 속의 두려움에 대한 폭넓은 담론을 지닌 생명체의 의지였다. 그림자라도 그 위력을 누그러뜨리기에 충분했다. 그녀가 발견한 의지는 게가 물거나 왕뱀이 짓누르는 것처럼 아무런 예고도 없이 덮쳐왔다〔강조는 필자〕(2:35:223쪽).

그랜코트는 성찰적으로 행동하는 게나 왕뱀과 같다. 그 반면에 그 웬돌린은 감정과 발산이 은밀하게 뒤섞인 격정에 휩싸여 있다. 그랜코트가 그녀에게 관심을 가지는 이유는 그녀를 복종하도록 만들 수 있고 자신에게 상속자를 낳아줄 수 있기 때문이다.

조지 엘리엇의 작품들에서 드러나는 한 가지 동화적 요소는, 등장하는 여성들이 하나같이 불행한 결혼 생활을 하고 자식이 거의 없다는 점이다. 로몰라, 도로시아, 그웬돌린은 티토와 그랜코트가 성적 무능력자가 아님에도 자식을 두지 못한다. 그들은 계승의 양식에 참여하는 것을 면제받는다. 특히 《다니엘 데론다》에서는 이 때문에 여성은 유전적 역할에서 자신의 지위를 끌어낸다는 가정이 의문시된다.

소설 속에서 이 가정을 노골적으로 비판하고 고통스럽게 인내하는 인물은 다니엘의 어머니다. 유명한 오페라 가수인 그녀는 자신의 '무수한' 삶을 지향할 자유를 얻기 위해 자식을 포기한다. 바로 여기서 가장 현란하고 전복적인 역설이 나온다. 데론다는 늘 미라가 자기 어머니를 찾게 되면 천박해지거나 비참해질까봐 걱정했다. 그래서 그는 "그 어머니에 관한 다른 가능한 현실" 앞에서 겁을 집어먹는다. 미라는 결국 어머니를 찾지 못하지만, 데론다는 '미지의 어머니'에게서 편지를 받고 자신의 가문에 관한 단서를 얻는다. 자신이 휴고 맬린저 경의 서자가 아닐까 하는 우려에서 벗어난 그는 어머니를 찾아가서 자신의 삶을 새로이 하기 위한 애정과 쇄신의 힘을 얻고자 한다. 그가 편지를 받는 장면을 묘사하는 언어는, 감정의 지나친 유출을 허락하지 않는다. 단지 '무색무취' '체념' '절제' '기대와 추측의 금지'만 있을 뿐이다(3:49:110쪽). 소설은 어머니와 재회한 뒤 데론다의 삶이 어떻게 될 것인가에 관해 거의 단서를 제공하지 않는다. 사실 우리는 그가 유대인이라는 것을 미리 알고 있다. 우리가 예견하지 못하는 것은 그가 유대적 전통을 잃은 이유다. 어머니의 행위는 소설에서 가장 인상적인 의지의 행위로 묘사된다.

소설의 체계에서 할름-에버슈타인 왕녀가 가지는 중요성은 부정할 수 없다. 플롯에 국한하면, 그녀가 자신의 유대 혈통을 드러낸 것은 데론다에게 그의 욕망과 정확히 일치하는 전혀 새로운 가능성을 열어준다. 그에게 사명, 사랑, 합리적 신화, 서류상자 속의 개인사를 가져다준 것이다.[6]

더 아찔한 것은 그녀와 작품의 지배적인 이데올로기의 관계다. 그녀는 사회, 친족, 종교가 부과하는 모든 연계를 벗어던지고, 오페라 가수로서 화려한 경력을 추구한다.

> 나는 내 안에 있는 삶을 살고 싶었고 다른 삶의 방해를 받고 싶지 않았다. 너는 과거의 내가 어땠는지 궁금해 하는데, 나는 왕녀가 아니었어. …… 지금 나의 무미건조한 삶에 왕녀 같은 것은 없다. 나는 유명한 가수였어. 노래도 하고 연기도 했지. 나 빼놓고는 모두들 가난했다. 여러 나라에서 남자들이 나를 보러 왔지. 나는 자식을 원치 않았어(3:54:123쪽).

그녀는 두 살 된 데론다를 유대의 덫 안에서 양육하기보다 영국인

---

6) Elinor Shaffer, *Kubla Khan and the Fall of Jerusalem*(케임브리지, 1975)은 데론다를 기존의 종말론적 전통에 따른 메시아적 인물로 해석한다.

으로 자라게 하기 위해 떠나보냈다. "나는 네게서 유대인의 굴레를 벗겨주었다." 그녀는 아들에게서 애정을 전혀 기대하지 않는다. "내가 단지 너의 어머니라는 이유로, 네가 평생 한번도 보도 듣도 못한 나를 사랑하리라는 어리석은 생각일랑 하지 않는다"(3:51:123쪽). 데론다는 그녀에게 중요한 질문을 던진다. "그런데 어떻게 제게 상속권을 줄 수 있었나요?" 그녀의 대답은 이렇다.

> 여자는 누구나 같은 동기를 갖고 있지. 그렇지 않으면 괴물일 뿐이다. 나는 괴물이 아니지만 다른 여자들이 느끼는 것—혹은 다른 여자들과 다르다고 생각되지나 않을까 하는 우려에서 느낀다고 말하는 것—을 똑같이 느끼지 못해. 너를 버렸다고 네가 마음속으로 나를 책망한다면, 그것은 다른 여자들이 자기 자식을 생각하는 것과 똑같이 나도 너를 생각해야 한다는 뜻이겠지. 그런데 나는 그렇지 않았어. 너에게서 벗어나 기쁜 마음이었어. 그래도 네게 잘해주고 싶어 네 아버지의 상속권을 준 거다(3:51:127쪽).

데론다의 아버지는 어머니와 사촌 사이로 데론다라는 성을 처음 썼으며, 자신을 포기하고 아내에게 충직하게 봉사하기로 결심한 인물이다. 데론다는 충격과 분노에 휩싸여, 어머니가 되기를 포기하고 자신을 종교적 특성이 거의 없는 사회로 보낸 것은 잘못된 선택이 아니냐고 왕녀에게 따진다. 그러나 그녀는 다양한 동기, 열정, 욕구를 취할 수 있는 여성의 권리를 강력히 내세우면서, 여자라고 해서 사회의 가정이나 종족과 혈통의 요구에 무조건 기여해야 하는 것은 아니라고 항변한다. 그것은 곧 그녀가 속한 문화의 이야기다.

그런 주장을 듣고도 데론다는 자신의 문화적 전통을 따르려는 소망을 밀고 나간다. 그래서 모디케이와의 종교적 관계를 중시하고 그에 따라 미라와 결혼한다. 그러나 그녀가 주술적 응징을 원했기 때문에 대립이 벌어진다. 그녀는 금기를 깨고 복수를 다짐하며 죽음을 향해 접근한다. 그녀는 덫에 빠져버렸다. 자신의 목소리가 사라졌다고 믿은 그녀는 안전을 위해 결혼하고, 데론다의 존재를 알지 못하는 대가족의 귀중한 어머니가 되었다. 그녀가 처한 상황은 예견의 힘을 가지는데, 그것은 그웬돌린에게 한 가지 가능한 결과, 혹은 (더 정확히 말하면) 한 가지 불가능한 결과를 나타낸다. 왕녀는 위대한 예술가가 되어 선택권을 계속 유지하는 반면, 그웬돌린은 근거 없는 희망을 품고 미성숙한 반란을 꾀할 수밖에 없는 처지다. 그래서 그녀는 아무런 이론적 혹은 실천적 자각도 없이 페미니즘의 입장에서 자신의 예정된 운명에 도전한다. 결국 그녀는 자신의 광적인 무의식에 의해 해방된다.

물론 결혼은 사회적 출세였다. 그녀는 결혼하지 않는다는 것은 생각하지 못했다. 그러나 출세라고 해서 반드시 달콤한 것은 아니다. 귀족이라면 지휘하고자 하는 사람에게 지휘권을 맡기려 하지 않을 것이다. 이 스무 살의 가냘픈 여인은 지휘하고자 했다. 그런 열정은 여성의 가슴에도 있다. 하지만 그웬돌린의 경우, 그 열정은 오로지 여성적인 내용만 가졌을 뿐, 학문을 향상시키고 체질의 균형을 꾀하는 복잡한 결과는 낳지 못했다 (1:4:52~53쪽).

어머니가 있다는 것은 좋은 일이지만, 조지 엘리엇이 보기에 어머니가 되는 것은 그렇지 않다. 자신의 삶과 예술가로서의 역할을 통해 엘리엇은 계모의 역할에 관해 많은 것을 배웠다. 그래서 특이하게도 그녀의 소설에는 계모가 등장하지 않는다.《펠릭스 홀트》에서 트랜섬 부인은 고립된 채 상상 속에서 살아가면서 두려움에 시달린다. 그 두려움은 남편이 아닌 다른 남자의 아들을 낳는다는 생각에서도 오지만, 모성의 감정으로 개체성을 유지하기가 대단히 어렵다는 생각, 자칫하면 자아가 거의 묻혀버리거나 배제된다는 생각에서도 온다.

어머니가 모성보다 더 큰 자아를 가졌다는 사실은 흔히들 잘 알지 못한다. 자식이 자기보다 키가 더 커져 대학이나 세상 속으로 떠나면 어머니에게는 시간이 많이 남게 된다. 자식을 위해 기도하고, 옛 편지들을 꺼내 읽고, 아직 저고리 단추를 채워 줄 자식이 있는 사람을 부러워하는 것으로는 다 메우지 못하는 시간이다. 트랜섬 부인은 분명 부드럽고 상냥하고 다정다감한 여성이 아니었다. 한때는 예쁜 아들을 낳으면 행복의 잔이 가득 채워질 거라는 평범한 꿈을 품었지만, 그녀는 오랫동안 아이와 헤어져 여행했다. 마침내 그녀는 걱정하던 아들 앞에 돌아왔으나, 아들을 전혀 통제할 수 없었고 아들의 감정에 들어갈 수 있는 방법이 없었다(1:8:166~167쪽).

공포 — 분열과 불완전성

트랜섬 부인은 조지 엘리엇이 처음으로 깊이 탐구한 두려움의 속성을 대변한다. 그녀는 그 두려움을 여성의 경험, 강요된 수동성과 연관 짓는다.

> 겉으로 드러난 삶의 아래에 무엇이 있는지 아무도 간파하지 못했다. 여성의 사소한 습관과 편협한 사고의 배후에는 예민한 감수성과 두려움이 있었다. 그 보잘것없는 잡동사니의 배후에는 눈과 고동치는 심장을 지닌 생명체가 몸을 떨고 있었다 (1:1:43쪽).

이리하여 우리는 지배와 공포의 개념으로 되돌아간다.《펠릭스 홀트》제9장의 제사는 다음과 같다.

> 여성은 공포를 안고 태어났다. — 국왕 존

> 생각건대
> 아직 생겨나지 않은 슬픔이 운명의 자궁 안에서 무르익어
> 나를 향해 다가온다.
> 내 안의 영혼은 전혀 떨림이 없다. — 국왕 리처드 2세

뜬금없거나 비합리적인 공포 — 히스테리 — 는 전통적으로 여성과 연관되며, 특히 임신을 나타낸다. 그래서 리어 왕은 이렇게 소리친다.

오, 이 모성이 내 가슴을 향해 부풀어 오르도다!
히스테리에 찬 열정은 잦아들고 그대 슬픔이 기어오르니,
그대의 본성은 저 아래에 있도다!

이런 맥락은 빅토리아 시대의 의학 이론에도 그대로 수용되었다. 예를 들어 W. B. 카펜터는 《정신 생리학의 원리 및 정신의 훈련과 교육, 병적 상태의 연구에 대한 응용(*Principles of Mental Physiology with their Applications to the Training and Discipline of the Mind and the Study of its Morbid Conditions*)》(1874)이라는 책의 찾아보기에, 여성이나 여성의 특별한 상태에 관한 표제어를 전혀 수록하지 않았다. 그러나 히스테리와 '감각의 전반적 흥분'을 논의하는 대목에서 그는 환자를 남성으로만 지칭하던 습관을 버리고 여성이라는 말을 사용한다. 이렇게 자연스럽게 여성의 분야로 초점을 옮긴 뒤, 그는 다음과 같은 각주를 덧붙인다.

이런 상태는 여성에게만 고유한 것이 아니다. 하지만 신경계가 더 민감하고 결단력이 덜 발달한 것이 여성의 일반적인 특성이라고 볼 때, 그 상태는 남성보다 여성에게 더 흔하다[강조는 필자].[7]

---

7) W. B. Carpenter(1874), *Principles of Mental Physiology with their Applications to the Training and Discipline of the Mind and the Study of its Morbid Conditions*, 152쪽.

여성의 '결단력'이 부족하다는 것은 감정이 덜 발달했다는 뜻이 아니라 **통제력**이 덜 발달했다는 뜻이다. 그가 제시하는 해법은 관심을 전환하는 것이다. 그는 환자에게서 놀라운 능력을 보았다고 주장한다.

> 여성의 관심은 자신의 신체 상태에 고정되어 있으므로 아주 사소한 자극도 큰 고통으로 확대된다. 여성은 소리에 특별히 민감해서 옆방이나 아래층에서 낮은 소리로 나누는 대화도 엿듣는 경우가 흔하다[필자도 직접 경험한 적이 있다](700쪽).

우리는 트랜섬 부인이 자기 아들과 한 남자—당시에는 그 아들도 우리도 그의 아버지라는 것을 몰랐던 남자—를 만나는 장면을 기억한다. "그러므로 트랜섬 부인은 두 사람을 눈으로 보고 있는 게 아니었다. 그들을 앞에 두고 그녀는 손이 차가워졌고 몸 전체를 떨었다. 마치 그들이 한 말을 불가사의할 정도로 예민하게 듣고 본 듯했다"(1:2:53쪽).

다윈의 후기 연구에 따르면, 공포는 생존과 직접 연결된 가장 원시적인 감정이다. 공포는 원시 상태에선 필요한 감정이지만, 문명 상태에선 통제되고 억제되어야 한다. 공포는 언제나 인격 가운데 의지나 의식과 무관한 측면과 연관된다. 조지 엘리엇은 레키(Lecky)의 《합리주의의 영향(*Influence of Rationalism*)》(1865)을 읽고 다음과 같이 썼다(여기에서 어디까지가 엘리엇의 견해이고 어디까지가 레키의 견해를 요약한 것인지 구분하기는 쉽지 않다).

공포는 희망보다 먼저 생겨난다. 또한 다른 어떤 열정보다도 인간의 체계에 강력한 영향을 주며, 다양한 비자발적 행동들 가운데 으뜸가는 지위에 있다. 인간이 도덕적으로 발달하는 과정의 주요한 측면은 지성이 점차 성장하면서 공포를 서서히 억누르는 것이며, 육체적으로 덜 이기적인 자극으로써 공포가 동기로 작동하지 않도록 제어하는 것이다.[8]

이 구절 다음에는 동물의 공포와 종교적 공포의 관계를 명료히 밝히는 대목이 이어진다. "그러므로 보이지 않는 힘의 작용으로 공포는 결국 사라지고 경외감이라고 부르는 더 높은 기능과 뒤섞이는 경우만 남게 된다." 공포는 위험만이 아니라 억압에 대한 대응이기도 하다. 《다니엘 데론다》에서 공포는 의식으로 상승하며, 특히 그웬돌린의 경우, 한층 고양된 이해의 양식이 된다. 여기에는 지혜와 자유만이 아니라, 그녀가 리디아의 다이아몬드를 받을 때 느꼈던 것과 같은, 창백하고 전율적인 경악도 포함된다.

"상상 속의 두려움에 대한 폭넓은 담론"은 그녀에게 경계심, 두려움, 다양성의 길을 열어준다. 그것은 그랜코트의 비열한 의지와 관련해서는 그녀에게 불리하게 작용하지만, 동시에 그의 관심 범위를 넘어서는 여러 가능성을 열어주며, 흔히 악몽의 형태를 취하는 어지러운 자유를 제공한다.

조지 엘리엇이 그웬돌린의 증오와 공포(감히 스스로를 드러내지 못하는 감정)를 서술하는 부분과, 다윈이 《인간과 동물의 감정 표현》

---

8) Pinney, 403쪽.

가운데 공포에 관한 절에서 서술하는 부분은 상당히 유사하다. 둘
다 노예와 주인, 억압자와 피억압자, 식민지 지배의 이미지가 중심
적으로 등장한다.

증오하는 사람을 오래 생각하면 누구나 흥분과 분노의 감정
을 품게 되고 겉으로 드러내게 마련이다. 하지만 그 사람이 중
요하지 않은 인물이라면 대개 경멸과 멸시를 경험하는 데 그친
다. 반면에 그가 힘 있는 인물이라면 증오는 공포로 바뀐다. 노
예가 잔인한 주인을 바라볼 때, 야만인이 피에 굶주린 냉혹한
신을 바라볼 때와 마찬가지다(다윈).[9]

증오의 가장 격렬한 형태는 공포에 뿌리를 두고 있다. 공포
는 침묵을 강요하고, 열정을 적극적인 원한으로 만들며, 상상
속에서 혐오하는 대상을 말살하려 한다. 학대를 당한 자가 은
밀한 복수의 의식을 통해 자신의 분노를 어두운 배출구로 표출
하고 자신의 고통을 위무하는 것과 같다. 그웬돌린의 마음속에
서는 그런 은밀한 의식이 비밀스럽게 진행되지만 위무의 효과
는 없다. 오히려 격심한 공포의 효과만 있을 뿐이다(조지 엘리
엇)(3:54:195쪽).

카펜터는 히스테리 징후를 완화하려면 관심을 전환하라고 했지

---

9) *Expression of the Emotions in Man and Animals*, Konrad Lorenz 서문(시카고와
런던, 1965), 237쪽.

만, 다윈과 설리는 감정이란 표현되지 않으면 약화된다고 생각했다. 《다니엘 데론다》에서 공포는 억압의 대상이 아니라 의식의 도구가 된다. 다니엘은 그웬돌린에게 공포를 놓치지 말라고 충고한다. 그의 충고는 세심한 태도와 공포의 억제를 강조할 뿐만 아니라 공포를 인식과 이해의 수단으로 삼으라는 것이다. "당신의 공포를 안전장치로 여기세요. 공포는 민감한 청각과 같아요. 결과를 분명하게 전달해주지요. 당신의 감각을 유지하고, 마치 시력 같은 하나의 기능처럼 그것을 사용하세요"(2:36:268쪽).

그웬돌린은 후회와 그랜코트에 대한 거부감으로 아이 낳는 일을 두려워하게 된다. 그녀에게 출산은 상속이라는 게임을 위한 것에 불과하며, 그랜코트의 지배력을 전승하는 것일 뿐이다.

> 불행한 아내는 어머니가 될 수 있다는 가능성으로 위안을 받는다. 그러나 그웬돌린은 아이를 원한다면 자신이 저지른 죄가 완전히 끝났다고 생각하는 것이나 다름없다고 믿었다. 그녀는 어머니가 될지 모른다는 두려움에 위축되었다. 그것은 향기롭게 샘솟는 새로운 삶의 이미지가 아니었고, 끈질긴 혐오에서 벗어나는 구원의 방편도 아니었다. 예민하게 오르내리는 좌절의 단계들 속에서 희망의 빛은 우연의 형태로 다가왔다. 우연의 자비에 의지하는 것은 더 나쁜 유혹으로부터 벗어나는 길이었다(3:54:194~195쪽).

수동성과 침묵은 반란의 수단이 될 수 있다. 미라는 이 텍스트에서 아주 중요한 또 다른 이야기와 우화를 해석하면서, 열성적인 자아의 면모가 자기희생을 통해 표현될 수 있다는 점을 분명히 밝힌다.

　　모디케이는 다소 단호한 어조로 말했다. "하지만 여성은 체념 속에서 소유를 느끼는 사랑에 맞도록 되어 있어. 그런 사랑이 바로 내가 말하는 이미지에 딱 맞아. 후대의 미드라시(Midrash, 유대교에서 《성경》을 해석하는 방법의 하나: 옮긴이)에는 어느 유대인 처녀가 이교도 왕을 몹시 사랑한 이야기가 나오지. 그녀는 감옥에 들어가서 왕이 총애하는 여자와 옷을 바꿔 입었어. 그녀의 목숨을 구해주고 대신 자기가 죽으려는 마음이었지. 왕을 너무 사랑한 나머지, 왕이 사랑하는 여자와 행복하게 살 수 있도록 자신을 희생하려는 거였어. 이것이 초월적인 사랑이지. 사랑의 대상을 위해 자기 자신을 바치는 거."
　　"아냐, 에즈라. 그건 아냐." 미라가 격앙된 어조로 나지막하게 말했다. "그런 이야기가 아니지. 그녀는 자신이 죽고 나서 왕이 그 일의 전모를 알아주기를 바랐어. 자기가 다른 여자보다 낫다고 생각해주기를 원한 거야. 그녀를 죽게 만든 것은 정복을 바라는 그녀의 강한 자아였어"(3:61:290쪽).

　여성은 권력과 지배를 추구하지만, 작품의 **내용**에서는 수단으로서나 부정하는 용도로만 그 추구가 허용된다. 캐서린 애로스미스와 미라의 힘은 남을 자신의 수단에 복속시키는 실행력이다. 그웬돌린은 잠시 궁수(弓手)라는 제한적인 자격으로, 디아나 여신의 순결 속에서 안전하게 지배를 실현하지만 결혼하면서 곧바로 그것을 잃는다. 그웬돌린에게서 히스테리와 공포가 활동하는 단계는 두려움의 억제와 복속으로 대체된다. 그녀의 마음은 여전히 활발하게 헤매고 다닌다. 그녀의 존재는 구체화되지만 마음은 질주한다.

그녀는 왜 반역할 수 없었을까? 왜 그에게 반항하지 못했을까? 그러고 싶었다. 그러나 그보다는 차라리, 자기 신경의 구조와 심장의 박동에 반항하는 편이 더 나을 것이다. 그녀의 남편은 등 뒤에 유령의 군대를 가지고 있었으므로 그녀가 언제든 몸을 뒤로 돌리면 포위할 수 있었다. 그녀는 화려한 옷차림, 무기력한 백색 이미지로 앉아 있었고, 그는 그녀를 바라보는 데 만족하는 듯 보였다. 심지어 그녀는 처녀 시절에 그랬던 것처럼 열정에 찬 함성을 지르거나 두 팔을 번쩍 들어올릴 수도 없었다. 그의 경멸스런 시선이 그녀를 꼼짝 못하게 만들었다 (2:36:260~261쪽).

이렇게 외부에서 유입된 수동성이 결국에는 그녀를 해방시킨다. 감금되고 격리된 환상이 갑자기 그녀의 밖으로 튀어나온다. 그녀는 움직이지 않는다. 그 자리에 얼어붙은 듯 밧줄을 던지지 않는다. 그 랜코트는 물에 빠져 죽고 만다.

공포의 격렬함과 병적인 환상의 성질에 관해서는, 다윈이 《인간과 동물의 감정 표현》의 제12장 공포를 다룬 부분에서 미친 여인을 설명하며 충분히 공감한 바 있다. 하지만 묘하게도 빅토리아 시대 심리학 문헌에는 공포가 거의 나오지 않는다. 조지 엘리엇에게 영향을 준 작가는 키르케고르다. 그는 두려움을 "가능성의 이기적 무한함"으로 분석한다. "여성은 남성보다 두려움을 잘 느끼는데"(55쪽) 그 이유는 여성이 남성보다 감각적이고 여성의 삶이 출산에서 정점에 달하기 때문이다. "두려움은 언제나 자유를 지향하는 것으로 이해할 수 있다"(59~60쪽). "두려움에 익숙한 사람은 가능성에 익숙한 사람이며, 가능성에 익숙한 사람만이 자신의 무한성과 일치할 수 있다"(139~140쪽).[10] 두려움은 뭔가에 갇힌 사람에게 가능성의 작용을 허용한다.

조지 엘리엇의 초기 논문인 〈여류 소설가들의 어리석은 소설들(Silly Novels by lady Novelists)〉에는 다음과 같은 흥미로운 풍자가 있다.

그웬돌린은 가족 상황의 제약에 속으로 반발했으나, 자기 내부의 근저에는 책무 이외에 가족에 대한 동정이 있음을 꿰뚫어 보았다. 그녀는 마치 대담한 추측으로 점철된 삶을 살았던 듯하다. 하지만 실제로는 그런 추측을 전혀 하지 않았으며, 오히려 이론적으로나 실천적으로 개혁적인 여성들을 보면 빈정거리며 멀리하곤 했다. 그녀는 자신이 예외적인 존재라는 생각에 크게 만족했다. 그러나 그녀의 취향은 우아한 로맨스에 가까웠다. 일기에 드러난 여주인공의 정신세계는 모호한 힘, 독창성, 보편적 반항심으로 가득하지만, 그녀의 삶은 오로지 패션 분야로만 향한다. 그녀는 늪지를 헤매고 다니지만 그 파토스는 이를테면 공단 구두를 가지는 데 있다. 바로 이런 점에서 자연과 사회는 모험의 추구에 제약을 가한다. 세계와 무관한 감각을

---

10) Sören Kierkegaard, *The Concept of Dread*, W. Lowrie 옮김(런던, 1944).

불태우려 하고 모든 존재를 연료로 여기려 하는 사람은 사회적 형태들로 이루어진 일상적인 틀에 갇혀 특별한 일을 하지 못한다(1:6:74쪽).

그녀의 결핍, 부정적 시각—"세계와 무관한 감각을 불태우려는 사람"—은 거리감의 형태를 취한다. 그녀의 진면모는 냉혹할 수밖에 없다. 그웬돌린은 반발할 때 옳고, 수용할 때 그르다. 또한 그녀는 자신의 무의식이나 잠재의식에 휘둘린다. 모디케이를 사로잡은 바로 그 예언적인 공상이 그녀를 사로잡는다.

그의 죽음이 뇌리에서 떠나지 않았다. 그 생각은 마치 꿈속에서처럼 그녀 자신이 죽을 것이라는 공포감으로 바뀌었다. 그 생각에 반응이라도 하듯이, 그의 손이 그녀의 목을 조르는 느낌이 들었다. 공상은 유령처럼 그녀의 내부에 도사리고 있었다. 공상이 끊임없이 그녀의 의식을 파고들어 거침없이 돌아다녔다. 환한 빛 속에서 검은 빛줄기들이 보이지 않게 움직이고 있었다(3:48:94쪽).

두 경우 모두 사건들이 꿈을 승인하지만, 그웬돌린의 경우에는 확장은 없고 집착만 있다. 우연과의 관계에서도 그와 비슷한 대비가 있다. 그웬돌린은 도박에서 개인적 목적론의 체계를 찾고자 한다. 거기서 세계는 그녀의 욕망 앞에 굴복할 것이다. 모디케이는 미지의 상속자가 오기를 기다리고 희망한다. 전승—'전달'—은 신체를 통한 체현의 문제가 아니라 영적 친화성의 문제다. 배를 저어 강을 내

려가는 다니엘의 평화로운 이미지는 통제와 정적의 평형을 시사한
다. 심리 상태가 특권화된다. 즉 자연 과정에 순응해 그가 원하는 시
간에 원하는 장소에 닿을 수 있도록 해준다. 그것은 개인에게 자신
이 처한 문제의 해결책을 만들어내도록 허용하는 결정론의 심리학
적 변형이다. 그 결과, 욕망은 인식되기 전에 완화되며, 현재와 미래
는 아무런 긴장 없이 매끄럽게 이어진다. 이 소설에서 그런 연속성
을 보여주는 인물은 다니엘뿐이다. 조지 엘리엇은 수로(channel)라
는 용어를 이중적으로 사용한다. 하나는 말 그대로 육지에 낸 물길
이고, 다른 하나는 생각이 두뇌를 통해 흐르는 길이라는 뜻인데, 기
억과 습관의 힘을 나타낸다. 그녀의 작품에서 표류란 무의식적 힘을
잠재의식적으로 인정하는 것을 가리키며, 노 젓기란 그 힘에 저항하
고 지배하려는 의지의 활동을 가리킨다.

　그웬돌린의 희망과 공포를 에워싼 바다는, 자체의 시간과 법칙을
따르는 광대무변한 공간을 암시한다. 라이엘과 다윈은, 바다가 인간
의 영역이 얼마나 좁은지 상기시킨다는 점을 강조한다. 첫째 권의
제9장 '버려진 아이'는 다음과 같은 불길한 제사로 시작한다.

　　베르톨트, 그대에게 말하노니 인간의 희망이란 이러하도다.
　　환희에 몸을 떠는 어리석은 아이는
　　장난감 그릇에 담긴 자석을 미끼로
　　조그만 장난감 그물을
　　드넓은 바다에 던진다(1:9:130쪽).

　바다를 가로지르며 장엄한 디아스포라를 뒤따라가는 배들도 있지

만, 바다는 권력을 얻으려는 인간의 모든 노력을 하찮게 여긴다. 이 소설에서 바다는 알 수 없는 미래와 연결된다. 진화론 이후에 등장한 소설가들에게 바다는 인간을 측량하는 데 필수적인 요소가 되었다. 바다는 이야기가 없는 무의식을 나타낸다. 버지니아 울프와 콘래드는 바다를 통해 인간을 초월한 것, 따라서 언어의 지배력에 의해 훼손되지 않은 것을 표현하고자 한다. 바다는 원초적이고 불변적인 요소다. 바다에서 온갖 형태가 진화해 나왔으나 그 안에는 여전히 원시적 형태들이 남아 있다. 바다의 흐름은 영원히 쇄신하고 변화하고 존속한다. 바로 이 바다에서 그랜코트는 휴일을 맞아 복수심에 불타는 마음으로 요트를 탄다.

익사의 이미지는 소설의 전반부에도 몇 차례 나온다. 다니엘은 그웬돌린에게 "당신의 공포를 안전장치로 여기라"고 말한 뒤 그녀의 반응을 살핀다. "그는 자신의 사지가 묶일 때 마치 그녀가 빠져 죽는 것을 본 듯했다"(2:36:269쪽). 그러나 그것은 거울, 창문, 불투명 유리, 반사에 비해 그다지 집착성이 강한 이미지는 아니다. 그런 이미지는 현재를 고정시키고 복제하여 미래를 향해 아무것도 유출시키지 않는다. 그래서 그웬돌린의 거울 이미지는 아무리 늘어나도 변형이나 진보로 이어지지 않는다. 바다는 그 자체로 공간이며, 제한적인 상징이 아니다. 그녀는 증오하는 남편과 함께 요트에 갇혀 제한된 공간에서 살인의 공상과 싸운다. "고함보다 불명확한 기도 소리가 그녀에게서 쏟아져 나와 광대한 침묵 속으로 들어갔다. 기도 소리 이외에 이따금씩 남편의 숨소리, 파도가 치는 소리, 돛대가 삐걱거리는 소리만 들릴 뿐이었다." 마지막 항해에서 그랜코트는 작은 배를 능숙하게 다루지만—그러나 완벽한 솜씨는 아니었다—장이 끝날 때까지도 그 항해에 대한 직접적인 설명은 없다. 그랜코트가 "진로를 바꾸겠다"고 말한 게 전부다. 그 직전에 그웬돌린은 절망적으로 '우린 언제나 플라잉 더치맨(Flying Dutchman, 희망봉 근해에 출몰한다는 네덜란드의 유령선: 옮긴이)처럼 나아갈 거야'라고 상상한다(3:54:209쪽). 그 뒤 모든 것은 잠정적이고 공상적인 추측과 고백의 세계로 들어간다. 그랜코트는 수영을 할 줄 알았을까? 우리는 확실히 알 수 없다. 그웬돌린은 얼마나 오랫동안 밧줄을 잡고 있었을까? 그의 뒤를 따라 물에 뛰어들었을 때 밧줄을 쥐고 있었을까?

이 소설 특유의 질문 형식은 이제 독자에게로 넘어갔다. 하지만 절대적인 대답은 없다. 이렇게 자기성찰적인 체계에서는 지식이 충분히 나오지 않는다. 욕망과 실제 사건 사이의 장벽이 무너졌다. "나는 아무것도 모른다. 단지 내 소망이 내게서 벗어나 있다는 것만 알뿐이다." 이런 지식의 부정은 물론 심적 고통에 속하지만, 현재와 미래, 현재와 현재의 관계에 대한 적극적이고 농밀한 의문이다. 다른 사람들의 현재 의식이 미래의 해석 행위를 창조하기 때문이다. 시제에도 안정적인 장벽은 없다.

이 소설에서 기원에 대한 천착은 결국 처음을 찾을 수 없는 탐구임이 드러난다. 우주발생론은 만물이 어떻게 시작되었느냐는 물음에 확신을 줄 수 있다. 전승은 다윈이 '일상적 발생의 연쇄'라고 부른 비목적론적 세계에서 추적이 가능한 유일한 계획이다. 개인은 마치 불확정적인 존재인 것처럼 가장해야만 살아갈 수 있다. 적어도 확실하게 예언할 수 있는 것은 없다. 이번에는《플로스 강의 물방앗간》과 달리 여성이 물에 빠져 죽지 않는다. 여성은 결혼 시장과 상속의 체계에서 벗어나 플롯의 가장자리까지 간다. 여성의 자유가 갈 수 있는 최대한은 거기까지지만, 조지 엘리엇의 소설에서 그것은 먼 거리다.

다니엘은 드러나지 않은 예언적 결론을 내리고 동방으로 떠날 작정을 한다. "동방의 여러 나라에 있는 내 종족에 관해 더 잘 알고" "내 민족에게 정치적 존재감을 되찾아주기 위해서다." 우리는 그가 떠나는 것을 보지 못하지만, 물론 시오니즘의 전망을 담은 소설의 결말은 우리에게 일차 독자들과는 다르게 읽힌다. 당시 독자들은 이를 불가능한 꿈으로 읽었겠지만 우리는 위험한 현실로 독해한다. 이것은 실현된 미래가 텍스트와 독자 사이로 밀고 들어와 예언된 것, 추측된 것, 공상된 것을 실제로 일어난 일—이후 백 년에 걸쳐 숱한 고통과 파괴를 가져온 우리 세계의 정치—로 변형시키는 특별한 사례다. 그런 식으로 자체의 결론이 분쇄되는 양상은 미래에 집착하는 텍스트에서 흔히 볼 수 있다. 《전쟁과 평화(*War and Piece*)》에서는 자체의 내용을 중단하고 우연적이고 개별적인 행위와 감정으로 보이는 것이 실은 역사적 필연임을 지적하는 대목이 많이 나오지만, 《다니엘 데론다》에서는 공포와 욕망의 범위가 단일한 사건 속에 압축되어 있다. 또한 사건 속에 **표현되지 않은** 것, 유혹적이거나 악마적인 것, 일시적으로만 배제된 것에 속하지 않는 경험의 요소들도 강조된다. 감정은 그런 충격을 벗어나는 경우가 더 많으므로, 선택과 사건은 우연성을 공유하기 시작한다. 현재에서 단일한 미래를 추측할 수는 없으나 우리는 모두 예언에 의해 살아간다.

《미들마치》에서는 서문에서 제안된 실험이 우리 앞에 전개되는 것을 지켜보면서 독자가 맡은 가설의 역할이 사라진다. 그러나 《다니엘 데론다》에서는 독자의 그 역할이 텍스트의 필수적인 속성이다.

조밀화(稠密化)는 우리가 집요하게 예측하려는 가능성의 잠정적인 반대 플롯이지만, 사건을 낳는 재료이기도 하다. 개별적 존재를 관통해 나아가려 하지만 대부분 실제로 작용하지 못하고 억제되어 숨어버리는 정보, 변형을 겪지 않고 사건화되는 자신의 의식적이고 잠재적인 사고와 수많은 공상을 아는 사람 이외에는 어느 누구도 거의 식별할 수 없는 그 정보가 이 소설의 특별한 구조를 형성한다.

실체화는 불가피한 게 아니다. 그보다는 천문학적 탐구의 사색적 무한함이 소설의 기획에 더 가깝다. 이 작품은 일어나지 않은 것에 관한 소설이다. 그웬돌린은 그랜코트를 죽이지도 않고 데론다와 결혼하지도 않는다. 또 데론다와 미라는 오랫동안 꿈꾸었던 어머니와의 애정 어린 재회를 이루지 못한다. 그랜코트는 그웬돌린에게서 자식을 얻을 생각이 없다. 이런 **욕망들**이 소설 속에서 행위의 힘을 가지는 것으로 상정되어 있는 탓에 플롯이 부정의 의지적이고 의식적인 형태를 취한다. 부정의 힘은 우리가 듣고자 하는 이야기를 끝까지 말하지 않는 데서 나온다. 조지 엘리엇은 공책에서 창조적 정신이 사태를 전개시키는 몇 가지 사례를 인용한다. 그녀가 해리엇 비처 스토에게 보낸 편지에는 사물을 변화시키고 싶었다는 말이 나온다. 이 작품에서 변화는 그녀가 채택한 전승의 은유를 통해 표현될 수 없다. 그러나 성적 선택은 이 작품의 주제 중 하나다. 아무리 통일을 지향하는 기획이라 해도, 그 소설은 분열과 불완전성으로 나타난다.

인간을 위한 척도 찾기—
하디의 소설에서 보는 플롯과 글쓰기

《인간과 동물의 감정 표현》에서 다윈은 공포를 일차적 감정으로 규정하고, 그 표현 양식이 수백만 년 동안 별로 변하지 않았다고 말한다.

공포는 아득히 먼 시대부터 지금과 거의 같은 방식으로 표현된 것으로 추측된다. 즉 몸을 떨고, 모발이 치솟고, 식은땀을 흘리고, 얼굴이 창백해지고, 눈을 크게 뜨고, 대부분의 근육이 이완되고, 전신이 움츠러들고, 몸을 꼼짝하지 못하는 상태다.[1]

---

1) *Expression of the Emotions*, 360~361쪽.

공포에 대한 공포

빅토리아 시대의 인류학적 의미에서 공포는 '생존'을 뜻했다. 원시 부족들의 경우처럼, 이 원시적 감정은 현대 세계까지 변하지 않고 전승된다. 과거처럼 지금도 공포는 인간의 원초적 조건을 나타낸다. 게다가 공포는 발달의 은유에서 '원시' 민족들과 똑같은 위치를 점한다. 즉 공포는, 통제하고 억압하고 극복해야 할 대상이다. 이성은 성숙한 감정으로 간주된다. 이를테면 서유럽인은 발달의 척도에서 '성숙한 어른'이다. 그러므로 원시 민족들처럼 공포는 통제해야 할 감정이다. 하지만 원시 민족들과 마찬가지로 공포는 여전히 존재하며, 완전히 극복되지도 않고 완전히 지배되지도 않는다. 발달과의 관계에서 공포는 근본적으로 혼란스러운 감정으로 인식된다. 공포는 파괴력을 가지며, 마치 폭동처럼 언제든 터져 나올 수 있다.

19세기 후반 대영제국의 **활동**은 공포와 밀접한 관련을 가진다고 볼 수 있다. 당시는 용기 또는 '담력'을 중시하는 문화였다. 그런 분위기가 에드워드식 글쓰기를 부추겼고, 특히 콘래드의 작품을 낳았다. 예를 들어, 《로드 짐(*Lord Jim*)》에서 짐은 격세유전적 공포의 감정에 휘말려 배와 승객들을 버리고 바다로 뛰어내린다. 그는 이 비겁한 행위를 속죄하려는 생각에서 '원시' 민족의 지혜로운 고문 역할을 맡는다. 《어둠의 한가운데(*Heart of Darkness*)》에서는 인간 감정의 중심에서 발견되는 공포가 아마존 정글로의 여행, 또는 '원시' 부족들을 지배하는 대영제국의 자멸적 여행이라는 형태를 취한다. 두 경우 모두, 처음의 감정은 공포에 대한 공포다.

공포는 하인, 동물, 여성, 피지배 민족 등 공포를 **경험**하는 사람들에 의해 야기된다. 사키(Saki)는 단편소설 〈로라(Laura)〉에서 다양한 범주들을 재치 있게 요약한다. 로라는 여성, 수달, 누비아 흑인 소년과 더불어 친구의 남편을 끊임없이 괴롭힌다. 여기서는 아이, 하인, 사냥감, 흑인, 여성 등 모든 약자들이 공포를 조성한다. 그들이 주인이나 지배자 앞에서 느끼는 공포가 거꾸로 그들에게 주인이나 지배자에게 공포를 불러일으키는 힘을 부여한다.

《다니엘 데론다》에서 조지 엘리엇은 공포를 다스리는 것이 해답은 아니라고 보았다. 그보다는 공포 속으로 들어가 그것을 '하나의 기능처럼' 사용해야 한다고 보았다. 하디는 이런 일기를 남겼다. "용기는 흔히 이상화된다. 공포도 그렇게 하면 되지 않을까? 하지만 공포는 용기보다 더 높은 의식이며, 더 깊은 통찰력에 기반한다."[2] 여기서 그는 공포에 따라붙는 가치를 전도시킨다. 그가 말하는 '더 깊은 통찰력'이란 자연 질서에서 공포가 지니는 힘을 가리킨다.

또 하디는 1888년 1월의 일기에 이렇게 쓴다. "불안은 상상력의 중대한 요소다. 광기에 가깝고 적을 무생물 같은 것으로 보게 해준다." 한 주일 뒤에 쓴 일기는 다음과 같다.

감각을 우연이 아니라 진화의 결과로 보고, 신체적인 것이 아니라 심리적인 것으로 보는 '감각 소설'도 가능하다. ……
신체에서는 모험 자체가 관심의 대상이며, 심리적 결과는 평범한 것으로 치부된다. 심리적 우연이나 모험은 내재적인 관심으

---

2) Florence Emily Hardy, *The Early Life of Thomas Hardy 1840~1891*(런던, 1928), 253쪽. 이하 *Early Life*로 표기.

로 간주되지 않지만 그것이 각 기능에 미치는 결과는 대단히
중요하다.[3]

이렇게 '감각'과 '진화', 불안과 물활론의 상호연관을 중시하면,
하디의 창조성이 지닌 특별한 성격을 이해하는 길로 나아갈 수 있
다. 하디는 원시 문화와 물활론의 관점에서 "뛰어난 상상력을 가진
천재"의 창조적 유사성을 분석하고자 했다. 하디는 그 분석에서 새
로운 관념을 얻었는데, 여기에는 영국민속학협회 초대 회장인 에드
워드 클로드(Edward Clodd)가 문화 발달과 생존의 관점에서 설명한
내용이 큰 도움을 주었다.

12월 18일. E. 클로드 씨는 오늘 아침 먼 아시아 사람과 도싯
사람이 어떻게 같은 미신을 가질 수 있느냐는 나의 질문에 명
쾌한 답을 주었다. "비슷한 문화 수준에 있는 인간의 태도는 거
의 똑같습니다. 도싯의 농부도 인간과 사물을 혼동하는 야만적
사고를 가지고 있기 때문에 빈약한 유비를 토대로 광범위한 일
반화를 하는 겁니다." ("인간과 사물을 혼동하는 야만적 사고"는
뛰어난 상상력을 가진 천재, 이를테면 최고의 시인에게서도 흔히
볼 수 있다.)[4]

하디에게는 불안의 이중적 의미가 중요하다. 불안은 공포와 자각

---

3) *Early Life*, 268쪽.
4) *Early Life*, 301~302쪽.

을 모두 의미한다. 공포는 모든 것을 말살하는 경험이면서도 사람을
예민하게 만들며, 사고와 감각을 일깨운다. 공포에 질린 자아는 경
계 태세를 갖추지만 수동적이다. 이것은 하디의 작품이 지닌 플롯과
글쓰기의 모순이 독자에게서 빚어내는 상황이기도 하다. 우리는 미
래의 사건들이 가져올 사태로 참을 수 없는 불안을 겪지만, 텍스트
는 우리에게 지각적 쾌락으로 가득한 감각을 일깨워준다. 하디는 자
신이 만들어낸 인물들의 경험이 바로 그런 상태라고 말한다. 예를
들어, 피곤에 지친 테스는 다른 여자들이 일하는 소리를 듣는다. "그
녀는 의지가 없고 지각만 있는 상태다. 짚이 바스락거리는 소리, 사람
들이 이삭을 베어내는 소리가 몸에 닿을 듯이 묵직하게 다가왔다"[5][강조
는 필자]. 그의 감각 체계에서는 촉각과 청각이 밀접한 관계를 가진
다. 두 감각은 예민한 수동성과 결합되어 있다.

인간의 척도

하디는 자신의 작품과 관찰 방식에 다윈이 항상 주요한 지적 영향
력을 미쳤다고 인정했다.[6] 다윈이 하디에 미친 영향력에 관해서는
지금까지 많은 글들이 발표되었고 각각의 작품에 관해서도 뛰어난
연구들이 많이 있다. 여기서 나는 플롯과 글쓰기의 관계에 관한 더
일반적인 문제를 탐구하고자 한다. 연구자들은 하디와 다윈의 관련
성을 비관주의적 관점에서 접근했는데, 이는 삶의 법칙 자체에 결함

---

5) Thomas Hardy, *Tess of the D'Urbervilles: A Pure Woman Faithfully Presented*, P.
N. Furbank 엮음(런던, 1975), 316쪽. 모든 페이지 인용은 이 판본에 의거한다.

영화 〈테스〉의 한 장면

로만 폴란스키 감독, 나스타샤 킨스키·피터 퍼스·리 로슨 주연. 테스를 처음 본 알렉은 한눈에 반해 말을 건넨다. 그러나 그는 순진한 시골 처녀를 농락한 파렴치한이었다. 알렉은 후에 전도사가 되어 테스 앞에 다시 나타나지만 그로 인해 테스에게는 더 큰 불행이 닥쳐온다.

이 있음을 뜻한다. 하디가 이것을 느꼈는지는 확실치 않다. 어떤 이는 다음 구절에 함축되어 있는 문화적 진화론을 발견한다.

> 환멸스러운 오랜 세월이 헬레니즘적 삶의 관념—뭐라고 달리 부르든 상관없다—을 조금씩 바꿔놓았다. 그리스인들은 추측만 했던 것을 지금 우리는 잘 알고 있다. 아이스킬로스(Aeschylos)가 상상했던 것을 지금 아이들은 느낀다. 우리가 자연 법칙의 결함을 발견할 때마다, 인간이 자신의 활동에 의해 빠지게 된 곤경을 볼 때마다, 일반적인 발견으로 기뻐하던 과거의 모습은 점점 사그라진다(185쪽).[7]

아이스킬로스의 상상은 (진화적 발달에 의해) 아이들의 느낌이 된

---

6) 하디는 만년에 자신에게 중요했던 사상가들로 '다윈, 헉슬리, 스펜서, 콩트, 흄, 밀'을 꼽았다. Carl J. Weber, *Hardy of Wessex: His Life and Literary Career*(뉴욕, 1965), 246~247쪽에서 인용. *Early Life*에서 그는 "처음부터 《종의 기원》에 찬사를 보냈다"고 주장했다(198쪽). Peter Morton, 'Tess of the D'Urbervilles: A Neo-Darwinian Reading', *Southern Review*, 7(1974), 38~50쪽; Roger Robinson, 'Hardy and Darwin', *Thomas Hardy: The Writer and his Background*(뉴욕, 1980), 128~150쪽; Elliot B. Ghose, 'Psychic Evolution: Darwinism and Initiation in *Tess*', *Nineteenth Century Fiction*, 18(1963), 261~272쪽; Perry Meisel, *Thomas Hardy: The Return of the Repressed*(뉴헤이븐과 런던, 1972); Bruce Johnson, 'The Perfection of Species' and Hardy's Tess', *Nature and the Victorian Imagination*, G. B. Tennyson과 U. C. Knoepflmacher 엮음(버클리, 1978), 259~277쪽. 특히 Meisle과 Johnson은 다윈의 사상이 하디에게 미친 영향을 이해하는 데 중요하다.

7) *The Return of the Native*, Derwent May 엮음(런던, 1975). 모든 페이지 인용은 이 판본에 의거한다.

다. 인간의 곤경은 법칙 자체의 결함으로부터 초래되었으므로 우리
와는 무관하다.

애통한 사실은 인류가 신체적인 면에서 너무 극단적으로 발
달했다는 점이다. 이를테면 신경이 비정상적일 정도로 진화되
었다. 고등한 동물은 특히 진화의 정도가 과도하다. 우리가 자
연이라고 부르는 것이 무척추동물에서 척추동물로 진화하던
때로 거슬러올라가면 본연의 임무를 넘어서지 않았는지 의문
시된다. 이 행성은 고등한 존재의 행복에 필요한 재료를 제공
하지 않는다. 다른 행성에서는 가능할지 모르지만 그곳이 어떤
지는 알 수 없다.[8]

그러나 비록 하디가 진화의 부담을 느꼈다 해도, 그가 다윈의 저
작에서 받은 영향은 이것이 전부가 아니다. 개인은 계승과 생성의
긴 연쇄에 미약한 영향을 미칠 뿐이지만, 하디는 그런 생각에 나름
대로 반대해 단일한 개체의 수명을 척도로 채택했다. 조지 엘리엇과
디킨스의 소설들은 꿈처럼 끝나기보다 죽음을 끌어안으려 하지만,
하디의 텍스트는 영웅이 죽는 것처럼 가장하지 않고 인간의 척도를
존중한다. 개체의 수명은 이제 논란의 여지가 없는 절대적인 것이
아니다. 이것이 그의 휴머니즘을 공식적으로 나타낸다. 그는 진화적
사회개량주의나 비관주의에 반대하고 단일 세대에 의미의 부담을
지운다.

---

8) *Early Life*, 285~286쪽.

하디의 플롯은 거의 예외 없이 비극이나 적의에 불타고 있다. 개인은 죽음 같은 불가피성, 혹은 '어리석은 사고' 같은 사건으로 인해 내팽개쳐진다. 결정론 체계는 커다란 압력을 받고, 유령 플롯(ghost plot)이 연속된다. 끈질기게 행복을 향해 다가가는 대안은 현실에서 아무리 끔찍한 사건들이 일어나도 완전히 힘을 잃지 않는다. 독자는 다양한 가능성의 느낌으로 고통을 받지만, 그중 한 가지 가능성만이 실제로 일어나 시간과 공간과 현실성 속에서 검증된다. 고정불변의 법칙에 대한 믿음은 도덕적 성격이 강조되는 조지 엘리엇의 플롯에서 중요한 요소다. 졸라에게는 다산성이 죽음에 대한 생명의 대응이다. 그러나 하디의 경우, 이 요소들은 인간의 통제를 벗어난 숨은 플롯에 속한다. 《더버빌 가의 테스》의 첫 부분에서 하디는 이렇게 조소한다. "상큼하고 순수한 시를 쓰며 심오하고 신뢰할 만한 철학을 지닌 시인이라고 해서 과연 '자연의 신성한 계획'이라고 말할 만한 권위를 가지고 있는지 알고 싶다." 다윈은 '자연선택'의 이미지 속에 워즈워스의 신앙심을 수용하고자 했다. 그 결과, 자연은 자비로운 계획과 동일해지며, 자연선택은 인간의 인위적 선택보다 더 올바른 형태가 된다.[9] 하디는 그런 계획을 플롯으로 해석한다. 플롯은 개체의 삶을 염두에 둘 필요가 없으므로 적의에 차고 위험스러워진다. 인간의 다양성은 플롯을 생성하는 욕구에 의해 억압된다. 엔젤 클레

---

9) 다윈이 워즈워스에게서 받은 영향에 관해서는 다음 문헌들을 보라. Edward Manier, *The Young Darwin and his Cultural Circle*(도르트레흐트, 1978), 89~96쪽; Marilyn Gaull, 'From Wordsworth to Darwin', *The Wordsworth Circle*, 10(1979), 33~48쪽.

어는 노동자들의 균일성을 가정하는 계급적 사고에서 벗어나기 시
작한다.

> 어떠한 객관적인 변화도 없이 다양성이 단조로움을 대체했
> 다. 집주인과 식구들, 하인들은 클레어의 눈에 익자마자 곧바
> 로 화학 과정에서처럼 각자 차별화되기 시작했다. 그에게 파스
> 칼의 말이 떠올랐다. "정신의 힘이 강한 사람은 독창적인 사람
> 을 잘 식별한다. 보통 사람들은 그런 사람의 차이를 알지 못한
> 다." 고루하고 한결같은 호지는 이제 존재하지 않았다. 호지는
> 수많은 동료 인간들로 분해되었다. 많은 정신을 가진 존재, 무
> 한한 차이를 가진 존재로.

그러나 동료 인간들의 '무한한 차이'를 인식하게 되어도 그의 성적
행동은 균일성을 만들어낸다. 농장 처녀들이 원치 않는 성욕, "잔인
한 자연 법칙이 강제로 안겨준 감정"에 시달리고 있기 때문이다.[10]
하디의 작품을 읽을 때 우리는 종종 세 단계의 플롯이 생성되는
것을 발견한다. 인물 구성에서 보이는, 불안정하고 계획적이고 예언
적인 플롯, "왜 아무도"라든가 "만약 누군가가" 하는 말투에서 확인
되는 해설의 기원(祈願)적인 플롯, 맹목적 상호작용과 '자연 법칙'의
절대적 플롯이 그것이다. 이 법칙은 단일한 체계 속에서는 이해될
수 없다. 하디의 소설에서는 모든 척도가 절대적이면서도 다양하다.
그래서 그는 에그던 히스의 지질학적 시간에서 하루살이의 세계까

---

10) *Tess*, 146, 174쪽.

지 여러 가지 시간 척도를 아우른다. 자연이 인간에게 적응한다는 관념은 《더버빌 가의 테스》에서 정신의 병적인 상태를 표현한다. "때때로 그녀의 변덕스러운 망상은 주변의 자연적 과정을 심화시켜 그녀 자신의 이야기인 것처럼 보이게 했다." 이런 식으로 편집증 같은 플롯이 제시되면 외부, 내부, 숨은 부분이 뒤섞여버리므로 (두뇌 클리닉이나 우주의 혼돈에서 볼 수 있듯이) 플롯의 근원을 찾을 수 없게 된다.

하디의 통찰력에서 중요한 점은 개체의 수명으로 포괄할 수 없고 하디 자신의 욕구에 별로 맞지 않는 체계를 강조한다는 것이다. 그의 소설에 보이는 웅장함은 주로 그가 사람들의 독립성과 자기주장을 수용하는 데서 비롯된다. 이런 측면은 갈수록 위축되지만 거듭 되살아난다. 그러나 그렇게 개인을 부각시키는 관념의 근저에는, 그 되풀이되는 에너지가 개인보다 호흡이 더 긴 종족의 욕구를 위해 봉사하며, 개인의 죽음이 아니라 종족의 소멸에 저항하기 위한 번식 에너지가 된다는 역설이 숨어 있다.

행복의 감각

하디의 작품에는 우려와 불안, 불가피한 전복을 강조하는 것과 더불어, 오랫동안 예측되어 왔으면서도 끊임없이 회피되어 온 것이 있다. 그것은 다윈의 사상과 밀접하게 연관된 또 다른 감각인데, 바로 행복의 감각이다. 어두운 과거와, 초기에 결말이 나는 예정된 감각과 더불어 풍부함, '기쁨을 향한 욕구'의 감각이 함께한다. 이 점은 텍스트가 점점 완성을 향하는 과정에서 표현된다. 소설에서 테스가 인용하는 〈나 자신의 노래(Song of Myself)〉라는 휘트먼(Whitman)의 시는 이렇게 전개된다.

> 사람들은 시작과 끝을 말한다.
> 하나 나는 시작이나 끝을 말하지 않는다.
> 지금이 없듯이 처음도 없었다.
> 지금이 없듯이 젊음과 늙음도 없다.
> 지금이 없듯이 완벽함도 없을 것이다.
> 지금이 없듯이 천국이나 지옥도 없다.
> 오로지 충동, 충동만이 있을 뿐
> 세계는 언제나 번식의 충동뿐.

세계는 매순간 완성을 향하지만, 앞으로 나아가려는 충동은 언제나 번식의 형태를 취한다. 휘트먼은 진화적 사고 형태의 강력한 대안을 제시한다. 과거는 현재가 되기를 열망하고, 현재는 더 만족스러운 미래를 상상한다. 휘트먼이 생각하는 세계의 완전함은, '기쁨을 향한 욕구'와 결부되는데, 하디는 그것을 삶에 환희와 재앙을 채우는 것으로 보았다. 성적 기쁨은 항상 위험하다. 상실의 가능성 때문만이 아니라 발생과 연결되기 때문이다. 이 법칙은 개인의 정체성과 수명에 철저하게 관철된다.

그녀는 그의 목을 꼭 끌어안았다. 클레어는 테스가 자신을 사랑하는 것처럼, 여성이 진심으로 사랑하는 남성에게 해주는 열정적인 입맞춤이 어떤 느낌인지 처음으로 깨달았다. "이제 믿겠어요?" 그녀는 얼굴이 붉어진 채 눈가를 손으로 훔치며 물었다.

"그렇소. 결코 의심하지 않으리다. 결코!"

그리하여 그들은 베로 싼 꾸러미 하나를 챙겨들고 어둠 속으로 떠났다. 쏟아지는 빗발 속을 말이 마음 내키는 대로 가게 놔두었다. 그녀는 이미 승낙한 터였다. 처음부터 동의하는 것이 당연했다. 모든 창조에 개재하는 '기쁨을 향한 욕구', 거센 조류가 힘없는 해초를 뒤흔들듯이, 언제나 인간을 그 목적으로 닦아세우는 엄청난 힘은, 사회적 규정을 대충 공부한다고 해서 통제할 수 있는 게 아니었다(《테스》, 218쪽).

열정적인 순간은, 감각 경험의 가장 내밀한 상태인 촉감과 온도를 통해 포착된다. 그 다음에 언어가 전복되면서 바다와 운동의 이미지 속으로 들어간다(연인들의 신체적 경험을 영속화하는 기능은 지속된다). 힘과 무력함의 감각은 "사회적 규정을 대충 공부"한다는, 익살과 과장이 섞인 상충하는 추상으로 변한다. 독자는 의미 속에 침잠하는 대신 의미를 찾기 위해 노력해야 한다. 감각과 소리는 독자를 물리치고 연인들을 떼어놓는다.

여기서 하디는 또 다른 자연적 충동을 언급하는데, 그것은 번식과 분리되지만 자주 연관되기도 한다. 그것은 '즐기려는 의지다. "즐기려는 의지, 우리는 이것을 나뭇잎 하나에서부터 무도회의 귀부인에 이르기까지 자연 전체에서 발견한다. …… 고인 물처럼 그것은 어딘가에서 새어나갈 가능성의 틈을 발견한다"(1888년 8월).[11] 〈도싯셔

---

11) *Early Life*, 279쪽.

의 노동자(The Dorsetshire Labourer)〉(1883)에서 하디는 '노동자 부류'에게도 행복이 있다는 것을 믿지 않는 태도를 계급적 사고로 규정하고 다음과 같이 풍자한다.

노동자의 오두막에는 빈곤과 병마가 도사리고 있다. 노동자 부류에 관한 최근 작가들의 말을 해석해보면, 노동자에게는 장차 공장과 무덤밖에 없다는 뜻으로 귀결된다. 그는 생각할 엄두조차 거의 내지 못한다. 그에게는 기쁨의 생각도, 휴식의 희망도 거의 없다.

그와 달리 하디는, 잘 관찰해보면 성격, 삶, 분위기의 다양성을 발견하게 될 것이라고 주장한다.

그는 보조적인 생활양식이 불건전하지도 않고 크게 부적절하지도 않은 곳에서는 언제나 어떤 종류의 행복이 샘솟고 앞으로도 그러하리라는 것을 알았을 것이다. 실제로 이런 공동체에서 행복은 지구상 최후의 도피처를 찾게 된다. 생활의 조건에 관한 완벽한 통찰력이 가장 오랫동안 지연되는 곳은 바로 그곳이기 때문이다.[12]

또다시 창조적 모순이 제시된다. 행복이 샘솟는 것과 생활의 조건, 감각과 법칙, 글쓰기와 이야기가 모순을 이룬다. 조지 엘리엇과

---

12) 'The Dorsetshire Labourer', *Longman's Magazine*(1883).

하디의 초기 비평가였던 올리버 엘턴(Oliver Elton)은 이 둘의 차이를 다음과 같이 정의했다.

그녀는 삶에 관해서는 철두철미하게 서술하지만 삶의 정신은 놓치기 쉽다. 그 뻔뻔스러운 정열, 경솔한 쾌활함, 햇빛에의 도취, 이런 것들을 그녀는 이해하면서도 우리에게는 오히려 그것들을 불신한다는 느낌을 준다.[13]

하디의 작품은 반대로 그런 성질들을 특징으로 한다. 그는 정열, 쾌활함, 햇빛을 불신하지 않고 그것들이 사건과 시간을 통해 협박을 당하고 위축되고 침해당하는 과정을 기록한다. 또한 그들이 각 유기체에게서 어떻게 복구되며, 글쓰기를 통해 어떻게 복구되는지도 서술한다.

그는 성적 흥분의 '굉장한 기쁨' '엄청난 기쁨'만이 아니라, 너무 '당연해서' 아무도 언급하지 않을 만큼 온건하고 은근한 행복도 이야기한다. 그래서 유스테이시아 혼자만이 무언극에서 연기를 시작하고, 나머지는 하디가 버섯의 은유를 이용해 철저히 자연화한 방식으로 동작을 수행한다.

연극의 나머지 부분이 끝났다. 사라센 사람의 머리가 잘리고, 성 조지가 승자로 우뚝 섰다. 아무도 말하지 않았다. 마치 버섯이 가을에 나오고 눈꽃이 봄에 핀다는 사실을 말하지 않는

---

13) Gordon S. Haight, *A Century of George Eliot Criticism*(런던, 1966), 192쪽.

것처럼. 그들은 그 작품을 배우들처럼 무덤덤하게 받아들였다. 크리스마스 때마다 당연히 거치는 즐거운 단계였다. 더는 말할 것이 없었다(《귀향》, 157쪽).

다음 구절에 나오는 빈약한 은유는 하나의 자연 형태를 다른 형태와 비교할 때 방계적으로만 사용되다가("고양잇과 동물처럼" …… "두꺼비들은 갓 태어난 오리 같은 소리로 울었다"), 마지막 단계에서는 "벌들이 윙윙거리는 소리가 징소리처럼 퍼져 나갔다"는 문구가 나온다. 여기서 인간의 근접성은 생명력을 거의 교란시키지 않는다.

3월이 되었다. 황야는 삭막한 겨울에서 깨어나는 조짐을 조금씩 보이기 시작했다. 깨어나는 과정은 고양잇과 동물처럼 조용하고 비밀스러웠다. 유스테이시아가 사는 둑 바깥의 연못은, 관찰하면서 소란을 피우는 사람에게는 생명이 없고 황량하게 보이지만, 조용히 지켜보면 거대한 활기가 서서히 모습을 드러내는 것을 알 수 있었다. 수줍은 동물 세계가 계절에 맞춰 되살아났다. 조그만 올챙이들과 도롱뇽들이 물 위로 솟아오르고 물 밑에서 경주를 시작했다. 두꺼비들은 갓 태어난 오리 같은 소리로 울면서 두세 마리씩 무리를 지어 연못가로 나왔다. 머리 위에서는 호박벌들이 두터운 빛을 뚫고 이쪽저쪽으로 날아다녔다. 벌들이 윙윙거리는 소리가 징소리처럼 퍼져 나갔다(《귀향》, 207쪽).

즐거움을 주는 서술에서는 대개 이와 같은 근접성과 상보성의 희극적 장면이 등장한다. 인간의 존재가 전체를 섬세하게 중단시키고 완료한다.

> 이튿날 아침, 엘리자베스-제인이 창문을 열자, 마치 외딴 오두막에 있는 것처럼 상쾌한 공기가 다가오는 가을의 느낌을 선명하게 전했다. 캐스터브리지는 농촌 분위기를 만끽하기에 좋은 곳이었다. 읍내 고지의 옥수수밭에 있던 벌과 나비는 아래쪽 풀밭으로 가기 위해 우회로를 타지 않고 곧장 중심가로 날아갔다. 낯선 지역을 횡단한다는 의식은 전혀 없는 듯했다. 엉겅퀴의 솜털이 거리로 날아와 상점가를 떠돌다가 하수구로 쓸려갔다. 포장도로를 수북이 뒤덮은 갈색과 노란색 이파리들은 이따금 주택가로 살그머니 들어가 수줍은 손님의 치맛자락처럼 바닥을 살짝 긁었다.[14)]

하디의 이야기에 내포된 예민한 문제는 감각과 회상의 간극이었다. "오늘은 길이, 너비, 두께, 색깔, 냄새, 목소리를 가지고 있다. 오늘이 어제로 바뀌는 순간, 오늘은 실체, 색깔, 고유의 목소리를 잃고 많은 층들에 속한 하나의 얇은 층이 된다"(1897년 1월 27일).[15)]

그의 글은 명료함을 추구한다. 인간의 인식이 실현되고 행복이 경험되는 것은 바로 현재의 순간이다. 현재는 물질적 질서의 일부지만 과거는 이제 그렇지 못하다. 하디는 사실 우리가 앞서 다윈의 글쓰

---

14) *The Mayor of Casterbridge*, I. Gregor 엮음(런던, 1976).
15) Florence Hardy, *The Later Years of Thomas Hardy*(런던, 1930).

기에서 살펴본 낭만적 유물론을 공유하고 있다.

관찰은 감각기관의 기능이다. 다윈과 하디에게 물질세계는 낙관적이거나 비관적인 해석이 가능한 관점에서 서술되지만, 다른 측면으로는 관찰의 즐거움을 주는 용어로도 기능한다. 척도와 간격이 급격히 변화하면 글은 요약, 반복, 단일한 사례, 다양성의 기록, 여러 차례 경험되는 물리적 삶의 역사적 의미 사이를 오가게 된다.

식물이 민물과 늪지에 광범위하게 분포되어 있다는 것은 오래전부터 알려졌다. …… 이 사실은 유리한 분포 수단이 될 수 있다. …… 웅덩이 가장자리의 진흙 지대에 사는 물새들은 갑자기 물에서 나올 때면 발이 진흙투성이가 되기 쉽다. 이런 종류의 새들은 대개 넓은 지역을 돌아다닌다. 그들은 큰 바다의 황량한 외딴 섬에서도 발견될 정도다. 바다의 표면에 내려앉기란 어려운 일이므로 새의 발에는 흙이 씻겨 나가지 않고 그대로 묻어 있을 것이다. 새는 자주 다니는 민물 지역에 내려앉는다. 그런데 식물학자들은 연못의 진흙에 식물의 씨앗이 얼마나 있는지 알지 못하는 듯하다. …… 2월에 나는 물밑과 연못 가장자리에서 각기 다른 세 곳을 정해 진흙을 찻숟가락 하나만큼씩 떴다. 진흙이 마르자 무게가 6과 3/4온스(약 190그램 : 옮긴이)로 줄었다. 나는 그것을 6개월 동안 서재에 덮어놓고 거기서 자라는 식물들을 관찰하고 세어보았다. 식물은 여러 종류였고 모두 합쳐 537본이었다. 하지만 끈적거리는 진흙의 양은 컵 하나에 들어갈 정도밖에 되지 않았다! 이런 사실로 미루어, 나는 물새들이 민물 식물의 씨앗을 먼 곳까지 운반해주지 않는다

면, 그 식물들의 서식지가 그토록 광범위할 수 없으리라고 생
각했다(376~377쪽).

　다윈의 잠정적인 설명에는 여러 가지 상상이 개재되어 있다. 물새
들이 발에 진흙을 묻힌 채 이동한다. 갑자기 날아오른다. 멀리 돌아
다닌다. 바다에 내려앉지는 않는다. 민물 지역을 찾는다. 이렇게 상
상이 계속되다가 갑자기, 시각이 넓은 심안(心眼)에서 실험적 관찰
자의 눈으로 바뀐다. "거기서 자라는 식물들을 관찰하고 세어보았
다." 그 양은 537본이었다는 식이다. 다윈은 컵 같은 가정용품과, 바
다를 건너는 새의 자유로운 공간을 결합시켜 그 불가피성을 지연시
키는—아울러 강화하는—부정문으로 이루어진 결론에 도달한다.
　"왜가리 같은 새들은 오랜 세월 동안 매일 물고기를 잡아먹고 살
았다. 그러다가 다른 물을 찾아 나섰고 바다를 건너게 되었다." 다윈
의 글은 물리적 과정의 즐거움을 나타내며, 삶의 다양한 척도와 감
각에서 비롯되는 기쁨과 어려움을 표현한다. 그는 실험적 증거만이
아니라 상상의 증거도 사용해 낯선 생명 형태를 느끼고 배운다.
　다윈은 폭넓은 전거와 방계적 경험의 감각으로 자연 질서 안에서
인간의 새로운 위치를 찾는다. 인간은 '뒤엉킨 강둑'에 사는 수많은
생명체들 가운데 이름 없는 생명체의 하나다. 그러나 그의 글은 또
한 그 이미지를 확장해, 인간 관찰자에게 다른 모든 생명 형태들을
관찰하고 확인하는 능력을 부여한다. 발길질을 하는 타조, "축축한
흙을 기어가는" 벌레, "구즈베리의 종류에 따라 열매의 크기, 색깔,
모양, 털의 양이 얼마나 달라지는가," 자주색 클로버의 꿀을 먹을 수
있는 유일한 곤충인 '호박벌' 등이 그렇게 해서 알려졌다.

　그는 "생명 현상에 관한 다양한 견해를 …… 겸허하게 기록"했을 뿐이지만, 하디는 그것이 바로 "참된 삶의 철학으로 가는 길"이라고 단언한다. 그는 1902년에 《과거와 현재의 시집(*Poems of the Past and the Present*)》에서 주장한 내용을 자기 소설 텍스트에 적용했다. "있는 그대로의 느낌도 나름의 가치를 지닌다. 참된 삶의 철학으로 가는 길은, 생명 현상에 관한 다양한 견해를 우연과 변화에 의해 우리에게 주어진 그대로 겸허하게 기록하는 것이다."[16] 하디와 다윈은 우연과 변화를 지속적으로 수용했다는 점에서 서로 입장이 같다. 우연과 변화는 경험의—따라서 언어의—항구적인 매체다. 그러나 두 사람은 자연 질서의 모든 경험에서 근본적인 구성은 반복이라고 주장한다. 왜가리, 개미, 식물은 모두, 물리적 연상의 강도에서는 같으며, 밀고 당기는 힘에 의해 인간에 가까워진다.

　　개미집이 약간만 교란되면, 노예개미들은 가끔씩 밖으로 나와 주인들처럼 술렁거리면서 집을 방어한다. 집이 크게 교란되어 애벌레와 번데기가 노출되면, 노예들은 주인들과 함께 열심히 애벌레와 번데기를 안전한 곳으로 옮긴다. …… 6월과 7월에 나는 서리와 서식스에서 몇 시간씩이나 개미집들을 지켜보았지만, 한 마리의 노예개미도 집을 떠나거나 안으로 들어가버리는 것을 보지 못했다(다윈, 214~215쪽).

　　그녀의 앞에 개미들이 길을 가로지르는 도로를 만들어놓았

---

16) H. Orel 엮음, *Thomas Hardy's Personal Writings*(런던, 1967), 39쪽.

다. 무거운 짐을 진 수많은 개미들의 행렬이 끊임없이 이어졌
다. …… 그녀는 이런 개미들의 소동이 같은 장소에서 오랜 세
월에 걸쳐 벌어졌으리라고 생각했다. 지금 이 개미들처럼 이들
의 조상들도 똑같이 이곳을 걸었을 것이다. 그녀는 몸을 뒤로
기대고 더 편안한 자세를 취했다. 온화한 동쪽 하늘이 머리 위
의 백리향처럼 포근하게 여겨졌다. 하늘 한편에서 왜가리 한
마리가 태양을 향해 날아가는 것이 보였다. 계곡의 웅덩이에서
왔는지 몸이 젖어 있었다. 날개의 가장자리, 다리, 가슴이 밝은
햇살에 눈부시게 빛나, 마치 불타는 은덩이처럼 보였다(하디,
296쪽).

창조적 불안

하디의 글은 창조적인 불안정을 특징으로 한다. 그는 플롯의 확고
함을 뛰어넘는 풍부한 변화를 보여준다. 생명은 변덕스럽고 기략이
풍부하며, 언제나 사건의 파괴적인 에너지가 작용하는 경로에서 살
짝 벗어난 새로운 가능성을 찾는다.[17] 행복과 우연은 그의 작품에서
양극단을 형성한다.

행복은 이야기의 힘을 가지지 않는다. 행복은 계승과 상충하기 때
문에 거의 언제나 이야기와 상충한다. 오히려 행복은 무리를 지으
며, 기껏해야 '인상의 연쇄'를 이룰 뿐이다. 하디의 문장은 매우 다양

---

17) John Bayley, *An Essay on Hardy*(케임브리지, 1978)는 하디의 글에 드러난 부
조화스럽고 모호한 성격에 관해 논의한다.

한 세계와 모순적인 담론에서 재료를 모으고, 여러 가지 농도를 하나의 흐름으로 균질화하지 않는다. "그는 아랍인이거나 아니면 기계인형이었다. 주사위 통을 움직이는 팔의 동작만 없었다면 붉은 사암으로 된 조각상이라고 해도 좋았다"(243쪽).

관중석으로 이어진 비탈진 통로는 명색이 통로일 뿐 전체가 풀로 뒤덮여 있었다. 여름의 끝 무렵을 맞아 우거진 시든 잡초들이 바람에 날려 파도처럼 물결쳤다. 가만히 귀를 기울이면 아이올로스의 변조(變調)처럼 들렸다. 그 풀들이 공 모양으로 휘날리는 엉겅퀴의 솜털을 잠시 붙잡아두었다[《캐스터브리지의 시장(The Mayor of Casterbridge)》, 99쪽].

하디의 연상은 '아랍인'과 '기계인형'을 나란히 놓았지만, 두 단어의 의미는 독자에게 전혀 다른 맥락을 제시한다. 시간과 차원이 이동한다. 마찬가지로, '잡초(bent)'라는 방언과, '시든(withered)'이라는 수식어는 'w' 'r' 'b'로 구성된 청각적 패턴을 형성한다. "우거진 시든 잡초들이 바람에 날려 파도처럼 물결쳤다(was beared with withered bents that formed waves under the brush of the wind)." 그 다음에 그 패턴이 사라지고, '아이올로스의 변주(Aeolian modulation)'라는 고전적·과학적 담론으로 대체된다(그 어구에서 'm' 'l' 'n'은 청각적 명료함을 드러내며, 이것은 그 뒤의 'moment' 'flying globes' 'thistledown'으로 이어진다). 귀가 느끼는 조화의 즐거움은 의미론적 비약을 유지하지만 그것을 위장하지는 않는다.

하디는 다윈처럼 텍스트에서 자신의 위치를 관찰자, 여행자로 정하고, 조건적으로 등장해서 다양한 간격으로, 그리고 거의 같은 순간에도 다른 시각으로 사태를 바라본다.

벤과 같은 방문객들을 걸어다니면서 관찰하는 여행자는 인간에게 알려지지 않은 지역과 직접 소통한다는 느낌을 가졌다. 그의 앞에는 북풍의 본거지에서 막 날아온 야생 청둥오리가 있었다. 이 생물은 그에게 북부에 관한 방대한 지식을 가져다주었다. 격변을 일으키는 빙하, 휘몰아치는 눈보라, 화려하게 반짝이는 오로라, 머리 위로 보이는 북극성 등 평범한 범주에 속하는 일들이 새삼 놀라웠다. 그러나 대자석(代赭石) 장수를 바라보는 그 새는 철학자들이 흔히 생각하듯이, 현재의 안락한 순간이 10년의 기억만큼이나 값어치가 있다고 생각하는 것처럼 보였다(《귀향》, 109쪽).

그들은 글이 멀어졌다가 다가오는 것을 본다. 하디는 조지 엘리엇처럼 다양한 견해들을 곱씹지 않고 공간과 척도의 변화를 창출한다. 청각과 촉각이 동일해진다.

애조를 띤 11월의 바람소리는 구순 노인의 목에서 울리는 영락한 인간의 노래와 아주 흡사했다. 귀에 스치는 그 속삭임은 야위고 건조했으나, 익숙한 사람은 그 소리의 근원을 촉각으로 구현할 수 있었다. 극미의 식물들이 내는 미세한 소리였다. 줄기도 이파리도 열매도 가시도 이끼도 아닌, 그것들이 모두 섞여서 나는 소리였다.

지난여름에 말라버린 히스 꽃이었다. 원래는 연한 자주색 꽃
이었으나 미가엘 축일의 비에 씻겨 색을 잃었고 10월의 햇볕에
바싹 말라 죽었다. 각각의 소리는 워낙 낮아서 들리지 않았고,
그 대신 수백 가지 소리의 혼합이 침묵 속에서 솟아나왔다. 무
수한 소리가 여자의 귀에까지 내려가 닿으면서 오그라들어 간
혈적인 서창(敍唱, 대사를 말하듯이 노래하는 형식: 옮긴이)으로
바뀌었다. 하지만 오늘밤 공중에 떠도는 많은 소리 중에, 그 기
원을 생각하는 사람의 귀에 인상적으로 들릴 만큼 힘을 가진
소리는 거의 없었다. 시선을 내부로 돌려 그 결합된 다양성의
무한함을 바라보면, 바람이 마치 거대한 분화구 속을 헤매듯
이곳저곳을 누비고 다니면서 그 조그만 나팔들을 찾는 것을 느
낄 수 있었다(《귀향》, 78쪽).

이렇게 가까운 것과 먼 것, 구체와 추상이 뒤얽힌 기억과 소재의
동요는 독자에게 불안정하나마 일종의 자유를 허락한다. 이것은 플
롯에 의해 결과가 중층적으로 결정되는 사건의 끈질긴 상호침투와
대립된다. 우리는 항상 유보하다가 마지막 순간에 이르러서야 가능
한 행복의 열정적 느낌을 가진다. 그는 다양한 단계의 플롯으로 희
망을 유지하고, 여러 가지 시각으로 자유를 유지한다. 또한 그의 플
롯은 강력하고 압도적이다. 그 생명의 힘이 넘치는 플롯은 우리 내부
에서 글을 통해 폭넓은 감각 인식을 유발한다. 촉각과 청각의 복잡
한 친화력은 독자에게 긴밀한 긴장감을 안겨준다. 하디의 소설을 돌
이켜보는 독자는 번민과 충격을 느낀다. 그러나 그는 큰 인기를 누
렸고 넓은 독자층을 거느렸다. 그의 작품은 우리를 분노하게 하고

위축시키기도 하지만, 매순간 풍부한 경험을 제공하기도 한다. 하지만 독자는 결론에서 트라우마를 겪고서 텍스트의 혜택을 거의 잊는다. 망각과 소유는 하디에게 둘 다 중요한 요소다.

데리다가 말하는 놀이와 역사의 모순이 여기서 다시 도움을 준다. 진행 중인 텍스트는 현재 일어나고 있는 일이므로 부재하는 기원과 관계를 맺을 필요가 없다. 그것은 독자에게 자유놀이의 여지를 허용한다. 그러나 단 하나의 문장으로 메가 플롯을 마이크로 형식에 담을 수도 있으므로, 하디의 글은 데리다가 루소(Rousseau)를 가리켜 말한 '파괴된 직접성(l'immediatété rompue)'과 더불어, 니체식으로 표현한 "세계의 자유놀이에 대한 유쾌한 긍정"을 보여준다.[18]

다윈의 이론에 포함된 두 가지 요소는 하디의 글에서 특유의 사적인 의미를 가지고 있다. 이 요소들은 다른 방향을 향하며, 하디에게서는 모순을 형성한다. 첫째 요소는 '규범적 행복'에 대한 다윈의 강조다. 자연세계의 고통에 아랑곳없이 생존은 생명과 만족감의 밀접한 결합에 의존한다.

다윈의 또 다른 강조점은 불완전한 적응이다.[19] 개별 유기체는 만족감과 '행복한 삶'에 이끌리지만, 변화의 축적을 통한 발달 과정은 필요와 적응의 완벽한 조화를 보장하지 않는다.

---

18) Derrida, *Of Grammatology*, 264쪽.

　　파괴된 직접성은 놀이의 생각을 보여주는 슬픔, 부정, 향수, 죄, 루소의 얼굴이다. 그것의 니체적 긍정, 세계의 자유놀이에 대한 유쾌한 긍정, 오류도 진리도 기원도 없는 기호세계의 긍정은 적극적 해석이라는 또 다른 얼굴을 낳는다.

19) "자연선택은 절대적 완성을 낳지 않는다." 다윈은 벌이 침을 사용하면 죽는다는 사실을 인용한다.

부적응, 즉 "사물이 스스로 의도한 대로 되지 못하는 상태" 때문에 하디는 고민한다.[20] 이런 관점에서 보면, 그가 테스를 "거의 표준적인 여성"이라고 평가를 내린 것은 최고의 칭찬이라고 해석할 수 있다. 이런 식으로 개체와 종의 의미를 논하는 것은 다윈에게서도 볼 수 있다. 그러나 여기서 '거의'라는 말도 중요하다. 이 말은 반대의 뜻보다는 무감각한 힘을 지닌다. "새해의 생각. 사물이 스스로 의도한 대로 되지 못하는 상태를 인식하면 기존의 의도나 관심보다 의도하지 않은 것에 더 큰 관심을 가질 수 있다."[21]

하디의 텍스트에는 의도한 행복, 의도한 완성에 대한 갈급증이 자주 드러나지만, 그 날카로운 맛은 바로 미완성, 어긋남, 혼란에서 비롯된다. 그렇기 때문에 독자는 결코 완전히 제 모습을 드러내지 않는 성취와 기쁨의 유령 플롯을 식별하고 동경하게 된다. 완성과 파괴, 부드러움과 기괴함의 교체는 의인화 이미지를 통해 연결된다. 그 이미지는 인간과 대상의 경계를 변화시키며, "인간과 사물을 혼동하는 야만적 사고"가 잔존해 있음을 나타낸다. 카펜터는 진화론이 모든 구분을 교란시켰다고 주장하면서, 연체동물과 인간의 구분이 흔들리고 변화의 능력을 가진 평범한 형태들이 연속성을 가진 것을

---

20) *Early Life*, 163쪽(1879년 1월 1일).

21) R. H. Hutton은 1854년에 쓴 글에서 분류학의 '본질'의 문제가 이미 문학 언어로 들어왔다는 점을 보여준다. "과학에서는 꽃의 유형 분류가 가능하지만, 실제 자연에서는 단지 근사하게 접근하는 정도에 불과하다. 마찬가지로, 어떤 의미에서 과학은 꽃이 어떻게 되어야 한다는 것을 알지만, 자연은 그것을 실제로 생산하지 못한다." 계속해서 그는 셰익스피어의 클레오파트라를 사례로 든다. *Prospective Review*, 10(1854), 476쪽.

예로 들었다. 다윈은 '자연의 면전에서' 의인화를 통제하려는 노력을 통해 심원한 정서적·지적 문제들을 표현했다. 양상과 외양, '관상학'은 인간과 자연세계의 구별을 무시한다.

> 현재 그곳은 인간의 본성과 완벽하게 어울리는 곳이었다. 무섭지도 싫지도 흉하지도 않았다. 평범하지도 무표정하지도 유순하지도 않았다. 오히려 인간처럼 초라하고 끈기가 있었다. 게다가 특이하게 덩치가 큰데다, 거무스름한 단조로운 모습이 신비스러웠다. 오랫동안 혼자 살아온 사람에게 고독이 제 얼굴을 드러내는 듯했다. 비극의 가능성을 내비치는 외로운 표정이었다(《귀향》, 35쪽).[22]

물질세계의 다른 측면들과 분리된 인간, 혹은 위계의 정점에 있는 인간 대신 그는 이제 '수평성'의 세계를 찾아야 한다. 《귀향》의 클림에게는 고향이 바로 그런 세계다. "고향은 그에게 순수한 평등의 느낌, 해 아래 어느 누구도 남들보다 우월하지 않은 느낌을 주었다."

그러므로 하디의 작품에서 인간을 위한 척도를 찾는 문제는 늘 핵심을 이룬다. 그 척도는 비현실적일 만큼 거창하지도 않고 허약할 만큼 왜소하지도 않다. 그것은 인간을 위해 봉사하지 않는 체계의 일시성과 자율성을 인정하면서도, "유기체와 유기체의 관계는 모든 관계 중에서 가장 중요하다"(14:449쪽)고 하는 다윈의 주장도 포기하지 않는다. 다윈은 인간에게 특권적 지위를 부여하지 않고, 생명

---

22) 이 책 245~254쪽의 논의를 참조하라.

의 나무 같은 오래된 신화-은유를 이용해 인간에게 연속성, 혹은 전체성을 되찾아주려 한다. 《삼림지대 사람들(*The Woodlanders*)》에서 하디는 또다시 나무의 이미지를 사용한다. 우선, 자기 주변에 항상 있는 나무에 말 그대로 평생토록 의존하며 살아가는 노인의 인류학적·심리학적 반론이 그 한 예이고, 인간의 위치를 자연세계에 봉사하는 것으로 정한 작품의 전체적 이미지도 마찬가지다. 이 점을 특히 잘 드러내는 부분은 인간이 (자연을 완전히 통제하는 게 아니라) 자연 과정의 일부라고 말하는 구절이다. 다음 구절은 인간의 신체가 어디서나 완벽한 것이 뒤틀리고 오그라든 것과 공존하며 청각과 촉각이 거의 분리되지 않는다는 관점에서 서술된다.

> 그들은 이끼로 가득한 길을 소리 없이 걸었다. 발밑에서 이파리들이 부스럭거렸고 사방으로 뻗어나간 줄기와 뿌리가 밟혔다. 그것들을 이끼가 뒤덮은 모습은 마치 녹색 장갑을 낀 손 같았다. 늙은 느릅나무와 물푸레나무가 커다란 포크처럼 가지를 뻗고 있었다. 그 한가운데 연못에서는 비가 오면 물이 흘러넘쳐 녹색 폭포수로 나무들을 감쌌다. 이 거대한 나무둥치보다 더 늙은 나무들에는 버섯들이 허파 모양으로 자라났다. 다른 곳들과 마찬가지로 이곳에서도 마치 도시 빈민가의 타락한 군중처럼 실현되지 않은 의도가 작용하고 있었다. 이파리가 변형되었고 가지가 휘었다. 이끼는 나무줄기의 활기를 먹어 치웠으며, 덩굴은 어린 나무를 고사시켰다(82쪽).[23]

---

23) *The Woodlanders*, David Lodge 서문(런던, 1975), 82쪽.

여기서 변이는 창조적 일탈로 인식되지 않고, 창조를 저해하고 중단시키는 형태로 인식된다. 실현되지 않은 의도, '생존경쟁'은 명백하면서도 서툴게 이루어진다. 나중에 하디가 말하듯이, 나무는 "밀집해 있고, 생존을 위해 애쓰며, 가지들은 서로 부딪치고 바람에 날려 모양이 손상된다." 여기서 그는 다윈이 말하는 '거대한 나무'를 직접적으로 결부시킨다. "모든 성장 단계에서 자라는 가지들은 사방으로 뻗어나가 주변의 다른 가지들을 누르고 죽이려 한다. 종이나 종의 집단이 다른 종을 정복하려 하는 것과 같다"(171쪽). 이와 마찬가지로, "죽은 가지들이 박물관의 어룡처럼 흩어져 있다"는 그의 서술도, 다윈의 비슷한 서술에 나오는 시간 척도를 압축하고 있다. "나무가 처음 자라날 때부터 많은 가지들이 썩어 떨어져 나간다. 이렇게 사라져버린 크고 작은 가지들은, 현재 살아 있는 개체로서가 아니라 화석 상태로서만 우리에게 알려진 목(目), 과(科), 속(屬)을 나타낸다"(172쪽).

그러나 하디의 글에서 인간의 개입은 다윈의 나무가 가지는 안정성을 뒤흔든다. 삼림지대는 다른 한편으로 부패, 기형, 새로운 성장, '이끼가 뒤덮은 모습'을 포함한다. 하디는 다양한 시간 척도에 예민한 반응을 보인다. 여러 가지 다른 척도들의 망각적인 상호작용이 사건과 경험의 그물을 어느 정도로 형성하는가가 그에게는 관건이다. "불과 몇 달 전부터 …… 최근까지 접혀 있던 꽃들이 아직 거의 시들지 않았다." 1865년 12월의 일기에 그는 이렇게 썼다. "같은 12개월이라도 곤충에게는 하나의 시대가 되고, 이파리에게는 평생이며, 짹짹거리는 새에게는 한 세대, 인간에게는 일 년이 된다"(157쪽). 《테스》에서 그러한 관찰은 더 줄어들면서 더 도발적으로 변한다. 여기서 시간 충돌은 정상적이다.

적절한 계획을 부적절하게 집행하면 원하는 성과를 내기가 어렵다. 사랑하는 사람은 좀처럼 사랑에 알맞은 시간과 일치하지 못한다. 자연은 관찰이 좋은 결과를 낳을 수 있을 때에 맞춰 "봐라!" 하면서 자신의 보잘것없는 생물들을 보여주지 않으며, 누가 "어디야?" 하고 물을 때에 맞춰 "여기야!" 하고 대답해주지 않는다. 오히려 그럴 때 숨바꼭질은 지루하고 재미없는 놀이가 된다. 물론 인간의 진보가 정점에 달하면, 이러한 시대착오를 통해 지금 이리저리 헤매는 것보다 더 정교한 직관, 더 밀접한 사회조직의 더 정밀한 상호작용으로 갈 수 있지 않을까 하고 생각할 수도 있겠다. 하지만 그런 완벽함은 예언할 수 없으며, 가능하다고 생각할 수도 없다(67쪽).

회복의 힘

충만한 삶은 그것을 조망하는 글의 척도 내에서 위축된다. 가장 운이 좋은 생물은 단일한 시간 척도 내에만 머무는 생물이다. 인간이 그런 삶에 감정이입되는 것은 순간에 불과하다. 우리의 습관적인 경험은 불충분한 것을 수반하는 다양한 시간으로 구성된다. 여브라이트 부인은 클림과 유스테이시아를 다시 만나기 위해 황야를 가로지르는 여행에서 연못가에 앉는다.

이따금씩 그녀는 하루살이들의 자유로운 세계를 접했다. 일부는 광란의 잔치를 벌이고, 일부는 공중을 맴돌며, 일부는 뜨거워진 땅바닥과 식물들 속에서, 일부는 거의 말라버린 웅덩이의 미지근하고 끈적거리는 물에서 시간을 보내고 있었다. 얕은 웅덩이들은 증기를 품은 진흙으로 변했다. 거기서 구더기를 닮은 수많은 알 수 없는 생물들이 이리저리 뒹굴며 삶을 즐기고 있었다. 여자라고 해서 철학에 관심이 없지 않았던 그녀는 양산을 쓰고 앉아 쉬면서 그들의 행복을 지켜보았다. 자신의 여행이 결실을 거두리라는 희망이 마음속에서 싹터 올랐다(285쪽).

'하루살이들'은 황홀경에 빠져 삶을 즐긴다. '하루살이'라는 이름 자체가 얼마나 수명이 짧은지 말해주지만, 동시에 그 이름은 끊임없는 활동, 중단 없는 환희를 나타낸다. 그들을 '하루살이'라고 명명함으로써 하디는 인간이 늘 머물러야 하는 대안적 시간 척도를 작동시킨다. 이런 우리의 독해에서는 다양한 시간 암호들이 서로 충돌한다. 여브라이트 부인은 희망을 되찾았지만, 〔책의 제목이 '닫힌 문(The Closed Door)'이라는 것을 이미 알고 있는〕 독자는 여행이 끝난 이후의 그녀의 시간을 절망적으로 예견한다. 인간의 불안과 질시는 그 생물들의 즐거움을 어느 정도 부인하는 데서 암호화된다. "구더기를 닮은 수많은 알 수 없는 생물들이 이리저리 뒹굴며 삶을 즐기고 있었다."

진화론이 하디에게 강요한 두 가지 중요한 정서적·창조적 문제는 인간을 위한 척도와 자연 질서 속에서 인간의 위치를 찾는 일이었다. 다윈처럼 하디의 글에도 모호한 의인화가 많이 보이는데, 이 의인화는 역설적으로 인간의 중심성을 부인하고, 가치 체계가 아니라 의미 체계에서 인간에게 일시적이고 부차적인 역할을 부여한다.

에그던은 경사가 특별히 가파르지도 평평하지도 않으며, 인간의 관리 아래 있지 않기 때문에 생존에 적합한 장소다. 그것이 느낀 '촉감'은 '마지막 지질학적 변화'다.

> 그 표면은 날씨에 의해 파괴될 만큼 가파르지도 않았고, 홍수나 퇴적물에 의해 손상될 만큼 평평하지도 않았다. 낡은 고속도로와 곧 언급될 더 낡은 무덤—그것들은 오랜 세월 동안 존재한 탓에 거의 자연의 산물이 되었다—을 제외하면, 곡괭이나 쟁기, 삽 따위에 의해 훼손된 부분이 전혀 없었고 마지막 지질학적 변화의 촉감으로 남았다(《귀향》, 36쪽).

하디의 해석과 관찰은 다양한 척도와 시간을 지나치게 의식하게 만들었다. 또한 의식이 인간에게 그런 상태로 살아가야 한다고 설득하는 데서 생겨난 특유의 문제도 있었다.

> 인간의 불화와 조화가 침묵하는 밤이면, 거의 열두 시간 내내 무한히 커다란 별 우주가 무한히 작은 인간의 마음에 가하는 충격이 전혀 완화되지 않는다. 지금이 바로 그랬다(《탑 위의 두 사람》, 83쪽).[24]

인간의 신체는 이 방대함의 서술 속에 내재해 있다가 언어의 표면

---

24) *Two on a Tower*, F. B. Pinion 서문(런던, 1976), 83쪽.

으로 솟아나온다.

　곡괭이나 쟁기, 삽 따위에 의해 훼손된 부분이 전혀 없었고
마지막 지질학적 변화의 촉감으로 남았다. …… 밤이면, 거의
열두 시간 내내 무한히 커다란 별 우주가 무한히 작은 인간의
마음에 가하는 충격이 전혀 완화되지 않는다.

　다윈에게는 경이의 대상—역사가 의식 너머까지 연장된 감각, 우
리의 관찰과 독립적인 존재 양식의 감각—이 하디에게는 오히려 억
압과 혼란의 근원이었다. 그는 시간과 공간과 관계의 경계 내에서
만족하며 머물렀으나 그의 글은 그런 경계들을 수시로 넘나들었다.
우리는 전기를 보고 그가 촉각을 싫어했다는 사실을 알지만, 역설적
이게도 그의 글에는 촉각, 질감, 온도의 경험들이 자주 나온다. 촉각
에 대한 그의 과민증은 반응과 경험을 위한 척도를 찾는 문제와 관
련된다.
　하디의 초기 소설 《푸른 눈동자(*A Pair of Blue Eyes*)》에는 그와
진화론의 관계, 특히 라이엘의 지질학적 시간에 대한 관심을 잘 보
여주는 장면이 있다. 이 소설에서 나이트는 절벽에 매달려 추락할
위기에 처해 있다. 그런 나이트의 눈에 바위 표면에 묻힌 화석이 하
나 보인다. 눈을 가진 생물의 화석이었다.

　돌로 변한 죽은 눈이 지금도 그를 쳐다보고 있었다. 초기 갑
각류로 알려진 트릴로비테스였다. 나이트와 이 생물은 수백만
년의 격차를 두고 죽음의 장소에서 만난 것이다. 그것은 지금

그의 시야에 있는, 그리고 그와 같이 생명과 몸뚱이를 가진 유일한 대상이었다.

그 생물은 하등한 유형의 동물을 대표했다. 그런 동물이 살았던 시절에는, 그 무수한 점판암 층들이 말해주는 평원지대를 지성적 존재가 고찰한 적이 없었다. 당시에는 식충동물, 연체동물, 갑각류가 가장 고등한 발달 단계에 있었다. 그들이 나타내는 방대한 시간은 존엄한 인간과 아무런 관계도 없다. 엄청난 시간이지만 동시에 초라한 시간이며 그 시간이 남긴 유물도 초라하다. 죽음을 앞둔 그도 역시 하찮은 존재였다.[25]

여기서 인간은 스스로 창조의 정점에 있다고 생각한다. 비천한 화석 속 생물과의 부적합한 동료 관계가 그를 괴롭힌다. 그래도 친족 관계는 인정하지 않을 수 없었다. 그 생물은, "그와 같이 생명과 몸뚱이를 가진 유일한 대상이었다."

세계의 기계적 성격을 라이엘은 우울하고 당혹스럽게 말했지만, 하디는 호전적인 자세를 취한다.

그 기계의 작동이 왜 그토록 사악하게 진행되어야 하는지는 우리의 철학으로 알 수 없는 수수께끼이며, 앞으로도 당분간 계속 수수께끼로 남을 것이다. 하지만 장차 우리는 우리 행성과 주민들, 나아가 우리와 연관된 도덕적·물질적 세계의 다른 부분들까지 연구할 수 있을 것이다. 우리의 연구가 다른 세계

---

25) *A Pair of Blue Eyes*, Ronald Blythe 엮음(런던, 1976), 222쪽.

와 사건들, 수백 년의 기간만이 아니라 지질학이 우리에게 익
숙하게 해주는 무한한 시간까지 아우르게 되면, 그런 모순과
난관도 어느 정도 해소되고 해결될 수 있다. 그러나 그렇다 해
도, 세계의 기획은 시간적으로나 공간적으로 무한한 반면 우리
의 능력은 유한하기 때문에, 의심과 당혹감의 모든 근원을 제
거할 수 있다고 생각하는 것은 오만한 태도다(《지질학 원리》,
ii권, xxix장, 144쪽, 제10판).

우리의 유한한 능력과, 우주의 무한한 시간과 공간 사이의 절대적
인 간극은 하디의 텍스트에 역기능과 우려의 부담을 싣는다. 인간
자신과 인식·정서의 대상이 조화를 이루지 못한다. 이런 상황에서
는, 인간의 장소와 척도를 찾는 일이 단순히 공간을 전유하고 경험
을 수용하는 문제가 아니라 귀속의 문제, 즉 전파되고 '전승'되려는
의지의 문제가 된다. 수동성은 인물만이 아니라 서술의 차원에서도
내면화된다.

《귀향》의 주제는 불가능에 가까운 귀향이다. 진화적 질서에서 볼
때 더 이전의 상태로 복귀하는 것은 불가능하다. "클림 여브라이트
의 얼굴에서는 미래의 전형적인 용모가 어렴풋이 보였다"(185쪽).
'원주민'인 클림은 에그던으로 돌아와 다시 '주민'이 되고자 하면서
도 다른 주민들을 교육하고 계몽하려 한다. 그래서 그는 침략자, 즉
기존의 것을 와해하고 변화를 도모하는 낯선 힘이 된다. 그는 "조상
의 형태로 …… 복귀하고자 하지만"(《종의 기원》, 77쪽) "그 실험 자
체 때문에 삶의 조건이 변한다." 그는 다른 곳으로 옮겨 어머니나 유
스테이시아 바이와의 관계를 망치느니 차라리 에그던에 남기로 결

심한다. 하지만 이 작품의 핵심은, 분별력을 잃고 황야의 금작화 재단사로 일하는 클림에 관한 서술이다. 다음 구절은 일시적으로 도달한 완성의 상태를 보여준다.

그의 일상생활은 흥미로운 현미경과 같았다. 그의 세계는 자기 주변의 불과 몇 피트밖에 안 되는 공간으로 제한되었다. 그의 친구들은 날고 기는 벌레들이었다. 그들은 그를 자기들의 무리에 끼워주었다. 벌들은 친근한 태도로 그의 귀 주변을 날아다녔다. 주변의 관목과 금작화에 지천으로 내려앉은 벌들은 마치 잔디 같았다. 에그던 이외의 지역에서는 볼 수 없는 기묘한 호박색 나비들은 그의 숨결에 따라 몸을 떨었고, 그의 굽은 등에 내려앉았고, 그가 넘기는 책장의 반짝이는 부분에서 놀았다. 녹색 메뚜기들이 그의 발 위로 뛰어올랐다가 솜씨 없는 곡예사처럼 등, 머리, 엉덩이로 서툴게 떨어지거나, 수수한 색조의 옷을 입은 조용한 양치류 이파리 아래에서 시끄럽게 떠들며 놀았다. 식품실과 철망 같은 것을 알지 못하는 야만 상태의 커다란 파리들은 그가 사람이라는 것을 의식하지 않고 그의 주변에서 윙윙거렸다. 파란색과 노란색 무늬를 가진 뱀들이 철에 맞춰 허물을 벗고 가장 밝은 색깔로 양치류의 골짜기를 드나들었다. 토끼 새끼들이 굴에서 나와 언덕에서 햇볕을 쬐었다. 토끼들의 얇고 섬세한 귀로 강렬한 햇살이 뚫고 지나가면서 불그스름한 정맥이 드러났다. 아무도 그를 두려워하지 않았다(262쪽).

모든 것이 특별하다. 촉감의 즐거움은 그에게 없는 우리의 시각적 즐거움으로써 더욱 배가된다. 자주 사용되는 의인화는 인간에게로 관심을 집중시키며, 인간의 경계를 희극적으로 확장한다. "솜씨 없는 곡예사" "수수한 색조의 옷" "식품실과 철망 같은 것을 알지 못하는 …… 파리" 등이 그런 표현들이다. 여기서 인간은 다른 모든 생물들과 친숙하다. "관목과 금작화에 지천으로 내려앉은 벌들"은 현미경으로 보면 인간 주민들과 다를 바 없다. 또다시 체온이 즐거움과 경험의 매체가 된다. 이 점을 보여주는 것은 언덕에서 햇볕을 쬐는 토끼 새끼들, "얇고 섬세한 귀로 강렬한 햇살이 뚫고 지나가면서 불그스름한 정맥"이 드러난 모습이다. 다윈의 텍스트에서 식물, 새, 곤충, 벌레 들이 서식했던 '뒤엉킨 강둑'이 여기서는 다른 동물과 구분되지 않는 인간의 공간이기도 하다. "아무도 그를 두려워하지 않았다."

모든 시간-공간 척도들이 일시적으로 조화를 이루고 있다. 클림의 세계는 "자기 주변의 불과 몇 피트밖에" 안 되고, '단조로운 직업'을 가지고 있기 때문에 그는 자연 질서와 구분되지 않는다. 그의 옷은 첫 장에 서술된 에그던 히스의 옷과 다르지 않다. "문명은 에그던의 적이었다. 식생이 시작된 이래로 이곳의 흙은 언제나 변함없이 고풍스런 갈색 옷, 특별한 모양의 자연스럽고 변치 않는 의상을 입고 있었다." 도입부에 소개된 지형적 '특성'과 '표면'은 여기서 인간의 얼굴로 등장하지만, 그것은 히스의 얼굴과 거의 구분되지 않는다 ("히스의 작은 특징 …… 흰 도로 표면"은 여기서 "올리브색 금작화가 넓게 퍼진 한가운데의 갈색 점"과 대립된다). 이 핵심 대목이 보여주는 풍부함과 교묘함은 매우 인상적이다. 독자는 충만함을 느끼지만 그 충만함은 오래 머물지 않는다.

'원주민의 귀향'은 작은 시간과 공간 내에서만 이루어질 수 없다.

소설의 나머지 부분은 클림이 '강요된 제약'의 즐거움에서 다시 벗어나야 한다는 것을 보여준다.

《테스》에도 다소 비슷한 완전함의 순간이 나온다. "가까운 것과 먼 것의 구분"이 완전히 사라지고 "테스는 시간도 공간도 의식하지 못했다." 여기서 하디는 모든 생명이 기민함과 수동성에서 같다는 물활론적 의미를 끄집어낸다. "흐름의 느낌이 워낙 강해 생명 없는 사물조차, 오감까지는 아니더라도 두세 가지 감각은 주는 듯했다." "시야 안의 모든 것이 가까이 들렸다." 이 조용한 풍경에서 테스는 오직 엔젤의 현악기 소리만 듣고 그 소리를 향해 다가간다.

> 전형적인 6월의 여름밤이었다. 대기는 섬세한 평형을 유지했으나 흐름의 느낌이 워낙 강해 생명 없는 사물조차, 오감까지는 아니더라도 두세 가지 감각은 주는 듯했다. 가까운 것과 먼 것의 구분이 없고 시야 안의 모든 것이 가까이 들렸다. 그 조용함은 그녀에게 단순히 소음의 부재가 아니라 그 자체로 하나의 실재라는 인상을 주었다. 그런 분위기가 서툴게 연주하는 현악기 소리에 깨졌다. …… 테스가 서 있는 정원 가장자리는 오래전부터 관리되지 않아 온통 축축했다. 수분이 많은 풀은 건드리기만 해도 꽃가루가 몽실몽실 피어올랐다. 키 큰 잡초에서 피어난 꽃이 역한 냄새를 풍기고 있었다. 붉은색, 노란색, 자주색 잡초들이 잘 재배된 꽃처럼 현란한 다색채 향연을 벌였다. 그녀는 고양이처럼 조용한 걸음으로 이 충만한 성장 지대를 지나갔다. 치마에는 뻐꾸기의 침이 묻고, 발밑에서는 달팽이가 부서지고, 손은 엉겅퀴의 즙과 민달팽이의 체액으로 얼룩졌다. 그녀는 맨

살이 드러난 팔에서 끈끈한 진디를 떼어냈으나 사과나무 줄기의 눈처럼 하얀 꼭두서니가 살갗에 달라붙었다. 이윽고 그녀는 클레어에게 다가갔다. 그는 아직 보이지 않았다(150쪽).

끈끈한 물질, 역한 냄새, 끈적거리는 진흙. 관리되지 않은 정원은 '충만한 성장 지대'지만 그것을 묘사하는 언어는 불만과 반감으로 차 있다. 그러나 이 불만과 반감은 관능적인 분위기를 자아낸다. 테스는 느끼지만 표현하지 않는다. 그녀는 낯설어 하거나 소외되지 않고 이 끈적거리는 생명과 죽음 속에 침잠해 있다. 여기서 서술하는 언어는, 삽입이 아니라 흐름을 잇는 '전승'의 느낌을 준다. 초다산성, 성장 활동이 언어에 침투하며, 심지어 언어의 한계를 넘는다. 그런 완전함에 대한 저항이 글에서 느껴지지만 그것 역시 차분하다.

하디가 말하는 삶은 머뭇거리지 않지만, 그 삶을 살아가는 개체들은 가까스로 이 소설의 끝까지 생존한다.

그의 마지막 두 소설 《테스》와 《미천한 사람 주드(*Jude the Obscure*)》에서는 생성적 플롯이 개체성을 위협하고 낭비한다. 테스는 마지막 '대가족'을 대변한다. 다윈이 말한 모든 생명의 '대가족'은 그 특권에 밀려 다시 옹색해진다. 엔젤은 "낭비된 힘이라고 경멸했던 그녀의 가족의 역사적 관심—더버빌 가의 훌륭한 혈통—이 지금 자신의 감정을 움직인다"고 생각한다(364쪽). 하지만 '대가족'은 쇠퇴했어도 그녀는 바깥의 정원 지대가 존속될 수 있도록 해준 그 다산성을 어머니와 활기를 통해 대표하는 입장이다. 하디는 전승 이론에 매료되었다. 그는 유전에 관한 바이스만의 글을 읽었고, 그 바로 전에는 《종의 기원》과 《인간의 유래》를 읽었다.[26] 엔젤 클레어는 자신이 '새로운' 남성이라고 상상하면서도 테스가 '새로운' 여성일 수도 있다는 점을 이해하지 못한다. 두 사람은 생존자며 지성의 선구자다. 그런 의미에서 테스는 죽고 버려진다. 그러나 막스 뮐러의 태양 신화와 태양신의 영향을 받은 이 소설은 우리에게 테스의 삶에서 올바른 척도가 무엇인지 가르쳐준다. 글쓰기가 플롯보다 여전히 우세하다는 이유 때문에 우리는 테스의 이야기를 주드와 수의 이야기보다 덜 황폐하게 여긴다.

《테스》는 즐거우면서도 비참한 소설이다. 그 반면에 주드와 수는 자신들이 선구자라고 생각하며, '새로운' 질서의 선구자여야만 자신들의 완전한 가치를 실현할 수 있다고 본다. 아이들의 죽음("식구가 너무 많아서요"라는 아이의 유서는 맬서스적 비극을 나타낸다)에 주드와 수는 이성을 잃고 상속 따위는 걱정하지 않는다. 아무런 문화적·물리적 변이도 미래로 넘기지 않고 오로지 현재와 갈등을 빚으면서 여생을 살아갔다는 점에서 그들은 '괴물'이라고 할 수 있다.

하디의 후기 작품들에서는 플롯이 '불안'을 지배한다. 하디가 다윈과 공유했던 낭만적 유물론은 계승의 절박함을 앞두고 사그라진다. 사회는 상속, 유전, 진보 관념을 지나치게 중시한다. 발달을 앞세우면서 부활과 방계적 방향의 감각이 위태로워진다.

이미 1876년의 일기에서 하디는 융합보다 경화(硬化)에 치우친 견해를 표명했다.

---

26) August Weismann, *Studies in the Theory of Descent*(런던, 1882). 하디는 1890년에 그 책을 읽고서 "그에 따라 《더버빌 가의 테스》를 개작했다"고 말했다. *Early Life*, 301쪽.

인간이 스무 살에서 마흔 살까지 깨우친 모든 것을 한 문장
으로 압축한다면 이럴 것이다. 모든 것은 서로 합쳐진다. 선은
악으로, 관대함은 정의로, 종교는 정치로, 해는 나이로, 세계는
우주로. 이것을 고려하면 종의 진화는 같은 운동 속에 있는 사
소하면서도 명확한 과정으로 보인다.[27]

다윈의 경우, 그 자신의 글이 제기한 플롯은 자비로움으로 보였다
(혹은 그렇게 보여야 했다). 그러나 하디는 그 안에 악의적인 동어반
복이 잠재한다고 생각했다. '생존경쟁', 나아가 '적자생존'은 무엇보
다 승자를 찬양했다. 생존자는 정당화되었다. 하지만 하디는 물질생
활에서 얻는 매우 다양한 기쁨을 다윈과 공유했으며, 다윈의 이야기
와 이론에서 강조되는 특수성, 개체성과 충만함에 대한 열정에 공감
했다. 하디는 모순을 설명했다. 다윈처럼 그는 자연 질서를 인간 중
심적으로 서술할 때 의인화의 문제점이 있다고 여긴다. 비록 그는
종종 인간 신체의 암시를 통해 괴상하게 맥락을 끊지만, 그의 글은
우리가 낯익은 감각에 의지해 물질세계를 이해한다는 점을 바탕에
깔고 있다.

《주드》에서 냉혹함과 자비로움이 결합된 플롯은 글쓰기를 무화시
킨다. 그러나 하디의 다른 모든 작품에는 다윈의 경우와 마찬가지로
언어와 물리적 세계 모두에 '회복의 힘'이 작용한다는 강력한 믿음이
있다.

---

27) *Early Life*, 146~147쪽.

《다윈의 플롯》에서 질리언 비어는 《종의 기원(*On the Origin of Species*)》을, "당시 저자가 알고 있던 것보다도 더 많은 것, 심지어 자신이 아는 것을 거스르는 내용까지 포함된 독특한 연구 사례"라고 말한다. 그 말은 이 책에도 해당한다. 즉 비어 교수는 자신이 알고 있던 것보다도 더 많은 것, 심지어 자신이 아는 것을 거스르는 내용까지 포함된 연구 성과를 내놓았다. 이 책은 '다윈 연구'가 한창 활성화되었던 1983년에 처음 나왔으나 지금도 그때에 못지않게 신선하고 중요하다. 그 뒤 다윈의 사상에 대한 관심은 점점 커졌으며, 다윈의 사상이 얼마나 풍부하고 풍요한지 이미 알고 있는 사람들의 상상마저도 뛰어넘을 만큼 증폭되었다. 과거의 위대한 과학자들의 연구는 과학이나 문화에 흡수되거나 향후의 발전을 위해 훌륭한 초석 역할을 하는 데 그쳤지만, 다윈의 사상은 묘하게도 특유의 카리스마를 잃지 않았다(비어 교수는 오히려 "최근 들어 더 젊어졌다"라고 말한다). 진화생물학은 여전히 과학에서 활기찬 연구 대상이며, 앞으로 도 그럴 것이다.

《다윈의 플롯》은 다윈의 논증에 '남아 있는 수수께끼'를 확인하고, '대상과 이론'의 적합성을 최대한 추구하며, '미지의 법칙'을 선뜻 수용하려는 자세, 다양성과 일탈을 향한 열정을 보여준다. 비어 교수는 우리에게 다윈의 은유와 언어가 어떻게 작용하는지 가르쳐 주는 과정에서, 그의 사상을 단순히 나열하는 방식을 거부함으로써 결과적으로 다윈의 지속적 힘이 더욱 풍요로워지고 복잡해질 것임을 예견했다.

다윈의 이름은 이미 오래전에 냉혹하고 잔인한 경쟁이 판치는 세계의 출발을 알린 신호탄이었다. 그러나 비어가 말하듯이, 다윈은 무자비한 경쟁보다 협력을 믿는 모습을 보여주었으며, 크로포트킨 (Kropotkin, 1842~1921, 러시아의 무정부주의 혁명가 : 옮긴이)이 '상호 부조'라고 부른 입장에 가까웠다. 일반인들의 상상을 뛰어넘은 비글 호의 항해를 통해 지속적인 인간적 관심을 추구하고, 진화론의 종교적 함의를 내내 고민하고, 과학자로서 지칠 줄 모르는 열정을 보여주었던 다윈은 셰익스피어를 제외하고 역사에서 가장 큰 논란을 부른 영국 작가였다. 비어 교수의 탁월한 분석에서 보듯이, 다윈은 끝없는 해석의 대상이었으며, 그를 이해하기 위한 연구와 그의 사상을 이용한 연구가 지난 20년 동안 더욱 가속화되었다.

비어 교수도 말하듯이, 당시 다윈 연구에서 가장 두드러진 성과는 다윈 서한집의 간행이었다. 지금 이 글을 쓰는 시점까지 아홉 권이 간행된 서한집은 우리를 《종의 기원》이 출간된 지 불과 2년 뒤인 1861년으로 데려간다. 또한 다윈이 그 원대한 성과를 낳기까지 생각했던 방식을 상세하게 보여주는 공책들도 출간되었다. 그 덕분에 지금은 대단히 유용한 기록과 서신 들을 볼 수 있게 되었다. 그중에서 가장 흥미로운 것은 《서한집(*Letters*)》을 비롯한 중요 기록들이 출간된 결과로 탄생한 몇 권의 유명한 전기인데, 특히 재닛 브라운(Janet Browne)의 《항해(*Voyaging*)》, 애드리언 데스먼드(Adrian Desmond)와 제임스 무어(James Moore)가 함께 쓴 《찰스 다윈(*Charles Darwin*)》이 주목할 만하다. 이 연구들은 전통적인 위인전 방식을 거부하고 다윈을 그 시대의 산물로, 복잡한 동기를 가진 인물로 이해하도록 해주는 한편, 비어 교수가 다채롭게 분석하는 언어를 낳은, 복합적인 예술가이자 과학자로 살아간 다윈의 면모를 전해준다. 그러나 데스먼드와 무어의 전기를 언급하면서 지은이 자신도 적절하게 지적하듯이, 이 책은 다윈의 텍스트를 구성하는 복잡하고 대단히 신축적인 언어에 연구의 초점을 맞추고 있다. 그러므로 다윈이 절대적으로 그 시대의 인물이었다는 점, 그 자신이 집요할 정도로 집착했던 중산층 사회의 통념으로 설명될 수 있는 측면은 생략했다.

다윈의 전기와 기록에 대한 관심이 고조되는 것과 때를 같이하여 다윈의 이론, 특히 진화심리학에 대한 관심도 폭발적으로 증대했다. 대니얼 데닛(Daniel Dennett)은 다윈의 사상을 '위험하다'고 규정하면서 다윈을 비타협적인 유물론과 반형이상학을 지향한 인물로 바라보는 노선을 천명했다. 리처드 도킨스(Richard Dawkins)는 다윈이 천착한 경쟁 세계의 신화를 미생물학에 적용하여 《이기적 유전자(*The Selfish Gene*)》의 이론을 구축했다. 또한 에드워드 윌슨(Edward O. Wilson)과 스티븐 핑커(Steven Pinker)는 다윈을 사회생물학과 진화심리학의 수호성인으로 삼고 복잡한 인간 의식과 행동에 관한 환원론을 추구한다. 이 학자들은 저마다 다윈을 계승한다고 주장했지만, 결과적으로는 서로 다른 많은 다윈을 만들어냈을 뿐이다. 질리언 비어가 소개하는 다윈은 그런 마구잡이식 응용을 용납하지 않는다. 그녀가 새로 붙인 서문에 따르면, 《다윈의 플롯》은 그 수많은 다윈의 변형들을 다루는 한편, 그것들을 우리 문화와 여러 문화의 신화 속에 배치하고, 여러 가지 의문을 제기해 다윈을 극단적으로 변형하지 못하도록 한다. 이런 논쟁을 넘어 더 엄밀한 과학 분야, 예컨대 진화생물학에서도 다윈은 고생물학과 미생물학 사이에 벌어지는 오랜 다툼의 쟁점이 되었다. 그뿐 아니라 공식 과학의 범위 바깥에서도 다윈은 논란거리다. 빅토리아 시대에 시작된 신과 다윈 식 유물론 사이의 다툼은 현재 창조론의 공격으로 지속되고 있다. 《다윈의 플롯》은 다윈 사상의 내부에, 또 반대하는 입장에 팽팽한 긴장을 조성했으며, 우리의 '플롯', 의미, 질서, 미래, 발전, 죽음 등 여러 가지 가능성을 끈질기게 파고들었다.

《다윈의 플롯》은 다윈을 학자로서만이 아니라 현대 문학의 언어와 의식에 지대한 영향을 미친 인물로서 연구한다는 점에서 필수적이고 독보적인 위치를 점하고 있다. 지금까지 어느 누구도, 그렇듯 엄밀한 방식과 풍부한 상상력을 토대로 다윈의 연구를 문학적인 관점에서 접근한 적이 없으며, 다윈을 찰스 디킨스(Charles Dickens), 토머스 하디(Thomas Hardy), 조지 엘리엇(George Eliot), 버지니아 울프(Virginia Woolf)에 못지않은 창조성과 상상력으로 가득한 작가로 독해한 적은 없었다.

이 책은 과학자로 알려진 다윈을 작가로 해석하는 '문학적' 접근

을 의도적으로 취하지만, 동시에 학제적(學際的)인 관점을 일관되게
유지하고 있다. 새로 붙인 서문은 언어에 대한 비어 교수의 독특한
관심이 언어를 넘어 방대한 지성과 문화적 연관성으로까지 확장되
는 과정을 잘 보여준다. 지은이는 다윈의 언어가 내용 자체로도 중
요할 뿐만 아니라, 어조, 구문, 어의적 본질이 서로 작용을 가하고
생각을 형성하고 명시적으로 드러난 것보다 더 많은 가능성을 열어
주는 점에서 중요하다는 점을 증명한다. 그런 분석에 힘입어 이 책
은 그 뒤로 나온 많은 문학적 연구들을 능가할 수 있었으며, 현재까
지 다윈과 진화론에 관한 연구의 여러 동향들을 예견할 수 있었다.
이 책은 출간된 이후 과학을 다루는 사회학자들과 역사가들이 발표
한 견해에 완전히 부합한다. 오히려 이후의 성과를 통해 이 책의 힘
은 더욱 배가되었으므로 애초의 생생한 맥락에서 그 사상을 살펴볼
필요가 있다. 이 책은 역사적·사회적 환원론을 배격한다. 비어 교수
는 역사적 접근을 시도하지만, 동시에 다윈의 특별한 재능이 여러
방면으로 분기(分岐)될 가능성을 놓치지 않는다.

그래서 지은이는 결코 극단적 입장을 채택하지 않는다. 현대의 역
사학과 사회학, 문화 연구에서 흔히 주장하는 것처럼, 사회가 총체
적 설명을 제공한다고 보지 않는다. 그것은 인식과 창조가 결합된
사상이 아니라 거의 전적으로 '고안'된 사상이다. 새 서문에서 지은
이는 이 책이 과학을 단지 '허구'라고 주장하는 것처럼 해석하는 일
부 견해에 곤혹스러움을 표명한다. 여러 차례 강조된 적이 있지만
지은이의 논점은, 다윈의 이론이 표현된 언어에는 다윈이 살았던 문
화가 스며들어 있으므로 그 '학문'을 완전히 이해하려면 그 언어가
어떻게 기여했고 어떤 저항과 추종을 야기했는지를 알아야 한다는

것이다. 언어와 논증은 서로 분리될 수 없다. 따라서 이 책은 진화론이 그 형성 배경인 문화적 요인들에 대해 격렬하면서도 불완전할 수밖에 없는 저항을 전개한 과정을 보여준다. 비어의 연구는 문화 속에서 다윈의 사상이 지니는 함의를 강조하는 한편, 과연 다윈이 '발견자'나 '발명자'로 간주될 수 있느냐 하는 의문을 던진다. 비어 교수는 다윈 사상의 기원을 과학과 시의 낭만주의 선배들에게로 소급시키면서, 과학의 창조적이고 상상적인 측면을 밝힌다고 해서 과학 연구의 중요성이나 특성이 위축되지는 않는다는 사실을 논증과 규정을 동원해 보여준다. 비록 이 책을 읽으면 누구나 과학이 철두철미하게 문화의 테두리 안에 있다는 느낌을 가지게 되지만, 또한 이 책이 문화에 관한 우리의 이해를 풍부하게 증진시킨다는 점도 보아야 한다. 이 책은 다윈을 이해하게 해주면서도 그의 기획에 내포된 커다란 어려움을 드러내주기 때문이다.

《다윈의 플롯》이 지닌 독특함은 지금까지도 문학 연구에 적절히 흡수되지 못한 상태다. 문학 연구에서 이 책이 독특한 이유, 그리고 앞으로도 계속 독특하게 남게 될 이유는 다윈의 언어에 관한 섬세한 관심에도 있지만 그것이 다는 아니다. 이 책은 다윈의 사상이 문화에 심원(深遠)한 영향을 미쳤다는 점과 더불어 그의 사상이 문화에 의해 형성되었다는 점을 강조한다. 다시 말해《다윈의 플롯》은 문화의 진행이 양방향이라는 점을 보여준다. 다윈의 저작에서 밀턴〔다윈은 비글 호 항해에서 라이엘(Lyell)의 《지질학 원리(*Principles of Geology*)》와 더불어 밀턴의 작품을 늘 지니고 다녔다〕, 워즈워스, 콜리지, 디킨스의 자취를 찾아낸 비어 교수는 다윈을 낭만적 유물론자로 간주하고, 의도와 행위의 추측으로 가득한 문학 언어가 바로 그 전제를 부정하는 논증으로 바뀌는 과정을 추적한다.

과거에 다윈과 문학에 관한 관심은 다윈주의 사상이 다윈에게서 작가들에게로, 과학에서 문학과 정치로 이전되는 것을 확인하는 연구 방식을 취했다. 이를테면 라이오넬 스티븐슨(Lionel Stevenson)의 중요한 저작 《시인들 속의 다윈(*Darwin Among the Poets*)》(1932) 같은 선구적인 연구는 거의 전적으로 후대의 작가들에게 미친 다윈의 '영향'에 초점을 맞추었다. 다윈은 문학 비평가들에게도 무시할 수 없는 존재였다. 다윈의 저작에 드러난 언어에 관심을 보인 사례도 없지는 않았다. 스탠리 에드거 하이먼(Stanley Edgar Hyman)의 《뒤엉킨 강둑(*The Tangled Bank*)》(1962)이 그런 예다. 하지만 비어 교수는 물려받은 언어가 다윈의 논증을 형성하는 데 제약으로 작용한 과정을 누구보다도 섬세하게 추적했고, 전통에 대한 다윈의 저항에 담긴 창조적 함의를 식별했으며, 다윈의 은유가 여러 가지 가능성을 열고 그 자신이 아는 것 이상이 포함된 논증을 만들어내는 과정을 세심하고 풍부한 상상력으로 고찰했다. 비어 교수에 따르면, 다윈의 은유는 "인간의 질서 속에서 인식할 수 있는 것의 경계를 설정하려는 시도"이다. 《다윈의 플롯》은 언어와 그 다양한 가능성을 모색하는 한편, 개별 단어들의 사소한 특수성에 다윈의 작업이 언어의 토대를 이루는 문화의 근본적 신화를 변형시키는 원대한 과정까지 그 추이를 서술한 책이다. 다윈의 글은 그 신화에 힘입어 획일적인 의미 부여에서 탈피할 수 있었다.

비어 교수는 "과학적 **질문**에서는 담론이 배제될 수 없다"라고 주장한다. 비어 교수의 '담론'은 그 자체로 독특하며 모방할 수 없는 특성을 지니고 있다. 《다윈의 플롯》은 방대하고 다양한 지식 분야를 근엄하고도 우아하게 가로지르는 명료한 비판의 목소리다. 그 힘은 그녀의 특이한 관점, 예기치 않은 의미와 연관을 끌어내고 다양성과 모순을 지향하는 그녀의 역량에서 나온다. 비어의 문장은 유혹적이면서도 비평형적이다. 독자들에게 쉴 틈을 주지 않고, 다윈의 언어든 자신의 언어든 언어란 그저 가만히 있는 것이 아니라는 사실을 깨달으라고 다그치기 때문이다. 그녀의 글은 결코 가볍지 않으며, 즉각 핵심을 찌르는 실용적 효과만이 아니라 여러 가지 가능성을 확장하고 지적 영역을 풍부하게 만드는 효과 또한 가진다. 그녀의 글을 보면, 풍부한 상상력을 가지고 문맥에서 문맥으로 이동하는 말의 흐름을 지켜보는 데에서 얼마나 많은 것들이 나오는지 새삼 깨닫게 된다. 그러한 문맥의 이동은 인간 인식의 기능일 뿐 아니라 (다윈적인) 세계의 존재방식이기도 하다. 매혹적이고 열정적인 비어의 문장은 언어와 경험의 현란한 가변성에 대한 그녀의 감각과 생각, 사람, 문화, 학문의 관계에 대한 다양한 가능성에서 비롯된다.

　바로 이런 목소리 때문에 《다윈의 플롯》은 지난 20년간 필수적인 중요 저작의 하나가 되었으며, 처음 출간된 이후 다윈, 다윈주의, 과학, 문화에 관한 지적 논쟁을 유발하는 탁월한 힘을 발휘할 수 있었다. 새로 쓴 서문에서 비어 교수는 지금 이 책을 쓴다면 내용을 어떻게 바꾸었을지 밝히고 있지만, 우리 입장에서는 수정이 필요하지 않다. 그 이유는 비어 교수가 탐구하는 다윈의 언어처럼 이 책도, 언표된 내용 이상의 것을 의미하고 있기 때문이다. 비어 교수는 다윈을 읽는 방식, 그리고 그의 놀라운 기획을, 우리 문화가 만들어냈고 또 앞으로 만들어낼 이야기와 연결하는 방식에 관한 기준을 확립했다. 그녀는 다윈의 논증에 담긴 언어를 무심코 걷어낼 경우 큰 피해를

입으리라는 사실을 보여주었다. 《다윈의 플롯》은 언어를 통해 우리
를 다윈 사상의 문화 중심지로 안내하며, 우리 스스로를 풍요롭게
만드는 방법을 깨우쳐준다.

조지 레빈

＜참고문헌＞

2차 문헌들은 각주에 상세히 소개되어 있다. 이 참고문헌에 수록된 문헌들은 초판이나 현대의 표준판본이 아니라 다윈이 당시에 이용했다고 알려진 것들이다.

Agassiz, Louis, *An Essay on Classification* (London, 1859).

　　Life and Correspondence, ed. Elizabeth Cary Agassiz, 2 vols. (London, 1885).

Bain, Alexander, *The Emotions and the Will* (London, 1859).

Basalla, G., Coleman W. and Kargon, Robert H., eds., *Victorian Science: A Self-Portrait from the Presidential Addresses to the British Association for the Advancement of Science* (New York, 1970).

Bell, Charles, *Essay on the Anatomy of Expression in Painting* (London, 1806), 3rd rev. edn (London, 1844).

　　The Hand, Its Mechanism and Vital Endowments as Evincing Design (Bridgewater Treatises, 4) (London, 1833).

Bernard, Claude, *Introduction à l'etude de la médicine expérimentale* (Paris, 1865); *An Introduction to the Study of Experimental Medicine*, tr. H. C. Greene (New York, 1949).

　　The Cahier Rouge of Claude Bernard, tr. H. H. Hoff et al. (Cambridge, Mass., 1967).

Broca, Paul, *On the Phenomenon of Hybridity in the Genus Homo*, ed. C. C. Blake

(London, 1864).

Butler, Samuel, *Erewhon: or, Over the Range* (London, 1872).

Life and Habit; an essay after a completer view of evolution (London, 1878).

Evolution, Old or New: or the Theories of Buffon, Dr. Erasmus Darwin and Lamarck, as compared with that of Mr. charles Darwin (London, 1879).

Unconscious Memory (London, 1880).

Luck or Cunning as the Main Means of Organic Modification? (London, 1887).

Carpenter, Edward, Modern Science: a Criticism (Manchester, 1885).

Civilization, Its Cause and Cure; and other essays (London, 1889).

Carpenter, W. B., *Principles of Human Physiology*, 1st edn (London, 1842): 9th edn (London, 1881).

Principle of Mental Physiology (London, 1874).

Chambers, Robert, *Vestiges of the Natural History of Creation* (London, 1844).

Clodd, Edward, *Pioneers of Evolution from Thales to Huxley with an Intermediate Chapter on the Causes of the Arrest of the Movement* (London, 1897).

Myths and Dreams (London, 1885).

Coleridge, Samuel Taylor, *Poetical Works*, 3 vols. (London, 1829).

Lay sermons: 1. The Statesman's Manual, 2. Blessed are ye that sow beside all waters, ed. D. Coleridge (London, 1852).

Comte, Auguste, *Cours de Philosophie positive*, 6 vol. (Paris, 1830~42).

Positive Philosophy, tr. and condensed by H. Martineau, 2 vols. (London, 1853).

System of Positive Polity, tr. J. H. Bridges, F. Harrison, E. S. Beesly, R. Congreve, 4 vols. (London, 1875~77).

CHARLES DARWIN

Works

Journal of Researches into the Geology and Natural History of the Various Countries Visited during the Voyage of H.M.S. Beagle Round the World (London, 1839).

'On the tendency of species to form varieties, and on the perpetuation of varieties and species by natural means of selection', Charles Darwin and Alfred

Wallace, *Journal of the Proceedings of the Linnaean Society of London Zoology*, 3 (1859): 45~62.

On the Origin of Species By Means of Natural Selection, or the Preservation of Favoured Races in the Struggle for Life (London, 1859).

On the Origin of Species, A Variorum Edition, ed. Morse Peckham (Philadelphia, 1959).

The Origin of species, ed. John Burrow (Harmondsworth, 1968).

The Variation of Plants and Animals under Domestication, 2 vols. (London, 1868).

The Decsent of Man and Selection in Relation to Sex (London, 1871).

The Expression of the Emotions in Man and Animals (London, 1872).

Formation of Vegetable Mould through the Action of Worms, with Observations on their Habits (London, 1881).

Evolution by Natural selection: Darwin and Wallace, ed, G. de Beer (Cambridge, 1958), contains the Sketch (1842) and th *Essay* (1844).

Charles Darwin's Natural Selection, being the Second Part of his Big Species Book written from 1856 to 1858, ed. R. Stauffer (Cambriege, 1975).

Edited notebooks and letters

Darwin, F. (ed.), *The Life and Letters of Charles Darwin, including an Autobiographical Chapter*, 3 vols. (London, 1887).

Darwin, F. and Seward, A. C. (eds.), *More Letters of Charles Darwin: a record of his work in a series of hitherto unpublished letters*, 2 vols. (London, 1903).

de Beer, G. (ed.), *Charles Darwin and Thomas Henry Huxley Autobiographies* (London, 1974), follows Nara Barlow's unexpurgated text and includes 'An Autobiographical Fragment, Written in 1838'.

'Darwin's notebooks on Transmutation of Species', *Bulletin of the British Museum (Natural History) Historical series*, 2 (1960~61); 3 (1967).

Darwin on Man A Psychological Study of Scientific Creativity Together with Darwin's Early and Unpublished Notebooks, ed. Howard Gruber and Paul Barrett (London, 1974).

Barrett, P. (ed.), *The Collected Papers of Charles Darwin* (Chicago, 1977).

Vorzimmer, P. J. 'The Darwin Reading Notebooks (1838~1860)', *Journal of the History of Biology*, 10(1977): 107~153.

Herbert, S. (ed.), 'The Red Notebook of Charles Darwin', *Bulletin of the British*

Museum (Natural History) *Historical Series*, 7 (1980).

Darwin, Erasmus, *The Botanic Garden; or, The Loves of the plants* (London, 1791).
Zoonomia; or, The Laws of Organic Life, 2 vols. (London, 1794~96).
Phytologia; or, The Philosophy of Agriculture and Gardening With the Theory of Draining Morasses, and with an improved construction of the Drill Plough (London, 1800).
The Temple of Nature; or, The Origin of Society, a poem, with philosophical notes (London, 1803).

Disraeli, Benjamin, *Tancred: or, the New Crusade*, 3 vols. (London, 1847).

GEORGE ELIOT

The Works of George Eliot, Cabinet edition, 20 vols. (Edinburgh and London, 1878~80).

Haight, G. S. (ed.), *The Letters of George Eliot*, 9 vols. (London, 1954~78).

Pinney, T. (ed.), *Essays of George Eliot* (London, 1963).

Pinney, T., 'More Leaves from George Eliot's Notebook', *Huntington Library Quarterly*, 29 (1965~66): 353~376.

Baker, W. (ed.), *Some George Eliot Notebooks: an Edition of the Carl H. Pforzheimer Library's George Eliot Holograph Notebooks, MSS707~711* (Salzburg, 1976, 1980).

Pratt, J. C. and Neufeldt, V. A., *George Eliot's Middlemarch Notebooks* (Berklely and Los Angeles, 1979).

Collins, K. K., 'Questions of Method: Some Unpublished Late Essays', *Nineteenth Century Fiction*, 35 (1980): 385~405.

Feuerbach, Ludwig, *The Essence of Christianity*, tr. M. Evans (i. e. George Eliot) (London, 1854).

Freud, Sigmund, *The Standard Edition of the Complite Psychological Works of Sigmund Freud*, tr. under editionship of J. Starchey, 24 vols. (London, 1953~74).

Gatty, Margaret, *Parables from Nature*, 1st and 2nd ser. (London, 1855~65).

Gosse, Edmund, *Father and Son: A Study of Two Temperaments* (London, 1907).

Gosse, Philip Henry, *A Manual of Marine Zoology for the British Isles* (London,

1855~56).

    Omphalos: an attempt to untie the geological knot (London, 1857).

    The Romance of Natural History, 1st series (London, 1860); 2nd series (London, 1861).

Haeckel, Ernst, *The History of Creation*, tr. and revised by E. Ray Lankester, 2 vols. (London, 1876).

    The Evolution of Man, 2 vols. (London, 1879).

    The Riddle of the Universe at the Close of the Nineteenth Century, tr. J. McCabe (London, 1900).

Hardy, F., *The Early Life of Thomas Hardy 1840~91* (London, 1928).

    Later Years of Thomas Hardy, 1892~1928 (London, 1930).

Hardy, Thomas, *The New Wessex Edition of the Novels of Thomas Hardy*, ed. P. N. Furbank, 14 vols. (London, 1975).

    Complete Poems, ed. J. Gibson (London, 1976).

Helmholtz, Hermann, *Popular Lectures on Scientific Subjects*, tr. E. Atkinson; intro. J. Tyndall (London, 1873).

    Abhandlungen zur Thermodynamik, ed. M. Planck (Leipzig, 1921).

    Epistemological Writings, tr. M. F. Lowe; ed. R. S. Cohen and Y. Elkana (Dordrecht, 1977).

Huxley, Thomas Henry, *Collected Essays*, 9 vols. (London, 1892~95).

    Autobiograpies of Charles Darwin and Thomas Henry Huxley, ed. G. de Beer (London, 1974).

Jameson, Anna, *Sacred and Legendary Art*, 2 vols. (London, 1848).

    Legends of the Maddonna, as represented in the fine arts (London, 1852).

Jefferies, Richard, *After London; or, Wild England* (London, 1885).

Kant, Immanuel, *Critique of Pure Reason*, tr. J. M. D. Meiklejohn (London, 1860).

Kingsley, Charlse, *Alton Locke, tailor and poet* (London, 1850).

    The Water-Babies (London, 1863).

Lankester, Ray, *Degeneration*. A Chapter in Darwinism (London, 1880).

Lamarck, Jean-Baptiste, Philosophie Zoologique (Paris, 1809).

    Zoological Philosophy, tr. H. Eliot, 1st edn (London, 1914); (reprinted N. Y., 1963).

    Histoire Naturelle des animaux sans vertébres (Paris, 1815).

Lewes, George Henry, Comte's Philosophy of the Sciences (London, 1853).

Sea-side Studies (London, 1858).

The Physiology of Common Life (Edinburgh, 1859~60).

'Mr. Darwin's Hypotheses', *Fortnightly Review*, 3 and 4 new series (1868): 353~373; 611; 61~80; 492~509.

Problems of Life and Mind, 4 vols. (London, 1874~79).

Lubbock, John, *Prehistoric Times as Illustrated by Ancient Remains and the Manners and Customs of Modern Savages* (London, 1865).

The Origin of Civilisation and the Primitive Condition of Man (London, 1870).

Lyell, Charles, *Principles of Geology*, 3 vols. (London, 1830~33).

The Geological Evidences of the Antiquity of Man (London, 1863).

Malthus, Thomas, *An Essay on the Principle of Population; or, A View of Its Past and Present Effects on Human Happiness*, 6th edn, 2 vols. (London, 1826).

Marx, Karl, *Karl Marx and Frederick Engels; Selected Correspondence* (Moscow, 1956).

Early Writings, tr. and ed. T. B. Bottomore (London, 1963).

Maudsley, Henry, Body and Mind (enlarged edn) (London, 1873).

The Pathology of Mind (London, 1879).

Maxwell, James Clerk, *Scientific Papers*, ed. W. D. Niven, 2 vols.(Cambridge, 1890).

Mill, John Stuart, *A System of Logic, Ratiocinative and Inductive*, 2 vols. (London, 1843); 5th edn (London, 1862).

Nature, the Utility of Religion, and Theism. Three Essays (London, 1874).

Milton, John, *Poetical Works* (London, 1822), a single-volume edition close in date to Darwin's Travels.

Poetical Works, ed. D. Bush (London, 1966).

Mivart, St John, *Man and Apes* (London, 1873).

Monboddo (James Burnett, Lord), *Of the Origin and Progress of Languege* (Edinburgh, 1773~76).

Müller, Friedrich Max, *Lectures on the Science of Languege*, 1st and 2nd series (1861~64).

Chips from a German Workshop, 4 vols. (London, 1867~76).

Introduction to the Science of Religion (London, 1873).

Nordau, Max, *Degeneration*, tr. from 2nd edn of the German (London, 1895).

Ovid, *Metamorphoses,* with an English tr. by F. J. Miller (London, 1916).

Proctor, Richard, 'Gambling Superstitions', *The Cornhill Magazine,* 25 (1872): 704~717.

　'The Past and Future of Our Earth', *Contemporary Review,* 25 (1874); 77~79.

　Myths and Marvels of Astronomy (London, 1878).

Reade, Winwood, *The Martyrdom of Man* (London, 1872).

Ruskin, John, *The Works on John Ruskin,* Library edition, ed. E. T. Cook and A. D. O. Wedderburn, 39 vols. (London, 1902~12).

Schopenhauer, Arthur, *Uber den Willen in der Natur* (Frankfrut, 1836).

Shelley, Mary, *Frankenstein: or, The Modern Prometheus* (London, 1818).

Spencer, Herbert, *Essays: Scientific, Political and Speculative,* 3 vols. (London, 1858).

　First Principles (London, 1862).

　The Principles of Biology (London, 1864).

　The Principles of Psychology 2nd edn (London, 1870).

　Descriptive Sociology; or, Groups of Sociological Facts (London, 1873).

Spencer, Edmund, *Poetical Works,* ed. J. C. Smith and E. de selincourt (Oxford, 1912).

Sully, James, Sensation and Intuition: Studies in Psychology and Aesthelics (London, 1874).

Tylor, Edward, *Researches into the Early History of Mankind and the Development of Civilization* (London, 1865).

　Primitive Culture, 2 vols. (London, 1871).

Tyndall, John, *On Radiation: the Rede Lecture* (London, 1865).

　Essays on the Use and Limit of the Imagination in Science (London, 1870).

　Address delivered before the British Association assembled at Belfast, with additions (London, 1874).

Wallace, Afred, *Contributions to the Theory of Natural selection,* 2nd edn (London, 1871).

Wallace, Alfred, et al., *Forecasts of the Coming Century* (London, 1897).

Wedgwood, Hensleigh, *On the Developement* (sic) *of Understanding* (London, 1848).

　A Dictionary of English Etymology, 3 vols. (London, 1859~67).

　The Origin of Languege (London, 1866).

Weismann, August, *Studies in the Theory of Descent,* tr. and ed. R. Meldola, Preface by C. Darwin (London, 1882).

Essays upon Heredity and Kindred Biological Problems, tr. and ed. E. B. Poulton, S. Schönland, and A. E. Shipley (Oxford, 1889).

Wordsworth, William, *The Excursion, being a portion of the Recluse, a poem* (London, 1814).

Lyrical Ballads by Wordsworth and Coleridge. The text of the 1789 edn with the additional 1800 poems and the prefaces, ed. R. L. Brett and A. R. Jones (London, 1963).

Poetical Works, ed. E. de Selincourt, 2nd edn, 5 vols. (Oxford, 1952).

저자 서문 2판에 언급된 참고문헌

Alter, Stephen G., *Darwinism and the Linguistic Image* (Baltimore and London, 1999).

Beer, Gillian, *Open Fields: Science in Cultural Encounter* (Oxford, 1996, paperback, 1999).

'Writing Darwin's Islands: England and the Insular Condition', ed. Timothy Lenoir, *Inscribing Science: Scientific Texts and the Materiality of Communication* (Stanford, 1998).

Benjamin, M. (ed.), *Science and Sensibility: Gender and Scientific Enquiry 1780~1945* (London, 1991).

Bhabha, H. (ed.), *Nation and Narration* (London, 1990).

Browne, Janet, *Charles Darwin: Volume I, Voyaging* (London, 1995).

Burkhardt, F., Smith, S., Kohn, D., Montgomery, W., (eds.), *The Correspondence of Charles Darwin*, 1821~1882, 1권 (Cambridge, 1985). 이 시리즈는 현재 11권까지 나와 있다.

Darwin, Charles, *The Origin of Species*, ed. Gillian Beer (Oxford, 1996).

Dawkins, Richard, *The Selfish Gene* (Oxford, 1976).

The Blind Watchmaker (London, 1986).

Dennett, Daniel C., *Darwin's Dangerous Idea: Evolution and the Meanings of Life* (New York, 1995).

Desmond, A., James Moore, J., *Darwin* (London, 1991).

Dyson, George, *Darwin among the Machines* (London, 1997).

Grove, Richard *Green Imperialism: Colonial Expansion, Tropical Island Edens and the Origins of Environmentalism, 1600~1800* (Cambridge, 1995).

Haraway, Donna, *Primate Visions: Gender, Race and Nature in the World of Modern Science* (London, 1989).

Keller, Evelyn F., *Reflections on Gender and Science* (New Haven and London, 1985).

Levine, George *Darwin and the Novelists: Patterns of Science in Victorian Fiction* (Cambridge, Massachusetts, 1988).

Levine, G. (ed.), *One Culture: Essays in Science and Literature* (Madison, 1987).

Levine, G. (ed.), *Realism and Representation: Essays on the Problem of Realism in Relation to Science, Literature, and Culture* (Madison, 1993).

Lewontin, Richard, *The Genetic Basis of Evolutionary Change* (New York, 1974).

McDonald, Roger, *Mr. Darwin's Shooter* (London, 1998).

Murray, Les, *Translations from the Natural World* (London, 1993).

Pinker, Stephen, *The Language Instinct* (London, 1995).

Ritvo, Harriet, *The Animal Estate: The English and Other Creatures in the Victorian Age* (Cambridge, Massachusetts, 1987).
    The Platypus and the Mermaid (Cambridge, 1997).

Schiebinger, Londa, *Nature's Body: Gender in the Making of Modern Science* (Boston, 1993).

Schnackenberg, Gjertrud, *The Lamplit Answer* (London, 1986).

Shaffer, Elinor, *Erewhons of the Eye: Samuel Butler as Painter, Photographer and Art Critic* (London, 1988).

Shaffer, E. (ed.), *The Third Culture: Literature and Science* (Berlin, 1998).

Shapcott, Jo, *Phrase Book* (London, 1992).

Shuttleworth, Sally, *George Eliot and Nineteenth Century Science: The Make Believe of a Beginning* (Cambridge, 1984).

Wilson, E. O., *On Human Nature* (Cambridge, Massachusetts, 1978).
    The Diversity of Life (Cambridge, Massachusetts, 1992).
    Consilience: the Unity of Knowledge (London, 1998).

Winterson, Jeanette, *Sexing the Cherry* (London, 1989).
    Gut Symmetries (London, 1997).

Worster, David, *Nature's Economy: a History of Western Ecological Ideas* (Cambridge, 1985).

〔ㄱ〕

가능성 334, 388, 411

가변성 21, 320

가설 227, 333, 334

감각 113, 226, 315, 316, 461, 462, 463, 475, 491

《감각과 직관》 424

감각능력 110, 111

감정 354, 420, 424, 425, 437

《개념들의 치환》 216

개별성 332, 344

개별화 114, 296

개스켈, 엘리자베스 121

개체 18, 19, 24, 31, 32, 54, 67, 80, 82, 97, 99, 113, 114, 159, 160, 172, 214, 220~222, 231, 233, 235, 245, 251, 260, 271, 273, 281, 291, 295, 303, 322, 325, 335, 346, 362, 430, 467, 484

개체발생 67, 232, 300, 421

《개체발생과 계통발생》 234

개체성 22, 333, 443, 497

개티, 마거릿 283, 297, 299, 300

거짓말 90, 91

격세유전 422

결과 374~376, 385

결정론 202, 203, 237, 300, 373, 374, 454

경계 126, 148, 223, 348

경쟁 84, 147, 171, 213, 225, 279

경험 94, 121, 240, 315, 352, 360, 362, 373, 377, 394, 487

계보 81, 155, 250, 345

계승 153, 367, 387, 401, 415, 427, 429, 432, 433, 439, 466, 479, 498

계통발생 67, 232, 421

고스, 필립 278, 290

고안 194, 197, 201

고유성 155

고전 신화 358
골드만 123
골턴, 프랜시스 371, 382
공간 126, 210, 238, 342, 345, 379, 382, 429, 454, 481, 491, 495
공통의 조상 255, 262
공포 444, 446~451, 455, 457, 459~461, 463
과거 77, 84, 104, 113, 115, 117, 119, 126, 187, 211, 250, 365, 373, 380, 382, 383, 385, 387, 393, 395, 400, 405, 408, 470, 475
《과거와 현재의 시집》 478
〈과거의 스케치〉 237
과정 67, 68, 84, 240, 331, 350, 388
과학 170, 177, 224, 255, 276, 313, 331, 337, 352, 378, 379, 381
《과학 지식과 사회학 이론》 44, 206
〈과학적 사고의 목적과 수단에 관하여〉 374
과학적 유물론 318
《과학적 정신의 형성》 126
《과학혁명의 구조》 41, 157
관계 123, 161, 320, 331, 339~341, 345, 351, 352, 362, 366, 369, 376, 381, 385, 392, 394, 411, 412, 485, 491
《관념의 발명과 진화》 216

관찰 132, 133, 184, 189, 190, 196, 206, 244, 262, 324, 329, 334, 338, 476, 491
괴테 50, 164, 177, 178, 244
교양소설 241, 281
구성 84, 331, 333, 336
구조 221, 329, 331, 336, 339, 394
국가 404, 406
굴드, 스티븐 제이 234
궁극적 원인 275
《귀향》 172, 485, 493
균일성 374, 394, 468
균형 229, 339
그노시스파 신비주의 396
그레이엄, 조리 33
그로브, 리처드 21
그루버 170, 217
《그리스도교의 증거》 111
그림 형제 361, 392
그물 339, 341~349, 363, 364
근원 339, 378, 384, 387, 388
글쓰기 463, 473, 498, 499
《기계 속의 다윈》 20
기능 331, 339
기디스, 패트릭 423
기원 71, 84, 148, 149, 159, 175, 176, 189, 202, 203, 215, 226, 265, 275, 276, 297, 298, 320, 324, 340, 341,

345, 351, 376~378, 380, 383~385,
388, 389, 392, 395, 397, 426, 437,
456, 482, 483
〈기하학적 공리의 기원과 의미〉388
긴즈버그, C. D. 380
꾸며낸 이야기 90, 91

[ㄴ]

〈나 자신의 노래〉470
나무 이미지 106, 107
낭만적 유물론 187, 316, 476, 498
낭만주의 357
《논리학 체계》343
논증 125, 126, 132, 138, 140, 143,
148, 154, 160, 162, 170, 219, 220,
228
눈 173, 174, 176
뉴턴 160, 224
《다니엘 데론다》309, 322, 326, 365~
367, 369, 370, 373~378, 380~383,
385, 387~389, 392~396, 401, 402,
411, 413, 418, 425, 426, 428, 432,
434, 437, 439, 447, 449, 457, 461

[ㄷ]

다산성 99, 102, 270, 273, 292, 411,
497
다양성 123, 136, 210, 251, 253, 272,
275, 303, 316, 318, 335, 351, 353,
361, 362, 385
다우든, 에드워드 312, 321, 324
다원발생론 403
다윈, 에라스무스 65, 166, 214, 243,
271, 277
다윈, 조지 139
다윈, 찰스 15, 17, 18, 22, 23, 25, 26,
28, 31, 32, 37, 44, 45, 48~50,
53~55, 57, 58, 60, 61, 64, 68, 70,
73, 77, 78, 80~82, 85, 89, 92~94,
97, 98, 100~107, 109~118, 121,
122, 125, 126, 131~133, 135, 136,
138~141, 143~161, 163, 164, 166,
169, 170~173, 175~178, 183, 184,
186, 187, 189, 190, 196, 198, 200,
202, 204, 205, 210, 211, 213, 214,
217~225, 227~229, 230, 232~
235, 240, 244, 248, 250, 251, 253,
255, 256, 260, 262, 263, 265~270,
272, 274, 275, 277~280, 283~285,
290, 292~294, 296, 297, 299, 300,
303, 305, 318~320, 324, 328, 331,
334, 335, 340~342, 346~348, 367,
368, 371, 378, 380, 382, 383, 387,
388, 393, 404, 405, 407~409,

415~417, 420, 421, 423~425, 432,
434, 437, 438, 446, 447, 449, 451,
454, 456, 459, 463, 466, 467, 469,
475~478, 480, 484, 485, 487, 489,
491, 495, 497, 498, 499
다윈, 프랜시스 109, 114, 175, 184
〈다윈 사상과 다윈주의〉 134
〈다윈 씨의 가설〉 318
《다윈과 소설가들 : 빅토리아 소설에
보이는 과학의 유형》 32
〈다윈과 언어이론의 발달〉 27
《다윈의 위험한 생각》 22
〈다윈의 은유 : 자연은 선택하는가?〉
217
《다윈의 포수》 35
다윈주의 145, 259
《다윈주의와 언어학적 이미지 : 19세
기의 《언어, 인종, 자연신학》 27
다이슨, 조지 20
다형성 373, 383
단계 106, 235, 246, 280~282
단일한 조상 319, 340, 437
《더버빌 가의 테스》 113, 422, 467,
469, 487, 496~498
데닛, 대니얼 22~24
데리다 71, 154, 483
데스먼드, 애드리언 31
데카르트 205, 224, 345

〈도박하는 미신〉 379
〈도싯셔의 노동자〉 472
도킨스 21, 24
《독서의 행위》 382
독해 48, 49, 118, 135
돌연변이 99, 115
《돔비 부자》 245
《동물발생에 관하여》 245
《동물생활 연구》 271
《동물철학》 81, 218
동시성 372, 376
동일과정설 104, 115, 117, 366
《동일성의 우화》 70
두려움 434, 451, 452
뒤 셀뤼 258, 259
디, 존 331, 354
디스키, 제니 35
디즈레일리 59, 156
디킨스, 찰스 54, 110, 120, 121, 125,
126, 154, 187, 190, 245, 402, 466
《또 다른 삶의 물리이론》 370

[ㄹ]

라마르크 45, 65, 80~85, 106, 168,
218, 219, 325
라이엘, 찰스 45, 49~51, 64, 67, 76~
78, 99, 104, 115, 117, 118, 133,

169, 277, 300, 301, 325, 332, 454, 491, 492
라이헤르트 231
라트케 231
랭 230
러벅 230
러브조이 191
러스킨 25, 57, 123, 131, 155
《런던 이후》 301, 306
레마크 231
레비스트로스 214, 428
레빈, 조지 32
레키 446
《로더릭 허드슨》 322
《로드 짐》 460
〈로라〉 461
《로몰라》 356, 373, 392, 436
루소 483
루이스, G. H. 49, 78, 79, 271, 276, 278, 314, 318, 319, 328, 334, 335, 337, 340, 343, 371, 379, 437
르원틴 21
리드게이트 314, 319, 336
리비어, 조언 61
리처드슨 369
리쾨르, 폴 218
린네 244, 402

[ㅁ]

마르케스 372
《마르코 폴로》 396
마르크스 63, 137, 144~146
마슈레 71
마이바트, 존 163, 294
마이어, 에른스트 382
마치니 409
망각 202, 204, 483
매체 116, 341
매케이 42, 43
맥도널드, 로저 35
맥스웰, 클러크 50, 208, 377, 386
맬서스 50, 96~99, 102, 146, 269, 280
머리, 레스 33, 35
메더워 190
멘델 53
멸종 68, 111, 278, 293, 300, 303
모리스 290
모성 434, 436, 443
모순 이론 393
모어, 토머스 228
모즐리, 헨리 418, 420, 424
목적론 72, 116, 120, 169, 382, 383
몰리 294
몽테뉴 94
《무녀》 156

무어, 제임스 31
무의식 23, 64, 201, 202, 204
《문명 : 그 원인과 치유책》 275
문화 398, 400, 404, 410, 416, 442
《물의 아이들》 258, 269, 285, 286,
　　290, 293
물질 112, 113
물질의 불변성과 변형에 관한 논쟁 66
물활론 258, 261, 462
뮐러, 막스 139, 152, 161, 230, 260~
　　262, 264, 265, 276, 295, 306, 317,
　　360, 362, 389, 392, 405, 428, 498
《미들마치》 19, 248, 309, 310, 312,
　　313, 317, 319, 320, 322, 323,
　　329~331, 334, 336, 337, 339, 340,
　　348~352, 355~357, 363, 366, 367,
　　372, 375, 376, 383, 385, 475
미래 203, 207, 365, 367, 371~373,
　　375, 376, 379, 380, 382, 383, 387,
　　388, 393, 395, 396, 400, 405, 408,
　　410~413, 421, 426~430, 436, 455,
　　456, 457, 470
〈미래 종족의 전조〉 327
〈미래의 과학 : 예측〉 275
미래의 삶 369~373
미로 349, 356, 358, 363, 364, 394
《미천한 사람 주드》 497, 499
《민담의 형태론》 70, 394

민족 398, 404, 416, 431
《믿을 수 없는 일》 36
밀, 존 스튜어트 343, 365
밀턴 96, 100~104

〔ㅂ〕
────────────────────

바르쾽, 자크 47
바바, 호미 30
바슐라르 126
바이스만 234, 497
바이엇, A. S. 32
《반방법론》 208
반복 293, 331, 478
반스, 배리 44, 206, 216
발견 126, 190, 216, 218, 219, 335
발달 71, 231, 238, 243, 245, 248, 251,
　　258~260, 269, 275, 277, 281, 282,
　　293, 296, 297, 300, 312, 322, 366,
　　367, 371, 378, 388, 405, 407, 416,
　　460, 483, 498
발달 이론 255, 256, 268, 299, 324,
　　325
발명 133, 136, 208, 209
발생 45, 54, 65, 67, 72, 78, 185, 220,
　　377, 412, 416, 470
발생 가설 41, 68
발생 반복 234, 278

버클 300

버틀러, 새뮤얼 19, 65, 160, 195, 196,
　369

베르나르, 클로드 42, 50, 62, 77, 189,
　319, 329~331, 334, 337, 381, 382

베이컨 133, 190

베인, 앨릭잰더 344

벨, 찰스 128

변신 55, 82, 91

《변신》 50, 169, 244

변이 15, 18, 19, 22, 67, 68, 82, 84,
　117, 159, 162, 164, 166, 171, 174,
　184, 198, 231, 274, 276, 285, 310,
　312, 325, 339, 351, 382, 415, 487

변종 30~32, 37, 58, 99, 114, 221,
　302, 303, 335, 336

변태 230, 231, 244, 245, 251, 282,
　283, 289, 293, 300, 340

변형 89, 91, 143, 154, 157, 159, 174,
　186, 195, 198, 202, 211, 220, 230,
　231, 234, 244~247, 265, 270, 275,
　276, 281, 283, 285, 286, 290, 291,
　299, 300, 321, 322, 341, 343, 360,
　371, 375, 378, 387, 388, 396, 400~
　406, 429, 430, 434, 455, 457, 458

〈변형〉 300

변화 45, 51, 54, 55, 84, 99, 115, 157,
　159, 160, 162, 168, 174, 175, 184,
　202, 204, 209, 217, 233, 237, 244~
　247, 251, 256, 269, 270, 274, 277,
　280, 281, 285, 301, 302, 305, 322,
　329, 367, 371, 406, 407, 409, 458,
　478, 484, 493

보르헤스 25

복수성 320, 372, 382

복잡성 281, 305

복제 281, 296, 322

복합성 296, 297

본능적인 욕망 204

볼테르 257

분류 37, 214, 216, 222

분류학 37, 157, 320

분리 162, 402

분화 16, 17

불안 425, 434, 462, 498

《붉은 공책》 42

뷔퐁 65

브라운, 토머스 94

브로카, 폴 403

브루크너 396

《브리튼 이야기》 397

블라인드, 마틸드 437

블랙, 맥스 45, 206

블로흐, 에른스트 203

블루어 206

비글 호 15, 26, 35, 50, 96, 99, 141

〈비글 호의 네 사람〉 31

비샤 331, 350

비스코프 231

비코 271

《비평집》 268

《빈 들판 : 과학과 문화의 만남》 26

[ㅅ]

사건 376, 384, 457, 458, 473, 487

사극 96, 97

사드 214

사멸 45, 68, 387

사실 186, 187, 189, 190, 205, 299

사유 264, 265, 315

사이드, 에드워드 158, 384

사키 461

사회생물학 24, 69

《사회생물학 : 새로운 종합》 21

사회적 다윈주의 145

사회진화론 69

《삼림지대 사람들》 486

상상 53, 175, 207, 208, 226, 227, 358

상상력 54, 57, 64, 91, 94, 98, 100,
　104, 105, 108, 112, 117, 119, 122,
　162, 169, 174, 184, 186, 220, 223,
　226, 228, 233, 254, 258, 264, 286,
　289, 313~316, 320, 321, 338, 339,

350, 354, 362, 393, 397, 422, 461,
　462

상속 420, 432, 449

상징 64, 135, 136

새커리 402

생기론 337

생명 105, 113, 323

《생명과 정신의 문제》 314, 334, 340

생명의 나무 211, 213, 335

〈생명의 물리적 기초〉 316

〈생명의 물리적 토대에 관하여〉 196

〈생물학적 형태의 성격〉 245

생산 15, 136, 137, 194, 228, 268, 270

생성 140, 141, 164, 421, 466

생식 270, 283

생식력 229, 268

생존경쟁 31, 55, 146, 147, 171, 211,
　224, 404, 487, 499

생틸레르, 에티엔 조프루아 67

샤프츠버리 120

샤프콧, 조 33

샬럿 36

《서곡》 239~241

서술 133, 136, 140, 158, 200, 227,
　331

《서정 민요집》 321

《서한집》 14

선택 16, 17, 91, 136, 144, 168, 218,

219, 251, 279, 376, 409, 417, 429, 432, 457
설계 15, 24, 117, 120, 125, 191, 198, 200, 202
설리, 제임스 424, 425, 432, 449
성 103, 166
《성경》 148, 156, 404
《성모 마리아의 전설》 356
《성의 진화》 423
성장 230, 231, 234, 235, 237~241, 243, 244, 248, 250, 260, 268, 305
성적 본능 61
성적 선택 58, 153, 164, 270, 367, 368, 371, 374, 382, 410, 416, 418, 423, 424, 429, 432, 458
세지윅 233
〈세포 DNA〉 33
셰익스피어 96, 187
셸리, 메리 241, 243, 405
소멸 54, 68, 244, 304~306, 344, 421, 430
〈소와 말〉 421
《소요》 127
속도 234, 237
《손》 128
쇼펜하우어 409, 416, 417
숀, 도널드 206, 216, 217
《수도원의 전설》 356

수동성 449, 451, 493
수제트 118
《순수이성비판》 215
슈나켄버그, 저트러드 36
스마일스, 새뮤얼 80
스콧 94
스토, 해리엇 비처 397, 458
스토퍼드, 톰 32
스티븐 377
스펜서, 허버트 65, 122, 147, 230, 234, 245, 256, 272, 296, 297, 313, 325, 420, 423~425
습관 80, 83, 202, 427
시 208, 209, 378, 381
〈시각 이론에 관한 최근의 진보〉 177
시간 51, 53, 54, 106, 119, 158, 159, 162, 189, 235, 238, 239, 244, 276, 299, 325, 329, 331, 334, 341, 353, 379, 382, 387, 411~414, 429, 454, 473, 487, 490, 491, 492, 495
시작 378, 380, 381, 384, 385, 387, 388
《시작》 158, 384
《시학》 185
〈식물과 유령의 잡종〉 33
《식물의 변태》 244
《식물의 변태에 관한 실험》 244
《식물의 사랑》 270

신 15, 16, 75, 76, 169, 170, 189, 253,
　　290, 294, 331, 350, 356, 404
신비주의 426
《신조의 토대》 343
신화 69, 227, 248, 250, 255~258,
　　260~262, 264, 265, 274, 352~354,
　　356, 360~362, 391, 408, 428
〈신화, 허구, 치환〉 250
《실낙원》 102, 103
실베스트리스, 베르나르두스 272
실재의 친화성 79, 221
《실증 정치의 체계》 395
실증주의 316, 373
실체화 121, 321, 377
실험 226, 329, 330, 334, 337, 366
《실험소설론》 330
《실험의학 연구 입문》 77, 330, 337
〈심리분석의 도상에서 겪는 어려움〉
　　60
《심리학 원리》 297
쐐기의 은유 170~172

[ㅇ]

아널드 183, 268
아름다움 417, 418, 422, 430
아리스토텔레스 116, 185, 412
《아리아 민족의 기원》 389

아이스킬로스 465
알고리듬 22, 23, 35
《애덤 비드》 93, 373
애커먼, 로버트 261
앨런, 그랜트 418, 423
앨터, 스티븐 27
《앨턴 로크》 285
양육 400, 433
양자물리학 63, 64
《어둠의 한가운데》 460
《어려운 시절》 190
언어 15, 16, 18, 112, 121, 128, 130,
　　131, 133, 135~139, 141, 144, 146,
　　152, 153, 162~164, 166, 168, 169,
　　172, 173, 179, 187, 198, 200, 203,
　　205, 210, 220, 223, 227, 228, 235,
　　236, 259, 260, 262, 264, 265, 282,
　　295~297, 313, 327, 350, 356, 372,
　　392, 401, 402, 406, 426, 455, 478,
　　497
《언어와 신화》 246
《언어의 기원에 관한 소론》 392
《언어의 본성, 발달, 기원》 70
에딩턴 386
에머슨 76, 170
에우헤메로스 261
엘레가르드 232
엘리엇, 조지 43, 44, 57, 93, 108,

205, 221, 248, 300, 309, 312~316,
318, 320~325, 328~330, 332, 334,
337~341, 345, 348, 351, 354~358,
361~363, 365, 369~376, 379~
385, 387, 389, 393~398, 400, 401,
404, 409, 410, 414, 418, 421, 422,
425, 426, 428, 429, 432, 433, 436,
437, 439, 443, 444, 446, 447, 451,
452, 454, 457, 458, 461, 466, 467,
481
엘턴, 올리버 473
〈여류 소설가들의 어리석은 소설들〉
452
역사 18, 148, 149, 154, 158, 161, 175,
216, 220, 234, 238, 248, 275, 329,
331, 334, 341, 374, 380, 381, 385,
386, 388, 391, 397, 429, 483, 491
〈연상과 도덕 사상의 기원〉 389
연속성 84, 136, 157, 248
연쇄 106, 119, 346, 367
〈열등한 동물〉 297
영, 로버트 M. 206, 217
예스페르센, 오토 70
예측 210, 374, 376
오비디우스 50, 169
오언 222
옥슨퍼드, 존 409
《올랜도》 266

와류 이론 377, 393
《요정 여왕》 272, 273
우드, J. G. 170
〈우리 지구의 과거와 미래〉 379
우생학 371, 382, 418
우연 57, 196, 255, 292, 383, 393, 412,
453, 478, 479
우연성 207, 290, 382
우연한 변이 57, 290
우주발생론 388, 389, 456
운동 160, 237~240, 247, 275, 296,
322, 385, 387, 389, 412
울프, 버지니아 237, 266, 455
워딩턴, C. H. 245
워버턴, 윌리엄 370
워스터, 데이비드 21
워즈워스 127, 128, 160, 238, 240,
321, 467
《원시 문화》 255, 261
원인 374~376
월리스 83, 136, 149
웨지우드, 줄리아 259, 349
위계 224, 251, 281, 402, 403, 485
윈터슨, 재닛 33
윌슨, 에드워드 21
유기체 31, 115, 116, 121, 123, 137,
140, 141, 154, 161, 163, 165, 166,
171, 176, 190, 215, 220, 226, 227,

232, 235, 237, 238, 240, 241, 243~245, 251, 260, 270, 271, 276, 278, 282, 283, 296, 297, 318, 319, 340, 431, 473, 483, 485
유기체론 238, 254, 363, 426
유물론 114, 116, 317
유비 135, 137, 139, 140, 145, 147, 162, 179, 185, 186, 190~194, 197, 203~206, 213, 214, 220~223, 227, 330, 334, 339, 345, 361, 367, 377, 405, 406, 462
《유비》 160, 369
유사성 79, 122, 191, 201, 210, 211, 221, 222, 281, 301, 310, 312, 318, 330, 331, 346, 364, 376
유전 53, 222, 383, 400, 401, 497
유형 200, 206, 320, 341, 348, 393, 403, 426
유형학 389, 394, 413, 427
율 396
은유 17, 64, 135, 138~140, 154, 155, 164, 166, 171, 185, 186, 193, 200, 205, 206, 209, 210, 213, 214, 216~218, 220, 223~225, 227, 228, 235, 236, 238, 243, 260, 261, 264, 265, 276, 341, 342, 347, 350, 351, 356, 366, 415, 486
《은유의 신화》 224

의도 82~84, 166, 202, 204, 385, 412
의도주의적 언어 83
의미 112, 340, 358, 361
의식 201, 203, 204, 207, 238, 240, 275, 277, 313, 384, 490
의인화 166, 170, 172, 177, 294, 489, 495, 499
의지 80, 82~84, 159, 197, 373, 374, 383, 429
이기적 유전자 21, 24
이론 184, 190, 218, 220
《이상한 나라의 앨리스》 248
이성 174, 175, 222, 338, 340
이야기 18, 53, 54, 82, 89, 90, 118, 120, 134, 140, 155, 157~160, 185, 186, 189, 192, 209, 217, 222, 223, 232, 235, 245, 248, 250, 251, 254~257, 275, 288, 293, 322, 323, 327, 331, 338, 349, 373, 385, 389, 390, 397, 401, 411, 412, 427, 428, 479
이저, 볼프강 382
이질성 275, 392
인간 중심주의 145, 299, 300
〈인간〉 74
《인간과 동물의 감정 표현》 416, 438, 447, 451, 459
《인간야수》 331

〈인간의 미학적 진화〉 418

〈인간의 상승〉 437

《인간의 유래》 26, 27, 58, 153, 254, 270, 382, 410, 416~418, 420, 421, 439, 497

《인간의 유래와 성에 관한 선택》 367

인과성 213, 214, 376

인과적 연쇄 365, 366

인과적 유비 202

《인구론》 50, 98

인류일원설 255, 262

인위적 선택 23, 25, 151, 201, 219, 253, 467

《인위트의 아엔바이트》 396

인종 400, 402, 403~405, 410

일반화 366, 367, 462

일원발생론 403, 408

[ㅈ]

《자서전》 110, 190

자연 163, 166, 168~173, 176, 177, 195, 219

〈자연〉 170

《자연사적 창조의 흔적》 59, 65

자연선택 16, 18, 21~23, 79, 80, 91, 98, 108, 110, 111, 116, 117, 137, 141, 151, 153, 158, 163~166, 168, 169, 174, 176, 201, 202, 219, 232, 253, 259, 260, 263, 264, 270, 274, 291, 296, 299, 300, 325~327, 340, 371, 416, 467

〈자연세계의 번역〉 33

자연신학 15, 169, 191

《자연신학》 192

《자연에서 나온 우화》 297

〈자연에서 인간이 차지하는 위치〉 294

〈자연은 헤라클레이토스의 불〉 80, 169

《자연의 가르침 : 자연이 예기한 인간의 발명》 170

《자연의 구성과 경로에 대한 자연종교와 계시종교의 유비》 195

《자연학》 116, 412

자유 452, 456, 482

《자유론》 272

자유의지론 102

자조 80, 83

《자조》 80

잠재성 204, 220

잠재의식 64

적응 58, 83, 116, 119, 144, 175, 209, 210, 222, 280, 283, 299, 327, 366, 469, 483

적응성 128, 234

적자생존 147, 166, 254, 255, 499

〈전도서〉 77, 151

전승 58, 200, 342, 367, 371, 374, 375,
　387, 389, 393, 400, 402, 411, 412,
　414, 416, 424, 434, 453, 456, 458,
　460, 497
《전쟁과 평화》 457
정신 128, 243, 426
《정신과 신체》 344
《정신의 병리학》 418
제닌스 149
《제인 에어》 120
제임스, 헨리 309, 310, 322, 323, 356
제임슨, 애너 356~360
제프리 304~306
제프리스, 리처드 301
조화 184, 185, 191, 193, 195, 198,
　208, 210, 219, 315, 367
《족장의 가을》 372
《존 밀턴의 시집》 50
존스, 어니스트 405
졸라 330, 332, 467
종 24, 31, 32, 45, 61, 67, 82~84, 98,
　99, 102, 103, 110, 112, 115, 128,
　141, 144, 152, 160, 161, 172, 176,
　190, 202, 211, 214, 220, 221, 226,
　228, 231, 233~235, 244, 251,
　254, 255, 264, 271, 275, 276, 279,
　300, 302, 303, 305, 312, 331, 335,
　340, 346, 367, 388, 402, 404, 405,

　421, 425, 484, 487, 499
《종교와 전설의 예술》 356
《종교적 이신론의 원칙에 따라 유대
　율법에 나오는 미래 국가의 보상과
　징벌의 태만으로 증명된 하느님의
　모세 파견》 370
《종의 기원》 17, 18, 25, 35, 43, 47,
　54, 55, 57, 58, 77, 79, 80, 81, 85,
　91, 93, 97, 105~109, 111, 114,
　122, 126, 133, 136, 140, 148~150,
　152, 153, 155, 157~160, 162, 163,
　170, 171, 173, 187, 217, 220, 221,
　223, 227, 228, 254, 262, 267, 270,
　294, 296, 299, 303, 305, 312, 316,
　324, 342, 343, 382, 387, 388, 393,
　402, 415, 426, 497
종족 156, 367, 402~404, 418, 433,
　441, 469
《종합철학체계》 122
《좋은 조화》 33
《지구의 자연지리학》 117
《지성의 진보》 42
지식 73, 79, 85, 105, 219, 226, 350,
　352, 354, 357, 360, 361, 370
《지질학 원리》 51, 64, 67, 99, 115,
　169, 277, 332
진보 54, 68, 256, 280, 281, 300, 306,
　380, 406, 407, 409, 455

진화 20, 25, 35, 45, 58, 66~69, 71,
  81, 115, 116, 132, 159, 163, 203,
  232, 234, 245, 250, 256, 257, 260,
  270, 276, 278, 280, 283, 285, 291,
  297, 322, 325, 371, 380, 385, 406,
  426, 462, 466, 499
진화 논쟁 367, 416
진화론 15, 33, 44, 51, 53~55, 57, 59,
  63, 64, 66~71, 73, 76, 78, 108,
  114, 139, 230, 232~235, 237, 244,
  245, 247, 250, 251, 255, 266, 274,
  276, 277, 290, 294, 296, 328, 349,
  370, 371, 379, 382, 392, 403, 404,
  407~410, 415, 424, 455, 484, 489,
  491
〈집합명사와 추상명사의 기원적 의도〉
  389

[ㅊ]

차이 185, 276, 367, 376, 401
〈창세기〉 104, 105
창조 15, 24, 68, 99, 137, 304, 369
창조론 137, 169, 190, 228, 278
《창조의 흔적》 325
《처녀 떼기》 33
처브, 유세비우스 267
척도 481, 490

천문학 379, 381
《천문학의 신화와 경이》 261
《천일야화》 57
체계 114, 228, 321, 332, 344, 351,
  361
체임버스, 로버트 45, 59, 64, 81, 158,
  219, 234, 285, 325, 345
초다산성 219, 268
초생산성 266, 269, 272, 280
초서 396
축소화 234, 235
출산 449, 452
친족 53, 57, 75, 76, 81, 279, 345,
  346
친족관계 145, 155, 156, 222
친화성 81, 115, 310, 335, 342
친화성의 그물 81, 340, 346, 348

[ㅋ]

카발라 437
《카발라》 380
카발리즘 397, 401
카시러 217, 246, 428
카펜터, 에드워드 275, 276
카펜터, W. B. 445, 484
칸트 201, 215
칼라일 123, 186, 187

캉길렘 128, 206
《캉의 도마뱀에 관한 보고》 67
캐넌, 월터 80
커저번 336, 354, 360
케리, 피터 32
케스틀러 84
켈러, 이블린 폭스 29
켐피스, 토마스 아 396
〈코머스〉 102
코빙턴 35
《코스모그라피아》 272
코페르니쿠스 60, 61
콘래드 85, 455, 460
콜리지 239, 240, 254, 329, 376
콜빈 312
콜프 170
콩트, 오귀스트 62, 65, 157, 168, 205,
    248, 296, 375, 381, 385~388, 395
쿤 41, 157
쿨러, 드와이트 47
퀴비에 331
크롤 389
《크리스타벨》 376
《클라리사》 369
클라우시우스 386
클러프 183
클로드, 에드워드 462
클리퍼드, W. K. 50, 208, 374

키르케고르 451
키츠 84, 183
키플링 82
킹즐리, 찰스 44, 189, 258, 259, 269,
    278~280, 283~286, 289~295

〔 ㅌ 〕

타락 68, 84, 256, 259, 260, 293, 296,
    297, 301, 306
타일러, 에드워드 230, 248, 255~261
〈타자를 대변하다 : 빅토리아 인류학
    저술에 보이는 상대주의와 권위〉 29
태양 신화 360, 392, 393, 498
〈태양의 기원과 나이에 관한 추측〉 389
터베인, 콜린 224
테니슨 268, 345
《테스》 → 《더버빌 가의 테스》
테오그니스 368, 421
《테오프라스투스의 인상》 327
테일러, 아이작 370
톰슨, J. 아서 423
통일 79, 353
《통일장의 꿈》 33
통합의 원리 70, 71
퇴보 68, 285, 296
투쟁 111, 224~226
트랑스포르미슴 67, 68

트루바두르 355
《트리스트럼 섄디》 53, 66
틴들, 존 50, 169, 208, 314~316, 343

[ㅍ]

파라켈수스 73, 74
파불라 118
《파우스트》 177
파이어아벤트, 파울 208, 209
팔레스트리나 396
페어브러더 336
페일리 111, 173, 192, 193, 198, 201,
    202, 280, 281, 283, 285, 299
페컴, 모스 134
《펠릭스 홀트》 426, 434, 443, 444
포셋 183
포이어바흐 76, 150
포퍼 206, 207
폰 베어 231, 234, 245, 296, 300, 383
폴라니 207
퐁타넬 372
《푸른 눈동자》 491
풀어내지 못할 친화성 356
풍부함 123, 251
프라이, 노스롭 70, 71, 250, 251
《프랑켄슈타인》 241, 243
프레스콧 94

프레어, 후컴 421
프레인, 마이클 32
〈프로메테우스의 해방〉 405
프로스페로 36
프로이트 23, 47, 48, 60~62, 64,
    178, 196, 203, 204, 247, 275, 394
프로프, 블라디미르 33, 70, 394
프록터, R. A. 261, 262, 379~381, 393
플라톤 80, 106, 215, 216
플레이페어 332
《플로스 강의 물방앗간》 324, 436, 456
플롯 134, 331~333, 463, 468, 469,
    479, 482, 498, 499
플린트 389
피츠로이 36
피카레스크 120
픽테 389
필딩 323, 348
필연적 연쇄 338, 341, 371
핑커, 스티븐 20

[ㅎ]

하디, 토머스 19, 44, 85, 113, 163,
    172, 204, 345, 377, 418, 421~423,
    461, 463, 465~473, 475, 476,
    478~487, 489~493, 496, 498, 499
학습 325

《합리주의의 영향》 446
해러웨이, 도나 30
해리슨, 프레더릭 395
행복 110, 163, 221, 469, 479, 482
행위 112, 198, 200, 375, 436, 440, 458
향상 68, 80, 84
허구 133, 207, 222, 223, 257, 347, 385, 386, 389, 429
허버트, 조지 74~76
허셜 55, 117, 345, 346
허턴, R. H. 268, 309, 324
《허턴 이론의 도해》 332
헉슬리, T. H. 29, 63, 141, 166, 196, 203, 245, 294, 295, 300, 316, 317, 343
헤겔 147
헤르더 392
헤스, 메리 206, 209, 210, 213
헤켈 234
헬름홀츠 176~178, 387, 388, 393
현재 63, 77, 84, 112, 115, 117, 211, 250, 385, 387, 395, 400, 405, 411, 413, 456, 470, 475
혈통 138, 156, 221, 222, 302, 303, 346, 399, 400, 408, 415, 421, 429, 432, 440, 441
형식 328, 329, 340

형질 222, 325, 405
형태 106, 113, 220, 437
형태론 185, 198, 200
형태학 342, 348, 393, 394, 413
《혼돈의 계시》 59
홉킨스, 제러드 맨리 80, 81, 147, 155, 169, 187
확장 210, 217, 223, 226, 318, 322, 324, 370
환경 80, 83, 141, 154, 162, 172, 221, 222, 271, 279, 283, 312, 320, 325, 431
《황량한 집》 125, 402
회상 372, 374, 378, 381, 385, 386, 475
《회상록》 184
후컴, 존 368
후크 76
홀라 396
훔볼트, 빌헬름 폰 262, 272, 296
휘트먼 470
휴얼 160, 209, 248
횰렛, 헨리 261
히스테리 445, 448, 450
《히페리온》 84

다윈의 플롯— 빛나는 통찰력으로 밝힌 소설과 진화론의 관계

질리언 비어 지음 | 남경태 옮김

1판 1쇄 발행일 2008년 5월 6일
1판 1쇄 발행부수 2,000부 총 2,000부 발행

발행인 | 김학원
편집인 | 한필훈 선완규
경영인 | 이상용
기획 | 최세정 홍승호 황서현 유소영 유은경 박태근 유소연
마케팅 | 하석진 김창규
디자인 | 송법성
저자·독자 서비스 | 조다영(humanist@humanistbooks.com)
스캔·출력 | 이희수 com.
조판 | 홍영사
용지 | 화인페이퍼
인쇄 | 청아문화사
제본 | 경일제책

발행처 | (주)휴머니스트 출판그룹
출판등록 | 제313-2007-000007호(2007년 1월 5일)
주소 | (121-869) 서울시 마포구 연남동 564-40
전화 | 02-335-4422 팩스 | 02-334-3427
홈페이지 | www.humanistbooks.com

ⓒ (주)휴머니스트 출판그룹 2008

ISBN 978-89-5862-242-0 03900

만든 사람들

기획 | 선완규(swk2001@humanistbooks.com)
편집 | 박지홍
표지 디자인 | 민진기디자인